옛 그림으로 본 조선 ❸ — 경기·충청·전라·경상

옛 그림으로 본 조선 ❸ — 경기·충청·전라·경상

과연 조선은 아름다운 실경의 나라

최열 지음

혜화1117

책을 펴내며

조선은 참으로 실경의 나라,
실경의 천국

"땅의 이치를 헤아리는 지리학은 선비가 반드시 힘써야 할 바이며 왕이 구해야 할 학문이다"[1]

우리가 사랑해 마지 않는 위대한 학자 다산茶山 정약용丁若鏞, 1762-1836은 「지리책」에서 이처럼 말했다. 그렇다. 세상을 살아가는 사람이라면 땅의 이치인 지리를 알아야 한다. 새로 다가올 미래를 준비한 철학자 혜강惠岡 최한기崔漢綺, 1803-1873가 그 까닭을 알려준다. 지리야말로 그 땅과 그 땅에서 나는 온갖 산물이 어찌 변하는가를 알려주는 것이고 또 삶의 모든 것을 아우르는 풍속을 체험할 수 있도록 해주는 것이라고 했다.[2] 그게 바로 지리의 운화運化라는 것이다. 그렇다. 지리학이란 우리네 살림을 모두 담는 그릇이다. 내가 사는 땅은 더욱 잘 알아야 한다.

최근 한 세기 동안 세상은 너무나 많이 바뀌었다. 개발의 속도와 규모는 상상을 뛰어넘는다. 산하의 핏줄이자 힘줄인 지리는 제 모습을 감췄다. 하지만 언젠가 덮고 막은 것들을 뚫고 땅은 제 모습을 다시 드러내고 강은 다시 흐를 것이다. 그날을 위해 우리는 옛 모습을 기억해야 한다. 옛 그림을 본다는 건 옛 풍경을 돌이켜

달라질 그날을 미리 떠올려보는 일이다.

　내가 공부할 때는 우리 그림에 실경회화는 없다고 배웠다. 옛 세상이 궁금했던 나는 정말 옛사람들이 실경을 그리지 않았을까 궁금했다. 서울에 정착한 이래 미술사에 전념하기 시작했을 그 순간부터 실경화를 찾기 시작했다. 조선시대 회화를 접촉할 기회가 점차 늘어났다. 간혹 연구자의 저술도 나오고 박물관 기획전에 실경이 나오기도 했다. 미술시장이 제법 활성화되면서 소장자들이 홀로 간직해온 그림들을 하나둘 내놓기 시작했다. 나의 실경화 탐색 여정에 희망이 생겼다. 세기가 바뀌면서는 실경화의 열풍이 어디에서 불기 시작했는지, 대규모 기획전도 열렸다. 그렇게 시작한 이래 지난 30여 년 동안 눈에 띄거나 손에 잡힐 때마다 조선 산천의 실경을 갈무리해왔다. 새로운 그림을 마주할 때마다 몹시 기뻤다. 실로 조선은 실경의 나라요, 실경의 천국이라는 감탄이 저절로 나왔다. 시간이 쌓이는 만큼 보아온 그림들도 쌓였다. 어느 날 문득 행낭을 열어 그 수를 헤아려보니 1천여 점이 훨씬 넘었다. 막상 쌓아놓고보니 이걸 다 어찌해야 할까 싶었다. 그러나 그때뿐이었다.

　600년 수도 한양 실경만을 모은 『옛 그림으로 본 서울』을 준비하고 있던 때였다. 문득 '혜화1117'의 이현화 대표가 그동안 쌓아둔 조선 실경을 보여주길 청해왔다. 못 들은 척 지나쳤다. 책이 나온 뒤 만난 여러 지역의 독자분들로부터 자신들이 사는 동네의 실경을 담은 책은 언제 나오느냐는 질문을 받았다. 한 해 뒤 제주를 그린 그림을 모은 『옛 그림으로 본 제주』를 펴낸 뒤에는 같은 질문을 더 자주 받아야 했다. 같은 질문이 반복되자 생각이 깊어졌다. 시작을 했으니 매듭을 지어야 하지 않느냐는 말처럼 들렸다. 시시때때로 틈이 날 때마다 이현화 대표의 요구 역시 이어졌다. 그래서였을까. 지난 2013년 무렵부터 『포브스』에 연재한 관동팔경이며 단양팔경, 곡운구곡은 물론 진실로 좋아하는 진재 김윤겸의 영남 실경을 하나씩 골라 여기저기 발표해온 글들이 눈에 밟혔다. 언제부터인가 슬그머니 전국 각지의 실경들을 펼쳐놓고 지명도 찾아보고 그 산하를 수놓은 인걸도 찾아보며 정리해둔 지난 흔적들이 여기저기에서 튀어나왔다. 나도 모르는 사이에 이 책은 그렇게 이미 시작이 되고 있었던 셈이다. 오래전 이 일을 시작했을 때만 해도 조선의 실경을 모두 책으로 엮을 수 있을 거라는 생각을 하지 못했는데, 옛 그림으로 본 서울과 제주에 이어 이왕 나선 여정을 이렇게 마무리하기에 이르렀다. 더불어 우리 산과 강의 본향인 강원과 언제나 그리운 금강을 담은 옛 그림들까지 각각의 책으로 펴내는 데 이르고보니 감개가 무량하다. 이 책을 통해 독자분들이 실경의 천국이라 불러도 하등 이상할 게 없는 실경의 나라 조선을 마음껏 경험하길 바란다. 오늘날에는 마주하기 힘든 우리 땅의 산과 강과 마을의 옛 풍경을 마음껏 누리길 바란다. 자연과 인간이 함께 숨쉬는 자취 속에서 예술의 아름다움까지 한껏 각자의 것으로 만들기를 바란다. 나아가 우리가 잊고 지낸 것이 무엇인지, 우리가 향하여 나아가고 있는 곳이 어디인지 생각해보는 계기가 되기를 희망한다.

이 책은 많은 저작들이 그러하듯 최초의 기록자와 선행 연구자의 노고에 빚지고 있다. 그분들의 업적에 대한 존경과 깊은 감사의 뜻을 여기에 밝힌다. 본문에 수록한 옛 그림들의 소장처를 비롯한 기본 정보는 물론 지역명 및 위치에 대한 서술을 최신의 것으로 확인하고, 정확한 서술을 위해 최선을 다했지만 옛 그림을 수집하고 공부해온 시기가 워낙 오래된 데다 옛 그림이 제작된 시기와 오늘날의 지역명 및 위치에 대한 정보의 차이가 크고 사실 관계가 복잡하여 뜻하지 않은 오류의 가능성을 완전히 배제할 수 없음을 또한 밝힌다. 이와 관련한 잘못이 있다면 모두 나의 탓이다. 이후에도 이에 대한 연구를 계속해나갈 것이며 그렇게 하여 새롭게 확인한 사실에 대하여는 추후 수정 및 보완할 것을 약속한다.

2024년 5월
시경루 詩境樓에서 최열

특별히 감사의 말씀을 전할 분들이 있다. 이 책에 사용한 옛 그림의 작가와 후손, 소장처와 소장가 여러분이다. 그 이름을 하나하나 적어둠으로써 깊은 감사의 뜻을 전한다. 지금껏 확인한 곳은 간송미술관, 강릉오죽헌시립박물관, 건국대박물관, 겸재정선기념관, 계명대중앙도서관, 고려대박물관, 고성이씨가, 관동대박물관, 국립고궁박물관, 국립공주박물관, 국립광주박물관, 국립문화재연구소, 국립중앙박물관, 국립진주박물관, 국립현대미술관연구센터, 국민대박물관, 남농기념관, 동아대박물관, 삼성미술관리움, 서울대규장각, 서울대박물관, 서울역사박물관, 서강대박물관, 선문대박물관, 성균관대박물관, 송광사성보박물관, 수원 용주사, 아라재, 영남대박물관, 왜관수도원, 이화여대박물관, 일민미술관, 전북대박물관, 정읍 송산사, 청계천문화관, 충북대박물관, 평양 조선미술박물관, 호암미술관, 화서기념관이다. 미국 LA카운티미술관, 미국 하버드옌칭도서관, 프랑스국립도서관도 있다. 미처 확인하지 못한 곳이 있다면 알려주시기 바란다. 개인 소장품을 국공립박물관에 기증하신 손세기·손창근 부자, 이건희·이재용 부자, 수정 박병래, 동원 이홍근을 비롯한 이들에게 찬사를 보낸다. 문화예술 유산은 모두의 소유였을 때 그 가치가 더욱 빛날 수 있음을 보여주었다. 또한 개인 소장가들께도 감사 드린다.

이 책에서는 속화俗畫, 즉 민화라고 부르는 작자 미상 작품은 일부만 다루었다. 실제 형태와 많이 다르기도 하고, 도판을 구하기 어려웠기 때문이기도 하다. 그런 이유로 못 다룬 그림이 여럿 있음을 밝힌다. '옛 그림으로 본' 연작을 시작한 때가 엊그제 같은데 서울에서 제주를 돌아 금강과 강원과 경기·충청·전라·경상까지 아우르게 되었다. 책을 읽고 공감해주신 독자 여러분에게 감사 드린다. 읽어주신 덕분에 계속해서 쓸 수 있었다. 책을 보시고 추천해주신 분들에게 그동안 변변한 감사의 말조차 전하지 못했다. 이제야 비로소 인사 드린다. 처음부터 함께 한 디자이너 김명선 님의 노고를 기억한다. 끝으로 출판사 '혜화1117'이 아니었다면 불가능했을 일이니, 편집자이자 대표인 이현화 님에게도 같은 마음을 전한다.

차례

책을 펴내며 | 조선은 참으로 실경의 나라, 실경의 천국 004

**서장
그 시절 우리가
사랑한
조선의 풍경
013**

옛사람들의 눈에 비친 조선의 산하 016
조선 산천을 유람하다, 그림으로 전하다 024
지역을 다닌다는 것, 지역의 실경을 그린다는 것 | 유람의 세계
조선을 그린 화가들, 다녀온 인물들 036

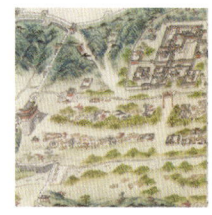

**01
경기_
수천 년
문명의 땅,
왕실의
앞마당
047**

개성, 고려왕조의 도읍 052
강화, 수도에 가까우나 멀리 떨어진 섬 072
파주, 수도 방어를 책임지는 길목 076
연천, 강과 산의 조화가 아름다운 곳 082
동두천, 동쪽에 머리를 두고 흐르는 마을 091
포천, 금강산 유람길의 경유지 094
가평, 산악으로 가득하나 호반을 품다 106
양주, 흩어졌으나 여전히 의연한 116
남양주, 수락산을 품어 빼어난 승경지 121
구리, 태조 이성계의 도시이자 왕들의 도시 128

양평, 나뉘어 흐르던 강이 하나 되어 흐르네 **134**
광주, 때로는 슬픈, 때로는 아름다운 **140**
여주, 세종이 잠들다 신륵사를 품다 **146**
안산, 단원 김홍도 그리고 세월호 **160**
수원, 정조가 품은 꿈의 신도시 **163**
오산, 백제로부터 이어온 독산성 **189**

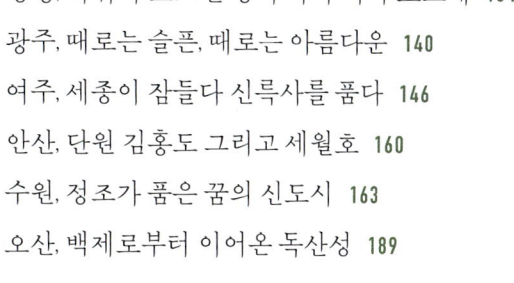

02
충청_
빼어난 산수의
기운을 품은
청풍명월의 땅
193

충주, 신라 국토의 정중앙 **198**
제천, 청풍명월의 고향 **203**
단양, 모든 곳이 하나의 절경 **225**
단양팔경, "이 세상이 아닌 다른 별세계로구나" **237**
괴산, 속리산을 거쳐 휘어지듯 달려가는 백두대간 **292**
화양구곡, 우암 송시열로부터 이어진 이름 **296**
보은, 법주사에서 소망을 기원하다 **316**
부여, 백제의 마지막 수도 **320**
논산, 산과 강과 절과 서원으로 가득한 곳 **326**

03
전라_
눈부신
황금 평야가
비단처럼
빛나는 땅
335

전주, 천년왕국을 향한 꿈의 기원 340

익산, 황금빛 벌판에 장엄한 무왕의 자취 346

김제, 한반도 유일의 지평선을 품다 350

부안, 변산반도의 경이로운 아름다움 354

정읍, 은거의 장이며 항쟁의 중심지 362

순창, 드높은 산과 드넓은 평야 367

무주, 충청과 경상과 전라와 맞닿다 371

광주, 무등산 그리고 금남로의 꽃잎 376

장성, 어제도 오늘도 흐르는 황룡강 물줄기 381

영광, 불가의 땅이며 유가의 땅이며 항쟁의 땅 389

화순, 적벽강과 운주사에 깃든 꿈 394

강진, 다산 정약용의 유배지 399

순천, 하늘 닮은 땅 403

지리산, 넓고 깊어 끝이 없는 408

04
경상_
낙원의
가락 흐르는
천 년
정토의 땅
415

안동, 영남 유림의 구심점 420

영양, 평야조차 드문 육지 속의 섬 445

상주, 감히 이 땅에 왜군이 발을 들여놓지 못하다 448

성주, "이곳에 뿌리 박은 자, 모두 다 넉넉하리" 451

김천, 무흘구곡으로 이어지는 곳 457

대구, 경상도의 수부이며 독립운동의 거점지 461

영천, 고려팔은 정몽주의 고장 466

포항, 해 뜨는 바다 영일만을 품다 469

경주, 황금 시대를 누린 천년왕국의 수도 476

합천, 가야산과 해인사로 가득차다 481

거창, 백제와 신라가 국경을 다투다 489

함양, 최치원의 천 년 숲과 정여창의
　　　남계서원 494

산청, 지리산을 병풍으로 삼다 501

하동, 화개장터에 핀 동서 교류의 장 504

진주, 유장한 남강의 기세 512

통영, 조선 제일의 미항 516

밀양, 드넓은 곳에 사람들이 모이는 곡창 522

양산, 부산과 울산을 이어주는 교량과도
　　　같은 고을 526

울산, 태화강 흐르는 곳에 피어난
　　　반구대 암각화 530

부산, 동래로부터 이어진 국제 무역항 534

부록　'옛 그림으로 본' 연작을 마치며 560

　　　주註 564

　　　주요 참고문헌 570

　　　인명 색인 577

실경·진경, 속화·민화에 관한 최열의 생각 581

일러두기

1. 이 책은 국내에서 경기·충청·전라·경상 실경화를 집대성한 최초의 저술이자, 미술사학자 최열이 30여 년 동안 이어온 조선 실경화 연구의 집성이다.

2. 본문에 나오는 작품명은 홑꺾쇠표(〈 〉), 화첩과 도첩 및 병풍명은 겹꺾쇠표(《 》), 시문이나 논문 제목은 홑낫표(「 」), 문헌과 책자 제목은 겹낫표(『 』), 전시와 간접 인용문 또는 강조하고 싶은 내용 등은 작은 따옴표(' ')로 표시하였다.

3. 본문에 수록한 도판의 기본 정보는 아래와 같은 순서로 정리하였다.

    작가명, 작품명, 화첩명, 크기(세로×가로, cm), 재질, 시기, 소장처

    조선시대의 작품명은 대부분 작가가 지은 것이 아닌, 뒷날 연구자에 의한 것이 많다. 이 책에서는 기존 작품명을 따르긴 하되 일부는 그 의미가 잘 드러나도록 저자가 다시 붙였다. 이외 관련 정보가 밝혀지지 않았거나 정확하지 않은 경우 항목을 생략하였다. 부분을 넣을 때는 크기를 생략하였다.

4. 지명 및 인물의 한자 및 생몰년 등을 밝힐 때는 가급적 최초 노출시 병기하였으나 필요한 경우 더 적합한 곳에 병기를 하기도 하였다.

5. 같은 그림의 세부도를 같은 페이지에 배치한 경우 별도의 표시는 생략하였다. 다만 다른 그림의 세부도를 넣은 경우에는 일부임을 표시하였다. 해당 장에 실린 그림을 함께 모아 디자인한 각 장 표제지를 비롯하여 디자인 요소로 이미지를 활용한 경우 별도의 표시는 생략하였다.

6. 고전 문집을 직접 참고하거나 인용한 경우 그 출처를 밝혀 주석으로 제시해두었으나, 그밖에 참고한 문헌 및 자료 등은 '주요 참고문헌'의 목록으로 따로 정리하였다. 본문에 언급 및 인용한 고전 문헌 번역문의 경우 기본적으로는 주석과 참고문헌 등의 번역문을 참고하였으나 해당 번역을 그대로 옮기지 않고 재구성을 한 것도 있음을 밝힌다. 이런 경우 본뜻에 어긋나지 않도록 유의하였다.

7. 고지도를 제외한 지도는 오늘날의 지도를 참고하여 저자가 직접 손으로 그린 것을 편집 과정에서 새롭게 작업하여 배치하였다. 본문의 이해를 돕기 위해 기존 지도의 주요 위치를 참조하되 본문에 언급한 관련 지명을 추가 표시한 것으로, 대략의 위치를 파악하기 위한 용도임을 밝힌다.

서장

그 시절 우리가
사랑한 조선의 풍경

끝이 없을 대평원의 나라 몽고에서 귀국한 위대한 시인 목은牧隱 이색 李穡, 1328-1396은 남도 유람을 떠나 어느덧 지리산에 이르렀다. 시인은 「산고가」山高歌에서 '조선에 돌아오니 여기 지리산 있구나. 봉우리는 여름에도 춥고 골짝 물 얼었는데 내려보니 큰 파도는 산 아래 두르고 북쪽을 보니 만 리나 멀어 구름 봉우리 희미하네'라고 그림처럼 묘사한 뒤 다음처럼 노래했다.

"산 속 구비구비 수백 리나 되는데
큰 고을 산기슭 깊은 숲에 숨어 있고
전설처럼 난리 피해온 마을 있어
복사꽃 흐르는 물에 산새 지저귄다"

그 시절 우리가 사랑한 조선의 자연은 무엇일까. 많은 이들이 각각의 땅들에 대해 관심을 갖고서 숱한 말들을 토해냈다. 읽고 또 읽고 그 깊은 뜻을 새기다보면 조금은 다가설 수 있다고 여겼으나 여전히 충분치 않다. 지금 여기 베푸는 나의 말은 겨우 그만큼일 뿐이다.
한양은 조선 이래 국토를 호령하는 천년수도다. 천지창조 신화를 품고 있는 제주는 전설과 신화의 고향인 신화지향神話之鄕이다. 금강, 설악, 오대, 두타, 태백을 품은 강원은 산과 강의 고향이니 산하지향山河之鄕이다. 경기도는 천년왕국을 감싸는 기전산하畿甸山河라서 위풍당당하다. 충청도는 천하에 어디에도 없을 청풍명월임을 자랑한다. 전라도는 어디를 가도 금빛 출렁이는 황금 평야를 뽐낸다. 경상도는 세상 다시 없을 천년정토라 낙원의 노래를 부른다.

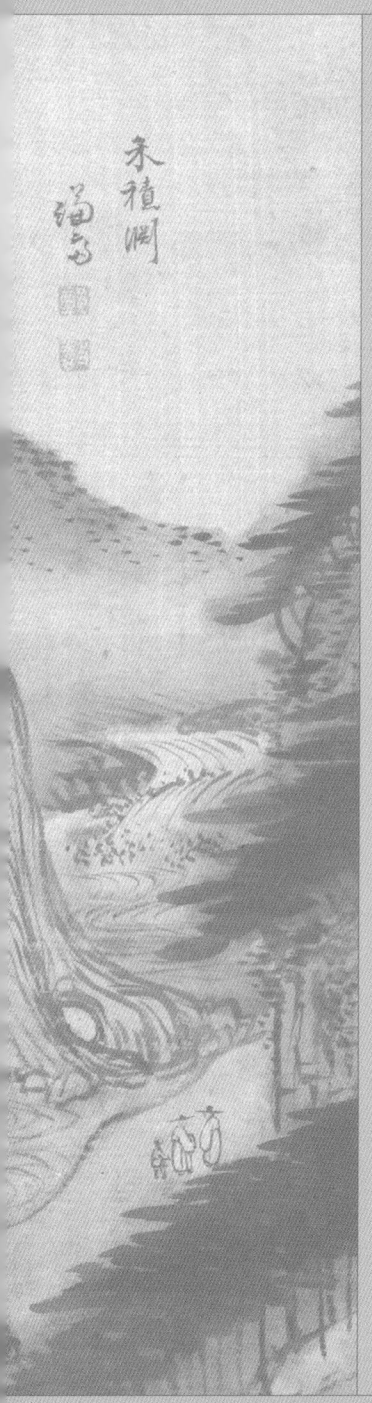

조선의 실경은 아득하다. 끝이 없으니 끝내지 않는다. 그저 한없이 흐르는 세월의 모습이다. 조선의 숱한 화가들은 하늘이 내린 감각으로 사물의 질서, 자연의 이치를 깨우쳐 화폭에 쏟아놓았다. 자연보다 빼어난 그림이 있을 수 없겠으나 그림에는 사람의 이야기가 담겼으니 우리가 옛 그림을 좋아하는 까닭이 여기에 있다.

옛사람들의 눈에 비친
조선의 산하

예로부터 수도 없는 이들이 나그네가 되어 조선 산천을 다녔다. 가지 못한 강과 갈 수 없는 산은 그림으로 보았다. 그렇게 보고 마주친 조선의 산하는 그들에게 무엇이었을까. 하늘과 땅이 나뉘고, 땅에는 무리 지은 봉우리와 구비마다 냇물이 휘감고 사이사이 집들이 자리한다. 하늘과 사람이 하나가 되는 천인합일의 장관이다.

화가는 하늘을 나르며 흐르는 구름 사이 겹겹의 결을 이룬 산들을 내려다본다. 거칠지도 않지만 허술하지도 않게 아주 가는 먹선 위에 묽고 푸른빛을 베풀어 놓으면 물결처럼 시원하고 때로 울긋불긋 홍색을 칠하고 나면 꽃잎처럼 화사하다. 끝도 가도 없을 세계가 이런 것일까.

이러한 경치를 품은 조선의 산하는 어떠한가. 인문지리의 태두인 청담淸潭 이중환李重煥, 1690-1756은 『택리지』에서 '이 나라의 지세地勢는, 북쪽이 요동에 닿아 있을 뿐, 동·남·서쪽은 모두 바다이며 산이 많고 평야가 적다. 또한 동쪽은 높고 서쪽은 낮으며, 강은 산골에서 나왔기 때문에 유유하고 한가한 모양이 없고 항상 거꾸로 말려들고 급하게 쏟아지는 형세가 있다'고 하였다.

경기도는 물론이요 충청과 전라 그리고 경상까지 이르는 네 곳의 땅이 모두 그러하다. 다만 산줄기가 땅의 한복판을 가로지르며 굴곡이 생길 뿐이다. 이 나라 산하의 7할이 산악이요, 평지는 3할이다. 큰 도시는 말할 것도 없고 크고 작은 고을들마저 모두 평지에 터를 잡았다. 인구가 폭증한 오늘날만이 아니라 사람의 수가 훨씬 적었던 옛날에도 오밀조밀 비좁기는 마찬가지였다.

그 까닭은 산수를 대하는 선인들의 생각에서 비롯한다. 이중환은 '산수는 정신을 즐겁게 하고 감정을 화창하게 하는 것이다. 살고 있는 곳에 산수가 없으면 사람이 거칠어 촌[野]스러워진다'고 했다. 그렇다면 사람들마다 산수 속으로 들어가 살아야 하지 않았을까. 그의 뜻은 그게 아니다. 다음 말을 들어보아야 한다. 이중환은 뒤이어 '기름진 땅과 넓은 들, 지세가 아름다운 곳을 가려 집 짓고 사는 게 좋다'고 했다. 나아가 '10리 밖, 혹은 반나절 되는 거리에 경치가 아름다운 산수가 있어 생각날 때마다 가서 시름을 풀고 혹은 머물다 돌아올 수 있는 곳을 장만해 둔다면 자손 대대로 이어나갈 만한 방법'이라고 했다. 역시 『택리지』에 밝힌 것이다.

그의 말을 곰곰 읽어보면 이중환은 산악 지대는 살 곳이 아닌 정서 함양을 위한 유람 공간으로 여기고 있다. 실제로 그는 아무리 훌륭한 명승지라고 해도 그런 곳은 살 만하지 못하다고 했다. 평지에 흐르는 시냇가야말로 가장 살 만한 곳이라는 게다. 그렇다면 실경화를 탄생시킨 이 나라 조선 산하의 형편은 어떠할까. 강원은 대체로 산악 지대지만 경기와 충청과 전라와 경상 지역은 사람이 살 만한 평지를 많이 품었다.

왕국의 수도를 보위해온 땅으로 기전산하인 경기도는 위풍이 당당하여 북쪽의 한북정맥과 남쪽의 한남정맥 줄기 그리고 그 사이를 휘돌아 흐르는 남한강이 토해내는 산하의 기운과 더불어 천 년 동안 고려와 조선으로부터 대한민국까지 무려 세 곳의 수도를 품어낸 고장이다. 내가 사랑하는 경기도의 실경을 헤아리면, 개성의 〈송도기행첩〉으로부터 가평의 〈가릉산수도〉, 여주와 양평과 광주를 관통하는 남한강의 〈한강임진강명승도〉, 그리고 위대한 조선의 왕, 정조가 꿈꾼 도시 수원

미상, 〈경기도〉, 《해좌승람》,
28.5×25.5, 종이, 19세기 후반,
영남대박물관.

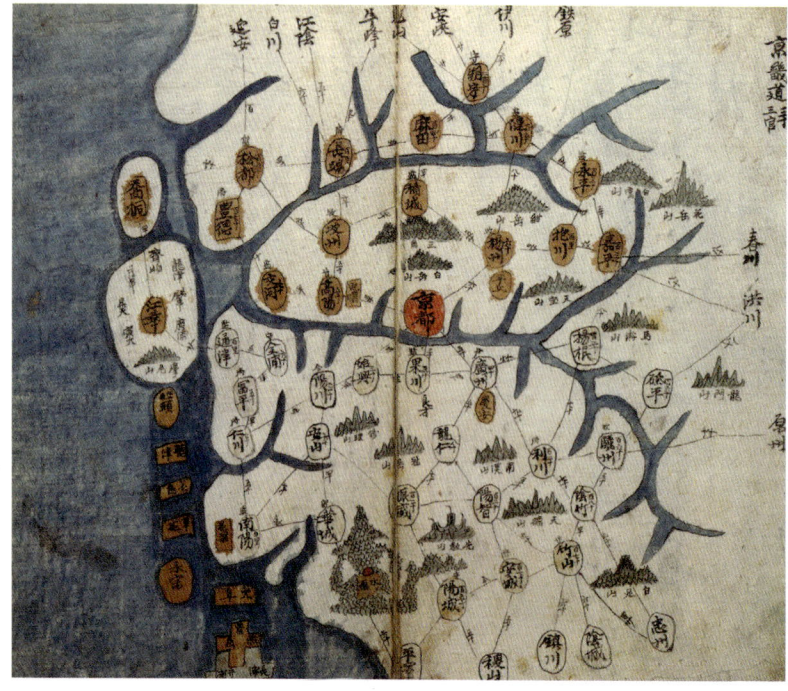

〈경기도〉, 32.3×38.5,
종이, 19세기, 이찬 기증,
서울역사박물관.

미상, 〈충청도〉, 《해좌승람》, 28.5×25.5, 종이, 19세기 후반, 영남대박물관.

〈충청도〉, 32.3×38.5, 종이, 19세기, 이찬 기증, 서울역사박물관.

미상, 〈전라도〉, 《해좌승람》,
28.5×25.5, 종이, 19세기 후반,
영남대박물관.

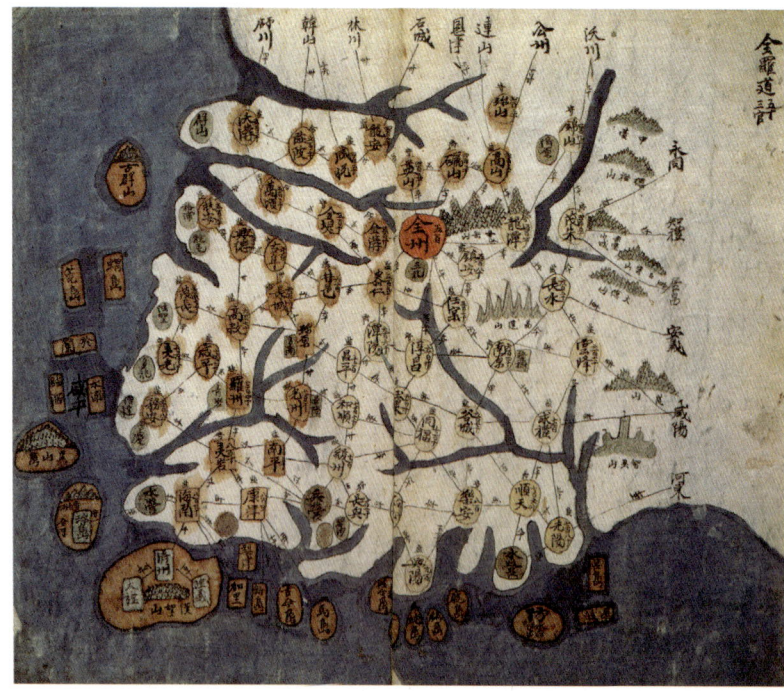

〈전라도〉, 32.3×38.5,
종이, 19세기, 이찬 기증,
서울역사박물관.

미상, 〈경상도〉, 《해좌승람》,
28.5×25.5, 종이, 19세기 후반,
영남대박물관.

〈경상도〉, 32.3×38.5,
종이, 19세기, 이찬 기증,
서울역사박물관.

화성을 그린 〈화성능행도〉를 우선 꼽을 수 있겠으나 경기 땅을 그린 그림들이 어디 이것뿐이겠는가. 이 고장의 실경을 모두 다 살폈으면 좋았겠으나 그림을 찾을 수 없는 곳을 제외하니 고려시대의 수도 개성을 포함해 강화, 파주, 연천, 동두천, 포천, 가평, 양주, 남양주, 구리, 양평, 광주, 여주, 안산, 수원, 오산이 꼽혔다.

빼어난 산수의 기운을 품은 청풍명월의 땅 충청도는 동쪽의 백두대간을 허리 삼는다. 북쪽의 금북정맥과 남쪽의 금남정맥 줄기를 타고 비단물결 이루는 금강의 반짝거림은 감히 그 어느 강도 감히 경쟁할 수 없을 만큼 부드럽기 그지 없다. 세상의 중심인 중원 땅을 품은 데다 이른바 비산비야非山非野라고 하여 산도, 들도 아닌 산천의 형세를 갖추고 있어 터를 고르면 가장 살 만한 고장으로 꼽히는 땅이다. 실경을 찾은 곳은 충주, 제천, 단양, 괴산, 보은, 부여, 논산이다. 좋아할 뿐만 아니라 늘 마음을 빼앗아가는 단양, 제천 일대를 그린 《사군강산삼선수석》이며 《학산구구옹첩》 그리고 괴산의 〈화양구곡도〉와 논산의 〈은진 관촉사〉가 저절로 행복한 웃음을 선물한다. 단양팔경과 화양구곡은 따로 다뤘다.

눈부신 황금 평야가 비단처럼 빛나는 땅 전라도는 동쪽의 백두대간을 허리 삼고 그로부터 흘러나와 벌판을 가르는 호남정맥 줄기가 전라도를 반으로 나눈다. 백두대간과 호남정맥 사이를 따라 남해바다를 향해 가는 섬진강이 깊은 맛을 은밀하게 감춘 채 흐르고 또 호남정맥 서쪽의 드넓은 평야 지대에는 만경강과 영산강이 벌판을 적셔주며 끝내 서해바다로 흘러든다. 드높은 산줄기 사이로 숨은 섬진강은 제 모습을 드러내지 않으나 드넓은 대평원을 가로지르는 만경강과 영산강은 누구에게나 나눠주고 보여주며 천천히 흘러간다. 그러므로 전라도는 근심을 감춰둔 채 제 몸을 나눠주는 어머니의 젖줄기처럼 평화롭고 따스한 고장이다. 이 책에서는 그동안 보아온 전라도의 실경을 모아 전주, 익산, 김제, 부안, 정읍, 순창, 무주, 광주, 장성, 영광, 화순, 강진, 순천을 그린 그림을 펼쳐보였고, 지리산을 더했다. 어린 시절부터 어른이 되어서도 동경해 마지 않는 지리산의 〈지리전면도〉와 순천의 〈송광사전도〉 그리고 변산반도를 끼고 있는 부안의 〈우금암도〉, 장성의 〈영사정팔경도〉는 성장기의 대부분을 보낸 광주의 〈무등산도〉와 더불어 숱한 추억을 불러온다.

낙원의 가락 흐르는 천 년 정토의 땅 경상도는 동쪽의 낙동정맥과 서쪽의 백두대간이 펼쳐놓은 드넓은 벌판 사이로 천 리를 흐르는 낙동강이 유장하여 최상의 생산력을 뽐내는 기름진 땅이다. 천년왕국의 수도 경주와 한국전쟁의 와중에 수도였던 부산을 품고 있는 이 터는 그 물산의 풍요로 말미암아 이곳에 한 번 들어오면 다시는 나가지 않는 천혜의 고장이 되었다. 이 책을 통해 그동안 보아온 안동, 영양, 상주, 성주, 김천, 대구, 영천, 포항, 경주, 합천, 거창, 함양, 산청, 하동, 진주, 통영, 밀양, 양산, 울산, 부산의 그림을 펼쳐 독자들과 나누게 되었다. 어찌 이토록 은총을 독점했을까 싶은 안동의 〈도산서원도〉며 〈하외도〉, 〈허주부군산수유첩〉 그리고 상주와 김천의 〈무흘구곡〉, 합천·거창·함양·산청·부산의 〈영남기행화첩〉과 〈초량 왜관도〉, 하동의 〈화개현구장도〉는 감탄을 자아낸다.

조선의 실경은 아득하다. 끝이 없으니 끝내지 않는다. 그저 한없이 흐르는 세월의 모습이다. 나는 이런 나라에서 나고 자랐다. 청년 시절부터는 줄곧 서울에 살았다. 나는 낭인이었다. 태어나거나 자라지 않은 땅이라 해도 가지 않은 곳이 없고 못 본 곳이 없으며 벗을 사귀지 않은 곳이 없다. 갈 수 있는 모든 곳을 떠돌았다. 때로는 벗들과 세상을 바꾸자는 뜻을 이루기 위해, 때로는 옛사람들의 흔적을 찾기 위해 돌아다녔다. 어느 때는 유람객, 어느 때는 수배자였다. 이 땅의 산악과 하천은 언제나 나를 반겨주었다. 자연은 그렇게 누구에게나 평등하다.

그렇듯 어릴 때부터 자주 찾던 산하지만 나는 단 한 번도 그 모두를 본 적 없다. 그러나 조선의 숱한 화가들은 하늘이 내린 감각으로 사물의 질서, 자연의 이치를 깨우쳐 화폭에 쏟아놓았다. 내가 그림을 좋아하는 까닭이 여기에 있다. 자연보다 빼어난 그림이 있을 수 없겠으나 그림에는 사람의 이야기가 담겼으니 좋아하지 않을 도리가 없다.

조선 산천을 유람하다, 그림으로 전하다

지역을 다닌다는 것, 지역의 실경을 그린다는 것

뛰어난 화가들이 머나먼 땅을 향해 사생 여행을 떠났다. 많은 경우 왕공사족의 요청에 의한 것이었다. 정조의 명령에 따른 단원檀園 김홍도金弘道, 1745-1805, 유력한 사족의 주문에 따른 겸재謙齋 정선鄭敾, 1676-1759의 경우가 그렇다. 모두 다 그런 것은 아니었다. 재능 있는 사족 화가 중에는 누구의 주문이나 요구 없이 스스로 유람길에 나서 그 풍경을 그리기도 했다.

바라는 바는 비슷했다. 화가에게 그림을 주문한 이들은 비록 남이 그렸다 해도 실경화를 통해 명승지의 아름다움을 항시 옆에 두고 즐기려 했다. 곧 와유臥遊다. 스스로 길을 떠난 이들은 유람하며 그린 그림을 통해 승경지의 아름다움을 스스로 즐기려 했다. 곧 자오自娛다. 누가 왜 그렸건 간에 그 결과물인 실경화는 결국 승경지 풍경의 아름다움을 향한 심미의지의 산물이었다. 그런 이유로 실경화는 주로 금강이나 관동, 단양의 팔경 지역에 집중되었다.

그렇다고는 해도, 조선의 화가들이 오로지 명승지만 그린 건 아니었다. 때로는 국가의 필요에 따라, 또 때로는 공적으로나 사적으로 떠난 여행길에서 남긴 그림도 있다. 또는 지방관으로 재직하거나 지역에 은거하는 동안 일대의 산수를 그려내기도 했고, 스스로 속해 있는 학파나 당파의 근거지 풍경을 그리기도 했다.

국가의 요청에 따른 실경으로는 수원화성을 먼저 꼽을 수 있다. 국가가 건설한 도시였던 터라 당대 제일의 도화서 화원들을 대거 투입해 제작했다. 〈화성능행도〉가 두드러지는 대표작이다. 부산의 초량 왜관을 그린 작품도 관청이 주관해 제작했다. 경주나 전주 같은 도시 전역을 한눈에 조망할 수 있도록 매우 아름답게 묘사한 그림도 전해온다. 〈경주읍내전도〉나 〈전주전도〉다. 모두 관아가 주도한 것이다. 충청도 괴산의 화양구곡, 경상도 안동의 도산서원 일대, 성주의 무흘구곡 등은 당파 또는 학파의 근원을 상징하는 것으로 꼽을 만하다.

국가로부터 부여 받은 임무 수행을 위해 떠난 출장길이나 공사간 업무를 위해 나선 여행길에서 본 풍경을 그린 실경화로는 소재蘇齊 이성린李聖麟, 1718-1778의 〈부산〉, 표암豹菴 강세황姜世晃, 1713-1791의 〈송도기행첩〉와 〈우금암도〉, 지우재之又齋 정수영鄭遂榮, 1743-1831의 《한임강명승도권》, 송월헌松月軒 임득명林得明, 1767-1822의 〈서행일천리장권〉 등을 꼽겠다. 이밖에도 능호관凌壺觀 이인상李麟祥, 1710-1760은 벗을 찾아 충청도 단양이나 경상도 함양 땅을 가다가 문득 시야에 잡힌 풍경을 그렸으며 진재眞宰 김윤겸金允謙, 1711-1775은 합천, 거창, 함양, 산청, 부산 일대를 사생 여행 경로로 선택해 마주친 산수를 화폭에 담았고 그렇게 묶은 《영남기행화첩》은 기행 실경 가운데 절정의 걸작이다.

지역 수령으로 부임하거나 또는 은거지로 선택해 특정 지역에 터를 잡은 인물들 가운데 산수를 사랑하는 이들은 머문 지역의 풍광을 시편으로 읊거나 화폭에 담았다. 그림을 그릴 줄 안다면 직접 그렸고, 그렇지 않으면 화가를 동원했다. 토박이 화가에게 일을 맡기면 향촌 화풍으로 매우 기묘하고 특이한 미감의 형상을 담아내곤 했다. 때로 중앙에서 활동하는 화가를 각별히 초청해 맡기기도 했음은

김홍도, 〈화성성묘 전배도〉,
《화성능행도8폭병》, 각 163.7×53.2,
비단, 1795, 호암미술관.

미상, 〈전주지도〉, 149.9×89.8, 종이, 1771년 이전, 서울대규장각

이성린, 〈부산〉, 《사로승구도》, 35.2×70.3, 종이, 1748, 국립중앙박물관.

강세황, 〈화담〉, 《송도기행첩》, 32.8×53.4,
종이, 1757, 이홍근 기증, 국립중앙박물관.

임득명, 〈파주도중〉,
《서행일천리장권》 부분, 종이, 1813, 개인.

김윤겸, 〈극락암〉, 《영남기행화첩》,
종이, 1770, 동아대박물관.

물론이다. 따라서 지역을 그린 그림이라 해도 화가에 따라 그 화풍이 중앙과 지역으로 확연히 나뉜다.

금강이나 관동과 단양의 팔경처럼 이름난 명승지가 모여 있는 곳의 실경화는 와유나 자오의 목적이 분명하다. 이에 비해 다른 지역의 실경화는 아름다움보다는 국가의 의지를 천명하거나 권위를 장엄하려는 의도가 담기곤 했다. 또는 학파나 당파의 거점을 담아 세력의 근거를 드러내 과시하려는 의도 역시 작용했다. 그러나 이런 그림에도 뜻 있는 이들은 개인의 취향이나 여행의 감상을 실제 경치에 의탁해 화폭에 남겨두고자 했다. 이러한 심미의식이야말로 조선의 실경화를 탄생케 한 배경이었음은 두말할 나위가 없다.

그럼에도 분명한 것은 지역을 그린 실경은 나라 안의 제일 승경지를 다투는 금강·관동·단양의 실경과는 창작의 동기나 계기가 같지 않았고, 그 화풍이나 형식 역시 차이가 있다는 것이다. 이는 오늘의 우리가 어찌할 수 없는 노릇이다.

유람의 세계

요즘 같은 교통과 통신이 발달하기 전, 등산 장비 역시 변변치 않던 조선시대 옛사람들은 산천의 유람을 어떻게 다녔을까.

옛사람들의 유람은 크게 산악 유람과 선상 유람으로 나눌 수 있다. 대부분 산악 유람이었고, 선상 유람은 흔치 않은 만큼 매우 특별했다. 배를 타고 다니는 선상 유람은 대체로 강에서 이루어졌고 바다 여행은 해금강 일대 이외에는 거의 행하지 않았다. 바다란 예측불가능한 세계여서 안전한 군함이 아니면 쉽게 나서지 못했다. 그러니 그림도 없었겠다. 혹시나 하여 애써 찾았으나 지금껏 만나지 못했다.

산악 유람은 지형이 험할수록 몹시 고생스럽기도 해서 그저 유희라고 할 만한 건 아니었다. 웬만한 산악이라고 해도 단독 산행은 불가했다. 적어도 두세 사람이 함께하는 이른바 유람단 구성이 필수였다. 건강하고 영민하며 길눈 밝은 시동은 물론 아주 험한 산악을 제외하고는 말이나 때로 가마도 갖춰야 했다. 말은 조그맣고 편한 조랑말을, 가마는 가장 가벼운 남여藍輿 또는 견여肩輿를 탄다. 말은 역참에서 빌리지만 남여는 어깨에 들쳐멜 가마꾼이 필요해서 간단치 않다. 필요는 공급을 낳는 법. 유람객이 많은 산악의 사찰에서는 유람객을 대상으로 사업에 나섰다. 어깨에 가마를 들쳐메는 가마꾼 남여승藍輿僧은 물론 길을 안내할 지로승指路僧도 준비했다. 자금이 넉넉한 유람객은 이 모두를 갖췄을 것이다.

선상 유람은 배를 빌려 타고 일정한 기간과 구간을 정한 뒤 강줄기를 따라 돌아본다. 강에서만이 아니라 해안이나 호수를 유람하기도 한다. 배를 띄울 때는 유람객이야 정하기 나름이지만 배를 움직일 노꾼이 없으면 안 된다.

지리학 명문가 출신으로 관직에 나가지 않은 채 신선한 감각으로 유가 화풍을 절정의 수준으로 끌어올린 화가 지우재 정수영은 1796년부터 1797년까지 두 해에 걸쳐 실행한 한강과 임진강 선유를 두루마리 《한임강명승도권》에 담았다. 무려 그 길이가 15.75미터에 이른다.[2] 경상도 안동에 살며 평생 벼슬길에 나가지 않은 처사 화가인 허주虛舟 이종악李宗岳, 1726-1773은 1763년 4월 4일부터 8일까지 닷새 동안 경북 안동의 반변천을 따라 선유한 것을 12점에 담아 빼어난 화첩 《허주부군산수유첩》으로 남겼다.[3]

선상 유람은 배가 닿아 정착하는 포구 앞마을 부근에서 가까이 사는 지인들과 모임을 가질 수 있어 더욱 즐거웠다. 미리 통보를 해두었으니 가능했을 테고 때로 그렇게 만나는 이들로 승선자를 교체하기도 했다. 배에 태울 수 있는 인원에는 한정이 있으니 무작정 다 태우는 것은 어려운 일이다.

해안과 호수를 유람할 때는 하루 몇 시간 동안 배를 빌린다. 호수의 경우 대부분 복판에 정자를 세운 섬이 있어 그곳을 다녀오는 것이 목적이다. 해안의 경우

정수영, 〈휴류암〉 부분, 《한임강명승도권》, 종이, 1796-1797, 국립중앙박물관.

바다에서 솟아난 바위 기둥을 가까이에서 보거나 육지에서는 안 보이는 해안 절벽이나 거기 뚫린 해식동굴을 보는 것이 목적이다. 배 위에서 밤을 보낼 일도 없었고, 그럴 수도 없었다.

　유람은 유람자의 신분에 따라 사뭇 달랐다. 같은 사대부라 해도 예조판서 같은 현직에 있거나 관찰사나 현감처럼 그 지역 수령인 경우 일대에 있는 역참이나 관아를 활용했다. 관할 구역 내 절집의 환대를 받는 건 두말할 나위가 없었다. 가족이나 친구가 그 지역 수령으로 재임하는 경우에도 일정하게 편의를 제공받았다. 그 밖에는 대부분 오직 스스로의 재력으로 해결해야 했다. 사족이라 해도 빈곤한 가문에 속한 양반의 경우 만만치 않았다. 안내자인 지로승 없이 다니다보니 헛걸음을 하거나 엉뚱한 곳을 다니는 일도 잦았다. 어쩌다 한 번 유람에 나선 이들과 달리 세상을 자유롭게 떠도는 예인藝人, 다시 말해 여행가인 창해옹滄海翁 정란鄭瀾, 1725-1791, 삿갓 김병연金炳淵, 1807-1863 같은 이들은 이런저런 조건에 크게 구애 받지 않았다.

　특별한 재능을 지닌 인물의 경우 후원자의 조력을 받곤 했다. 이를테면 조선 실경의 창시자 겸재 정선의 경우에는 그림을 청탁한 인물이 아예 함께 동행했다.

조선실경의 완성자 단원 김홍도의 경우에는 크게 달랐다. 그는 왕의 명에 따라 여행을 했다. 단원 김홍도가 경유하는 곳이라면 그곳이 어디든 해당 관아에서 지원이 이루어졌다. 지원에 관한 기록이 없어 그 내역을 알 수는 없지만 숙식은 물론 이동에 필요한 인력과 장비도 포함했을 것이다. 승경지를 그리는 임무를 맡았으므로 그 지역 수령은 일대의 모든 경물을 완전히 파악하고 있는 안내인을 선발해 수행토록 했을 것이다. 사생 여행을 마친 단원 김홍도는 60점이 넘는 화첩을 제작해 명을 내린 왕, 정조에게 올렸다.

단, 그 어떤 신분의 유람객도 군인이나 관리를 사사로이 동원하지는 않았다. 공과 사를 엄격하게 구별하는 조선의 행정 규율을 보여주는 단면이다. 실로 경탄을 자아낸다.

조선시대 이루어진 유람 가운데 가장 희귀한 경우를 꼽자면 바로 강원도 원주 사람 김금원金錦園, 1817-1853의 유람이다. 여자인 그는 남장을 하지 않으면 안 되었다. 시동을 비롯해 갖출 것은 다 갖추었는데 모두 집안에서 마련한 것이다. 그의 유람 사실을 지금 알 수 있는 까닭은 바로 그가 「호동서락기」湖東西洛記라는 유람기를 남겼기 때문이다.[4]

유람객들은 숱하게 많은 여행 기록을 남겼다. 경상대학교 영남문화연구원이 엮은 『금강산유람록』(전10권)과[5] 청량산박물관이 엮은 『옛 선비들의 청량산 유람록』(전3권)이[6] 두드러진다. 또한 국립수목원이 엮은 『국역유산기』(전5권)는[7] 매우 귀한 기록이다. 경기, 강원, 충청, 경상, 전라도 산악 유람기를 모은 것으로 미처 알지 못했던 산악 기행문이 여기 담겨 있다.

내가 가장 즐겨 읽은 유람기는 매월당梅月堂 김시습金時習, 1435-1493의 『매월당집』이다.[8] 『매월당집』에는 방대한 규모의 유람 시편들이 실려 있어 펼치면 그게 바로 실경 시편이다. 생육신의 한 사람으로 국토를 종횡무진 유람하며 읊은 김시습의 유람 시편은 하나같이 걸작이다. 그 가운데 산 이름의 실마리를 잡는다는 뜻의

「기산명」紀山名은 읊고 또 읊어도 좋아 또다시 읊을 만하다.

"비에 씻겨 파리한 건 금강산이고, 안개 걷혀 드러나는 건 오대산이라.
향로봉에는 계수나무 열매 떨어지고, 설악산에는 옥잠화 활짝 피었네.
백두산도 멀리 또 높이 솟았고, 지리산은 장하고도 으뜸이라네.
눈앞에 명산이 이리 많으니, 굳이 금강산에 갈 거야 없을 걸세."[9]

금강산이 으뜸이라 가장 앞장 세우고 있긴 하지만 문장의 뜻을 새기다보면 산이 어찌 금강산뿐일까, 세상에 얼마나 많은 산들이 있는데 싶기도 하다가 아니 그래도 금강산이지 싶다가 오대산이며 설악산에 백두산과 지리산까지 마음과 몸이 훨훨 날아가는 걸 멈출 수 없다.

그림을 묶은 화첩은 실경의 보물창고다. 겸재 정선과 단원 김홍도의 화첩은 말할 나위도 없는 걸작의 집결이다. 겸재 정선은 1711년 첫 번째 금강산 여행을 한 뒤 13점을 묶어 《신묘년풍악도첩》을 제작해 함께 동행한 백석白石이라는 후원자에게 주었고, 1747년 봄 세 번째 금강산 여행을 하고서는 21점을 그려 《해악전신첩》을 제작해 송애松厓라는 후원자에게 주었다. 단원 김홍도는 1788년 정조의 명으로 금강산을 포함하여 영동 땅을 여행하고서 60점이 넘는 《해산도첩》을 제작해 왕에게 올렸다.

겸재 정선과 단원 김홍도의 실경 작품들은 이외에도 매우 많은데 이 그림들을 한꺼번에 볼 수 없어 늘 아쉽다. 그들의 빼어난 실경화를 한자리에 모은 전집을 편찬해 출판한 적이 없어서다. 그나마 겸재 정선의 경우 1993년 연구자 최완수가 121점을 엮어 범우사에서 『겸재 정선 진경산수화』를[10] 출간했으나 단원 김홍도의 경우에는 별도의 실경 화집을 출간한 바 없다. 1995년 삼성문화재단에서 『단원 김홍도』를[11] 냈는데 탄신 250주년 기념 특별전 도록이므로 실경은 일부만 수록했다.

이방운, 〈사인암〉, 《사군강산삼선수석》, 32.5×26, 종이, 1802, 국민대박물관.

조선 실경의 최대 거장이라는 평가를 한몸에 얻고 있는 두 화가의 전작 도록이 없는 현실은 우리 미술 출판의 빈곤과 척박함을 상징한다. 걸작이 즐비한 정선의《해악전신첩》이나《경교명승첩》, 김홍도의《해산도첩》같은 화첩을 복제한 영인본 화집조차 세상에 나오지 않고 있음은 민망하기 그지없다.

다행스럽게도 개성에 넘치는 화풍을 마음껏 구사한 화가 기야箕野 이방운李昉運, 1761-1822이후의《사군강산삼선수석》은[12] 영인본으로 간행되어 나와 있다. 유람으로 일생을 보낸 사족 출신의 화가 기야 이방운이 1802년 충청도 열 곳의 승경지를 그린 열 점을 하나로 엮은 것이다. 단지 산과 강만 있는 게 아니다. 사람과 동물들의 모습도 다양하게 등장한다. 속도감 있는 필치에 적절한 채색, 뛰어난 공간 구성

강세황, 〈태종대〉, 《송도기행첩》, 32.8×53.4, 종이, 1757, 이홍근 기증, 국립중앙박물관.

으로 작품에 생기가 감돈다. 영인본의 크기가 지나치게 커서 방 안에서만 봐야 하는 게 흠이다.

  휴대하기 좋은 크기로 제작한 영인본을 찾았더니 성균관대박물관에서 소장한 화첩 《동유첩》東遊帖을[13] 출간한 게 있다. 그림 28점을 엮은 이 화첩을 1994년과 2005년 두 차례에 걸쳐 출판했다. 1994년본은 한 작품을 한쪽에 배치해 크기가 작고, 2005년본은 한 작품을 두 쪽에 걸쳐 배치하여 크기는 크지만 화폭 중앙이 접혀 있다.

  해당 지역에 거주하며 화업에 종사한 이들이 남긴 실경 화첩도 상당하다. 제주목사로 재임한 병와甁窩 이형상李衡祥, 1653-1733이 제주를 순회 시찰하면서 제주의 화가 김남길金南吉로 하여금 그 여정을 그리도록 해서 엮은 《탐라순력도》가[14] 대표 화첩이다. 한국정신문화연구원에서 1979년에 간행했지만 인쇄 상태가 좋지 않았는데 1994년 제주특별자치도에서 깔끔한 화집을 만들어 내놓았다.

지역 화풍의 정수를 보여주는 또 하나의 실경 화첩으로는 강원도 관찰사로 재임하던 도계陶溪 김상성金尙星, 1703-1755이 엮은 《관동십경》이 있다. 1999년 효형출판사에서 영인본을 간행했다.[15]

《탐라순력도》와 《관동십경》은 변방의 향촌 양식이라는 공통성을 지니고 있는데 제주목사의 통치 철학과 행정 방침이 관철된 《탐라순력도》에 비해 《관동십경》은 승경지가 지닌 아름다움을 추구하고 있다는 점에서 다른 특성을 지니고 있다. 41점으로 엮은 《탐라순력도》에서는 눈길을 거둘 수 없다. 경물을 묘사하는 기묘한 능력으로 말미암은 형상은 일상의 시각으로는 전혀 예상치 못한 것이어서 경탄을 자아내기에 충분하다. 그 특별한 기법과 구도가 이룩해낸 독자한 형상은 주류 화풍으로는 아예 접근 불가능한 화풍으로 제주 향촌 양식이라 불러 부족함이 없다. 이에 대해서는 지난 2021년 출간한 『옛 그림으로 본 제주』에 다른 제주의 옛 그림과 함께 그 모두를 살핀 바 있다.[16]

조선을 그린 화가들, 다녀온 인물들

이 책은 조선시대 경기, 충청, 전라, 경상 지역을 유람한 이들이 남긴 글과 그림에 빚지고 있다. 본문에 필요한 대로 그들의 유람 경위에 대해 밝혀두긴 했으나, 읽기 전 미리 파악을 해두면 가늠을 하는 데 도움이 될 듯하여 책에 등장하는 주요 인물들에 대해 밝혀둔다. 순서는 경중이 아닌 가나다 순에 따랐다. 각 인물 옆의 이미지는 초상화가 있는 경우에는 초상화를, 본문에 실린 그림 가운데 그린 이로 추정되는 인물이 있다면 그 부분을 실었다. 그 외에는 본문에 실린 그림 가운데 그린 이의 그림 한 점을 골라 일부를 축소하여 실었고, 관련 이미지가 없는 경우는 생략하였다.

1

강세황 姜世晃, 1713-1791

아호는 표암豹菴. 18세기 미술사의 새로운 시대를 열어간 거장으로 비평과 창작을 겸전한 당대 절정의 화가이자 비평가다. 특히 그 문하에서 단원 김홍도와 자하 신위를 배출했다. 1757년 개성 여행, 1770년 변산 유람을 다녀왔다. 개성 여행 때는《송도기행첩》을 남겼고 변산 유람 이후에는 두루마리 그림 <우금암도>를 남겼다. 또한 시기는 정확하지 않으나 단양 유람을 다녀온 뒤에는 단양팔경을 그림으로 그렸다. 1788년에는 김홍도 일행과 더불어 금강산을 포함한 관동 승경 유람도 다녀왔다.

2

김득신 金得臣, 1754-1822

아호는 긍재兢齋. 큰아버지 김응환, 아우 김석신, 김양신, 아들 김건종, 김수종, 김하종 등이 화원으로 진출한 개성김씨 화원 명문가 출신이다. 도화서 화원으로 1772년부터 의궤 제작에 참여했으며 1783년 규장각 자비대령화원에 선발되었다. 여러 분야에서 탁월한 역량을 과시했으며 김홍도의 단원화풍을 따랐다. 1895년 정조의 화성능행에 따라가《화성능행도 8폭 병풍》제작에 참여했다.

3 권신응 權信應, 1728-1786

권신응은 옥소 권섭의 손자로 명문가인 안동권씨 가문 출신인데 할아버지의 부름에 따라 실경화를 그리곤 했다. 다른 기록이 없어 생애에 관해 더 이상 알 수 없다. 1756년 이후 충청도 괴산군의 화양동을 담은《화양구곡도》를 남겼고, 1753년에는 한양 승경을 담은《북악십경》을 그리기도 했다.

4 김상진 金常眞, 1705-1784년 이후

아호는 영재嶺齋. 관련 기록이 없어 그에 대해 더 이상 알 수 없다. 다만 국립중앙박물관 소장품으로 그가 그린《무이구곡도》에 퇴계 이황, 한강 정구의 글이 포함되어 있는 것으로 보아 경상도 일대에서 활동한 토박이 화가인 듯하다. 1784년 한강 정구가 경영하고 그의 후손 정동박이 지정한 무흘구곡을 품고 있는 성주와 김천으로 이어진 대가야천을 답사한 뒤 《무흘구곡》을 그렸다.

5 김양기 金良驥, 1792-1842년 이후

아호는 긍원肯園. 단원 김홍도의 아들로, 단원화풍을 물려받았다. 1806년 김홍도가 세상을 떠난 뒤 힘겹게 성장했다. 조희룡은 『호산외기』에서 김양기에 대해 가법을 물려받은 화가이자 자신의 친구였다고 했다. 언젠가 임진강을 다녀와 그린 〈임진서문〉이 전해온다.

6 김윤겸 金允謙, 1711-1775

아호는 진재眞宰. 조선후기 집권 250년을 누린 명문세가 장동김문의 서자로 태어나 1764년부터 1770년까지 7년 동안 사재감 주부 및 소촌찰방 등 하급 관직에 머물렀을 뿐 생애 내내 국토 유람을 그치지 않았다. 이를 통해 전국 각지의 숱한 실경을 그렸다. 40대와 50대에 각각 한 차례씩 금강과 관동 승경 유람을 다녀왔으며 60대에는 단양, 영남을 여행했다. 《영남기행화첩》은 합천, 거창, 함양, 산청과 부산에 이르는 승경지를 그린 걸작이다.

7 김응환 金應煥, 1742-1789

아호는 복헌復軒. 개성김씨 화원명문가를 일군 도화서 화원으로 조카 김득신, 김석신, 김양신과 사위 이명기, 장한종이 모두 저명한 화가들이다. 충청도 일대를 유람한 뒤 《산수화첩》을 남겼다. 별세하기 한 해 전인 1788년 9월에는 표암 강세황, 후배 화원 김홍도 일행과 더불어 금강산을 포함한 관동 승경 유람을 다녀와 《해악전도첩》을 남겼다.

8 김홍도 金弘道, 1745-1805

아호는 단원檀園. 경기도 안산 단원에서 태어나 스승 강세황으로부터 배운 뒤 상경하여 정조의 눈에 들어 왕의 화가로 군림했다. 조선 오백년 역사상 가장 뛰어난 기량을 과시한 천재로 꼽힌다. 1783년 경상도 안동의 안기찰방, 1792년 충청도 연풍현감을 역임했고 1795년부터 정조의 화성 능행에 참여했다. 각 지역의 승경을 그렸는데 1796년에 엮은 《병진년 단원절세보》에 충청 지역의 그림들이 들어 있다.

9 낭심호 浪心鎬, 20세기

아호는 월호月湖. 기록이 없어 그에 대해 알 수 없다. 〈박연폭포〉, 〈백양사〉, 〈쌍계사〉, 〈촉석루〉를 포함한 병풍 《조선팔경도》를 남겼다. 제작 시기는 〈촉석루〉에 철교가 등장하는 것으로 미루어 남강에 철교를 가설한 1925년 이후로 추정한다.

10 변박 卞璞, 1742-1783년 이후

아호는 탁지琢之. 출신은 알 수 없으나 동래부 소속 화원으로 활동했다. 도화서 화원들의 양식을 능숙하고 유려한 필치와 채색으로 구사하고 있어 한양 유학을 다녀온 지역 화가가 아닌가 한다. 1764년 제10회 통신사 기선장 직임을 맡아 왜국을 다녀왔다. 이때 한양의 화원 김유성과 동행했다. 1783년에 그린 〈초량왜관도〉가 전해온다.

11

송태회 宋泰會, 1872-1940

아호는 염재念齋. 전라도 화순에서 태어나 상경, 청나라 유학을 다녀왔으며 1910년 조국을 일제가 강탈하자 낙향해 평생을 후진 양성에 헌신하면서 처사 화가의 생애를 살아나간 맑은 인물이다. 고향 화순은 물론 순천, 영암, 고흥, 보성, 장성, 영광 일대의 사찰에 비석과 현판 글씨를 써주었고 이때 〈송광사전도〉를 그렸다.

12

설씨부인 薛氏夫人, 1429-1506

전라도 순창에서 태어나 신말주와 혼인했다. 문장과 글씨와 그림에 능하여 널리 이름을 떨쳤다. 1482년 순창 강천사 실경을 그린 〈광덕산 부도암도〉가 전해오는데, 15세기 유일한 실경 산수화다.

13

안중식 安中植, 1861-1919

아호는 심전心田. 정교하고 화려하며 안정감에 넘치는 그의 화풍은 20세기 초 고전 형식을 완성한 시대 양식의 전범이다. 1915년 전라도 영광 여행을 다녀와 병풍 대작 《영광풍경》을, 1913년에는 〈진주 촉석루〉를 그렸다. 둘 다 국권회복을 꿈꾸는 의지가 은밀하게 숨쉬는 작품들이다.

14

엄치욱 嚴致郁, 1770년 무렵-?

아호는 관호觀湖. 기록이 드물어 생애를 자세히 알 수는 없다. 다만 1795년 화성 성역에 동원되었을 때 훈련도감 소속이었고, 다음 해에는 화성성역의궤청 화사, 1804년 인정전 영건도감 의궤 제작 때는 방외화원으로 참가했다. 도화서 화원으로 나가지 않았으며 19세기 단원화풍 계보에 속하는 화가다. 금강과 관동 승경은 물론 한양 실경이 남아 있으며, 충청도 단양의 〈옥순봉〉이 전해온다.

15 오경석 吳慶錫, 1831-1879

아호는 역매亦梅. 금석학과 서화에 깊은 조예를 쌓았고 서화 골동을 수집한 대수장가였다. 서구 세계를 향한 개방 사상을 지녔고 이 모든 것을 아들 오세창에게 물려주었다. 몇 점 없긴 하지만 그가 그린 매화나 난초, 산수화는 빼어난 기량을 과시한다. 1855년 6월 수락산 내원암으로 피서를 다녀와 그린 것이 〈수락산〉이다. 두 해 전 처음으로 사행단 역관으로 중국에 다녀온 뒤였다.

16 유영오 柳榮五, 1777-1863

아호는 율리栗里. 사헌부 장령으로 재임하던 중 평안감사 이희갑을 탄핵했으나 오히려 타인 모함의 죄를 얻어 전라도 신지도로 유배를 가야 했다. 이후 다시는 출사하지 않고 은일의 삶을 살면서 아들과 손자를 화서 이항로 문하에 입문시켰다. 증손자는 의병장 유인석이다. 1836년 경기도 양평 벽계구곡을 담은 〈벽원아집도〉를 그렸는데, 화서 이항로의 생가 일대를 그린 실경화다.

17 윤덕희 尹德熙, 1685-1766

아호는 낙서駱西. 18세기 회화사의 거장 공재 윤두서의 장남이다. 평생 관직에 나가지 않았다. 1735년 세조어진 모사를 위해 동참화사로 참가했고 1748년 숙종어진 모사를 위해 유화儒畵로 참가했다. 산수, 인물과 말 그림에 뛰어났으며 가전화풍을 이어받아 한 시대를 풍미했다. 1763년 단양팔경 유람을 다녀온 듯한데《보장첩》중 그 지역 풍경을 담은 〈도담절경〉이 전해온다.

18 윤제홍 尹濟弘, 1764-1845년 이후

아호는 학산鶴山. 손가락에 먹을 묻혀 그리는 지두화가로 당대 으뜸이라는 칭호를 얻었다. 일찍이 1795년 강원도 인제군 기린찰방으로 나간 이래 중앙직과 지방직을 거듭 되풀이했다. 관동과 제주 승경은 물론 경기, 충청도의 승경을 숱하게 남겼다. 1833년 그린《학산묵희첩》중 〈석문〉과 〈옥순봉〉, 1844년 그린《학산구구옹첩》중 〈옥순봉〉은 단양팔경을 그린 걸작이다.

이방운 李昉運, 1761-1822년 이후   19

아호는 기야箕野. 심사정의 먼 친척으로, 평생 관직에 나가지 않은 채 그림에 탐닉하며 생애를 보냈다. 1802년 청풍부사와 함께 단양 승경 유람을 다녀와 〈구담〉, 〈금병산〉, 〈평등석〉, 〈사인암〉, 〈도담〉, 〈수렴〉을 포함한《사군강산삼선수석》을 남겼다. 이 밖에도《관동팔경 8폭 병풍》, 〈경포대〉 등이 전해온다.

20   이성린 李聖麟, 1718-1778

아호는 소재蘇齊. 역관 가문 출신으로 아들과 손자에 증손자까지 화원으로 명성을 떨친, 전주이씨 화원 가문의 비조다. 1748년 통신사 수행 화원으로 일본에 다녀오며 그린 두루마리 화첩《사로승구도권》이 전해온다. 여기에 통신사의 출발항인 〈부산〉이 포함되어 있다. 뒷날 1773년 사행단 수행 화원으로 중국에도 다녀왔다.

이신흠 李信欽 1569-1635   21

자는 경립敬立. 도화서 화원으로 1604년 명나라 사행단에 화원으로 수행했으며 초상화로 명성을 얻었다. 다만 당대의 화가 이정, 이징의 명성에 밀려 낮은 평가를 받았다. 1617년 양평군 옥천 땅의 예조판서 이호민의 별장을 다녀와 그린 〈사천장팔경도〉가《사천장시화첩》에 포함되어 있다. 이 화첩에는 지금 서울 종로 송현동을 그린 〈세년계회도〉도 들어 있다.

22   이윤영 李胤永, 1714-1759

아호는 단릉丹陵. 한산이씨 명문가 출신이지만 관직에 나가지 않고 평생 시서화에 탐닉하며 유람을 즐기며 살았다. 만년에 단양에 살기도 했다. 친한 벗 이인상이 경상도 함양 사근찰방에 제수되자 1748년 봄 송문흠을 비롯한 벗들과 함께 방문해 지리산 천왕봉 등반을 마쳤다. 귀경길에는 충청도 부여에 들러 〈고란사〉를 그렸으며 1750년 무렵에는 부채그림 〈옥순봉〉을 그렸다.

23
이의성 李義聲, 1775-1833

아호는 청류清流. 서얼 가문 출신으로 하급 관직을 전전했다. 강원도 흡곡현감을 거쳐 온양군수 재임 중 별세했다. 흡곡현감으로 재임 중이던 1828년 무렵 강원도 관찰사로 부임해온 정원용과 함께 설악산과 관동 승경을 유람했다. 이 인연으로 정원용은 이의성에게 안동의 실경을 부탁했고, 이의성은 안동 하회마을 일대를 다녀와 〈도산서원〉, 〈안동부치〉, 〈석문정〉, 〈수동〉, 〈망천〉, 〈하회〉, 〈구담〉, 〈지보〉 등을 담은 《하외도 10폭 병풍》을 남겼다.

24
이인문 李寅文, 1745-1824년 이후

아호는 고송유수관古松流水館. 중인 가문에서 태어나 도화서 화원이 되어 단원 김홍도와 더불어 쌍벽의 명성을 얻었다. 친가 쪽으로 임득명, 외가 쪽으로 김홍도가 먼 친척이다. 심사정의 빠르고 강렬한 선묘와 화사한 색채를 계승하여 청정하고 세련된 화법으로 개성 있는 양식을 구축했다. 언제 누구와 충청도 괴산을 다녀갔는지 알 수는 없으나 화첩 《실경첩》 중 〈수옥정〉과 〈낙화담〉이 전해온다.

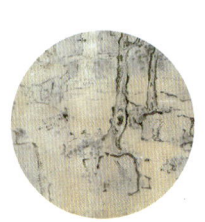

25 이인상 李麟祥, 1710-1760

아호는 능호관凌壺觀. 서얼 출신으로 평생 하급 관료를 전전하면서 국토 유람을 다녔다. 기이한 붓놀림으로 묘사하는 자기만의 필법을 구사한 화가로 알려졌다. 1747년부터 1749년까지 경상도 함양 사근찰방으로 재임했고 1752년에는 명필 송문흠과 단양에 은거하고 있는 벗 이윤영을 찾아갔다. 이때 함양 휴천면의 승경 〈용유담〉을 그렸다. 단양의 〈옥순봉〉을 그린 건 한참 뒤인 1757년이다.

26 이종악 李宗岳, 1726-1773

아호는 허주虛舟. 경상도 안동 출신으로 평생 이곳에 살았다. 고성이씨 가문의 후손으로 관직에 진출하지 않은 채 시서화에 탐닉한 처사였다. 1763년 4월 4일부터 8일까지 안동의 반변천에 배를 띄워 선상 유람을 했다. 이를 기념해 그린 그림 12점을 묶은 《허주부군산수유첩》이 전해온다.

27 이징 李澄, 1581-1645년 이후

아호는 허주虛舟. 16세기 최대의 화가 학림정 이경윤의 서자로 태어나 하급 관직을 전전했고 1609년 허균과 함께 사행단의 일원으로 중국을 다녀왔다. 숙종을 비롯한 왕실에서 사랑한 화가였고 17세기 전반기를 대표하는 당대 제일의 인기 화가였다. 언제 누구와 경상도 안동에 다녀왔는지 알 수 없으나 이때 그린 3미터 길이의 〈도산서원도〉가 전해온다. 또한 1643년에 경상도 하동의 화개현을 그린 〈화개현구장도〉가 전해오는데 직접 다녀오지 않고 그림만 그렸다.

28 이형부 李馨溥, 1791-?

아호는 계서溪墅. 누구인지 알 수 없는 미지의 화가로, 개성에 넘치는 화풍으로 향촌 양식의 전형을 보여준다. 1809년 충청도 괴산군의 화양동을 담은 실경 화첩 《화양구곡도》가 유일하게 전해온다.

29 임득명 林得明, 1767-1822

아호는 송월헌松月軒. 중인 출신으로 하급 관료이자 화가였다. 1786년 중인 예원 최대 규모의 시사인 송석원시사에 참여해 기념화인 〈옥계십경〉을 그렸으며 시서화 삼절로 명성을 떨쳤다. 1813년 규장각 서리로 서북 일대를 감독하는 임무를 맡아 여행하면서 13미터 규모의 두루마리 대작 《서행일천리장권》을 그렸다. 섬세하고 힘찬 필치와 밀도 높은 채색을 구사한 기행 실경화의 절정이다.

30 전충효 全忠孝, 17세기

아호는 묵호墨豪. 전라도에서 활동한 화가다. 기록에 따르면 전라도 장수, 무안의 수령이 요구하는 그림을 그렸다. 중앙의 주류 화풍을 구사한 것으로 미루어 한양에서 활동하다가 낙향했거나 한양 유학을 다녀온 인물일지도 모르겠다. 전라도 화순의 처사 석정 김한명이 살던 집을 중심으로 그 일대를 그린 〈석정처사 유거도〉가 전해온다.

31 정선鄭敾, 1676-1759

아호는 겸재謙齋. 몰락한 양반가 출신으로 출사해 하급 관직 및 지방수령직을 전전하면서 조선 실경의 비조로 우뚝 섰다. 명실상부 18세기 제일의 거장이다. 1721년부터 5년 동안 경상도 대구 근교인 하양현감, 1733년부터 3년 동안 포항 근교인 청하현감, 1737년 충청도 사군 승경 유람, 1740년부터 5년 동안 경기도 양천현령을 지내면서 하양현감 시절에는 대구를 그린 〈달성원조〉를, 청하현감 시절에는 내연산 용추폭포를 그린 〈내연삼용추〉를, 양천현령 시절에는 한강 일대를 그린 화첩 《경강명승첩》을 남겼다. 금강 및 관동 승경은 물론 국토의 여러 승경을 그린 실경화가 다채롭게 전해온다.

32 정수영鄭遂榮, 1743-1831

아호는 지우재之又齋. 《동국지도》를 제작한 지리학자 정상기의 증손자로, 표암 강세황의 경쾌하고 자유로운 화풍을 계승하여 스스로 개발한 기법을 숙성시켜 아무도 도달하지 못한 경지에 이르렀다. 평생 관직에 나가지 않은 채 국토를 유람하며 숱한 실경을 그렸다. 1796년부터 1797년까지 두 차례에 걸쳐 절친한 벗들과 어울려 남한강과 임진강 선상 유람을 다녔고, 이때 남긴 것이 《한임강명승도권》이다. 《한임강명승도권》은 그의 또다른 화첩 《해산첩》과 함께 조선 회화사의 걸작이다.

33 정황鄭榥, 1737-1800

아호는 손암巽菴. 겸재 정선의 큰아들 정만교의 아들로 출사하지 않은 채 할아버지 정선의 겸재 양식을 이어나갔다. 언제 누구와 국토 유람을 다녔는지는 알 수 없으나 〈양주 송추〉, 〈대구달성〉, 〈동래 태종대〉, 〈동래 몰운대〉 등과 함께 금강산 실경화인 〈장안사〉, 〈보덕굴〉이 전해온다.

34 채용신蔡龍臣, 1850-1941

아호는 석지石芝. 한양에서 태어나 1906년 전주, 1909년 익산으로 이주한 이래 별세할 때까지 이

일대에서 활동한 20세기 전반기 최대의 초상화가다. 어진은 물론 스승 면암 최익현의 초상도 여러 점 그렸다. 1910년 전라도 정읍 칠보면에 다녀와 이 일대의 실경화인 〈고현동칠광도〉, 〈송정십현도〉를 그렸다.

35
초의선사 草衣禪師, 1786-1866

법명은 의순意洵. 전라도 해남 대둔사의 13대 종사다. 1812년 강진의 다산 정약용 유배지를 출입하며 유학과 시를 배웠다. 1824년부터 대둔사 일지암에 머물며 교육과 저술에 전념했다. 1815년 금강산을 다녀오면서 한양에서 당대 예원의 맹주 신위를 비롯 명유들인 홍현주, 김정희, 정학연과 친교를 맺었다. 여러 저술을 통해 시대사상인 유가와 불가의 공존을 꾀했고 특히 『동다송』, 『다신전』은 그를 차의 성인으로 알린 저작이다. 일지암에 머물 때 그린 〈다산초당도〉가 전해온다.

36
최북 崔北, 1712-1786

아호는 호생관毫生館. 중인 가문 출신으로 전라도 무주에서 태어났으며 관직에 나가지 않은 채 평생 유랑의 삶을 살았다. 10대 때 현재 심사정에게 그림을 배웠고 1747년 화가 이성린과 함께 통신사행에 선발되어 일본에 다녀왔다. 1786년 중인 예원 최대시사인 송석원시사에 참여했다. 성격이 괴팍하고 천성이 오만하여 많은 일화를 남겼지만 성호 이익의 칭송을 얻었다. 당대의 문인 신광하의 기록에 따르면 시장에 그림을 내다팔며 생계를 이어나간 불우한 생애를 견딘 자유인이었다. 1749년 유람길에 들른 단양의 풍광을 담은 〈도담삼봉〉과 함께 그린 때를 알 수 없는 〈상선암도〉가 전해온다.

37
허련 許鍊, 1808-1892

아호는 소치小癡. 전라도 해남 진도에서 태어나 젊은 날 같은 해남의 공재 윤두서 집안에 출입하며 그림 공부를 시작했고 초의선사 소개로 추사 김정희 문하에 입문해 제자가 되었다. 낙향해 남도 화단의 종장으로 군림했으며 아들 허형과 손자 허건, 허림을 배출했다. 만년에 전라도 군산에서 몇 해 살았는데 이때 〈모악산 금산사〉를 그렸고, 경기도 연천에 다녀와 〈태령십청원〉을 그렸다.

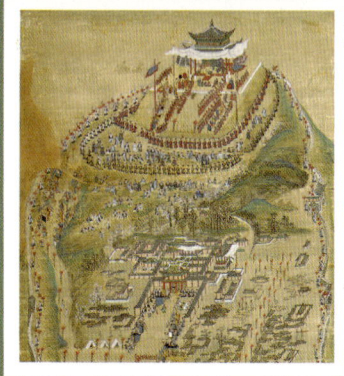

01

경기_
수천 년 문명의 땅, 왕실의 앞마당

수천 년 문명의 땅이자 왕실의 앞마당인 경기는 왕국의 수도 한양을 감싸는 땅이다. 수도를 보위하는 방어 지대이자 중앙과 지방을 연결하는 중간 지대로 왕은 공신과 관료에게 사패지를 하사할 때 주로 경기 땅을 골라주었다. 그렇게 하다보니 사대부, 다시 말해 지배층의 근거지가 되었고 그들로 말미암아 문명을 기름지게 하는 생산 기지가 되었다.

경기도는 조선을 호령하는 왕성 한양을 감싸고 있으므로 최신 문명을 빠르게 흡수해나갈 수 있었다. 번영의 영향권 안이었다. 동쪽이 높고 서쪽이 낮아 모든 강들이 이리저리 한 번씩 휘돌아 서해바다로 빠져나가는 땅이다. 북에는 임진강·한탄강이 씩씩하고, 남에는 청미천·안성천이 평화롭다. 한복판의 한강은 말 그대로 큰 강이라 한양과 그 주변인 경기를 가로지르며 풍요를 약속하는 생명의 젖줄이다. 그 물줄기를 따라 기름진 땅에서 절로 자라나는 온갖 물산이 사람들을 모여들게 했다. 그 구심력은 수도를 보위하는 최고의 위력이었다.

일찍이 고려의 왕성 개경을 감싸는 수호 지역으로 500년, 조선의 수도 한양을 둘러싼 보위 지역으로 500년을 견뎌온 경기는 20세기 이후에도 여전히 수도를 호위하는 기전산하의 힘을 잃지 않고 있다.

왕경을 보위하는 지역답게 북한산성, 남한산성은 물론 행주산성이 강건하다. 비록 실현하지 못한 꿈의 도시일지라도 위대한 왕 정조가 건설한 수원 화성 또한 왕의 품격을 머금은 신도시의 자태 그대로다. 여기에 역대 제왕들의 영혼이 숨쉬는 왕릉이 즐비하여 그 또한 위엄에 넘치는 기운을 과시하고 있다.

삼한시대에 이 땅은 마한 땅의 일부였고 이후 한강 유역에서 일어난 백제가 탄생하면서 처음으로 왕의 도시인 수도가 생긴 이래 신라와 고구려의 치열한 각축장이었다. 고려에 이르러 처음으로 개성 주변에 수

경기도 주요 지역

도를 수호하는 경현京縣과 기현畿縣을 설치했다. 경기라는 개념의 탄생이다. 귀주대첩의 영웅 강감찬姜邯贊, 948-1031 시대의 탁월한 왕 현종顯宗, 992-1031 때인 1018년의 일이다. 그때 경기는 지금의 경기 북부 지역이었다.

조선시대에 접어들어 수도를 한양으로 바꿈에 따라 경기도의 영역도 바뀌었다. 그 범위는 지금의 경기도 영역과 비슷한데 경기좌도, 경기 우도로 나누었다.[1] 좌도와 우도를 처음 구분한 고려 공양왕恭讓王, 1345-1394 때는 개성을 기준으로 나누었고, 조선 태조太祖, 1335-1408 때는 한양을 기준으로 구분했다.

경기라는 낱말의 유래가 궁금할 수밖에 없다. '경'京은 커다란 성곽을 뜻하는 경성京城으로 한 나라의 수도를 말한다. '기'畿는 가까운 밭을 뜻하는 기전畿甸으로 한 나라의 수도를 감싼 주변을 말한다. 땅이 넓은 고대 중국은 수도 밖 1천 리 이내 지역을 기전이라 하였다. 땅이 좁은 고려와 조선은 수도 밖 500리 이내 지역을 기전이라 했다. 그러니까 기전은 수도 밖 500리 땅을 말한다.

그러고 보면 경기란 경성과 기전을 아우르는 낱말이다. 따라서 경기라는 낱말이 아닌 기전 혹은 기전산하라고 쓰는 것이 마땅하다. 하지만 행정 지명도 경기요, 오랜 말 습관도 경기였으니 경기라고 하는 게 틀렸다고 할 수는 없다.

기전산하를 수놓은 산줄기와 강줄기는 어떠한가.
먼저 산줄기를 따라가보자. 첫째는 한강의 북쪽 산줄기란 뜻의 한북정맥漢北正脈이다. 원산 아래쪽 백두대간 분수령에서 갈라져 서남쪽으로 뻗어내려 경기 북부를 주름잡고 있다. 둘째는 한강의 남쪽 산줄기란 뜻의 한남정맥漢南正脈이다. 저 아래 속리산에서 북쪽으로 뻗어올라와 경기 남부를 휘감는다.
다음으로 강줄기는 어떠한가. 첫째 강줄기는 북한강이다. 백두대간 줄기에 위치한 금강산, 설악산, 오대산에서 시작해 경기의 동북부를

적신다. 둘째 강줄기는 남한강이다. 백두대간 줄기에서 솟아난 태백산, 소백산, 속리산에서 시작한 줄기가 양평에서 만나 경기의 동남부를 지나간다. 셋째 줄기는 임진강이다. 한북정맥의 북쪽 기슭을 타고 흘러 내려오다가 연천 땅에서 한탄강과 만나고 거의 다 와서 한강과 합쳐져 서해바다로 달아나버린다.

또한 산악과 평야는 어떠한가. 경기 북부와 동부는 산악 지대요, 남부와 서부는 평야 지대다. 북으로 감악산 동으로 용문산이 우뚝하고, 서쪽과 남쪽은 파주에서 안성과 평택에 이르는 벌판이 드넓다. 어디 그뿐인가. 높지는 않아도 각양각색의 특색을 뽐내는 산들이 즐비하다. 수도인 한양 북쪽에 삼각산과 도봉산, 동쪽에 수락산과 아차산 그리고 남쪽에 대모산과 관악산, 서쪽에는 덕양산이 마치 호위하듯 빙 둘러싸고 있어 아름답지 않을 수 없다. 이 가운데 삼각산, 아차산, 관악산, 덕양산 네 곳을 특정하여 사방에서 서울을 감싸주는 외사산外四山이라 한다. 이처럼 산악마저도 한양을 감싸 호위하는 형국이니 기전, 기전산하라 이를 만한 땅이었다.

개성, 고려왕조의 도읍

　　개성은 푸른 나무, 소나무와 관련 있는 땅이름과 인연을 맺고 있다. 백제 때 푸른 나무 고개라는 뜻의 청목령靑木嶺, 신라 때 소나무 산이라는 뜻의 송악군松岳郡이 그렇다.² 열린 성곽 또는 열린 도시라는 뜻의 개성開城이라는 지명은 신라시대 때 처음 사용한 것이다.

　　고려 태조太祖 왕건王建, 877-943이 송악군을 도읍으로 삼았는데 그로부터 400년이 지난 1308년 개성이라는 낱말이 송악보다 우위를 점해 개성으로 정착했다. 하지만 개성이라고만 부른 건 아니다. 개경開京, 송악松岳, 송도松都, 송경松京 가운데 제 마음대로 불렀다. 조선시대에 한양으로 수도를 옮겼지만 여전히 송도, 송경으로 불렀으며 상업 도시로 크게 번성했다.

　　오늘날에도 개성은 큰 도시다. 풍경이야 바뀌었어도 왕건릉, 공민왕릉처럼 고려 500년의 번영을 보여주는 유적이 즐비하고 또한 박연폭포와 같은 승경지도 다양하다. 소나무가 무성한 송악산을 중심으로 사방에 빼어난 산들이 둘러 있고 서쪽으로 예성강, 남쪽으로 임진강이 흐른다. 하지만 지금은 군사분계선 북쪽에 자리하고 있어 오갈 수 없다.

개성에는 뭐니뭐니해도 박연폭포가 있다. 박연폭포의 매력은 실제로 거기 존재하는 박연폭포지만 그곳으로 끌어들이는 유혹의 힘은 그림으로 그린 박연폭포가 아닌가 한다. 조선 실경의 종장 겸재 정선이 그린 박연폭포는 오늘날 두 점이 전해온다. 겸재 정선은 1741년 1월부터 1745년 1월까지 양천현감으로 재직했다. 이때 개성을 방문해 박연폭포를 그렸다. 연구자 최완수는 〈박생연〉朴生淵을 1743년 가을에 그렸다고 추정했는데,[3] 또 다른 〈박연폭포〉도 그 무렵 전후에 그린 것이 아닌가 한다.

넓은 붓에 먹을 듬뿍 먹여 빗자루로 쓸어내듯 그리는 부벽준斧劈皴을 사용한 〈박생연〉과 〈박연폭포〉는 같은 구도와 기법으로 그린 작품이다. 하지만 〈박생연〉은 대상을 제대로 묘사하려는 의지가 넘쳐 세심함을 보이고 또한 가을임을 드러내기 위해 활엽수에 붉은 담채를 칠했으며 폭포줄기에 흰색도 함께 곁들여 칠했다. 그와 달리 〈박연폭포〉는 거침없는 붓놀림으로 절벽의 웅장한 기운을 드러내는데 집중했다. 따라서 〈박연폭포〉는 뒷날 따로 그린 것일 수도 있다. 부벽준 활용의 절정에 도달한 〈인왕제색도〉를 1751년에 그렸으니까 그 무렵일 수도 있겠다.

병조참판을 역임한 관료이자 손가락에 먹을 묻혀 그리는 지두화의 거장 학산鶴山 윤제홍尹濟弘, 1764-1845 이후의 〈박연폭포 범사정〉은 정작 옆에 쓴 화제가 더욱 폭포같이 보이는 작품이다. 화제의 내용은 폭포 아래 정자의 이름을 밝힌 것으로 그 중 '범사정'泛槎亭이라고 쓴 글씨가 보인다. 뗏목을 띄운 정자라는 뜻인데 폭포를 보고 있노라면 보는 사람이 마치 뗏목을 탄 채 둥둥 떠도는 느낌이 든다는 게다. 폭포를 감싸고 있는 우람한 바위의 생김생김에 집착하다보니 정작 폭포의 기세가 작아졌다.

중인 출신으로 송석원시사 활동에 탐닉한 당대의 화가 송월헌 임득명은 1813년 관서 지역을 여행하면서 〈서행일천리장권〉이라는 대작을 남겼다. 이 작품 역시 폭포보다는 주변의 장대하고 장엄한 바위 묘사에 심혈을 기울였다. 특히

정선, 〈박생연〉, 98.2×35.8, 비단, 1743년경, 간송미술관.    정선, 〈박연폭포〉, 119×51, 종이, 1743년경, 개인.

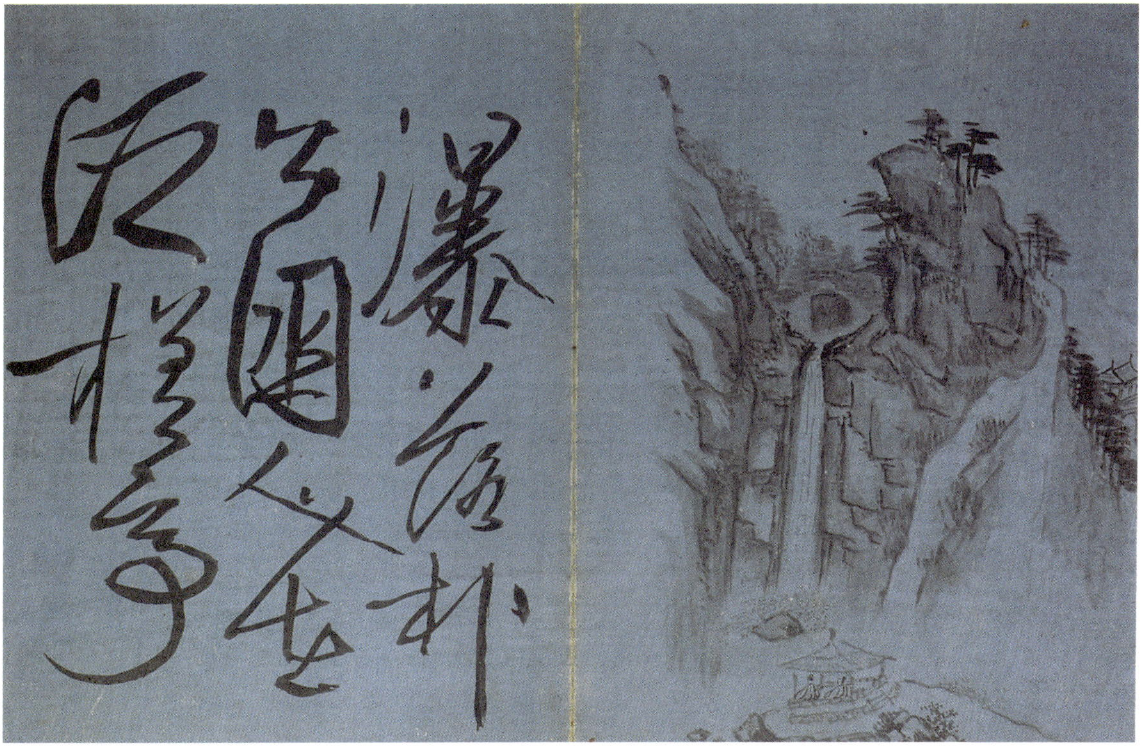

윤제홍, 〈박연폭포 범사정〉, 《학산묵희첩》, 20.7×26.2, 종이, 1812년경, 호암미술관.

낭심호, 〈개성 박연폭포〉, 《조선8경도》, 110×33, 종이, 1925년 이후,
최열 기증, 국립현대미술관연구센터.

임득명, 〈박연폭포〉 부분, 《서행일천리장권》, 1813, 개인.

짙고 옅은 효과를 활용해 둥글게 부풀어오른 덩어리로 느껴지는 암벽이 엄청나다. 게다가 그 사이사이에 자라난 붉은 단풍나무가 생기를 불어넣었다. 그 결과 굴곡진 율동감이 최고 수준에 이르렀다. 겸재 정선의 〈박연폭포〉와 짝을 이루는 걸작이라 아니할 수 없다.

덧붙이자면 일제강점기에 활동한 화가 월호月湖 낭심호浪心鎬, ?-?의 〈개성 박연폭포〉는 하단의 언덕과 나무를 크게 키워놓음으로써 박연폭포의 다른 모습을 보여준다.

만월대는 고려의 정궁을 아우르는 말인데 한양으로 말하자면 경복궁을 가리킨다. 고려 개창 당시 궁궐에 경복궁과 같은 이름을 붙이지 않아 본궁本宮 같은 말을 쓰고 있었다. 그런데 1361년 원나라 홍건적의 침입으로 궁궐이 불탄 뒤 터를 그대로 두었다. 조선시대에 들어와 그 터를 보름달이 보이는 터라는 뜻의 만월대滿月臺라 부른 것이 그 이름의 시작이다. 건물은 없고 그 밑 주춧돌만 남아 있으니 궁이 아니라 대라고 했다.

만월대는 개성의 진산인 송악산을 등 뒤에 두었다. 한양 경복궁 뒤쪽 백악산이 한양의 진산인 것과 같다. 산 전체가 화강암이라 눈부셨는데 그 아름다움이 지극히 커서 강원도에 금강산이 있다면 경기도에는 송악산이 있다는 말이 널리 퍼졌다. 개성 시내에서 보면 두 손을 모은 여인이 누워 있는 모습인데 감탄을 자아낸다. 송악산은 경기 5악의 으뜸가는 산이었다. 경기 5악은 송악산과 더불어 연천의 감악산, 포천의 운악산, 가평의 화악산, 안양의 관악산이다.

단원 김홍도가 저 만월대를 그렸다. 송도에 거주하는, 60세 넘은 노인을 뜻하는 기로耆老가 모여 계회를 개최한 장면을 그린 〈기로세련계도〉耆老世聯契圖가 그것이다. 화폭 상단에 송악산이 위풍당당하고 그 아래쪽 터만 남은 만월대에서 열리는 행사가 성대하다. 당시 예조정랑이었던 간재艮齋 홍의영洪儀泳, 1750-1816이 쓴

김홍도, 〈기로세련계도〉, 137×53.3, 비단, 1804경, 개인.

제발과 그 끝에 당대 명필 기원綺園 유한지兪漢芝, 1760-1834가 쓴 제목이 자리하고 있다. 〈기로세련계도〉의 아래에는 이날 모임에 참석하였던 기로 64명의 이름과 직책이 적혀 있다. 화폭에 등장하는 인물들의 숫자가 엄청날 뿐만 아니라 한 명 한 명이 모두 각자 무슨 일을 하는지 그대로 보여주고 있어 경탄을 자아낸다.

개성 혹은 송도 하면 떠오르는 사람이 있다. 여섯 편의 시조를 남긴 기생 진랑眞娘 황진이黃眞伊, 1506-1567와 위대한 철학자 화담花潭 서경덕徐敬德, 1489-1546이다. 황진이는 화담 서경덕을 찾아가 제자가 되었다. 화담 서경덕이 송도삼절이 무엇이냐 묻자 황진이가 박연폭포와 화담 선생에 이어 스스로를 꼽은 이야기가 유명하다.

표암 강세황이 안산에 살고 있을 때인 1757년 7월 송도 여행을 했다. 해주 오씨 명문가 출신으로 이때 개성유수로 부임해 있던 체천棣泉 오수채吳遂采, 1692-1759가 표암 강세황을 불렀기 때문이다. 이 무렵 표암 강세황은 한 해 전 아내를 잃고 안산에서 하릴없이 외로움을 견디고 있었다. 체천 오수채는 유수로 부임하여 기존의 『송도지』松都誌를 보완하는 속편을 편찬할 만큼 개성의 인문지리에 관심이 높은 인물이었다. 때마침 당대의 화가로 이름 높은 표암 강세황이 힘겨워하고 있으니 위로 삼아 여행도 할 겸 송도를 그림으로 그리게 했다. 지금 전해오는《송도기행첩》은 그때 그린 화첩이다. 개성 출신의 대수장가인 동원東垣 이홍근李洪根, 1900-1980이 기증하여 국립중앙박물관 소장품이 된 이 화첩은 〈송도전경〉을 시작으로 〈만경대〉까지 모두 16점이다. 송도, 다시 말해 개성을 그린 옛 그림으로 가장 방대하고 또한 미술사상 가장 독특한 실경화풍을 과시하고 있는 걸작이다.

화첩의 발문에 표암 강세황은 주문자 체천 오수채가 문 밖을 나가지 않고 방 안에 누워 구경하는 와유臥遊의 즐거움을 누리도록 했다고 언급하면서 또한 스스로 그린《송도기행첩》에 대해 자부심 넘치는 호언을 아끼지 않았다. 맛이 없는 가운데 맛이 있다는 뜻의 무미지중유미존無味之中有味存한 이 그림을 체천 오수채가 기어코 이해하지 못할 것이라며 다음처럼 썼다.

"이 화첩은 세상사람들이 일찍이 한 번도 못 본 것이다."

그러고 보면 표암 강세황은 자신의 그림이 세련된 기술로 그린 게 아니라 오직 자신만의 특별한 개성을 담은 그림임을 자랑스레 여겼던 모양이다. 순서대로 살펴보기로 하자.

〈송도전경〉은 송악산의 위용이 천년 왕국의 진산답고 시가지를 가르는 대로와 성곽의 문루 또한 장대하다. 가옥들이 화폭 하단을 가득 메우고 있어서 참으로 이곳이 한 시대를 호령했던 대도시임을 반증한다. 그 위로 장엄한 송악산은 두 손을 모은 여인이 누워 있는 모습이라서 유명하다고 했는데 완전한 여인의 형태는 아니지만 옆으로 길게 늘어뜨린 것이 누운 사람처럼 보이는 건 사실이다.

다음은 〈화담〉花潭이다. 화폭 상단에 긴 화제가 있는데 화담 서경덕의 유적지임을 밝히는 가운데 의미심장한 이야기를 해두었다.

"땅은 그곳과 인연을 맺은 유명한 사람 때문에 후세에 전해지는 것이지 다만 경치가 빼어나서 전해지는 것은 아니다."

사람들은 경치가 뛰어나 그곳이 널리 알려진다고 생각하기 십상이나 꼭 그런 것만은 아니라는 게다. 덧붙이기를 화담 서경덕과 같은 인물이 그곳에서 낚시를 즐겼으므로 뒷날 서사정逝斯亭이라는 정자를 세웠다고 썼다. 물론 표암 강세황은 그 연못 옆에 꽃이 빼어나 이름도 꽃의 연못인 화담이라 지었다는 이야기도 덧붙였다. 그러고 보면 빼어난 경치인 까닭에 사람들이 찾는 것이고 또 그 찾아온 사람이 유명하면 그 경치도 덩달아 더욱 유명해지는 게 명승의 이치인가보다.

강세황, 〈송도전경〉, 《송도기행첩》, 32.8×53.4, 종이, 1757, 이홍근 기증, 국립중앙박물관.

강세황, 〈화담〉, 《송도기행첩》, 32.8×53.4, 종이, 1757, 이홍근 기증, 국립중앙박물관.

강세황, 〈백석담〉, 《송도기행첩》, 32.8×53.4, 종이, 1757, 이홍근 기증, 국립중앙박물관.

강세황, 〈백화담〉, 《송도기행첩》, 32.8×53.4, 종이, 1757, 이홍근 기증 국립중앙박물관.

강세황, 〈대흥사〉, 《송도기행첩》, 32.8×53.4, 종이, 1757, 이홍근 기증, 국립중앙박물관.

강세황, 〈청심담〉, 《송도기행첩》, 32.8×53.4, 종이, 1757, 이홍근 기증, 국립중앙박물관.

강세황, 〈영통동구〉, 《송도기행첩》, 32.8×53.4, 종이, 1757, 이홍근 기증, 국립중앙박물관.

강세황, 〈산성남초〉, 《송도기행첩》, 32.8×53.4, 종이, 1757, 이홍근 기증, 국립중앙박물관.

강세황, 〈대승당〉, 《송도기행첩》, 32.8×53.4, 종이, 1757, 이홍근 기증, 국립중앙박물관.

강세황, 〈마담〉, 《송도기행첩》, 32.8×53.4, 종이, 1757, 이홍근 기증, 국립중앙박물관.

강세황, 〈태종대〉, 《송도기행첩》, 32.8×53.4, 종이, 1757, 이홍근 기증, 국립중앙박물관.

강세황, 〈박연〉, 《송도기행첩》, 32.8×53.4, 종이, 1757, 이홍근 기증, 국립중앙박물관.

강세황, 〈태안창〉, 《송도기행첩》, 32.8×26.7, 종이, 1757, 이홍근 기증, 국립중앙박물관.

강세황, 〈낙월봉〉, 《송도기행첩》, 32.8×26.7, 종이, 1757, 이홍근 기증, 국립중앙박물관.

강세황, 〈태안석벽〉, 《송도기행첩》, 32.8×26.7, 종이, 1757, 이홍근 기증, 국립중앙박물관.

강세황, 〈만경대〉, 《송도기행첩》, 32.8×26.7, 종이, 1757, 이홍근 기증, 국립중앙박물관.

〈백석담〉白石潭은 눈처럼 흰데 바둑판처럼 네모난 돌 위로 맑은 물이 흐르고, 사방의 푸른 산빛이 지나가는 사람마저 적시는 느낌이라고 하였다. 실제로 표암 강세황은 못 바닥의 바위를 사각형으로 그려놓았다.

〈백화담〉百花潭은 눈처럼 흰 꽃과 같아 보이는 못을 그렸는데 바위에 구멍이 나 있다. 그곳은 신선의 놀이터였다고 한다.

〈대흥사〉大興寺는 대흥산성 기슭에 있는 사찰이다.

〈청심담〉淸心潭은 한 번 보면 마음마저 맑아진다는 못이다.

〈영통동구〉靈通洞口는 영통동 입구를 그린 것이다. 입구에 집채만큼 거대한 바위가 어지럽게 널려 있는데 거기 푸른 이끼가 덮여 있어 놀랍기만 하다. 누군가 그 밑에서 용이 나왔다고 하자 표암 강세황은 믿을 만한 것이 아니라고 했다. 물론 진귀하고 웅장한 구경거리야 보기 드문 것이라고 감탄하기를 잊지 않았다. 그런 까닭에 〈영통동구〉는 가장 유명해졌다. 또한 바위에 밝고 어두운 부분을 표현하는 방법인 명암법을 사용했는데 이를 두고 서양의 화법을 수용했다고도 한다. 그런 기법이 작품을 돋보이게 하는 요소로 눈길을 끌면서 서양 문명 수용 사례로 큰 관심의 표적이 되었다.

옛 그림을 자세히 살피면 그림 속 유람객들마다의 사정도 짐작할 수 있다. 유람객의 이동 수단은 세 가지였다. 걷거나 말을 타거나 남여 또는 견여를 타는 것이다. 처음부터 끝까지 걷는 경우는 가난한 나그네의 당연한 이동 수단이었다. 하지만 재물을 갖춘 이들은 달랐다. 걷는 건 짧은 거리일 때만 해당했다. 그렇다고 다 가마를 탈 수는 없었다. 가마는 재력가들이나 선택하는 것이다. 이럴 때 대부분 말을 빌렸다. 그러니까 유람에서의 이동 수단은 거의 말이었다. 말을 대여하는 것도 꽤 비용이 들긴 했으나 장거리 여행에서 말은 필수였다. 말이 지치면 일정한 거리마다 운영하는 역참에서 쉬게 하거나 다른 말로 바꿔 탔다. 〈영통동구〉는 거대한 바위를 그린 작품으로만 알려져 있다. 때문에 그 바위 아래 아주 작은 유람객이 말을 타고 길을 걷는 장면은 보아도 못 보고 그냥 지나치곤 한다. 화폭 하단 오른쪽 구석에 말 탄 선비는 표암 강세황 자신인 듯한데 말의 생김새로 보아 조랑말이다.

〈산성남초〉山城南譙는 드넓게 펼쳐진 개성 외곽을 그렸는데 화폭 상단에 마치 바다처럼 광활하게 펼쳐진 산하를 그린 걸작이다.

〈대승당〉大乘堂은 건물도 건물이지만 건물을 빙 둘러싼 물길이며 돌담이 어여쁘다.

〈마담〉馬潭은 지친 말에게 물을 먹이는 못일 수도 있고 아니면 그 모양이 말안장 같아 그런 이름을 붙인 것일 수도 있겠다.

〈태종대〉太宗臺는 아마도 고려 2대 국왕 태종太宗, 912-945과 어떤 인연이 있는 승경지가 아닌가 한다. 흥미로운 것은 지금껏 본 적 없는 사람의 모습을 그려놓았다는 점이다. 계곡 물이 흐르는 양쪽 바위에 유람객 일행 다섯 명을 묘사했는데 그 중 두 명은 시동이고 한 사람은 정좌한 채 그림을 그리는 화가이며 또 한 사람은 발을 물 속에 담그고 있다. 나머지 한 사람이 문제다. 그는 갓만이 아니라 웃통까지 벗어 제치고 있다. 분명 물 속에 들어가 미역을 감고 나온 모습이다. 지금껏 이런 장면은 글에서도 읽은 적이 없고 그림에서도 본 적이 없다. 화가 강세황의 자유 정신이 낳은 희귀한 걸작이다.

〈박연〉은 폭포 줄기 주변의 바위와 정자 풍경을 자상하게 묘사한 작품이다. 세심한 묘사에도 불구하고 폭포의 장엄한 기운을 표현하는 데 성공했다. 폭포의 맨 위를 아주 좁게, 맨 아래를 아주 넓게 그리고 또 아래 못을 아주 넓게 설정함으로써 시선을 폭포에 집중하지 않을 수 없게 했기 때문이다.

〈태안창〉泰安倉은 비상용 곡식을 보관하는 창고인데 주변은 부아봉負兒峯이다.

〈낙월봉〉落月峯은 태안창에서 바라본 낙월봉의 모습이다. 험준함이 아찔하다.

〈태안석벽〉泰安石壁은 그 생김새만으로 기이하여 눈길을 사로잡는다. 표암 강세황은 화제에 다음처럼 묘사해두었다.

"태안창에서 왼쪽으로 산성을 바라보면 만경대가 있는데 봉우리가 매우 뾰족하여 구름 밖으로 우뚝 솟아 있다."

〈만경대〉萬景臺는 태안창 가까운 산성의 바위로 여기서 바라보는 송악산의 기이하고 장엄한 생김생김을 묘사한 것이다. 앞의 그림, 즉 〈태안창〉, 〈낙월봉〉, 〈태안석벽〉, 〈만경대〉는 가로 화면인 앞서의 작품과 달리 세로 화면으로 바뀐다. 그 까닭을 따로 밝혀두지는 않았으나 아마도 위아래가 긴 구도를 통해 수직의 장엄함을 보여주고자 한 것이 아닌가 한다.

강화, 수도에 가까우나
멀리 떨어진 섬

　강화는 임진강과 한강이 합쳐 북쪽으로 휘돌아 감싸고 도는 섬이다. 그러니 무수한 강들이 이곳에서 활짝 꽃피운다 하여 강의 꽃이라는 뜻의 강화江華란 이름을 얻었을 것이다. 그래서인지 군사분계선에 맞닿아 있지만 두려움이 없는 평화지대다. 주변에 교동도, 석모도와 같은 크고 작은 섬들을 거느리고 있어 큰형 같은 느낌도 준다. 강화도 마니산 봉우리는 하늘과 이어진 곳이다. 4천 년 역사를 자랑하는 참성단塹星壇은 하늘에 제사를 올리는 곳으로, 여기 서면 고조선 창업 군주 단군이 떠오르는 건 지극히 당연하다. 이토록 유서 깊은 땅이므로 각 시대마다 사람들 흔적이 참으로 많다. 그 가운데 전등사와 강화학파 그리고 한 정치인 이야기를 하지 않을 수 없다. 고구려 때 승려 아도화상阿道和尙이 창건한 전등사는 고려 때 충렬왕忠烈王, 1236-1308의 왕비인 정화궁주貞和宮主, ?-1319가 대장경과 옥으로 만든 등을 시주하여 전등사傳燈寺라는 이름을 얻었다. 또한 조선시대 숙종 때 이곳에 왕조실록을 보관하는 사고를 설치하여 왕실의 비호를 받았다.

　수도에 가까우나 섬이어서 멀리 떨어진 강화는 권력에서 밀려난 학자의 은신처로 제격이었다. 하곡霞谷 정제두鄭齊斗, 1647-1736를 중심으로 하는 강화학파는 성리학 일변도의 학풍에서 양명학의 계보를 이어 기라성 같은 사상가를 배출했다. 원교圓嶠 이광사李匡師, 1705-1777는 그 계보가 배출한 위대한 서도가이자 화가였다. 그런가 하면 20세기에 눈부신 정치가를 배출했다. 죽산竹山 조봉암曺奉岩, 1899-1959 이다. 가난한 농부의 아들로 태어나 항일운동을 전개했던 그는 해방 후 국회부의장을 역임했지만 정적의 손에 사형을 당한 비운의 정객이다.

후원자인 왕 정조가 급작스레 세상을 떠나자 단원 김홍도 또한 도화서에서 쫓겨났다. 화원의 자리에서 쫓겨났다는 뜻의 태거汰去에 관한 정확한 기록은 없지만 1800년 6월 28일 정조가 승하한 때로부터 다음 해인 1801년 11월까지 김홍도의 행적을 찾을 수 없음으로 미루어 정조 승하 직후 태거를 당한 것이다. 1801년 11월 강화유수 한만유韓晩裕, 1746-1812가 단원 김홍도를 불러 8폭 병풍《삼공불환도》를 그리게 했다. 강화도 실경을 소재로 그린《삼공불환도》의 삼공불환三公不換은 영의정, 좌의정, 우의정 세 정승이 부럽지 않다는 뜻이다. 중국 동한시대 학자 중장통仲長統, 179-220이 지은「낙지론」樂志論에 나오는 이야기다. 시골에서 유유자적 사는 은거의 삶이야말로 세 명의 정승보다 즐거우니 어찌 그들의 자리와 바꾸겠느냐는 뜻이다.

화폭 상단을 가득 채운 긴 화제가 바로 저「낙지론」이다. 화폭 오른쪽에 고래 등같은 기와집에 방마다 사람이요 마당 곳곳에 짐승이 즐비하다. 화폭 왼쪽에 벌판이 넓게 전개되는데 저 멀리 바다가 보인다. 강화포구가 분명하다.

이처럼 장대한 풍경임에도 바위며 나무들이 시야를 가로막고 또 멀리 바다마저 언덕 능선이 있어 답답하다. 닫혀버린 공간 탓에 장엄하지도 통쾌하지도 않다. 유쾌한 시골 풍경을 원했을 주문자의 의도와 동떨어진 이 분위기는 아마도 정조가 세상을 떠난 뒤 아직 3년상이 끝나지 않은 데다가 도화서에서 쫓겨나 방황하는 단원 김홍도 자신의 신세가 겹쳐서일 것이다. 그 어느 것 하나 놓치지 않는 세부묘사의 탁월성과 더불어 전체 구도의 완결성이 천재 김홍도의 명성을 그대로 웅변하고 있음은 말할 나위가 없다.

김홍도, 《삼공불환도》, 133.7×418.4, 비단, 1801, 개인.

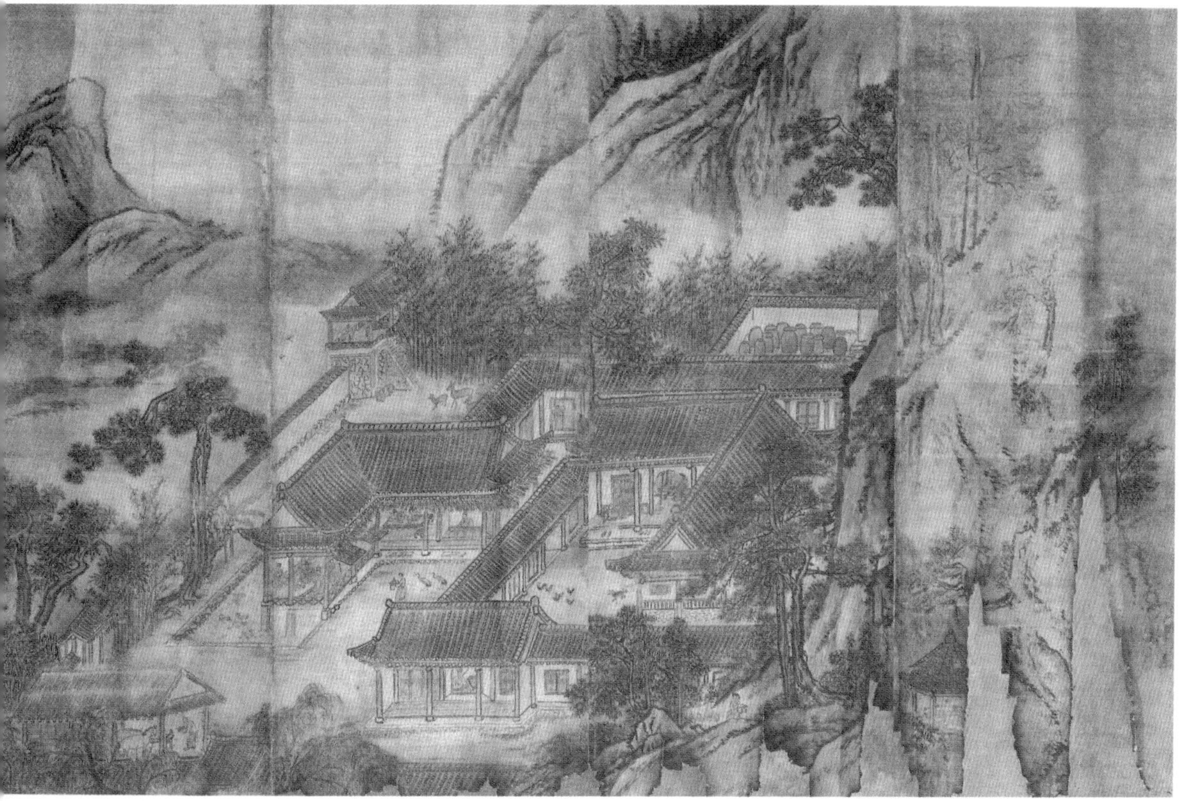
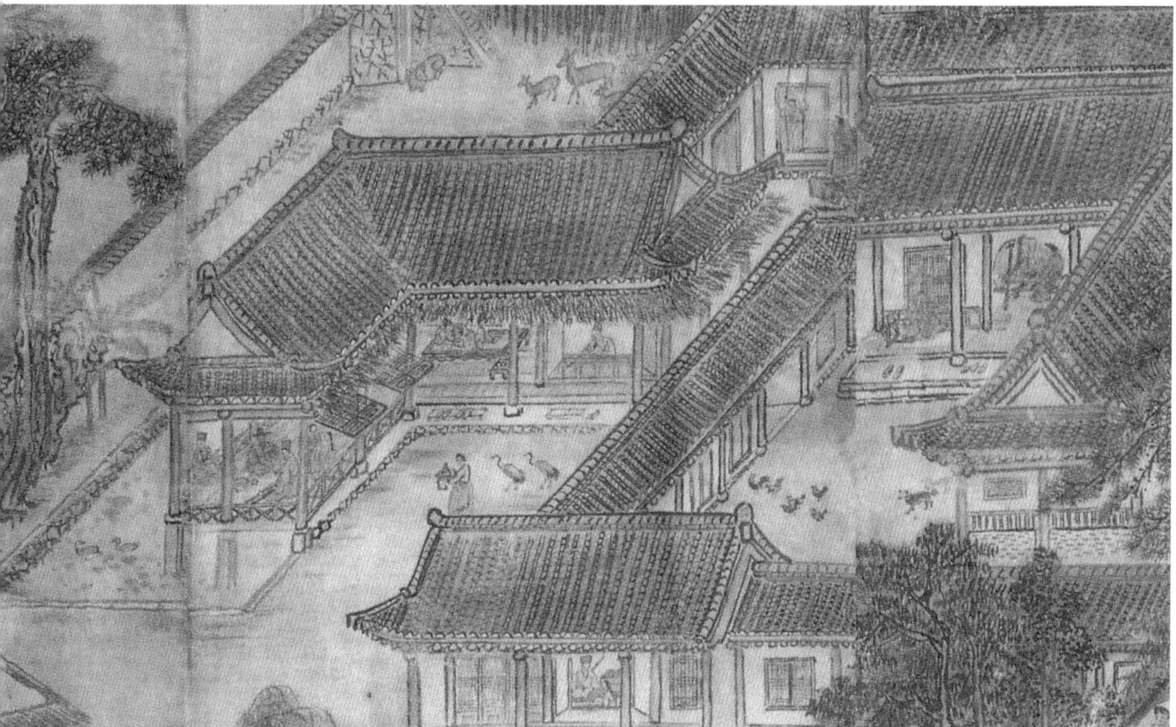

파주, 수도 방어를
책임지는 길목

파주坡州는 고구려 때 파해평사坡害平史, 신라 때 파평坡平으로 불렸다.[4] 조선시대 세조 때 파주목坡州牧과 교하현交河縣이 설치되었다가 일제강점기인 1914년 파주로 통폐합되었다. 파주란 비탈진 고개의 고장이라는 뜻이다. 높은 산은 없어도 임진강을 비롯해 강이 많아 건너고 넘어야 할 고비들이 많아 그렇게 불렸던 게 아닌가 한다. 이 지역은 고려시대에는 개경의 동쪽, 조선시대에는 한양의 서쪽을 지키는, 즉 수도 방어를 책임지는 길목 중 하나였다. 또한 목포에서 신의주까지를 잇는 1번국도의 중간에 있어 교통의 요충지였다. 파주의 젖줄인 임진강은 파주를 가로지르다가 한강과 만나 서해바다로 흘러들어간다.

파주는 율곡栗谷 이이李珥, 1536-1584의 땅이다. 조선시대에 덕수이씨 세거지인 파주 율곡 땅에서 성장하여 그 땅 이름을 아호로 삼은 율곡 이이는 학계의 존경을 한몸에 받은 인물이다. 대체로 경기와 충청에 거주하는 후학들인 서인 세력에 의해 서인의 비조로 추앙받았다. 법원읍 동문리에는 이이의 묘소와 더불어 그 부모인 신사임당申師任堂, 1504-1551 부부의 묘소가 자리하고 있고 율곡 이이의 위패와 영정을 모신 자운서원이 묘소 곁에 있다.

송석원시사의 화가 송월헌 임득명이 남긴 실경의 대서사화 《서행일천리장권》 가운데 〈파주도중〉과 〈화장추색〉은 파주 땅을 그린 것이다.

〈파주도중〉은 파주로 가는 길에 마주친 어느 마을 풍경이다. 어느 곳인지 알 수 없으나 파주 땅을 지나려면 의주까지 뻗어나간 조선 9대 도로의 하나인 관서로를 통과했음을 생각하면 짐작하는 바가 있다. 즉, 관서로의 첫 번째 역관인 벽제관碧蹄館 마을이요 마을 앞의 시내는 벽제천이 아닌가 싶은 것이다. 벽제관은 중국 측 사신들이 마지막으로 머무는 역관이라 번화한 곳이었다. 그 서쪽으로 고려 최후의 명장 최영崔瑩, 1316-1388 장군의 묘가 있다. 최영 장군은 한평생 무려 80전 80승을 거두었지만 부하 이성계李成桂, 1335-1408 장군에 의해 1389년 개성에서 참형당했다. 장군이 처형당하던 날 개경 시민 모두 생업을 중단하고 남녀노소 할 것 없이 울었다고 한다. 그림 속 마을이 벽제관이라면 뒤쪽에는 고양향교가 있을 것이고 화폭 복판에 자리한 산은 대자산大慈山일 것이며, 그 기슭에 최영 장군이 아내와 함께 잠들어 있을 것이다. 〈화장추색〉은 개성 근교 명승지의 하나로 잘 알려진 화장산 기슭 화장산사華藏山寺와 그 일대를 소재 삼은 것이다. 가을 단풍에 물든 숲과 웅장한 바위들이 꿈틀대는데 그 품에 깊숙이 안긴 절집을 그려 신비롭기조차 하다. 사찰 경내에 우뚝 솟은 5층 석탑과 그 뒤로 두 개의 부도가 보인다. 태조 이성계가 임진강의 화장산에서 사슴 사냥을 하는 이야기가 『태조실록』에 나오고 또 청담 이중환은 『택리지』에서 화장산사를 장단읍 북쪽이라고 지목하고서 이곳에는 지공선사指空禪師, ?-1363가 서역 땅에서 가져온 경전과 향료가 있다고 했으니 호기심이 일어난다.[5]

파주 적성면 장좌리에 위치한 18킬로미터 길이의 임진강변에는 그 높이가 20미터 또는 40미터나 되는 거대한 절벽이 총 여덟 개 구간에 자리잡고 있다. 붉은 빛을 띤 바위들이라 적벽이라 부르는데 임진강 적벽은 50만 년 전 강원 평강군 오리산이 화산 폭발을 하면서 형성된 현무암 주상절리다. 적벽이라는 말 그대로 붉은 저녁노을처럼 또는 가을날 붉은 단풍에 물든 것처럼 붉은 바위 절벽이다. 그

임득명, 〈파주도중〉, 《서행일천리장권》 부분, 종이, 1813, 개인.

임득명, 〈화장추색〉, 《서행일천리장권》 부분, 종이, 1813, 개인.

정선, 〈임진적벽〉, 90×58.5, 종이, 18세기 전반, 이화여대박물관.

김양기, 〈임진서문〉, 27×19.5, 종이, 19세기 전반, 개인.

러고 보니 있는 모습 그대로 절경이다.

　　겸재 정선이 그린 〈임진적벽〉은 장좌리가 아니라 하류로 더 내려와 문산읍 임진리 임진나루를 그린 것이라고 한다. 화폭에는 그저 '임진적벽'이라고만 써놓아 여덟 개 구간 가운데 어디인지 분명치 않다. 지금 임진강 건너로는 비무장 지대가 들어서 있고 개성이 그리 멀지 않다. 화폭 상단에 높고 낮은 산들이 멀리 솟아 있고 그 기슭에 옹기종기 마을이 형성되어 있다. 화폭 중앙에 거대한 바위가 우뚝한데 바로 이것이 적벽이다. 그 위로 길이 나 있고 마을에서 강변까지 이어지는 내리막길도 보인다. 나루터 옆으로 축대를 쌓아올려 정자를 세운 것도 볼 만하다. 화폭 하단에는 임진강이 마치 비단을 깔아놓은 것 같다. 잔잔한 물결이 곱게 흐르는데 강 건너 부지런히 노를 저어오는 나룻배에는 말도 함께 타고 있다. 누군가는 적벽을 왜 이리 답답하게 그린 것이냐고 지적하곤 한다. 적벽 오른쪽이 너무 꽉 차 있기 때문에 그런 느낌이 드는 건 사실이다. 정선도 그걸 의식했는지 화폭 왼쪽 가장자리를 희뿌연 안개구름으로 처리해 시야를 틔워놓았다. 멋진 재치다. 그럼에도 답답함을 들켜버린 이상 쉽사리 시원해지진 않는다. 참 신기한 일이다. 한 번 그렇게 생각하면 늘 그렇게 보이는 법이니 말이다.

　　단원 김홍도의 아들인 긍원肯園 김양기金良驥, 1792-1842 이후가 그린 〈임진서문〉 臨津西門은 임진리 임진나루를 그린 것이다. 임진강 북쪽으로 겸재 정선의 〈임진적벽〉과 같은 곳을 보는데 각도만 바꿔 그렸다. 하지만 정선과 달리 적벽은 왼쪽에 살짝 보일 뿐이고 오히려 나루터 안쪽으로 성벽과 성문을 중심에 두었다. 더구나 성문 옆 2층 누각이 수문장처럼 도도하고 성 안쪽으로는 가옥들이 밀집해 있어 번성하는 고을임을 알려준다. 화폭 하단 강물 위 나룻배에는 말을 싣고 강을 건너는 양반 일행이, 나루터에는 대기 중인 나룻배 두 척과 행인들이 분주하게 움직이고 있음을 보면 과연 이곳이 성업 중인 나루터임을 알 수 있다.

연천, 강과 산의 조화가
아름다운 곳

　　연천은 고려시대 때 잔잔한 물결 같은 고을이라는 뜻으로 연주漣州라 불렸고[6] 조선 태종 때 연천漣川으로 고쳤다. 잔잔하게 흐르는 강물이라는 뜻이다. 실제로 임진강과 한탄강을 끼고 있어 그 많은 산들과 조화를 이루고 있기 때문에 얻은 이름이다. 이처럼 강물로부터 그 이름이 생겼지만 강만이 아니다. 동쪽으로 보개산, 남쪽으로 감악산을 비롯한 산들이 즐비하다. 보개산 자락에는 재인폭포가 특이한 모습으로 경탄을 자아낸다. 평지가 움푹 꺼져 협곡을 이룬 곳에 절벽이 엄청나다.

　　보개산 지장봉에서 흘러내리는 물길이 만든 재인폭포에는 재주꾼 부부의 사연이 함께한다. 고을 수령이 폭포 양쪽에 줄을 매달았다. 남편으로 하여금 그 줄을 타고 건너게 해놓고 줄을 끊어 죽여버렸다. 그리고 아내를 불러 겁탈하려 했지만 아내는 수령의 코를 물어버리는 복수를 감행했다. 그로부터 폭포 이름은 재인才人, 마을 이름은 아내가 코를 문 동네, 코문리라 하여 오늘날 고문리라 한다.

　　남쪽의 감악산은 신령한 산이다. 봉우리 정상에 높이 170센티미터의 감악비라는 비석이 서 있어 신비를 더하고 있다. 오늘날에는 글씨가 모두 지워져 있다. 이 비석은 원래 하늘아래 첫 동네라는 눌목리 삼거리 길가에 있었다. 사람들은 비석 앞을 지날 때면 타고 가던 말에서 내려 예를 갖추곤 했다. 그런데 한 무관이 말에서 내리지 않은 채 지나갔다가 그만 굴러 떨어지고 말았다. 화가 난 무관은 말의 목을 베서 그 피를 비석에 바르려고 했는데 그만 급사하고 말았다. 또 언젠가 주민들이 꿈을 꾸었는데 백발노인이 소를 빌려달라고 했다. 빌려주기로 한 집의 소는 땀에 젖어 지쳐 있는 정도였지만 빌려주지 않은 집의 소는 모두 죽었다고 한다. 놀라서 나가보니 길가에 있던 감악비가 꼭대기로 옮겨져 있었다. 주민들은 산신령이 소를 부려 옮겼음을 알고 그 뒤로는 감악비에 산신제를 올리기 시작했다.

이처럼 신령한 감악산을 품고 있는 연천 고을의 정기를 한몸에 안고서 태어난 왕회종王會鍾, ?-?은 미산면 아미리가 배출한 인물이다. 그는 1906년 연천의병을 일으킨 이후 경기 지역은 물론 강원, 관서 지역 일대에서 맹활약을 전개했다. 일제에 의해 강점을 당하자 만주로 망명해 독립군으로 청년 교육에 전념하던 중 의병 시절 입은 상처로 말미암아 하늘의 별이 되었다.

1742년 10월 보름날 남인당 가문의 경기감사 창애蒼厓 홍경보洪景輔, 1692-1745가 휘하의 연천군수 청천靑泉 신유한申維翰, 1681-1752과 양천현감 겸재 정선을 불렀다. 신유한은 당대의 시인, 정선은 당대의 화가였다. 서화를 사랑했던 문인 홍경보는 관할 지역에 당대 제일가는 시인과 화가가 재직하고 있었으므로 이런 기회를 마련한 것이다. 두 사람을 한자리에 모아놓고 임진강에 배를 띄워 선상 유람을 시작했다. 이때 청천 신유한은 중국에서 가장 인기 있는 시인 소동파蘇東坡, 1036-1101의「적벽부」를 차운했고 겸재 정선은 이 장면을 그림으로 그렸다. 이 모임을 주관한 창애 홍경보는 이 모임이야말로 660년 전 소동파가 적벽에서「후적벽부」를 짓던 일을 기념하는 일이라고 호언했다. 실제로 중국의 적벽과 또 다른 조선의 적벽이 무려 18킬로미터에 여덟 개 구역으로 나뉘어 유장하게 전개되고 있었으므로 빈 말이 아니었다.

이날의 선상 유람을 글과 그림으로 기록한 것이《연강임술첩》漣江壬戌帖이다.

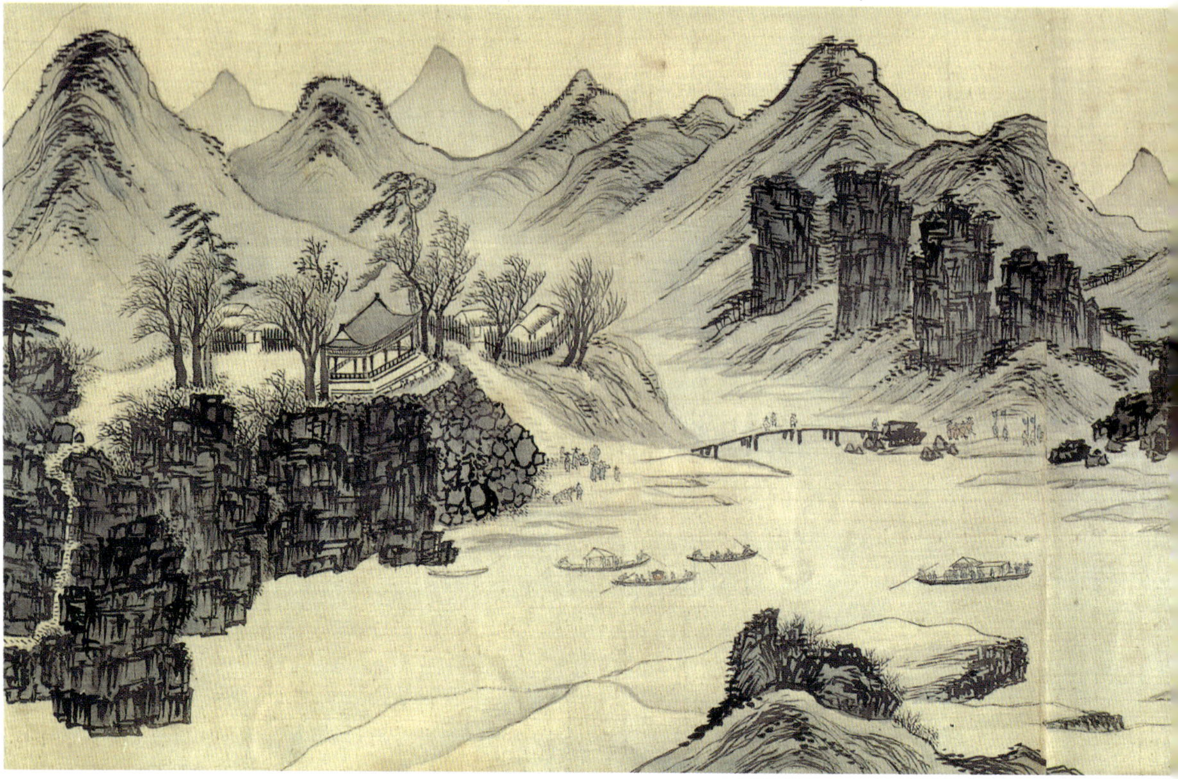

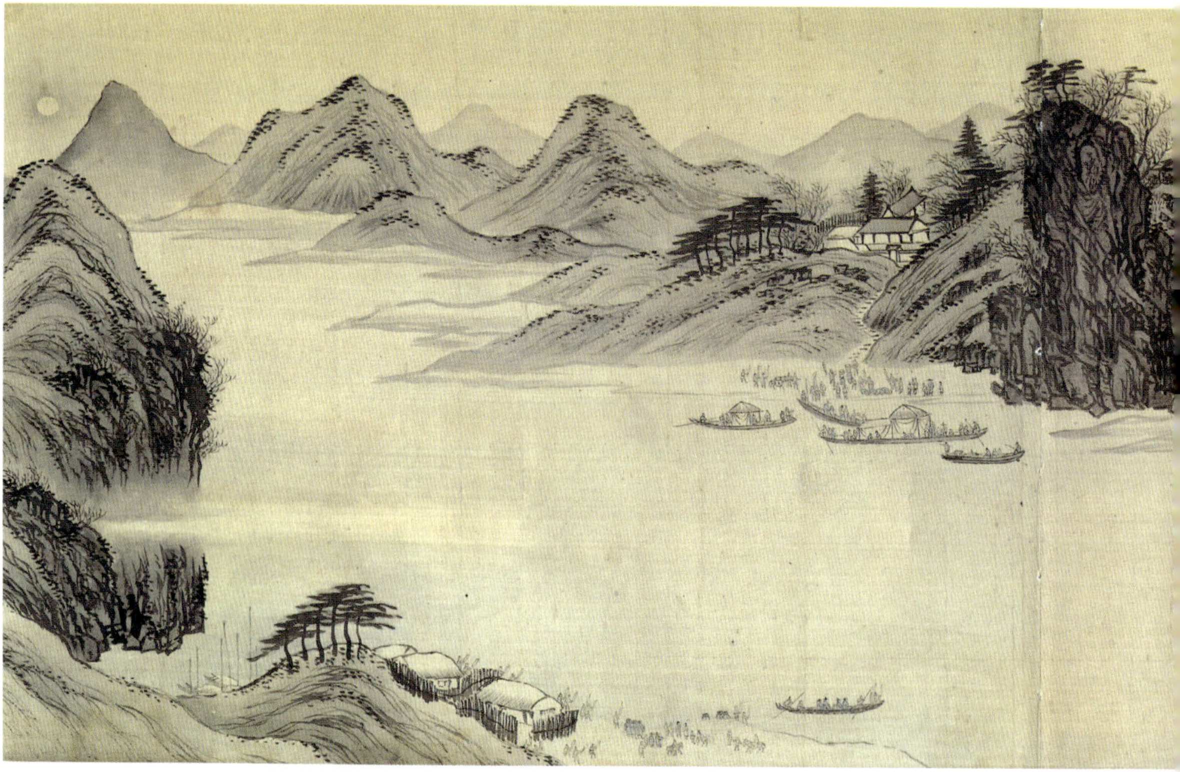

정선, 〈우화등선〉, 《연강임술첩》, 33.5×94.2, 비단, 1742, 개인.

정선, 〈웅연계람〉, 《연강임술첩》, 33.5×94.2, 비단, 1742, 개인.

정수영, 〈우화정〉 부분, 《한임강명승도권》, 종이, 1796-1797, 국립중앙박물관.

세 권을 만들어 한 권씩 나눠가졌다. 오늘날 두 권이 전해오는데 여기서는 창애 홍경보가 가졌던 이른바 홍경보본을 살펴보기로 한다. 홍경보본이 특별한 것은 그림을 그린 겸재 정선이 「발문」을 썼다는 점이다. 정선은 자신의 작품에 발문을 쓴 적이 없는 화가였다.

화첩에 포함된 〈우화등선〉羽化登仙과 〈웅연계람〉熊淵繫纜 두 작품은 옆으로 긴 화폭에 구비치는 물길이 유장하다. 또 큰 강의 양안을 장식하는 산악이 아주 장엄하다. 특히 강변에 줄지어 도열하고 있는 적벽의 바위들은 웅장한 「적벽가」의 선율을 연주하기 위해 만든 악보처럼 보인다.

〈우화등선〉은 임진강 지류인 삭녕 땅의 우화강羽化江 일대를 그린 것이다. 날개를 펴 솟구치는 신선의 모습과도 같다고 하여 그렇게 불렀다고 한다. 실로 그 규모가 대단한데 화폭 왼쪽의 정자인 우화정에서 바라보고 있으면 훨훨 나르고 싶은 충동이 이는 생김생김이다. 창애 홍경보는 전에 삭녕군수로 재임하던 중 우화정이 낡았음을 보고 수리한 인연이 있었다.

연천 땅 곰나루인 웅연에 닻줄을 묶는다는 뜻의 〈웅연계람〉을 보면 그 곰나루 일대의 풍경이 기이해서 발길을 멈추지 않을 수 없는 곳이라는 사실을 알 수 있다. 그림을 자세히 보면 양쪽 나루에 주민들이 나와 횃불을 한껏 들어 불 밝히고 있다. 우화정 나루에서 출발해 선상 유람을 즐기다보니 어느덧 달 뜨는 저녁이 되어서야 곰나루에 도착했던 게다. 화폭 상단에 곰처럼 거대한 바위가 불쑥 솟아 있고 그 바위를 중심으로 휘감는 강의 유장함이야말로 더할 나위 없는 임진강의 자부심이다.

사족 출신으로 유가 화풍의 절정을 이룩한 지우재 정수영은 1796년 여름부터, 1797년까지 선상 유람을 했다. 한 번은 남한강, 또 한 번은 임진강이다. 그는 배를 타고 가는 곳마다 버드나무 숯으로 밑그림을 그리고 숙소에 머물 때 다시 그렸다. 이렇게 해서 완성한 《한임강명승도권》은 그 길이가 15.75미터나 된다. 게

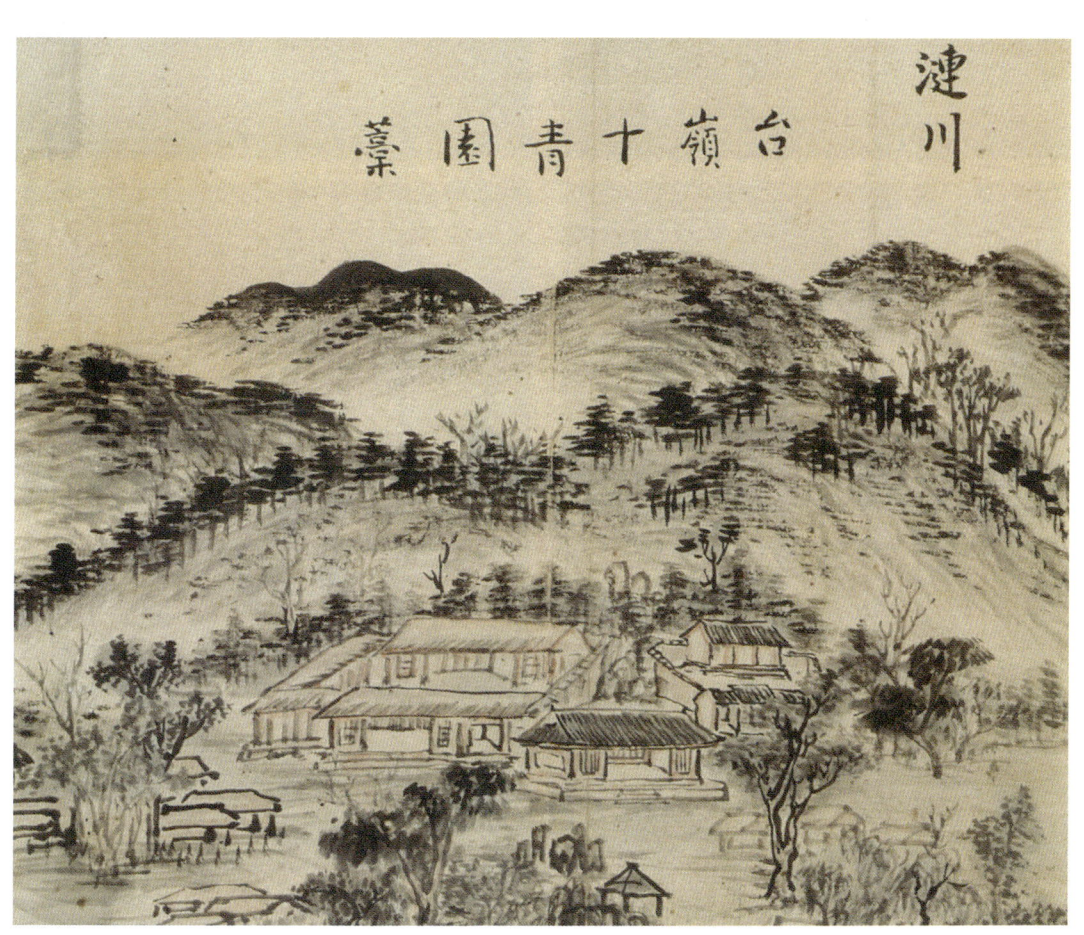

허련, 〈태령십청원〉, 23.9×29.1, 종이, 19세기 중엽, 남농기념관.

다가 자신의 눈높이를 기준삼아 보이는 그대로 수평 구도를 일관성 있게 유지하였다. 또한 특정 기법에 얽매이지 않고 붓 가는 대로 그렸다.

그 가운데 〈우화정〉 부분을 보면 화폭 왼쪽에 기와지붕을 얹은 우화정이 홀로 우뚝하다. 또한 화폭 오른쪽에 자유자재한 모습으로 강변에 도열하고 있는 적벽 바위가 현란한 자태를 뽐낸다. 겸재 정선이 그린 〈우화등선〉과 달리 옅은 먹으로 부드러운 붓질을 통해 은은한 산수의 분위기를 연출해냈다. 산에는 굴곡마다 음영을 주어 부피감을 부여했고 나무와 강물에는 푸른 담채를 입혔다. 너무 옅어 태가 나지 않지만 은근한 맛을 풍긴다. 붉은 이물질이 스며들어 작품의 제 모습을 방해하고 있긴 하나 그 또한 이 작품의 운명이니 그대로 볼 뿐이다.

양천허씨 가문 출신의 화가 소치小癡 허련許鍊, 1808-1892은 이곳 연천과 아주 멀리 떨어진 전라도 남해의 섬 진도에서 태어난 인물이다. 그런 그가 이곳 연천에 있는 〈태령십청원〉台領+靑園을 그린 까닭이 있다. 땅과 건물의 주인이 미수眉叟 허목許穆, 1595-1682인데 그는 소치 허련의 선조다. 미수 허목은 남인당의 영수로 우의정을 역임한 대학자이자 전서체에 있어 동방제일명가로 추앙 받던 이였다. 실경을 거의 그리지 않던 허련이 머나먼 연천까지 행장을 꾸려 답사하고 또 아주 세심하게 그의 고택을 묘사한 것은 선조이기도 했지만 깊은 존경심이 우러나서였을 것이다. 장엄할 것도 없는 저택 태령십청원의 모습은 여느 시골의 초옥 그대로다. 재상을 역임했음에도 소박하고 담담한 생애를 살아간 허목의 품성을 보여준다.

동두천, 동쪽에 머리를 두고 흐르는 마을

동두천東豆川은 고구려 때 내을매현內乙買縣, 신라 때 사천현沙川縣을 거쳐 조선 전기에 하나의 연못이라는 뜻의 일담면—潭面, 후기에 소담스런 연못이 있는 고을 이라는 뜻의 이담면伊淡面으로 거듭 바뀌어왔다. 실제로 동두천에는 이담이라는 이름처럼 연못들이 숱하게 많았고, 새로 지은 동두천 시청은 지금의 땅보다 1.5배나 더 큰 연못이 있던 곳을 메꿔 그 위에 세운 것이다. 동쪽에 머리를 두고 흐르는 냇물이라는 뜻의 동두천은 1963년에 행정 지명으로 채택하여 오늘에 이르렀고 그 많던 연못들은 흔적도 없이 사라졌다. 땅이 바뀌면서 이름마저 바뀐 것이다. 연못이 사라진 도시여서 이제는 이담시라는 예쁜 이름으로 돌아갈 수도 없다.

북서쪽에 마차산, 북동쪽에 소요산, 북남쪽에 왕방산, 남쪽에 해룡산이 즐비하여 분지를 이루는 곳이 동두천이다. 그 중에서도 소요산은 동두천의 진산으로 아름답고 또 신비롭다. 청량폭포, 원효폭포, 비룡폭포, 팔선폭포만으로도 대단한데 원효대, 백운대, 의상대와 금송굴, 대암굴, 선녀탕이 곳곳에 즐비하게 펼쳐져 있다. 사찰 자재암은 승려 원효元曉, 617-686가 창건했다. 원효가 소요산 기슭에 머물때 아름다운 여성이 나타나 유혹하였으나 설법으로 물리쳤다. 하지만 문득 그 여

윤제홍, 〈소요사 방화굴〉, 《학산묵희첩》, 26.2×48, 종이, 1812년경, 호암미술관.

인이 관음보살이었음을 깨닫고 그곳에서 수련하여 스스로 도를 깨우쳤다. 그런 까닭에 스스로 얻는 암자라는 뜻의 자재암自在庵을 창건했다는 것이다. 소요산은 또한 요석공주瑤石公主, 7세기가 원효를 사랑하여 요석궁을 짓고서 둘 사이의 아들을 낳아 유학의 종주인 설총薛聰, 655-?을 길러낸 땅이다.

손가락에 먹을 묻혀 그리는 지두화의 거장 학산 윤제홍은 생애 말년 병조참판에 제수되었지만 평생 하급 관료였고 수시로 지방 관직을 전전했던 불우한 관료였다. 학산 윤제홍이 《학산묵희첩》을 완성하던 1812년은 유유자적한 생활을 이어가던 때였다. 1806년 창원에 유배를 갔다가, 1809년 9월 해배되어 관직에 나가지 못하고 있던 그는 1820년에야 재출사하였으므로 무려 12년을 한가하게 지내거나 때로는 유람을 다니며 유유자적한 생활을 하고 지냈다. 그런 시간이 그로 하여금 누구도 다가서지 못할 실경화 세계의 이룩을 가능케 하였다. 동두천 북쪽 소요산 자재암에 있는 바위동굴과 더불어 원효의 이름을 딴 원효폭포와 그 아래 못을 그린 〈소요사 방화굴〉도 《학산묵희첩》에 실린 그림 중 하나다.

화폭 왼쪽에는 묵직한 바위가 둥근 원을 그리며 감싸고 있다. 안쪽 깊숙한 동굴에는 대 위에 부처가 좌정해 있다. 동굴 입구에는 동자승이 부처에게 올릴 차를 끓이는데 땔감이며 주전자가 제법 실감난다. 동굴 옆으로 화폭 오른쪽에는 뾰족한 바위 기둥이 날카롭게 서 있고 그 옆으로 폭포가 쏟아진다. 물길이 거세서 꽃무리처럼 흰 거품이 일어나는 못이 화려하다. 그래서인지 세 사람의 선비가 홀린 듯 감상 중이다. 손가락으로 죽죽 그은 먹선이 부드러운 듯 거칠다. 그리고 먹물 묻힌 손바닥으로 쓸어 명암을 입힌 바위와 나뭇잎이 지두화의 매력을 한껏 발산한다.

포천, 금강산 유람길의
경유지

포근하니 품에 안길 만하다는 뜻을 지닌 고을 포천抱川이라는 이름은 조선시대에 정해졌지만 고려시대 때 이미 포주抱州였던 것을 약간 손질한 것이다.[7] 영평永平은 일제강점기에 포천의 품에 안겼다.[8]

포천은 동쪽의 광덕산, 서쪽의 종현산, 북쪽의 명성산이 즐비하고 그 사이로 흐르는 영평천, 포천천, 산내천이 눈부시다. 북쪽 산정호수는 일제강점기인 1925년 농업용수로 사용하기 위해 명성산 기슭에 둑을 막아 물을 채웠다.

포천이 품은 많은 인물 가운데 백사白沙 이항복李恒福, 1556-1618은 잊을 수 없다. 가산면에 묘소가 있는 그는 임진왜란을 겪는 가운데 국난을 극복해나간 재상이었다. 전쟁이 한창일 때도 그랬지만 전후 황폐한 나라를 재건할 때 영의정에 재임하며 탁월한 정책을 펼쳐나간 최고의 경세 관료였다. 소론당에 속했으나 당파에 빠지지 않고 공평무사한 태도를 유지했다. 광해왕 때 계모인 인목대비仁穆大妃, 1584-1632 폐비를 반대하다 북청 유배지에서 세상을 떠난 생애를 보면 유능할 뿐만 아니라 강직하기조차 한 인물이었다. 모든 시대가 간절히 원하는 이상형인데 언제나 이런 이는 찾기 어렵다.

554미터 높이의 보장산을 사이에 두고 북쪽 한탄강에 화적연이, 남쪽 영평천에는 옥병서원·금수정·창옥병이 자리잡고 있다. 그 가운데 화적연은 금강산 여행길에 경유해야 할 승경지다. 한양에서 출발해 의정부를 지나 이곳에 잠시 머문다. 화적연은 볏 짚단을 쌓아 올려둔 것같이 생겨 이런 이름이 붙었다. 단단한 바위를 벼에 빗대는 게 낯설고 더구나 요즘 볏가리가 뭔지도 모르는 이들도 많지만 가만 보고 있으면 제법 그럴 듯하다 싶다. 그 기이함 탓인지 이곳 포천의 영평 땅 일대에 퍼져 있는 영평팔경 중 화적연이 으뜸이라고 한다.

겸재 정선이 금강산 가는 길에 이곳에 들렀다. 1747년에 그린 〈화적연〉을 보면 사선으로 쏟아지는 물길이 거세차다. 한쪽은 절벽이 강건하고 또 한쪽은 나무가 울창하다. 그에 걸맞게도 바위 또한 우뚝 솟아 하늘을 찌를 듯 장엄하다. 실제 생김은 옆으로 누워 있는데 이처럼 장대한 수직으로 바꿔놓은 까닭은 알 수 없지만 주변 경물과 완연히 구별해놓으려는 의지를 발휘한 게 아닌가 싶다.

충청도 단양을 사랑했던 화가 단릉丹陵 이윤영李胤永, 1714-1759의 〈화적연〉은 정선과 전혀 다르다. 이윤영의 〈화적연〉에 등장하는 바위는 거북이가 엎드린 채 목을 길게 뺀 모습이다. 물론 주변을 압도하는 크기로 말미암아 장대한 느낌은 더욱 커졌다. 주위는 평온하고 담담하게 그렸다. 실제에 가깝게 그리다보니 그리 되었겠지만 겸재 정선의 〈화적연〉을 의식하고서 또 다른 〈화적연〉을 그리려 했던 걸지도 모르겠다.

지우재 정수영은 유람을 즐기는 화가였다. 강물에 뜬 배 위에서 보이는 한강과 임진강의 명승지를 그린 그의 대표작[9] 《한임강명승도권》에도 〈화적연〉이 실렸다. 뛰어난 지리학자로 〈동국여지도〉를 제작한 농포자農圃子 정상기鄭尙驥, 1678-1752의 증손자답게 실제를 관찰하고 그 주변 일대까지 꼼꼼히 확인해나갔다. 그렇게 하고 보니 변형을 감행한 겸재 정선과는 아주 다르고 단릉 이윤영과 비슷해졌다. 그는 화폭 상단에 용이 휘감아오는 듯 구름을 배치하는 대담한 구성을 꾀했다.

정선, 〈화적연〉, 《해악전신첩》, 32.2×25, 비단, 1747, 간송미술관.

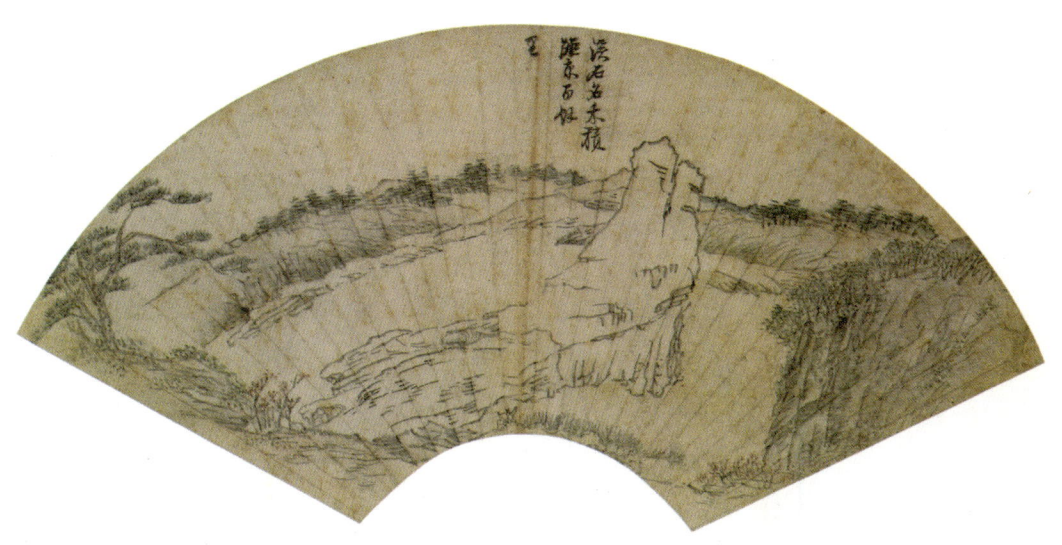

이윤영, 〈화적연〉, 58.7×27.3, 종이, 18세기 전반, 고려대박물관.

정수영, 〈화적연〉 부분, 《한임강명승도권》, 종이, 1796-1797, 국립중앙박물관.

윤제홍, 〈화적연〉, 《학산묵희첩》, 26.2×48, 종이, 1812년경, 호암미술관.

윤제홍, 〈화적연〉, 34.5×27.2, 종이, 1840년대, 간송미술관.

또 화폭 왼쪽 물가에 절벽을 병풍처럼 펼침으로써 공간과 규모의 장엄성을 살려내면서 연출의 기교를 적극 발휘했다. 사진 찍듯 그리지도, 변형을 꾀하지도 않았다. 지우재 정수영이 겸재 정선이나 단릉 이윤영의 작품을 보았는지 여부는 모르겠으나 오늘의 눈길로 보면 정선은 왜곡의 기법을 사용했고, 이윤영은 대상의 형태에 충실한 묘법을 사용했다. 여기에 정수영은 이윤영처럼 대상에 충실하되 한걸음 더 나아가 자신만의 연출 기교를 발휘했다.

학산 윤제홍도 만만치 않다. 49살이던 1812년 무렵에 한 번 그린 뒤 77살이던 1840년 이후에 또 한 번 그렸다. 마치 정선과 이윤영, 정수영의 그림을 본 듯 그들과 전혀 다른 모양의 〈화적연〉을 그렸다. 윤제홍이 형상화한 화적연은 꽃봉오리 형태다. 하지만 찬찬히 들여다보면 이건 볍씨 모양이다. 아직 껍질을 벗기지 않은 쌀 한 톨을 엄청 크게 확대해 떡 하니 세워놓았다. 꼭지가 입을 벌려 나무 한 그루가 삐져나왔다. 이건 사실이 아니다. 확실한 변형과 왜곡이다. 대체 이런 상상력은 어디서 나오는 것일까. 게다가 그 아래에는 네 사람의 유람객이 앉거나 서 있고 한 사람은 낚싯대를 드리우고 있다. 모두들 바위에는 관심 없다는 듯 바위와는 등지고 앉아 있는 것도 볼 만하다.

그로부터 30년 가까이 지나서 윤제홍이 다시 그린 〈화적연〉은 기본 구도가 비슷하여 현장에 가지 않고 옛날 기억을 떠올려 그린 게 아닌가 싶지만 유람객의 숫자와 행동도 다르고 또 각각의 경물에 작은 글씨로 이름을 써놓은 걸 보면 현장감이 두드러져 아무래도 그곳에 다시 가서 그린 것 같다. 유람객들이 낚시를 즐기는데 괴나리봇짐이 보인다. 봇짐은 이동할 때 필요한 물품을 운반하는 가장 좋은 수단이었다. 화폭 상단 여백에 써넣은 길고 긴 화제는 병풍처럼 사각의 면적을 차지하고 있어 단지 글씨가 아니라 그림의 일부가 되었다. 모두 손가락에 먹을 묻혀 쓰고 그린 것이라 그림과 글씨가 더욱 어울린다. 화제를 요약하면 두레박줄로 재어보니 물이 매우 깊고, 또 심하게 가뭄이 오면 나라에서 기우제를 지내는데 바위 아래 구멍인 용소龍巢에 제물을 바친다는 사실을 소개했다. 마지막 문장은 다음과 같다.

"맑고 빠른 물이 돌아올 때 치고 나가는 물머리를 쳐다보면 마치 신령스런 사람이나 고사高士가 세상 티끌을 받아들이지 않는 것과 같다. 못 위에는 항상 구름과 안개가 자욱하여 대개 용이 있지만 못 본다고들 말한다."

보장산 남쪽으로 영평천이 흐른다. 영평천은 강원도 화천 광덕산에서 발원하여 백운산 기슭의 물을 합친 다음 서쪽 한탄강으로 나아간다. 영의정을 역임한 문인 사암思菴 박순朴淳, 1523-1589이 율곡 이이를 옹호하다가 탄핵을 당해 이곳 창수면을 가로지르는 영평천으로 들어왔다. 황금빛 물결에 떠도는 정자인 금수정이 황홀했다. 조금 내려가니 이름도 푸르른 바위가 병풍 같은 창옥병이 펼쳐져 있었다. 사암 박순은 이런 곳이라면 자연과 벗할 만하다 여겨 백운산 기슭에 터를 잡았고, 이곳에서 잠들었다. 그의 묘소 아래에 그를 모시는 사암서원이 지금도 그 모습을 자랑한다. 혹은 옥병서원이라고도 부른다.

지우재 정수영의 〈사암서원 전천 백운담〉을 보면 영평천변 바위에 '백운담'과 '토운상'이라고 쓴 작은 글씨를 발견할 수 있다. 지금은 이곳에 옥병교라는 다리가 놓여 있어 시선을 조금 방해하지만 구름을 토해낸다는 뜻의 토운상吐雲床과 그 아래 흰구름 머무는 못이라는 뜻의 백운담이 여전하다. 옛 그림에서 나무와 꽃은 자세히 보아야 보이는 경우가 많다. 그렇지만 실경화에서 나무와 숲이 없다면 활력과 생기가 없는 메마른 풍경일 것이다. 이름난 명소인 승경지는 기암괴석이 많은데 이 바위에 생명을 불어넣어주는 것이 바로 나무와 풀과 꽃이다. 게다가 사시사철 다른 색을 뿜어낸다. 그러니까 나무를 비롯한 식물들은 풍경의 옷이라 하겠다. 〈사암서원 전천 백운담〉은 바위와 나무가 어울려 얼마나 화려하고 생명력 넘치는 예술 세계를 가능하게 해주는가를 보여준다. 늘 푸른 소나무와 울긋불긋 꽃

단장을 한 활엽수가 기이한 바위를 뒤덮고 있다. 벌거벗은 바위의 몸에 화사한 옷을 입힌 것이다.

그 백운담에 연이어 그려놓은 〈창옥병 초입〉을 보면 화폭 오른쪽 한무더기 바위 병풍이 우람한 모습을 자랑한다. 그 절벽이 바로 푸른빛 옥으로 만들어 세운 병풍이라는 뜻의 창옥병이다. 발길을 옮겨 왼쪽으로 가면 비로소 저 사암서원, 다시 말해 옥병서원이 제 모습을 드러낸다. 마을 한복판에 매우 자랑스러운 모습이다.

사암서원 앞의 영평천을 거슬러 올라가면 물길 꺾이는 곳에 금수정이 그 이름만큼이나 빛나는 모습을 뽐낸다. 그 이름은 포천 출신 명필 봉래蓬萊 양사언楊士彦, 1517-1584이 고쳐 지은 것이다. 그는 금수정 주변 바위에 물에 둘러싸인 붉은 구슬이라는 뜻의 '경도'瓊島란 글씨를 새겨놓았다. 금수정을 사랑했던 양사언은 금수정에서 멀지 않은 일동면 금주산 기슭에 잠들어 있다. 죽어서도 금수정을 떠나기 싫었나보다. 지우재 정수영이 그린 〈금수정〉을 보면 강물이 휘돌며 바위 절벽을 감싸고 그 위로 금수정이 우뚝 솟아 있다. 정자에 앉아 내려다보면 건너편 강가에 조그만 바위가 있고 거기에 '준암'樽巖이라는 글씨가 보인다. 술통바위라는 뜻인데 바위에 구멍이 있어 그렇게 불렀다. 금수정 일대의 모든 경물들이 아름답긴 해도 봉래 양사언과 사암 박순이 이곳에 잠들지 않았다면 그냥 승경이었을 게다. 하지만 그들이 이곳에 은거하여 그들만의 향기를 남겼으므로 지우재 정수영이 이곳을 찾아 정성을 다해 풍경을 그린 것이다. 소북당 가문 출신인 지우재 정수영이 왜 서인당 인물로 지목된 박순의 유적을 찾았을까 하는 의문이 남는다. 그러나 사암 박순 스스로 당파를 자처한 바 없고 다만 서인의 비조로 떠받든 율곡 이이와 우계 성혼을 옹호했으므로 후대의 사람들이 사암 박순을 서인당파라고 지목했을 뿐이다. 오히려 사암 박순은 북인의 비조 화담 서경덕과 동인의 비조 퇴계退溪 이황李滉, 1501-1570을 사사했으니 동인당, 소북당 뿌리를 지닌 이요 그저 서인당의 비조인 율곡 이이, 우계 성혼과 절친하게 지냈을 뿐이다. 그런 그의 족적을 헤아리면 의문은 저절로 풀린다.

정수영, 〈사암서원 전천 백운담〉 부분, 《한임강명승도권》, 종이, 1796-1797, 국립중앙박물관.

思菴書院

蒼玉屛
譜巖

정수영, 〈창옥병 초입〉 부분, 《한임강명승도권》, 종이, 1796-1797, 국립중앙박물관.

정수영, 〈금수정〉 부분, 《한임강명승도권》, 종이, 1796-1797, 국립중앙박물관.

가평, 산악으로 가득하나
호반을 품다

아름답고 반듯한 땅이라는 뜻을 지닌 가평은 고구려 때 근평斤平이었다가 신라 때 가평加平, 嘉平이 되었다. 북쪽의 화악산이 가평의 진산으로 화려하고, 서쪽의 운악산, 남쪽의 축령산과 용문산이 웅장하다. 각각의 산들은 모두 수려한 절경을 품고 있어 장관이다. 가평은 9할 가까이가 산악인 고을이다. 이뿐만 아니라 춘천에서 내려오는 북한강이 힘차게 흐르다가 가평 땅을 만나 자라섬과 남이섬을 만들고 비로소 가평을 가로지를 즈음에는 잔잔하기 그지없는 청평호반을 이루어 저 산악 휴양과 짝을 이루는 호반 휴양지가 되었다.

가평은 위대한 경세관료 잠곡潛谷 김육金堉, 1580-1658의 고장이다. 잠곡 김육은 임진왜란 이후 국가 재건을 위한 정책을 전개해나간 전후 최고의 재상으로 우의정, 영의정을 역임한 인물이다. 인목대비 폐모에 맞서 가평 잠곡에서 칩거하였는데 그 지명을 자신의 아호로 삼았다. 잠곡은 지금 청평역과 청평유원지 바로 옆 안전유원지의 본 이름이다.

1894년 갑오경장 직후 사직한 좌의정 산재山齋 조병세趙秉世, 1827-1905가 이곳 가평 조종면에 은거하였다. 조종천이 흐르는 조종면 대보리에는 조종암이라는 바위가 있다. 1684년 당시 가평군수가 명나라 마지막 임금 의제毅帝, 1627-1644가 쓴 「사무사」思無邪를 이 바위에 새겼다. 그뒤 임진왜란을 겪은 선조의 손자 낭선군郎善君 이우李俁, 1637-1693가 이 바위 이름을 조종암朝宗岩이라 짓고 글씨를 새겼다. 그러니까 임진왜란 때 원군을 보내준 명나라를 추모하는 의미를 담은 것이다. 그런 까닭에 냇물 이름도 조종천이 되었고 마을 이름도 조종면 대보리가 되었다. 대보리의 대보大報란 명나라의 큰 은혜를 갚는다는 뜻이다. 산재 조병세가 은거지를 이곳으로 선택한 데는 승경지라는 것보다 이런 뜻을 상기하려는 데 있었을 것이다. 그는 1905년 대한제국의 외교와 내정의 권한을 일제에 넘기는 을사늑약이 체결되자 조종면을 떠나 상경해서 을사오적 처형을 상소했다. 그 뜻을 이루지 못하자 12월 1일 음독자결하였다. 이에 가평 조종면 하판리 운악산 기슭 현등사 입구에 조병세와 더불어 순국한 면암勉菴 최익현崔益鉉, 1833-1906, 계정桂庭 민영환閔泳煥, 1861-1905을 모시는 3층의 삼충단三忠壇을 1910년에 세웠다. 일제가 철거했으나 1988년 복원했다. 그 곁에 엄청난 민영환 바위가 눈부시다. 그 바위만이 아니다. 운악산 미륵바위, 남근석, 고인돌 바위를 비롯 온갖 바위들이 즐비하고 나아가 현등사 위 아래로 무지개폭포, 무우폭포가 대단하다.

가평읍 승안리를 가로지르는 승안천 유역에 용추계곡이 있다. 승안천은 연인산과 칼봉산 기슭에서 발원하여 칼봉과 노적봉 사이를 흐르는 하천이다. 용추폭포부터 10킬로미터가 넘는 계곡 곳곳에 기이한 모습들이 즐비한 까닭에 용추구곡이라는 이름이 생겼다. 한때 이곳을 가로지르는 관통도로가 날 뻔했으나 관과 민이 뜻을 함께하여 막아낸 역사가 있어 더욱 귀하다. 2011년 6월 옥션단 경매장에 《가릉산수도첩》이 출현하였다. 가릉嘉陵은 가평의 또 다른 이름이다. 1506년 중종이 즉위한 다음 해 중종의 태실을 봉안한 뒤 가평군을 승격시킬 때 생긴 이름이다.

화첩에는 모두 열 점의 그림이 묶여 있는데, 그 구성은 구곡을 포괄하는 〈옥계전경〉, 〈옥계동구〉 두 점으로 시작한다. 이어서 〈제1곡 와룡추臥龍湫〉, 〈제2곡 무송암撫松巖〉, 〈제3곡 탁영뢰濯纓瀨〉, 〈제4곡 고슬탄鼓瑟灘〉, 〈제5곡 일사대一絲臺〉, 〈제6곡 추월담秋月潭〉, 〈제7곡 청풍협靑楓峽〉, 〈제8곡 귀유연龜遊淵〉까지다. 마지막 제9곡 농완계弄緩溪는 없다. 어느 어간에 첩에서 빠져나간 것이다. 이 화첩이 이루어진 시기는 1851년 무렵이다. 성재省齋 유중교柳重敎, 1832-1893가 이곳의 아름다움에 빠져 「옥계구곡가」를 짓고 집터를 마련한 때가 바로 1851년이다. 그로부터 중암重菴 김평묵金平默, 1819-1888, 의암毅庵 유인석柳麟錫, 1842-1915과 같은 이들이 함께 이곳을 두루 답사했다. 이들은 모두 외세의 침략에 맞서 꺾이지 않는 불굴의 기개를 펼쳐 나간 당대의 학자들이다.

누가 이 그림을 그렸는지 알 수 없지만 부드러운 필선과 담채로 담담한 분위기를 연출해나간 것을 보면 지역에서 활약하는 향토 화가라고는 해도 당대 일급 화가의 솜씨가 부럽지 않다. 특히 대상이 갖고 있는 특징을 자유롭게 변형하여 화폭에 담아내는 데 준법이나 격식에 구애 받지 않았다. 그 같은 자유로움 때문에 작품이 더욱 돋보인다.

1851년의 옥계구곡 또는 용추계곡은 어떤 모습이었을까. 화첩의 시작은 〈옥계전경〉이다. 칼봉산과 노적봉 사이에 자리잡은 마을 풍경이다. 가옥과 비석도 보이고 기념비처럼 보이는 직사각형 바위도 있는 것이 무언가 은밀한 뜻을 감춰둔 거점 같아 비장한 기분이다. 그러니까 성재 유중교와 그 동문들이 뜻을 모아 무엇인가를 결의하고서 칩거한 장소를 묘사한 게 아닌가 싶다. 그 공간을 중심에 두고 주변을 빙 둘러 원형 구도를 채택했다. 긴 용추계곡을 다 담으려고 선택한 구도였다. 그렇게 하고 보니 그림을 빙빙 돌려가며 보아야 사방을 다 볼 수가 있다.

두 번째인 〈옥계동구〉는 옥계구곡으로 들어가는 입구를 그린 것이다. 언덕과 평지와 나무와 빨간 들꽃으로 수놓은 것이 마치 화사한 별세계를 향해 들어가는 곳 같아 보인다.

그 다음은 용이 누워 있는 못이라는 뜻의 〈제1곡 와룡추〉인데 지금의 용추폭

미상, 〈옥계전경〉, 《가릉산수도첩》, 23×36.5, 종이, 1851년경, 개인.

미상, 〈옥계동구〉, 《가릉산수도첩》, 23×36.5, 종이, 1851년경, 개인.

포와 그 아래 못을 가리킨다. 5미터 높이의 용추폭포는 얼핏 보면 물줄기가 하나지만 수량이 불어나면 여럿이다. 따라서 〈제1곡 와룡추〉의 네 줄기 폭포는 물 많은 순간을 그린 것이다. 상단의 산줄기와 중단의 바위를 옆으로 행렬하는 듯 펼쳐두고 그 사이에 나무들을 늘어놔 흐름을 만들었다. 또 하단에 용이 누워 있다가 네 줄기로 나누어 하늘로 솟구치는 형태의 예쁜 못을 그렸다. 그 옆에 각이 반듯한 정자를 그려 시선을 집중시켰는데 화폭이 장대해 보이는 구도가 뛰어나다. 또한 이 그림은 나무와 꽃이 일대의 풍경을 어떻게 바꿔놓는지, 분위기를 어떻게 고조시키는지를 한눈에 보여준다. 만약 이 그림에서 나무와 꽃을 모두 제거한다고 가정해보면 울퉁불퉁한 바위와 바위 사이로 흐르는 물이 모두일 것이다. 실로 명승지를 구성하는 요소란 산과 바위라는 속살에 물에 꽃과 나무라는 옷을 입혀야 한다는 사실을 깨우치는 건 어려운 일이 아니다.

 용추폭포에서 약간 거슬러 올라가면 소나무를 쓰다듬는 바위라는 뜻의 무송암이 나온다. 〈제2곡 무송암〉의 복판에 우뚝 선 바위가 미륵바위로 아이를 낳게 해준다는 전설을 머금고 있다. 여러 형태의 바위가 이곳저곳 널려 있는데 지금도 그와 꼭같이 생긴 바위가 서 있는지는 모르겠다.

 무송암 바로 옆에 갓끈을 씻어야 할 만큼 맑고 시원한 여울이 흐르는 곳이 탁영뇌다. 〈제3곡 탁영뇌〉를 보면 오른쪽에서 불쑥 튀어나온 엄청난 크기의 바위가 있다. 그 바위 틈에서 물이 흘러나오는데 물길 양옆으로 큰 바위들이 호위하듯 도열해 있는 것이 신기하다. 마치 누군가 일부러 만든 인공 시설처럼 보인다.

 이어지는 고슬탄은 어느 때는 우람한 북소리를 내고 또 어느 때는 그윽한 거문고 소리를 내는 여울이라는 뜻으로, 〈제4곡 고슬탄〉에서는 세 개의 못으로 나누어 놓았다. 소리가 나는 물길보다 눈길을 끄는 것은 주변의 나무와 바위다. 나무에는 잎사귀를, 바위에는 이끼 점을 수도 없이 찍어놓고 그 위로 옅게 채색을 올려 생기를 북돋았는데 그 사이로 북과 거문고는 물론 여러 가지 악기가 쏟아내는 선율

미상, 〈제1곡 와룡추〉, 《가릉산수도첩》, 23×36.5, 종이, 1851년경, 개인.

미상, 〈제2곡 무송암〉, 《가릉산수도첩》, 23×36.5, 종이, 1851년경, 개인.

미상, 〈제3곡 탁영뢰〉, 《가릉산수도첩》, 23×36.5, 종이, 1851년경, 개인.

미상, 〈제4곡 고슬탄〉, 《가릉산수도첩》, 23×36.5, 종이, 1851년경, 개인.

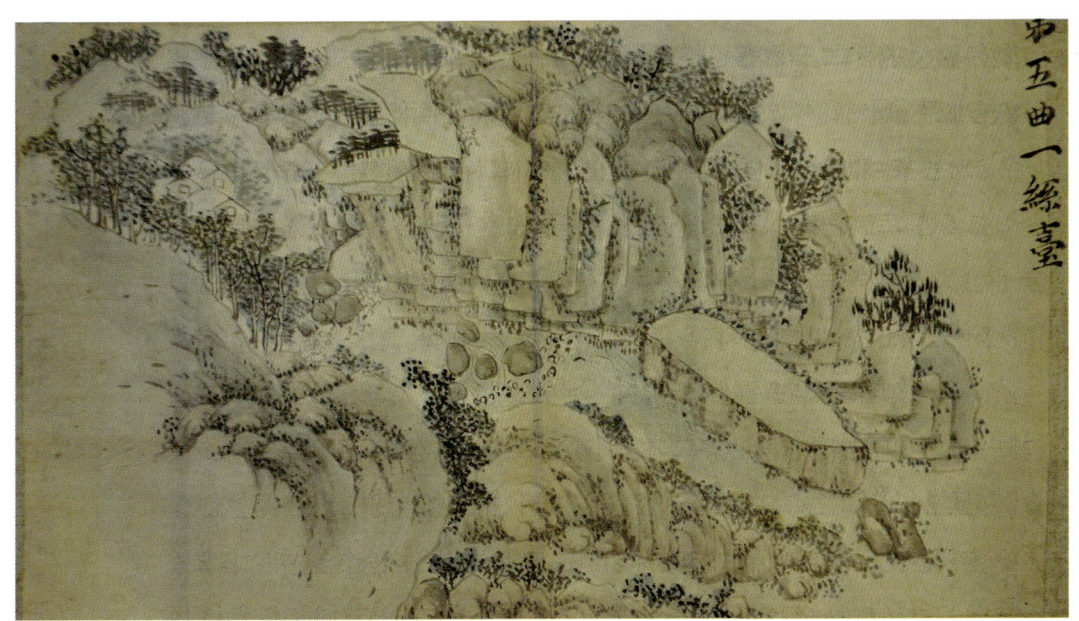

미상, 〈제5곡 일사대〉, 《가릉산수도첩》, 23×36.5, 종이, 1851년경, 개인.

미상, 〈제6곡 추월담〉, 《가릉산수도첩》, 23×36.5, 종이, 1851년경, 개인.

미상, 〈제7곡 청풍협〉, 《가릉산수도첩》, 23×36.5, 종이, 1851년경, 개인.

미상, 〈제8곡 귀유연〉, 《가릉산수도첩》, 23×36.5, 종이, 1851년경, 개인.

이 흐르는 듯하다.

고슬탄에서 한 번 크게 휘돌아가면 일사대가 나온다. 실오라기 한 줄기 흐르는 듯하다는 곳이다. 〈제5곡 일사대〉의 화폭 오른쪽에 매끈한 거울을 눕혀 놓은 듯 넓은 면적을 자랑하는 너럭바위 하나가 두드러진다. 왼쪽 상단의 깊이 패인 골에 숨은 여러 채의 집은 꼼꼼히 찾지 않으면 발견하기 어려운 풍경이다.

〈제6곡 추월담〉은 달이 거울에 가득 비추는 가을밤과 같은 못이 주인공이다. 화폭을 보면 가을 단풍으로 물든 산속에 반듯한 못이 보인다. 화폭 상단에 뜬 둥그런 보름달이 귀엽다. 무엇보다도 화폭 전면에 푸른색을 아주 옅게 칠해 달밤을 연출한 것은 물론 가을 단풍을 홍색으로 칠해 보석처럼 빛나는 게 신선하기 그지없다.

청풍협은 푸른 단풍의 계곡이라는 뜻이다. 푸른 바위와 붉은 단풍으로 가득 찬 협곡을 그렇게 표현했다. 〈제7곡 청풍협〉을 그린 화가는 협곡을 한 번 꺾어서 그렸다. 그래서 그림을 제대로 보려면 한 번은 그대로 보고 또 한 번은 돌려서 보아야 한다. 먼저 그대로 보면 화폭 오른쪽 단풍나무와 바위가 우뚝한데 그 위로 물길이 쏟아지고 있다. 다음으로 한 번 돌려서 보면 마치 탑처럼 바위를 차곡차곡 쌓아올린 구조물이 엄청나다. 이렇게든 저렇게든 와르르 쏟아질 듯 불안한 구도지만 이 작품의 묘미가 바로 여기에 있다. 아마도 화가가 노린 것인지도 모르겠다.

귀유연은 거북이 노니는 못이라는 뜻이다. 〈제8곡 귀유연〉을 보면 거북이가 있는 듯도 없는 듯도 하다. 그래서인지 여느 산기슭 풍경처럼 보인다.

마지막 농완계는 계곡의 맨 위쪽에 자리하고 있는데 여유로이 농담을 주고받으며 즐기는 계곡이라는 뜻이다. 하지만 《가릉산수도첩》에 농완계를 그린 작품이 없다. 이 그림을 그릴 때는 구곡이 아니라 팔경이었다는 설도 있지만 마지막 제9곡 한 장이 없어졌다고 보는 게 맞을 듯하다. 팔경이었다면 제목에 '경'景이라고 쓰지 '곡'曲이라고 쓰지 않았을 것이기 때문이다.

양주, 흩어졌으나
여전히 의연한

양주楊州는 삼한시대 때 모수국牟水國이라 부른 이래 변화를 거듭했다. 모수국은 물이 많은 나라를 뜻한다.[10] 고려 태조 왕건이 버드나무가 무성하다며 버들고을이라는 뜻의 양주를 지명으로 선택한 까닭도 생각해보면 물 많은 곳에 잘 자라는 버드나무라 그런 것이었다. 양주 땅은 한양의 북쪽과 동쪽을 감싸고 있었다. 고려 때 양주를 쪼개 남쪽을 풍양현豊壤縣으로 독립시켰지만 조선 세종 때 다시 합쳤다. 하지만 1962년 노원과 구리 땅을 서울에 빼앗겼고 다음 해 의정부가 독립해나갔으며 1980년에 이르러서는 남쪽을 남양주로 분리해버렸다. 그럼에도 워낙 넓었으므로 여전히 의연하다.

그 의연함을 지탱해주는 지세, 다시 말해 땅의 세력을 살펴보자. 천년고찰 백화암을 품고 있는 양주의 진산 불곡산이 우뚝하다. 이뿐만 아니다. 신령한 감악산을 비롯해 천보산, 칠봉산, 도락산, 은봉산, 도봉산이 즐비하다. 한복판에는 중랑천이 흐른다.

그처럼 유장한 땅 양주에는 아름다운 향기로 넘치는 회암사 터가 그대로다. 조선왕조 개창의 주역인 무학대사無學大師, 1327-1405가 주지로 있으면서 태조 이성계를 지원한 사찰이 바로 회암사다. 태조 이성계 또한 왕위에서 물러나 거주했을 정도로 사랑한 왕의 사찰이었다.

장흥면 석현리에는 만취당晩翠堂 권율權慄, 1537-1599 장군의 묘가 있다. 장군은 1593년 경기도 행주산성 전투에서 전설의 승리를 거둔 명장이다. 바다에 이순신李舜臣, 1545-1598 장군이 있었다면 육지에는 권율 장군이 있었다고 할 정도였고 두 사람은 서로 친교를 나누는 사이였다. 강화도에서 태어난 권율 장군이 양주에 누운 까닭은 가족 묘역이 있어서다.

고려의 위대한 학자 목은 이색이 개성에서 한양으로 말 타고 내려가며 양주에 이르러 도봉산을 살펴보았다. 그 생김이 마치 세 봉우리가 하늘에 꽂힌 듯하므로 목은 이색은 삼령삽천三嶺揷天이라 읊었다. 그런 도봉산이었으므로 탐을 낼 법했지만 노원이며 의정부가 떨어져나갈 때에도 도봉산을 빼앗기지 않음으로써 위엄과 기개를 지킬 수 있었다. 양주의 서남쪽 끝에 있는 송추松楸에서 동쪽을 바라보면 도봉산 일대가 장관이다.

겸재 정선의 손자인 손암巽菴 정황鄭榥, 1737-1800이 바로 이 풍경을 그렸는데 〈양주 송추〉다. 얼핏 보면 빼어난 산수화 한 점일 뿐이지만 꼼꼼히 들여다보면 희귀할 뿐만 아니라 기이하여 신비롭기까지 하다. 맨 위쪽 북한산 능선을 보면 화폭 왼쪽 가장자리에 우람하게 선 도봉산이 자리한다. 거기에 고개를 숙인 채 도봉을 향해 나아가는 저승사자들의 행렬이 기괴하다. 화폭 하단 왼쪽에도 가래나무인 추자목들이 줄지어 도봉 바위를 향하는 것은 물론 그 옆 큰 길이며 나귀 탄 행인마저 같은 곳을 향한다.

대체 정황은 왜 이런 그림을 그린 것일까. 예부터 도봉산은 부용화 활짝 핀 천국의 문이라고 했다. 그러나 이 그림을 보면 천국은커녕 지옥의 문처럼 보인다. 반대편에 자리한 거대 도시 한양은 먼지로 물든 속세다. 그러니 한양으로부터 등

정황, 〈양주 송추〉, 23.6×36.1, 종이, 18세기, 개인.

돌린 채 도봉산을 향하는 뾰족바위야말로 한양에서 죽은 이들을 호송하는 저승사자라고 생각하지 않을 수 없었을 게다.

〈양주 송추〉 화폭 하단의 굴곡진 동산을 자세히 보자. 비석들이 수를 셀 수 없을 만큼 즐비하게 전개되어 있다. 그러니까 이곳은 망자들이 모여 사는 공동묘지였다. 사실 이곳 장흥면 동쪽 일대는 풍수가 뛰어난 길지로, 사족들의 묘역이었다. 성묘하는 양반의 가마가 그치질 않아 가마골이요, 상여에서 시신이 굴러떨어지곤 했으므로 송장골이라 불렀다. 지금도 장흥면 북쪽 돌고개인 석현石峴에는 권율 장군 묘소가 있고, 남쪽 삼하三下 땅에는 학자 지봉芝峯 이수광李睟光, 1563-1628 묘소가, 이웃 일영 땅에는 중종의 왕비로 폐위의 비운을 겪은 단경왕후端敬王后, 1487-1557 능묘인 온릉溫陵이 있다.

하지만 정황은 저들처럼 대단한 인물의 묘소가 아니라 이름 없이 살다 간 이들을 위한 비석을 은하수처럼 뿌려놓았다. 그 비석 사이사이에 몇 채의 집들이 옹기종기 모여 마을을 이루고 있다. 실제로 이곳 일영과 삼상三上 마을은 내시들의 세거지였다. 그러니까 〈양주 송추〉는 내시처럼 덧없이 살다 사라져간 무명의 영혼을 위한 진혼곡이었다.

이곳 송추동 소나무 숲인 울대鬱垈에 설화문학의 거장 어우於于 유몽인柳夢寅, 1559-1623의 송천정사松泉精舍가 있었다. 그는 인목대비의 폐위를 반대하다 광해왕에 의해 파직당해 이곳에 은거한 인물이다. 끝내 사약이 내려오자 죽음이 도리어 영광이라 했다. 정황은 분명 저 어우 유몽인의 우울한 죽음도 함께 떠올렸을 게다.

남양주, 수락산을 품어 빼어난 승경지

남양주南楊州는 신라시대 때 한양漢陽이라는 지명을 지닌 곳의 일부였다. 고려 때 양주에서 독립해 풍양豊壤이 되었지만 조선의 세종 때 다시 양주군의 일부가 되었다. 지금 남양주는 1980년에 다시 분리, 독립한 땅이다. 남양주, 남양주 하니까 마치 양주에 붙은 고을이라는 느낌이 들어 부드럽고 넉넉함이 넘친다는 뜻을 지닌 풍양이었으면 좋았을 거라는 생각은 나만의 것이 아니다.

남양주는 서쪽으로 왕숙천, 동쪽으로 북한강이 흐르고 그 북쪽에 철마산, 동쪽에 천마산, 서쪽에 수락산과 불암산, 남쪽에 백봉산·고래산·운길산이 펼쳐져 있다. 그 사이로 분지가 형성되어 사람 살기 좋은 곳이라 참으로 곱고 수려하다. 그 가운데 수락산은 가장 빼어난 승경지여서 숱한 절집들이 들어섰다. 그 가운데 천년고찰 흥국사가 특별하다. 본시 수락사였는데 선조 때 흥덕사, 인조 때 흥국사가 되었다. 흥국사는 덕릉고개라는 이름의 유래인 덕흥대원군德興大院君, 1530-1559 묘소 덕릉을 비롯해 여러 인물들의 묘를 품고 있는 사찰이다. 덕흥대원군은 선조의 친아버지다.

덕릉 때문에 더욱 유명해졌으나 그보다 조선후기 경기 지역 불화의 총본산이었다는 점을 기억해야 한다. 지금도 전각의 안팎 여기저기 불화가 즐비하다.

남양주에는 왕실의 능원이 많다. 세조의 광릉, 광해왕의 광해묘, 고종과 순종의 홍릉과 유릉은 물론 여러 후궁의 원묘가 즐비하다. 그 가운데 정순왕후定順王后, 1440-1521가 잠들어 있는 사릉思陵이 있다. 사릉은 진건면 사릉리에 홀로 있다. 어린 남편 단종은 머나 먼 유배지인 강원도 영월 땅에서 죽어 그곳 장릉莊陵에 잠들었다. 그러니 지금도 이별이다. 사릉이나 장릉이나 갈 때마다 가슴이 시리다.

남양주는 또한 다산茶山 정약용丁若鏞, 1762-1836을 배출한 땅이다. 조안면 능내리에 있는 생가에는 묘소도 함께 자리하고 있다.

조선시대 통역 관리인 역관의 명문가를 일군 역매亦梅 오경석吳慶錫, 1831-1879은 〈수락산〉을 그렸다. 수락산은 남양주뿐만 아니라 의정부와 노원까지 세 지역에 걸쳐 있다. 이 산은 숱한 계곡마다 온갖 바위가 병풍 같고 그 위로 물이 떨어지는 모양이 일품이다. 동쪽 골짜기인 청학동 계곡에 이름도 어여쁜 금류, 은류, 옥류 폭포가 줄지어 흐르는데 그 눈부신 자태로 말미암아 물 떨어지는 산이라는 뜻의 수락산水落山이라는 이름을 얻었다.

〈수락산〉 화폭 상단에는 매우 길게 쓴 화제가 있는데 그 내용의 핵심은 1855년 여름 6월 수락산 내원암으로 피서를 와보니 그 산봉우리와 바위와 숲이 청정 세계라는 것이다.

화폭 상단에는 수락산 정상이 우뚝하고 그 너머 멀리 도봉산이 위세를 자랑한다. 화폭 중단에 내원암이 옹기종기 모여 있고 그 뒤로는 쏟아지는 폭포가 보인다. 내원암 아래쪽으로 역매 오경석 자신이 그윽한 자세로 앉아 맑은 물 흐르는 모습을 누린다.

수락산은 봉우리들이 대개 한양을 등진 채 동쪽 남양주를 향해 있어 반역의 산이라고도 한다. 수락산을 이야기할 때 매월당 김시습을 떠올리지 않을 수 없다.

오경석, 〈수락산〉, 77.3×31.9, 비단, 1855, 개인.

정수영, 〈미호 화오〉 부분, 《한임강명승도권》, 종이, 1796-1797, 국립중앙박물관.

뒷날 세조에 등극한 수양대군이 정변을 일으켜 숱한 대신을 죽일 때 매월당 김시습은 사육신의 시신을 수습해 노량진에 가매장을 했다. 그때부터 전국을 떠돌며 『금오신화』를 비롯한 숱한 명작을 토해냈는데 31살 때 수락산에 은거를 시작했다. 그런 그를 율곡 이이는 백세의 스승이라 추모했다. 백세가 아니라 천세의 스승이라 해도 부족할 매월당 김시습이 평생 읊은 시편들은 문집 『매월당집』에 포함되어 전해온다. 문득 이곳에 들를 때면 아름답고 가슴 저린 노랫소리 들려온다. 김시습이 수락산에 머물며 읊은 「수락산에 남은 노을」의 마지막 구절은 그리도 서글프다.

"하늘 끝이 가없으니 뜻도 어찌 가 있을까, 붉은 빛 머금은 노을에 밝은 빛 흔들리네"[11]

지우재 정수영의 《한임강명승도권》에는 남양주에 있는 〈미호 화오〉가 실렸다. 남양주의 남쪽 끝에는 팔당호가 있다. 팔당호에서 쏟아지는 물이 덕소를 지나 강동대교를 향한다. 강동대교 직전 미사리에서 강 건너 북쪽을 보면 왕숙천을 사이에 두고 왼쪽은 구리, 오른쪽은 남양주다. 〈미호 화오〉 화폭 왼쪽 끝이 왕숙천이고 그 옆 돛단배가 있는 나루와 마을이 지금 수석동 석실마을 일대다. 그림에는 보이지 않지만 석실마을 옆에는 홍릉천이 흐른다. 그 마을 위쪽에 '미호'渼湖라고 쓴 글씨가 보인다. 미호는 찰랑거리는 듯 즐거운 물결이 출렁이는 호수라는 뜻으로 석실마을 앞 나루터를 가리킨다.

석실마을에는 장동김문을 최고의 명문세가로 일으켜 세운 청음淸陰 김상헌金尙憲, 1570-1652 형제의 위패를 모신 석실서원이 유명했다. 1656년 창건해 1871년 서원철폐령에 따라 철수할 때까지 숱한 이들이 출입하며 학문을 연찬하고 인맥을 쌓던 요람이었다. 그런데 지우재 정수영은 〈미호 화오〉에 석실서원을 표기하지 않았다. 소북당 가문의 일원으로 굳이 집권 노론당의 근거지를 그릴 뜻이 없었던 것이겠다.

　　강변에 세 척의 배를 띄운 곳은 물결의 그늘진 나루터라는 뜻의 미음漢陰 나루다. 그 위쪽 마을 한복판 고래등같은 기와집들이 석실서원 아닌가 싶다. 화폭 중앙의 하늘에는 꽃피는 언덕 다시 말해 꽃마을이라는 뜻의 '화오'花塢라는 글씨를 써 놓았다. 어느 곳을 가리키고 있는지 모르겠으나 별내면의 수락산과 불암산 일대의 꽃나비 동네라는 뜻의 화접리花蝶里가 생각난다.

구리, 태조 이성계의 도시이자
왕들의 도시

구리九里는 일제강점기 때 양주 남부의 구지면龜旨面 또는 구지면九旨面과 망우리忘憂里를 합쳐 구리면으로 정했다. 1963년에 망우리를 서울로 내주면서 오늘의 구리시가 되었다. 땅 이름에 거북이 '구'龜 자를 쓴 것은 왕릉이 즐비한 게 아름다운 거북을 닮아서 그랬을 것이다. 그런데 거북을 버리고 아홉 '구'九를 썼다. 그 까닭을 두고 일제강점기 행정 구역 재편성 때 아홉 개의 고을을 병합했기 때문이라는 설이 있다. 하지만 그보다는 동구릉의 아홉 왕릉을 품고 있음을 드러내고 싶었거나 거북을 닮은 왕릉을 떠올려 그렇게 이름 지었을 것이다. 서쪽에는 망우산에서 아차산으로 이어지는 산줄기가 흐르고 동쪽으로는 왕숙천 물줄기가 흘러 한강으로 흘러든다. 또 북쪽 한복판 검암산을 주산으로 하는 땅에 역대 왕과 왕비가 잠든 동구릉이 드넓게 자리잡았다. 한강 가까운 남쪽에는 장자못이 가로로 길게 뻗어 있다. 동구릉과 왕숙천, 망우리 세 곳은 태조 이성계와의 인연으로 생긴 이름이다. 동구릉에는 제1대 태조 이후 제5대 문종, 제14대 선조, 제18대 현종, 제21대 영조, 추존 익종, 제24대 헌종까지 일곱 명의 왕과 더불어 열 명의 왕후가 잠들어 있다. 왕숙천은 왕이 자고 간 하천이라는 뜻인데 태조 이성계가 자신이 묻힐 장소를 찾으면서 이 냇가에서 하루를 묵었기 때문에 생긴 이름이다. 망우리는 근심을 잊은 동네라는 뜻이다. 검암산 기슭에 능을 조성할 땅을 찾은 뒤 환궁하다가 고개를 넘을 무렵 이제야 근심걱정을 잊었다고 했기 때문에 지은 이름이다. 그러고 보면 구리는 태조 이성계의 도시이자 왕들의 도시인 듯도 하다. 한편 장자못 전설은 민간의 이야기다. 장자라는 인물이 구걸 온 스님에게 쌀 대신 오물을 주자 며느리가 몰래 쌀을 내주었다. 이에 스님은 며느리에게 난리가 나면 피하되 결코 뒤를 봐선 안 된다고 했다. 얼마 뒤 난리가 났고 며느리는 그만 뒤를 돌아보았다. 이에 며느리는 돌이 되었고 장자의 집은 못이 되었다. 쓸쓸한 전설이지만 누군가에게 무엇을 줄 때 귀한 것을 주어야 한다는 건 예나 지금이나 변함없는 가르침이다.

지우재 정수영은 《한임강명승도권》에서 한강으로 흘러드는 왕숙천 하구 서쪽과 아차산 기슭 아래 광나루 강변 풍경을 연이어 그렸다. 그 가운데 〈양주구계〉는 왕숙천 서쪽 수택동의 장자못에서 한강으로 흘러드는 어느 어간을 그린 것이다. 화폭 오른쪽 커다란 기와집은 누구의 저택인지 알 수 없다. 저택 왼쪽으로 거북이 등처럼 보이는 거북 언덕은 옛 구리 땅의 근거지인 구계龜溪임이 분명하다. 구계 언덕 위에 '우미천牛尾川 심씨정자沈氏亭子'라는 글씨를 써넣었지만 정작 아무것도 보이지 않는다. 아마 언덕 너머 어딘가를 가리키는 듯하다.

다음 〈우미천〉은 아차산 기슭에서 소꼬리처럼 가느다랗게 흘러내리는 우미천을 그린 것이다. 화폭에는 정작 개천은 없고 나룻배와 둥글넙적한 언덕만 보인다. 지우재 정수영은 화폭 오른쪽 가장자리에 다음 같은 화제를 써넣었다.

"배와 사람이 잠깐 머무를 수 있어 배가 멈춘 곳을 즐겨 그릴 수 있구나"

그러니까 나룻배 가운데 쭈그려 앉은 선비가 다름 아닌 지우재 정수영 자신이다. 그러므로 이 그림은 선상 유람을 하던 중 구리 아천동 우미천이 한강으로 흘

정수영, 〈양주구계〉 부분, 《한임강명승도권》, 종이, 1796-1797, 국립중앙박물관.

정수영, 〈우미천〉 부분, 《한임강명승도권》, 종이, 1796-1797, 국립중앙박물관.

러드는 곳에 배를 세워놓고 그림을 그리는 정수영 자신의 모습이다. 자화상이다. 그런데 화제 아래쪽에 더 작은 글씨로 월루月樓 강관姜價, 1743-1824이 쓴 화제가 있다. 월루 강관은 여기에서 '언덕이 작은 것인지, 배가 큰 것인지 모르겠다'며 '대접 뚜껑을 엎어놓은 것 같다'고 놀렸다. 그는 18세기 예원의 총수 표암 강세황의 셋째 아들로 동갑내기 화가 정수영과 벗이었다.

지우재 정수영은 《한임강명승도권》에서 우미천의 서쪽 광나루부터 아차산 기슭 아래 지금 광장동까지를 옆으로 길게 잡아당겨 쭉 늘려놓았다. 그 사이에 아주 멀리 삼각산, 도봉산, 수락산, 불암산을 연이어 배열했는데 이 그림이 바로 〈삼각 도봉 불암 수락산〉이다. 수락산 바로 옆에 '성악산'成岳山이라고 써두었는데 어느 산인지 찾지 못했다. 화폭 맨 오른쪽 하단에는 용당의 한쪽 귀퉁이를 뜻하는 '용당우'龍堂隅라는 글씨를 써넣었다. 용당은 광나루의 한쪽에 자리한 신당이다. 재앙을 막기 위해 매년 제사를 지낸다. 그 위치는 나룻배가 정박한 것으로 보아 광나루가 아닌가 싶기도 하지만 화폭 상단에 저 멀리 연이은 산들의 위치와 맞춰보면 각도로 보아 그곳은 광나루가 아니다. 분명 정수영이 재구성한 것이다.

화폭 한가운데 수락산 바로 아래에 '원릉'元陵이라고 써넣은 것 역시 이상하다. 원릉은 조선 제21대 왕 영조와 계비 정순왕후의 능이다. 게다가 원릉은 동구릉에 자리한 여러 능 가운데 하나인데 왜 원릉만 쏙 빼서 따로 드러낸 것일까. 연구자 이태호는 『한강 그리고 임진강』[12]에서 평소 영조를 존숭했거나 당시 원릉이 가장 최근에 조성된 왕릉이었기 때문이라고 짐작했다. 그럴 수도 있을 게다. 또다른 상상력을 발휘해보면 전혀 반대일 수도 있다. 지우재 정수영이 이 그림을 그린 1797년은 영조의 손자인 정조가 통치하는 시대였다. 게다가 영조는 바로 그 정조의 아버지인 사도세자를 뒤주에 가둬 죽인 왕이었다. 다시 말해 아들인 사도를 죽인 아버지였던 게다. 그러니까 지우재 정수영은 어쩌면 그런 비정한 왕을 자신의 그림에 특별히 기록함으로써 특별한 말을 전하고 싶었던 것일지도 모른다.

정수영, 〈삼각 도봉 불암 수락산〉 부분, 《한임강명승도권》, 종이, 1796-1797, 국립중앙박물관.

양평, 나뉘어 흐르던 강이
하나 되어 흐르네

양평楊平은 고구려 때 버드나무 뿌리인 양근楊根 및 늘 햇볕 드는 곳인 항양恒陽이었다. 그리고 대한제국기인 1908년 지평砥平을 합해 양평이라는 이름을 얻었다.[13] 햇볕 '양'陽 자 또는 버드나무 '양'楊 자를 쓴 까닭은 버드나무가 많은 고을이라서지만 오늘날 양평은 용문산 은행나무가 더 유명하다. 양평은 경기도에서 가장 넓은 땅을 품고 있지만 7할이 산이다. 서쪽에 증미산·유명산과 동쪽에 갈기산·금왕산이 솟아 있고, 한복판에 용문산이 우뚝하다. 그 산악 사이로 서쪽의 문호천, 동쪽의 흑천이 가로지른다. 이뿐만 아니다. 서쪽의 북한강은 남양주와 경계선을 이룬다. 남쪽의 남한강은 여주에서 흘러들어와 서쪽으로 방향을 꺾는다. 그러다가 북한강과 남한강이 만나는데 그래서 두물머리 또는 양수리라고 부른다. 나뉘어 흐르던 강이 비로소 하나의 강, 한강으로 완성되는 곳이다.

양평은 화서華西 이항노李恒老, 1792-1868와 몽양夢陽 여운형呂運亨, 1885-1947을 배출한 땅이다. 외적의 침략에 맞선 화서 이항노의 척사 사상은 이후 의병과 독립투쟁 사상의 거점을 이루었다. 서종면에 그를 기리는 노산사와 생가가 있다. 어디 그뿐일까. 일제강점기에 가장 엄혹한 탄압을 받았던 국내에서 독립운동을 전개한 몽양 여운형은 해방을 앞뒤로 건국동맹, 건국준비위원회를 조직해 헌신했지만 좌익과 우익으로부터 공격을 당하다가 끝내 이필형이라는 자에게 암살당했다. 양 극단으로 갈린 시대에는 조화로운 중도란 설 자리가 없는가보다.

율리栗里 유영오柳榮五, 1777-1863가 그린 〈벽원아집도〉는 이항로 생가 일대의 풍경이다. 벽계천이 구비구비 흐르는 이곳이 아름다워 벽계구곡이라 하였다. 문인들이 숱하게 모여들었고 제자들은 이곳에서 학문을 연찬하였다. 율리 유영오는 출사하였으나 강직함 탓에 남해의 신지도 유배 이후 다시는 나아가지 않았다. 아들과 손자를 화서 문하에 입문시켰는데 손자 성재省齋 유중교柳重敎, 1832-1893는 대학자로 성장하였으며 증손자가 저명한 의병장 의암 유인석이다. 율리 유영오의 작품은 처음 보는 것이다. 그의 〈벽원아집도〉는 세련된 기교와는 거리가 멀다. 하지만 문인의 향기가 짙은 필법을 구사하여 그윽한 기품을 보여준다. 산은 근엄하고 물은 거세며 집은 가지런하여 정갈하다. 그 맨 아래 못가의 바위에 세 명의 선비가 벽계의 승경을 누리고 있어 맑은 향기가 번져나가는 듯하다.

도화서 화원으로 활약하던 이신흠李信欽, 1569-1635이 어느 날 예조판서를 역임한 오봉五峯 이호민李好閔, 1553-1634과 그 아들이자 한성부판윤을 역임한 현기玄磯 이경엄李景嚴, 1579-1652의 부름에 따라 그들 부자의 별장을 그렸다. 이들의 별장 사천장은 양평 옥천 땅에 자리하고 있었다. 지금은 흔적도 없어 알 수 없으나 〈사천장팔경도〉를 보면 각각의 경물 옆에 붉은 글씨로 그 이름을 써넣었으므로 짐작할 수 있다.

먼저 화폭 왼쪽 상단에 용문산과 백운봉 그리고 바로 그 아래 사나사와 문암, 사천장, 사천이 배치되어 있다. 그 위치로 볼 때 사천장은 사탄천을 따라 옥천초등학교가 있는 옥천리에서 용천리로 거슬러 올라가는 어느 곳이다. 은거와 절개의 상징으로 사랑받는 중국 시인 도연명陶淵明, 365-427이 읊은 시편 「사천」과 이곳의 지명 사천이 같아 현기 이경엄은 벗들에게 자랑했다고 하는데 지금 사탄천이 바로

유영오, 〈벽원아집도〉, 37×52.5, 종이, 1836, 화서기념관.

이신흠, 〈사천장팔경도〉, 《사천장시화첩》, 16.6×22.4, 종이, 1617년 이전, 이건희 기증, 국립중앙박물관.

그 사천이다. 화면 한복판에는 농사 장면도 보인다. 한 사람은 곡괭이를 들고 밭이 랑을 고르고 또 한 사람은 쟁기를 매단 소를 끌고 나아가는 모습이다. 이 그림을 보기 전까지는 옥천면에 갈 때면 그저 유명한 옥천냉면만 생각했다. 이제부터 이 고을에 들를 때는 냉면만이 아니라 옛사람들의 향기가 넘치는 땅임을 잊지 말아야겠다. 이호민, 이경엄 부자는 이신흠에게 사천장만이 아니라 오늘날의 서울 종로구 송현동에 있던 본가 일대도 그리게 했다. 이신흠의 〈송현동〉이 남아 전해오는 연유다.

흑천을 사이에 두고 북쪽에는 용문산, 남쪽에는 추읍산이 우뚝하다. 용문산 기슭의 용문천을 따라 올라가면 용문사가 멋진 자태를 드러낸다. 용문사는 신라 때의 승려 대경大境이 창건했다고 하는데 원효가 창건했다는 설도 있다.

용문사 앞에는 절을 수호하는 은행나무 한 그루가 있다. 나이는 1,100살가량이다. 키가 60미터나 되도록 자라고보니 뿌리가 그 크기를 감당하기 힘들었다. 그래서 가지치기로 키를 낮춰 39미터로 줄어든 때가 2001년의 일이다. 번개를 막기 위해 피뢰침도 세워놓았다. 이토록 어마어마한 천 년의 은행나무를 심은 이는 마의태자라고 한다. 금강산으로 숨어들어가던 중 심었다는 것이다. 혹은 의상대사가 이곳에 꽂아둔 지팡이가 자란 것이라고도 한다. 두 가지 모두 그럴 듯하지만 나는 마의태자 설에 마음이 더 간다. 그냥 그렇다는 것이다.

용문사 은행나무는 후손도 가지고 있다. 오늘날 서울 노원구 중계동 은행사거리에 서 있는, 나이 600살 넘은 바로 그 은행나무다. 용문사는 대한제국 시대인 1907년 의병들의 근거지였다. 일본은 의병만 공격한 게 아니라 용문사 전체를 불태웠다. 그런데 신기하게도 은행나무만 살아남았다. 그뒤 조금씩 재건을 시작했고 1982년에 크게 중창하여 오늘에 이른다.

지우재 정수영의 〈용문사 추읍산〉을 보면 오른쪽 상단에 '추읍산'趨揖山이라

정수영, 〈용문사 추읍산〉 부분, 《한임강명승도권》, 종이, 1796-1797, 국립중앙박물관.

는 화제를 쓰고 바로 옆에 검은 먹으로 봉우리를 그려놓았다. 그 반대편 왼쪽 상단에는 용문산의 빼어난 색깔을 의미하는 '용문수색'龍門秀色이라는 낱말을 써놓았는데 그 봉우리가 다름 아닌 용문산이다. 하지만 어쩐 일인지 용문산의 아름다운 빛깔 같은 건 묘사하지 않았다.

    화가 지우재 정수영의 시선은 화폭 하단 강 위에 배를 띄워놓고 멀리에 있는 두 개의 산을 향하고 있다. 여기서 화가의 모습은 보이지 않으나 그의 위치는 양평군 개군면 개군초등학교 앞 한강이다. 이 그림에서 두드러지는 것은 시커먼 색을 칠한 추읍산이다. 추읍산은 일제강점기 때 고을의 주인이라는 뜻의 주읍산主邑山으로 그 이름을 바꿔버렸다. 의병의 거점이었던 용문산이 싫었던 일제가 이 고을의 주인을 절에서 산으로 바꾸려고 한 일이 아닌가 싶다. 이름이야 어떻든 추읍산 산기슭에는 산수유 군락지가 있어 하나의 별세계였다.

광주, 때로는 슬픈,
때로는 아름다운

    광주廣州는 백제 때 크고 넓은 고을이라는 뜻의 한성漢城, 고구려 때는 한산漢山, 한주漢州였다가 고려 때 넓은 고을이라는 뜻의 광주라는 이름을 얻었다. 크고 넓은 '한'漢에서 그저 넓다는 '광'廣으로 바뀐 까닭은 알 수 없다. 다만 남경인 한양과 구별하려고 고친 게 아닌가 싶다. '한'漢은 '넓이와 높이'까지 아우르지만 '광'廣은 그냥 '넓이'만 뜻하니 낮춘 것이다.

    광주는 북쪽의 남한산, 남쪽의 태화산과 더불어 한복판을 남북으로 가로지르는 경안천과 그 주변의 벌판이다. 경안천은 팔당호로 빨려 들어가는 한강의 지류로 광주의 젖줄을 이룬다. 남한산의 남한산성은 조선의 수도 한양 남쪽을 방위하는 요새였다. 조선시대 임진왜란 이후 병자호란 때 과연 쓸모가 있었다. 정변을 일으켜 왕위에 오른 인조가 이곳으로 피신해 45일 간 숨어 있다가 청나라에 힘없이 항복하고 말았다. 그러나 역사와는 관계없이 그 풍광의 수려함으로 광주의 자랑이다. 광주는 또한 이웃 여주와 더불어 조선 백자의 거점이다. 빼어난 인물도 있다. 조선시대 위대한 역사학자 순암順菴 안정복安鼎福, 1712-1791과 독립운동가인 해공海公 신익희申翼熙, 1894-1956다. 삼한정통론에 입각해 조선의 역사를 체계화한 순암 안정복은 『동사강목』이라는 명저를 남겼다. 해공 신익희는 평생 독립운동가로 살았으나 끝내 전제주의 정부에 맞서 싸우던 중 급서했다. 의문의 죽음에 암살설이 끊이지 않았다.

현대에 이르러 잊어서는 안 될 이야기가 있다. 1969년 서울 청계천 일대를 비롯한 판자촌이 철거되었다. 이와 더불어 이루어진 대규모 철거민 강제 이주로 살던 곳에서 쫓겨난 14만 명의 빈민이 이 땅으로 밀려들었다. 전쟁난민 터보다 더욱 참혹한 황무지에 버려진 빈민들은 1971년 무력 항쟁을 시작했고 결과만 놓고 보면 정부는 모든 요구 조건을 받아들이고 사과했다. 그러나 그로 인한 상처는 너무 컸다. 오랜 세월이 흐른 2012년 진상 규명을 위한 운동을 통해 폭동으로 불리던 그때의 일을 '8·10성남항쟁'으로 바꿔 부르게 되었다. 광주가 아니라 성남이라고 쓴 까닭은 그 황무지가 당시 광주의 일부인 성남 땅이었기 때문이다.

남한강이 거의 끝나가는 곳, 두물머리를 향해 흐르는 남한강의 남쪽에 광주시 남종면 수청리가 있다. 강 건너 북쪽에는 양평군 양서면이 있다. 또 물길이 한 번 꺾이는 곳에는 대하섬이 강 복판을 차지한 채 숲을 이룬다. 지우재 정수영의 《한임강명승도권》 중 〈수청탄〉은 연구자 이태호의 『한강 그리고 임진강』에서 확인한 바 지금 남종면 수청1리를 그린 것이고 〈소청탄〉은 아래쪽 수청2리를 그린 것이다. 수청탄은 물 푸른 여울이고 소청탄은 작은 물푸레 여울인데 그 이름만으로도 어여쁘다. 정수영은 〈수청탄〉 화제에 '헌적별업'軒適別業이라고 쓰고 화폭 왼쪽에 작은 기와집을 그렸다. 그러니까 이 집은 헌적軒適 여춘영呂春永, 1734-1812의 별장이다.

여춘영은 평생 벼슬에 나가지 않고 살아간 인물이어서 더 이상 알 수 있는 건 없다. 고조할아버지 운포雲浦 여성제呂聖齊, 1625-1691가 영의정을 지낸 소론 명문가 후손이었다는 것, 그리고 앞서 양평에서 언급한 독립운동가 몽양 여운형이 이 가

정수영, 〈수청탄〉 부분, 《한임강명승도권》, 종이, 1796-1797, 국립중앙박물관.

정수영, 〈소청탄〉 부분, 《한임강명승도권》, 종이, 1796-1797, 국립중앙박물관.

문의 후손이었다는 사실 정도다.

지우재 정수영은 주변 지세에 주목하지 않았다. 다만 지나칠 만큼 울창한 나무숲을 묘사하고 또 여울나루의 풍광에 집중함으로써 다른 곳과 차별화를 꾀했다. 이곳에 살고 있던 헌적 여춘영이 지우재 정수영의 선상 유람에 합류했기 때문에 그의 집을 돋보이게 하고 싶었던 것일 게다.

〈소청탄〉도 역시 근경에는 나무를 병풍처럼 베풀어놓았다. 다만 화폭 상단에 큰 산들을 즐비하게 묘사한 게 다르다. 가장 멀리 406미터 높이의 정암산과 527미터 높이의 해협산 봉우리를 그리고 또 바로 앞에 봉긋하게 솟은 동산도 꼭지를 뾰족하게 하여 가파른 분위기임을 내비쳤다.

남한산성은 왕국의 수도 한양을 수호하는 외곽 4대 요새의 하나였다. 백제의 시조 온조溫祚, ?-28의 왕성으로, 신라 때 당나라에 맞서 축성했다. 임진왜란 시절 전쟁 영웅이었던 광해왕이 전쟁이 끝난 1621년에 다시 축성했다. 먼 미래를 대비해 7.3미터 높이의 성벽을 쌓아올렸다. 네 개의 대문과 16개의 암문, 동서남북으로 네 개의 장대를 세워 두려울 만큼 장엄한 모습이었다. 거기에 새로 만든 80개의 우물, 45개의 샘물도 마르지 않았으며 252칸의 행궁과 수어청은 여러 관아 건물과 더불어 위엄을 뽐냈다.

정변을 일으켜 배다른 형 광해왕을 폐위시키고 왕위에 오른 인조는 1627년 청나라 침입에 강화도로 피신했다가 항복했다. 정묘호란 때 일이다. 그로부터 10년이 지난 1636년 또 다시 침공해오자 이번에는 남한산성으로 피신했다. 한겨울 지독한 추위와 기껏 50일분의 식량으로 중원 대륙을 호령하기 시작한 청나라 군대와 맞서는 건 불가능했다. 수성 45일째인 1월 30일 인조는 삼전도 땅으로 나가 항복의 예를 갖춰야 했다. 세 번 큰 절을 하고 그 사이 아홉 번 머리를 조아리는 여진족의 죄인 고백 예식인 '삼궤구고두'의 예를 행했다. 이것이 병자호란이다. 처음 항복

미상, 〈남한산성도〉, 24×35, 종이, 18세기 후반, 청계천문화관.

한 뒤 아무런 준비도 없이 청나라를 멸시하기만 하다가 10년 만에 당한 일이었다. 이렇게 겨우 목숨을 부지한 인조는 그뒤 남한산성에다가 백제 온조왕의 위패를 봉안한 숭열전을 세우고 또 산성을 보강했다. 그나마 소 잃고 외양간이라도 고친 격인데 깨달음이 이렇게 늦었던 게다.

남한산성은 대한제국기에 의병, 일제강점기에 독립운동가들의 거점이었다. 인조의 무능함과 비겁한 추억을 씻어내는 과정이었고 그로부터 비로소 남한산성은 항전과 수호의 상징 공간이 되었다.

누가 그린 것인지 알 수 없는 〈남한산성도〉는 송파나루에서 남한산성을 품은 청량산을 한눈에 바라보는 구도를 취했다. 화폭 상단 봉우리 나무가 무성한 곳에 수어장대가 위치해 있는데 화가는 '무망루'無忘樓라고 써놓았다. 수어장대 안에 걸어둔 편액의 글씨다. 무망루란 잊음이 없는, 잊을 수 없는, 잊어서는 안 될 누각이라는 뜻이다. 그림을 그린 이는 그 치욕의 역사를 늘 되새기고 싶었나보다. 화폭 하단에 '송진'松津이라고 써놓았는데 이곳이 송파나루다. 화가는 화폭 한복판에 짙고 어두운 나무숲을 그렸다. 왜 그랬는지는 알 수 없다.

여주, 세종이 잠들다
신륵사를 품다

여주는 고구려 때 골내근骨乃斤, 신라 때 황효黃驍, 고려 때 황려黃驪·여흥驪興, 조선 때 여흥驪興이었다가 여주驪州가 되었다. 신라 때부터 지명에 등장하는 효驍나 여驪가 굳세고 날쌘 말을 뜻하는 것을 보면 아마도 드넓은 벌판에 강직한 풍토를 지닌 고을이 아니었던가 싶다. 실제로 남한강이 복판을 가로지르며 형성된 유역에 여주평야가 넓게 펼쳐진 천혜의 땅이다. 그나마 있는 산들도 낮고 또 곱고 아름답다. 이런 땅을 휘돌아 관통하는 남한강의 이름조차 곱고 날렵하다는 뜻의 여강驪江이라 부른다.

이 땅에는 세종과 소헌왕후 그리고 효종과 인선왕후가 잠든 영릉이 있다. 훈민정음, 다시 말해 한글을 창제한 위대한 군주 세종은 아버지 태종의 곁에 잠들고 싶어 했다. 소헌왕후가 먼저 세상을 뜨자 지금 서울 서초구에 있는 태종의 헌릉 쪽에 능을 마련했다. 이를 두고 당대 제일의 풍수 최양선이 후손이 끊기고 장남을 잃는 자리라고 반대했다. 하지만 무시당했는데 실제로 세종의 장남 문종이 즉위 2년째 승하하고 문종의 장남 단종도 세조에 의해 참혹한 최후를 당했다. 그 뒤로도 세조의 장남, 예종의 장남이 모두 요절해나갔다. 이에 예종이 할아버지 세종과 할머니 소헌왕후의 능을 이곳 여주로 옮겼다. 영릉은 조선 제일의 명당으로, 여기에 세종과 같은 성군이 자리잡음으로써 조선왕조가 100년은 더 갔다는 뜻으로 영릉가백년英陵加百年이라는 말이 생길 정도였다.

땅과 물이 좋아서인지 조선 백자의 근원지가 되었고 명성은 지금도 여전하다. 기름진 평야와 큰 강이 흘러 벼농사가 발달했다. 여주 쌀은 어느 곳보다 맛이 있어 수라상에 올렸다고 한다. 이뿐만이 아니다. 여주는 고려시대 원종元宗비인 순경태후順敬太后, ?-1236부터 순종비인 명효황후明孝皇后, 1872-1904까지 무려 아홉 명의 왕후를 배출했다.

신륵사는 원효대사가 연못을 메워 세운 절이다. 신기한 재갈이라는 뜻의 신륵神勒을 절이름으로 지은 데는 유래가 있다. 그 연못에는 아홉 마리 용이 살고 있어 도저히 메울 수 없었다. 이에 원효대사가 7일 동안 기도를 올리자 그 용들이 하늘로 올라갔고 비로소 못을 메꿀 수 있었다. 그렇다고 용들이 곱게 끝내지는 않았다. 제 집을 빼앗긴 용들이 이곳 말바위 근처로 내려와 용마龍馬의 모습을 하고서 지나가는 이들을 괴롭히곤 했다. 이에 고려시대 때 승려 나옹혜근懶翁惠勤, 1320-1376이 신기한 재갈인 신륵으로 용마를 다스렸다. 하지만 이 설화는 여러 전설 가운데 하나일 뿐이다. 그보다는 목은 이색의 유배지이자 그가 세상을 떠난 공간이라는 것이 내게는 더욱 각별하다.

신륵사의 경관은 조선 땅 전역 어디에도 없는 특별한 모양이다. 금강을 비롯해 절경 지역을 숱하게 그린 실경의 화가 지우재 정수영도 이곳에 제법 빠졌던 모양이다. 신륵사와 그 바로 앞 강가에 있는 동대東臺를 소재 삼아 여러 점을 그렸다. 동대는 세 점이나 그렸고 동대 밑을 받쳐주는 바위인 동적석도 따로 그렸다.

먼저 〈신륵사와 동대〉는 화폭을 반으로 나누어 왼쪽에 신륵사를 그리고 오른쪽에 동대의 탑과 비석을 그렸다. 여강이 부드럽게 휘어지므로 보는 각도에 따

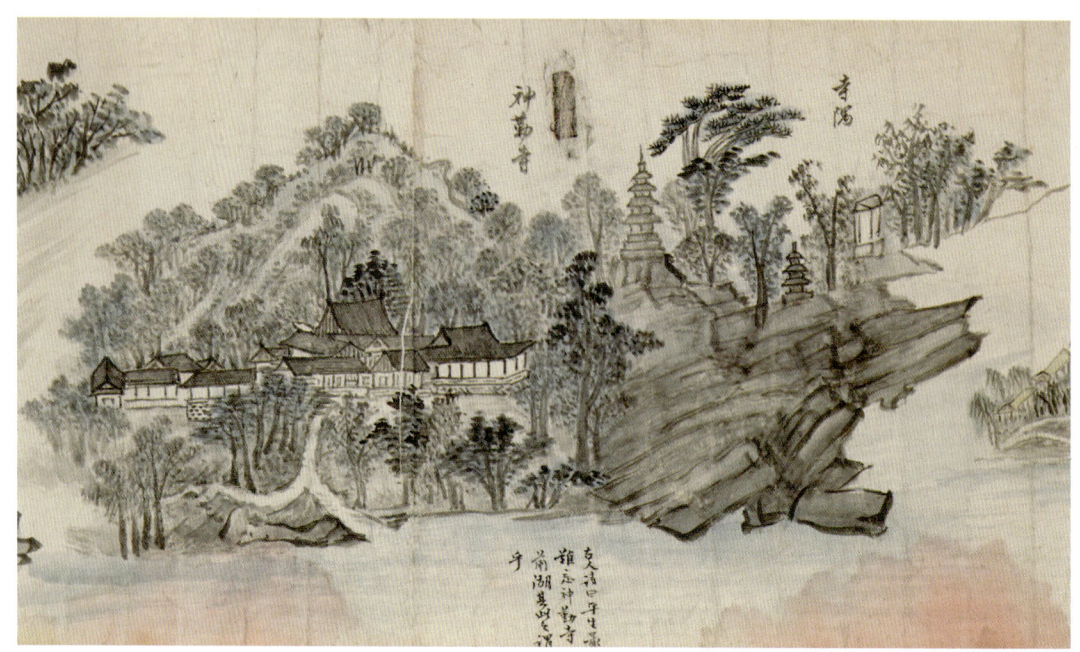

정수영, 〈신륵사와 동대〉 부분, 《한임강명승도권》, 종이, 1796-1797, 국립중앙박물관.

정수영, 〈신륵사 동대 탑 전면〉 부분,
《한임강명승도권》, 종이, 1796-1797,
국립중앙박물관.

정수영, 〈신륵사 동대〉 부분,
《한임강명승도권》, 종이, 1796-1797,
국립중앙박물관.

정수영, 〈신륵사 동대 동적석〉 부분,
《한임강명승도권》, 종이, 1796-1797,
국립중앙박물관.

神勒寺下
春江溪
磬

미상, 〈신륵사〉, 《금강산도권》, 26.7×43.8, 종이. 19세기, 국립중앙박물관.

라 달라지니 배를 이리저리 옮겨가며 관찰했다. 절집 건물과 돌탑이며 비석, 바위는 물론 멀리 뒤편에 봉황 꼬리처럼 생겼다는 봉미산 기슭을 꼼꼼하게 파악한 다음 재구성했다.

화폭에서 두드러지는 것은 역시 오른쪽 날카롭고 육중하게 치솟는 동적석의 위력이다. 지우재 정수영은 이 동적석을 반복해 그렸다. 《한임강명승도권》 중 〈신륵사 동대 탑 전면〉과 〈신륵사 동대〉, 〈신륵사 동대 동적석〉까지 모두 세 점을 더 그렸다. 〈신륵사 동대 탑 전면〉을 보면 비석을 뺀 채 탑만 두 개를 그렸는데 화제에 '모퉁이 모습이 전면과 닮지 않아 고쳐 다시 그린다'고 썼다. 그러니까 자신이 탄 배의 위치를 여강 상류로 옮겨서 바라본 형태다. 여기에서 멈추지 않았다. 〈신륵사 동대〉를 통해 동대의 모습을 가장 정교하고 세밀하게 그렸다. 먼저 비석은 크고 작은 게 세 개이고 두 개의 탑은 그 위치를 더욱 분명하게 제자리를 찾아 묘사했다. 끝으로 〈신륵사 동대 동적석〉은 떠받들고 있던 탑과 비석 그리고 나무들을 제거하고 오직 바윗덩어리만을 소재로 삼았다. 마치 하나의 독립된 생명체와도 같이 그렸다. 화제가 없었다면 뭘까 싶을 정도로 거대한 덩어리다. 미술사상 가장 특별한 괴석도 한 점이 우리 앞에 탄생한 것이다.

그린 이를 알 수 없는 《금강산도권》 중 〈신륵사〉는 화폭 중앙에 신륵사 가람을 배치하여 전혀 다른 모습을 연출했다. 화폭 하단 오른쪽 여강가에 커다란 탑도 보이고 또 탑 바로 아래에 커다란 바위인 동적석도 보인다. 구성이나 필치, 색채를 비롯한 모든 것이 깔끔하고 매끄럽다.

신륵사에서 여강 하류로 약간 내려가면 여주대교가 모습을 드러내고 대교 남단, 그러니까 강 건너편에 달맞이를 뜻하는 영월공원이 절벽 위에 자리하고 있다. 바로 그 절벽을 말이 출현한 바위라고 해서 마암馬巖이라 이름지었다. 지우재 정수영의 《한임강명승도권》 중 〈휴류암〉이 바로 저 마암이다. 부엉이 바위라는 뜻

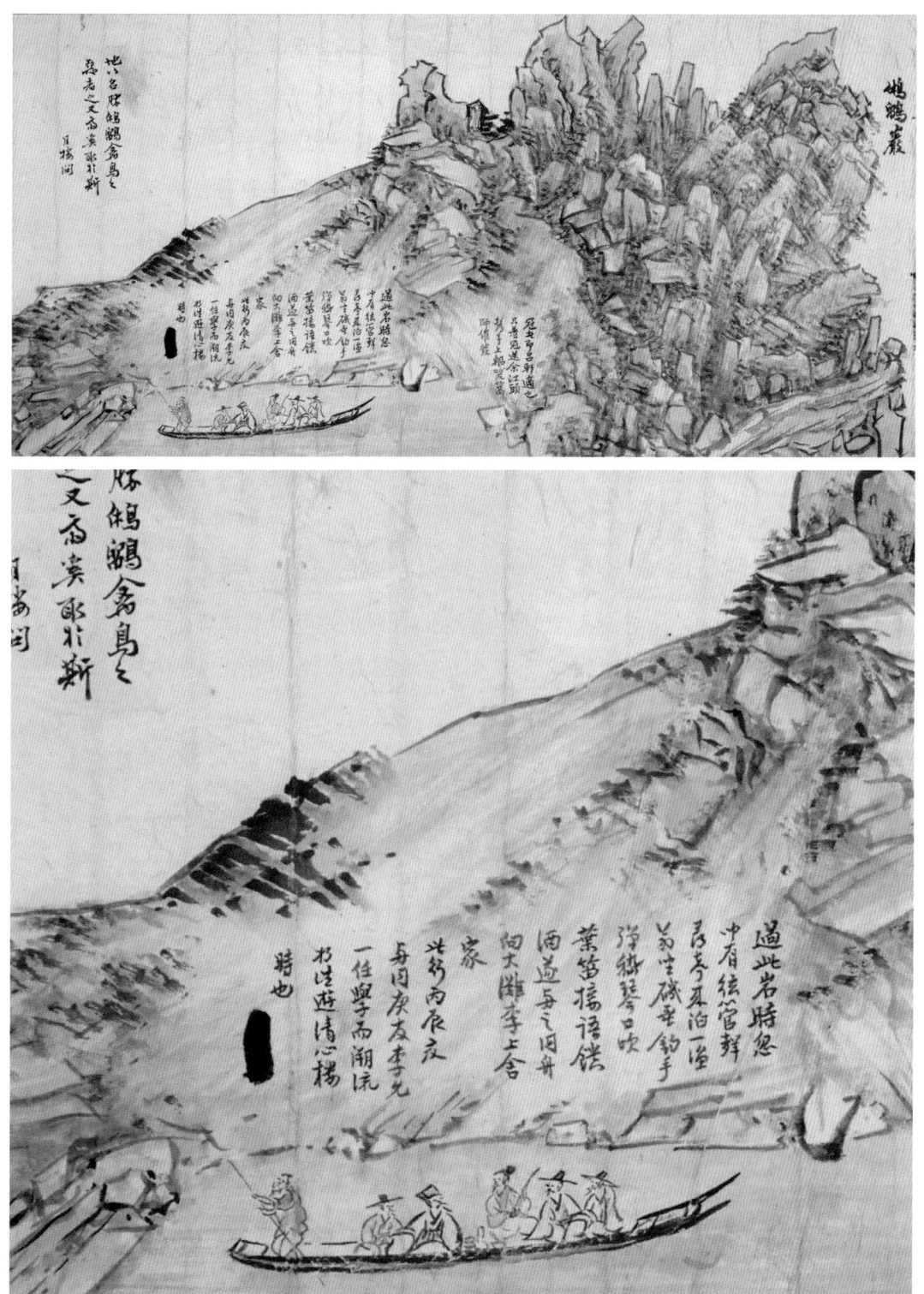

정수영, 〈휴류암〉 부분, 《한임강명승도권》, 종이, 1796-1797, 국립중앙박물관.

을 지닌 휴류암은 지금의 마암과 생김새가 달라 연구자들 사이에 그 위치에 대한 견해가 분분했다. 연구자 이태호는 『한강 그리고 임진강』에서 1972년 대홍수 때 바위의 일부가 무너져 사라졌기 때문에 그림 속 바위와 생김새가 달라진 것이라고 밝혔다.[14] 그러니까 저 마암과 이 휴류암은 같은 것이라는 거다.

화폭을 보면 오른쪽에 엄청난 규모의 바위가 세상을 덮어버릴 듯 치솟고 있다. 왼쪽에는 부드러운 흙산이 뒤를 받쳐준다. 그 아래로는 여강이 마치 호수처럼 잔잔한데 나룻배를 띄워두었다. 뱃사공을 포함해 모두 여섯 명인데 그 위에 써놓은 화제에 유람객에 관한 정보가 있다. 근처에 별장을 소유한 헌적 여춘영이 네모 형태의 사방관四方冠을 쓰고 있으며 윤일允― 이영갑李永甲, 1743-?, 학이學而 임희하任希夏, 1745-?와 해금을 연주하는 어부다. 화제의 일부를 옮기면 다음과 같다.

"이 바위를 지날 때 문득 현악기와 관악기 소리인 현관성絃管聲이 들렸다. 소리나는 곳으로 배를 대니 한 늙은 어부가 강가에 앉아 낚시를 드리운 채 손으로 해금을 타며 입으로 풀피리를 불고 있었다. 말을 트고 술을 보내니 배에 동승하였다."

실경화에서 이처럼 연주가가 등장하는 경우는 극히 드문 일이다. 이 외에는 오직 학산 윤제홍이 1844년에 《학산구구옹첩》에 단양팔경 중 하나인 옥순봉을 그린 〈옥순봉〉에 등장하는 옥피리 연주자의 공연 장면이 있을 뿐이다. 넘실대는 강물 위에 음악까지 함께 곁들였으므로 호사스러움이 넘치는 선상 유람이었겠다.

《한임강명승도권》에 묘사해놓은 모든 경물 하나하나가 감탄을 자아내고 있지만 무엇보다도 〈휴류암〉은 그런 가운데서도 손꼽히는 걸작이다. 크고 작은 바위들을 꽃잎 무더기처럼 겹겹이 쌓았다. 그 사이사이에 검은 먹과 푸른색을 겹겹으로 칠해 명암을 살렸는데 참으로 놀라운 기법이다. 그와 반대로 왼쪽의 흙산은 날렵한 맵시를 지닌 채 미끄러지듯 빠져나가는 모습이다. 기괴한 바위와 달리 경쾌한 기분을 자아낸다. 그래서 자칫 가벼워질 수도 있었는데 거기에 화제를 쓰고 나룻배를 배치하여 균형을 잡은 것은 탁월한 재치다. 또한 화폭 왼쪽 상단이 텅 비어 휑할 수도 있었지만 그 여백에 함께 동행한 동갑내기 친구 월루 강관이 두 줄짜리 제발을 써넣어 채웠다. '지형이 명승이지만 부엉이는 불길한 새인데 어찌 이런 이름을 썼느냐'고 지적하는 내용이다. 지우재 정수영에게는 부엉이처럼 보였던 것이겠으나 정말 부엉이 모습인지는 모르겠다.

휴류암, 다시 말해 마암 옆 여주대교에서 여강 하류로 더 내려가면 지금 세종대교가 가로지르는 양섬에 입암笠巖, 다시 말해 두멍암이 있다. 바로 그 뒤로 세종의 영릉과 효종의 영릉이 나란하다. 지우재 정수영의《한임강명승도권》중〈여주읍내 청심루 두멍암(입암)〉을 보면 화폭 맨 오른쪽에 우뚝 선 것이 입암, 다시 말해 두멍암이다. 참으로 엄청난 돌무더기다. 화폭 하단에는 푸른 물빛 고운 여강이 흐르는데 그 상단에는 청심루를 비롯한 여주 관아 건물이 즐비하다. 이 두멍암과 여주 관아 사이를 갈라놓은 물줄기는 소양천이다. 여주 남쪽에서 발원해 북쪽으로 흘러오다가 이곳에서 여강에 합류하는 하천이다. 화폭 상단에 여주읍내라는 화제가 보인다. 그 아래 즐비한 여주 관아 건물은 어디론가 사라지고 지금은 그 터에 여주시청과 여주초등학교가 들어섰다. 지우재 정수영은 또 다시〈여주읍치 청심루〉를 그렸는데 앞서 살펴본〈여주읍내 청심루 두멍암(입암)〉을 비교해보면 두멍암을 뺀 것 이외에 차이가 없다. 다만 경물을 앞으로 확 당겨 크고 자세히 묘사했다.

그린 이를 알 수 없는《금강산도권》중〈청심루〉는 여주 관아를 아주 속속들이 보여준다. 건물의 배치도라 할 만큼 세부까지 모두 보여줄 뿐 아니라 시야를 넓혀 교외 풍경까지 보여준다. 나무에 색을 입혀 맑고 환한 봄기운이 감돌아 어여쁘다.

여주 남한강대교 동쪽 대신면 보통리에 있던 고산서원은 고려시대 때 개혁

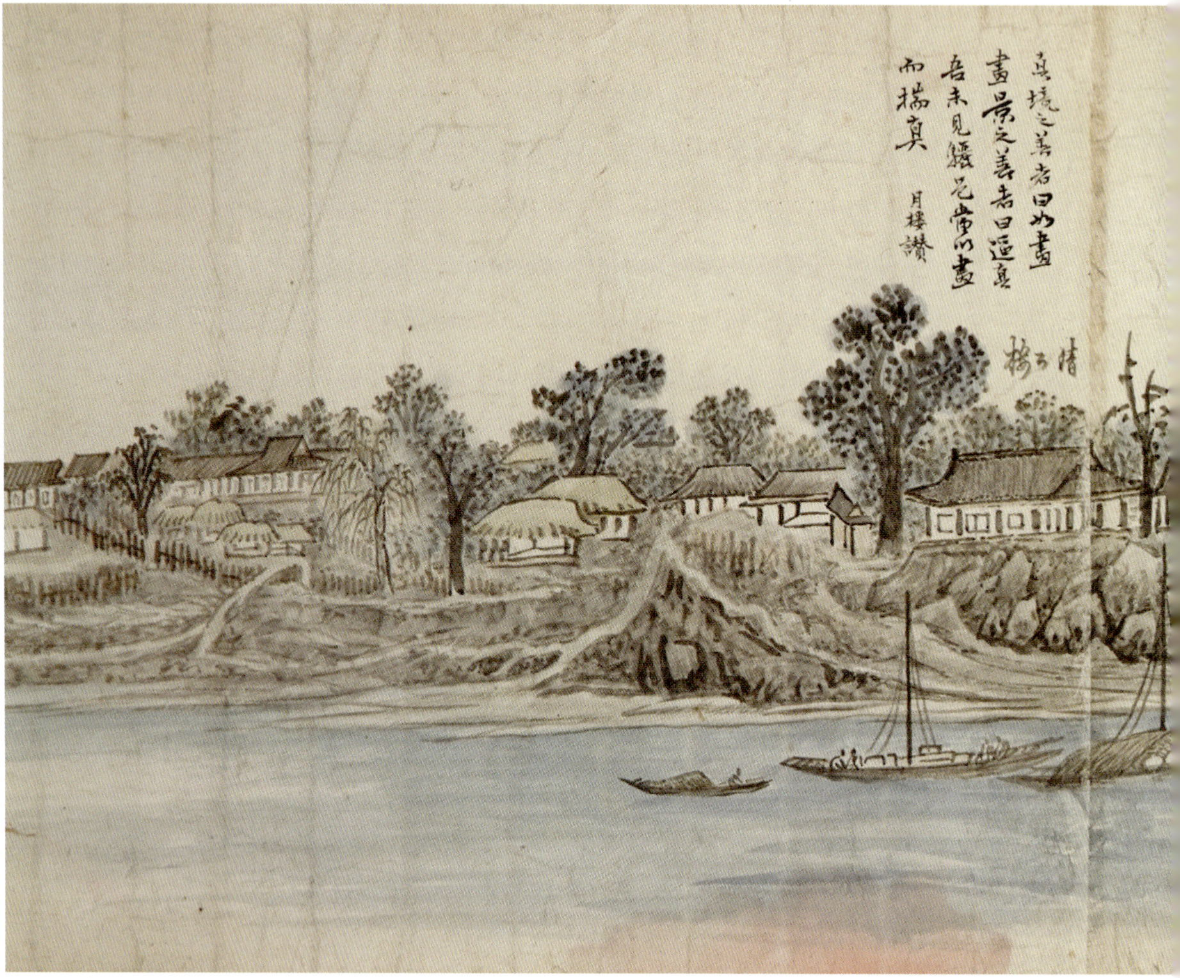

真境之善者曰以畫
畫景之善者曰逼真
吾未見驪邑堂以畫
而揣真 月樓讚

古人店宗江麻浦者詩曰
無數商舟雨後集花明祠
俱是到驪扣傳沽三船
即夕必日麻浦昔來

驪州邑治

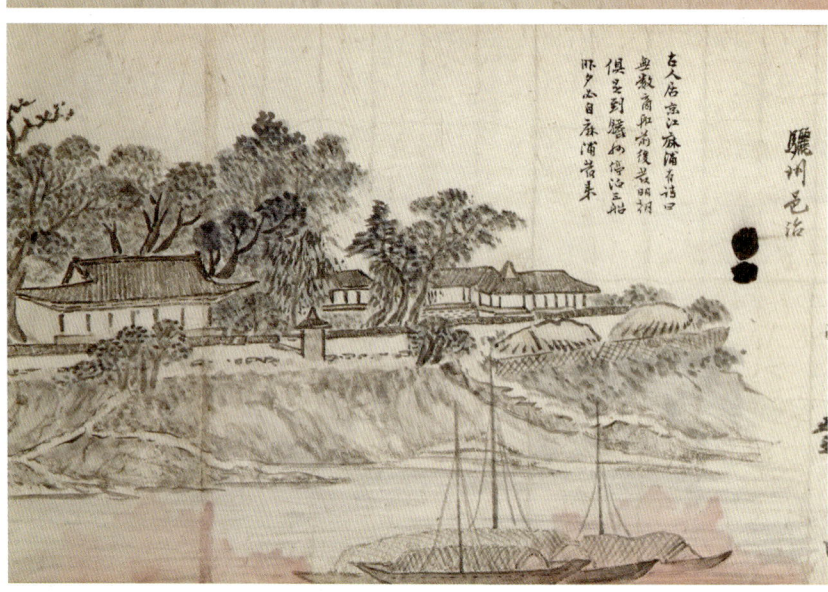

정수영,
〈여주읍치 청심루〉 부분.

정수영, 〈여주읍내 청심루 두멍암(입암)〉 부분, 《한임강명승도권》, 종이, 1796-1797, 국립중앙박물관.

미상, 〈청심루〉, 《금강산도권》, 26.7×43.8, 종이. 19세기, 국립중앙박물관.

정수영, 〈여주 고산서원〉 부분, 《한임강명승도권》, 종이, 1796-1797, 국립중앙박물관.

정치를 추진한 청한거사淸閑居士 신돈辛旽, 1322-1371을 탄핵한 사관 고산孤山 이존오李存吾, 1341-1371와 청나라에 저항했던 사관 회곡晦谷 조한영曺漢英, 1608-1670을 배향한 서원이다. 지우재 정수영이 그린 〈여주 고산서원〉을 보면 산을 등지고 강을 앞에 두었으니 그 위치가 빼어나서 자랑할 만하다. 그림에 보이는 서원 뒷산이 고산인데 이존오가 은거하다가 세상을 떠났다고 한다. 지금 대신면 보통리에 있던 고산서원은 흔적조차 없다.

고산 이존오는 20살에 문과에 급제해 그 총명함으로 사관으로 발탁되었다. 포은圃隱 정몽주鄭夢周, 1337-1392와 가까이 지내며 강직한 성품을 길러나간 그는 왕의 총애를 받던 신돈의 언행을 거침없이 지적하고 나섰다. 이에 왕의 노여움을 샀으나 목은 이색의 옹호로 극형을 겨우 면하고 좌천당했다. 그뒤 충청도 공주 석탄石灘으로 내려가 은둔 생활을 하다가 다시 이곳 여주 고산으로 이주해 울분을 삭이며 은일지사의 생애를 마쳤다. 그때 나이 만 30살이었다. 워낙 짧은 생애를 살아 더 많은 이야기를 남기지 못했다. 하지만 그 굵은 삶이 뿜어내는 향기는 짙어 고산서원만이 아니라 부여 의열사, 무장 충현사에 봉헌되었다. 정수영은 화제에 '고산 이존오 서원'이라고 썼는데 그저 고산서원이 아니라 이존오라는 이름까지 함께 쓴 것은 특별히 존숭의 뜻을 담은 것이었다. 이존오의 생애가 정수영의 마음을 휘감았기에 그렇게 했을 것이다.

안산, 단원 김홍도 그리고 세월호

안산은 고구려 때 장항구獐項口였다가 고려시대 때 안산安山이라는 이름을 얻었다. 동쪽으로 군포와 경계를 이루는 곳에 높이 469미터의 수리산이 뻗어 내려온다. 거기서 안산천을 건너면 한복판인 단원구에 안산의 진산인 높이 209미터의 광덕산이 평안하게 펼쳐져 있다.

안산의 성호 땅과 단원 땅은 특별하다. 단원은 단원구 일대를 말하고 성호는 지금 경기도립미술관 앞 호수를 가리킨다. 이곳에서 두 사람이 태어났다. 성호星湖 이익李瀷, 1681-1763과 단원 김홍도다. 그들은 자신의 아호를 그 땅이름에서 취했다.

별빛 가득한 호수인 성호는 조선 학술의 스승 성호 이익의 고향이다. 관직에 나가지 않고 안산에서 평생 학술에 전념하여 위대한 업적을 쌓았으므로 더욱 각별하다. 이 성호 문하에서 밤하늘의 은하수처럼, 바닷가의 모래알처럼 수도 없는 인재가 배출되었고 끝내 다산 정약용이 출현하였다.

박달나무 숲속인 단원은 단원 김홍도의 고향이다. 단원에서 태어나 표암 강세황 문하에서 배워 조선미술사상 최대의 거장으로 성장했다.

안산 땅은 그러나 21세기 접어들어 슬픈 기억의 도시가 되었다. 2014년 4월

김홍도, 〈매염파행〉, 《행려풍속도8폭병》, 90.9×42.7, 비단, 1778, 국립중앙박물관.

16일 성호 건너편에 자리한 단원고등학교 학생들이 제주를 향해 수학여행을 떠났다. 그들이 탄 세월호가 남해바다에서 침몰했다. 이로 인해 304명이 사망했다. 당시 국가는 이들을 구하지 않았다. 그후로 아무도, 누구도 책임지지 않았다.

1778년 34살의 단원 김홍도가 그린《행려풍속도8폭병》은 능란하고 원숙한 솜씨를 자랑하는 걸작이다. 안산을 소재로 삼았다고 기록해두지는 않았으나 농촌과 어촌의 생활상을 거울처럼 비추고 있음을 생각하면 이것은 안산에서 자랄 때의 풍경일 수밖에 없다. 게다가 화제마저 생생하다. 그 가운데 어물장수를 소재로 삼은 〈매염파행〉賣鹽婆行에 단원 김홍도의 스승인 표암 강세황이 써놓은 화제는 다음과 같다.

"밤게, 새우, 소금으로 광주리와 항아리에 그득 채워 포구에서 새벽에 출발하지. 해오라기 놀라서 날고 한 번 펼쳐보니 비린내가 코를 찌르는 듯하다."

포구마다 풍기는 짠 내음이 코를 찌르는 듯하지 않는가. 아낙네들의 몸짓과 표정이 그대로다. '매염파행'은 표암 강세황의 화제에서 뜻을 취해서 20세기 연구자들이 붙인 낱말이다. 그 뜻은 소금 파는 아낙네인데 좀 더 풀어보면 소금에 절인 해산물을 파는 아낙네다.

수원, 정조가 품은 꿈의 신도시

　물의 벌판이라는 뜻의 수원水原은 한양 수호 도시였다. 북쪽 광교산은 수원의 정기를 토해내고 있고 복판에는 팔달산이 자리잡고 있다. 해방 직후 수원과 화성이 쪼개졌으나 원래는 하나의 땅이었다. 수원과 화성 일대는 삼한시대에 모수국牟水國, 고구려 때 매홀買忽인데 모두 물의 땅, 물의 나라를 뜻한다.[15]

　수원 화성華城은 정조의 도시다. 정조는 신도시 건설의 꿈을 이루기 위하여 화성을 건설했다. 또 할아버지의 손에 죽은 아버지 사도세자의 능을 이장해 융건릉과 용주사를 조성했다. 수원에 아버지를 모실 생각을 한 까닭은 『오륜행실도』에 수록된 고려시대 때 효자 최루백崔婁伯, ?-1205이 바로 수원 사람이었다는 데서 비롯했다. 정조는 왕위를 아들에게 물려주고 자신은 신도시 화성으로 물러나 신세계를 이루는 꿈을 꾸었다. 하지만 그는 그만 요절했고 화성은 다하지 못한 꿈의 도시로 남았다.

　1971년 6월 팔달산 중턱에 강감찬 장군 동상을 세웠다. 을지문덕 장군의 살수대첩, 이순신 장군의 한산대첩과 더불어 3대 전투의 하나인 귀주대첩을 이끈 강감찬 장군을 추모하는 뜻이었다. 위대한 전투를 이끈 강감찬 장군은 경기도 시흥,

미상, 〈화성전도〉, 《덩니의궤》, 34.2×44, 종이, 1797, 프랑스국립도서관.

다시 말해 지금 관악구 낙성대에서 태어났다. 묘소 또한 충청도 청주 땅에 있다. 그럼에도 말을 탄 기마상이 수원 화성에 들어선 데는 까닭이 있다. 강감찬 장군이 과거 공부를 이곳 서당에서 2년이나 했기 때문이다. 그런데 지역민 중 일부가 화성을 건설한 정조의 동상도 없는데 장군의 동상이 왜 있느냐고 이의를 제기했고 끝내 2007년 12월 광교산 공원으로 옮겼다. 장군은 그렇게 제자리를 내주었지만 지금도 여전히 광교산에서 시민의 존경과 사랑을 받고 있다.

수원 화성은 20세기에 이르러 독립운동가이자 문인이며 화가인 정월晶月 나혜석羅蕙錫, 1896-1948과 문인 박승극朴勝極, 1909-?을 배출했다. 서구 근대 문명권으로 편입해가던 시절 나혜석은 그 시대를 반영하는 전위로서 문학사를 일변시킨 작품을 쏟아냈고 박승극은 일제의 엄혹한 검열의 칼날을 뚫고 역사상 단 한 번의 '조선프롤레타리아미술전람회'를 수원에서 성사시켰다.

수원 화성을 그린 작품 가운데 시선을 한몸에 모으는 작품은 『뎡니의궤』에 포함되어 있는, 그린 이를 알 수 없는 〈화성전도〉다. 새로 건설한 신도시를 한눈에 조감하고 있을 뿐만 아니라 화사한 채색으로 말미암아 아름답다. 구도 또한 살아 움직이며 꿈틀대는 느낌이다. 어느 것 하나 빠뜨리지 않고 그린 세밀함에도 불구하고 화폭 전체는 마치 한덩어리처럼 간결하다. 화폭 상단 중앙에 서장대가 화성을 호령하고 성곽을 따라 왼쪽으로 내려가면 둥근 옹성을 거느린 팔달문이 자태를 뽐낸다. 반대로 오른쪽으로 내려가면 꼭같이 생긴 장안문이 위용을 갖추었다. 그 아래로 조금 더 내려가면 그리도 아름답다는 방화수류정으로 빨려들어간다.

그와 더불어 쌍벽을 이루는 화성 전경도가 두 점이 있다. 『화성성역의궤』 중 〈화성전도〉와 〈연거도〉演炬圖가 그것인데 둘 다 판화로 얼핏 똑같아 보인다. 〈화성전도〉는 새로이 건설한 도시의 성곽을 아주 세심하게 묘사했다. 성곽을 구성하는 거의 모든 부분에 그 이름을 써놓았다. 그와 달리 횃불이나 등불이 펼쳐지는 풍경

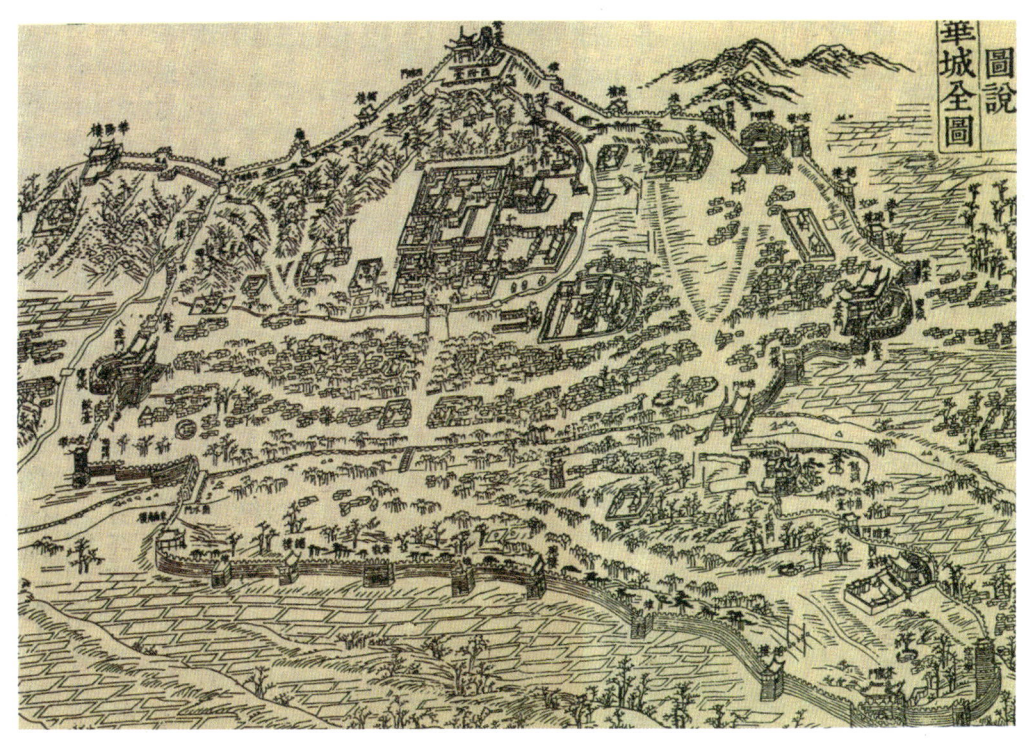

미상, 〈화성전도〉, 『화성성역의궤』, 종이 목판, 1796, 서울대규장각.

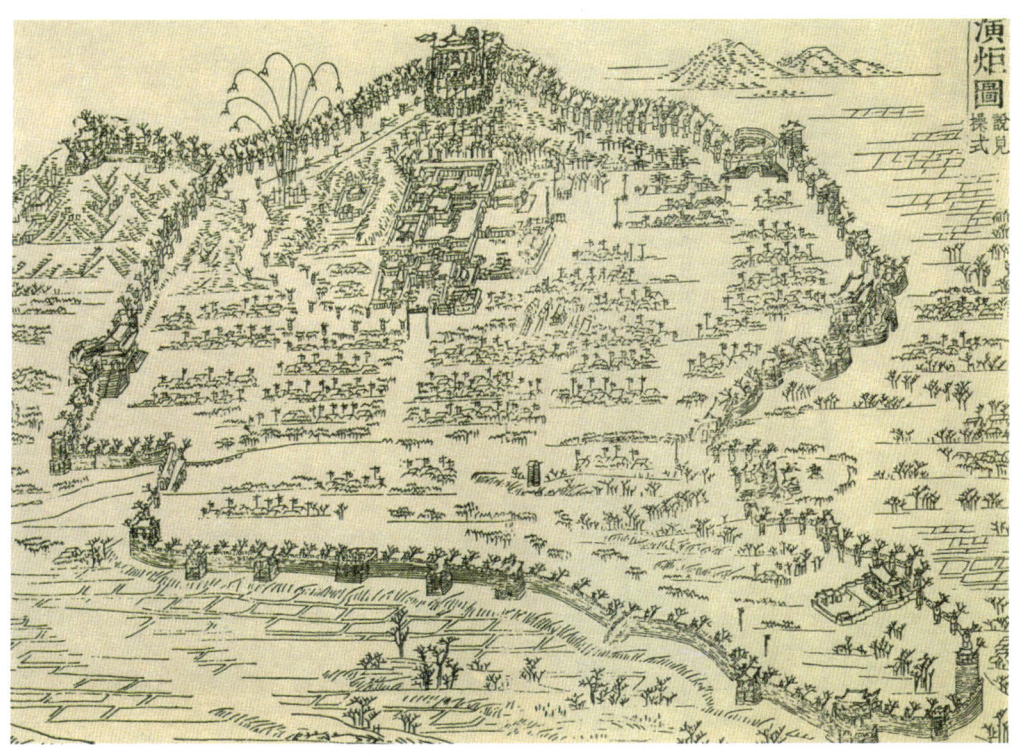

미상, 〈연거도〉, 『화성성역의궤』, 종이 목판, 1796, 서울대규장각.

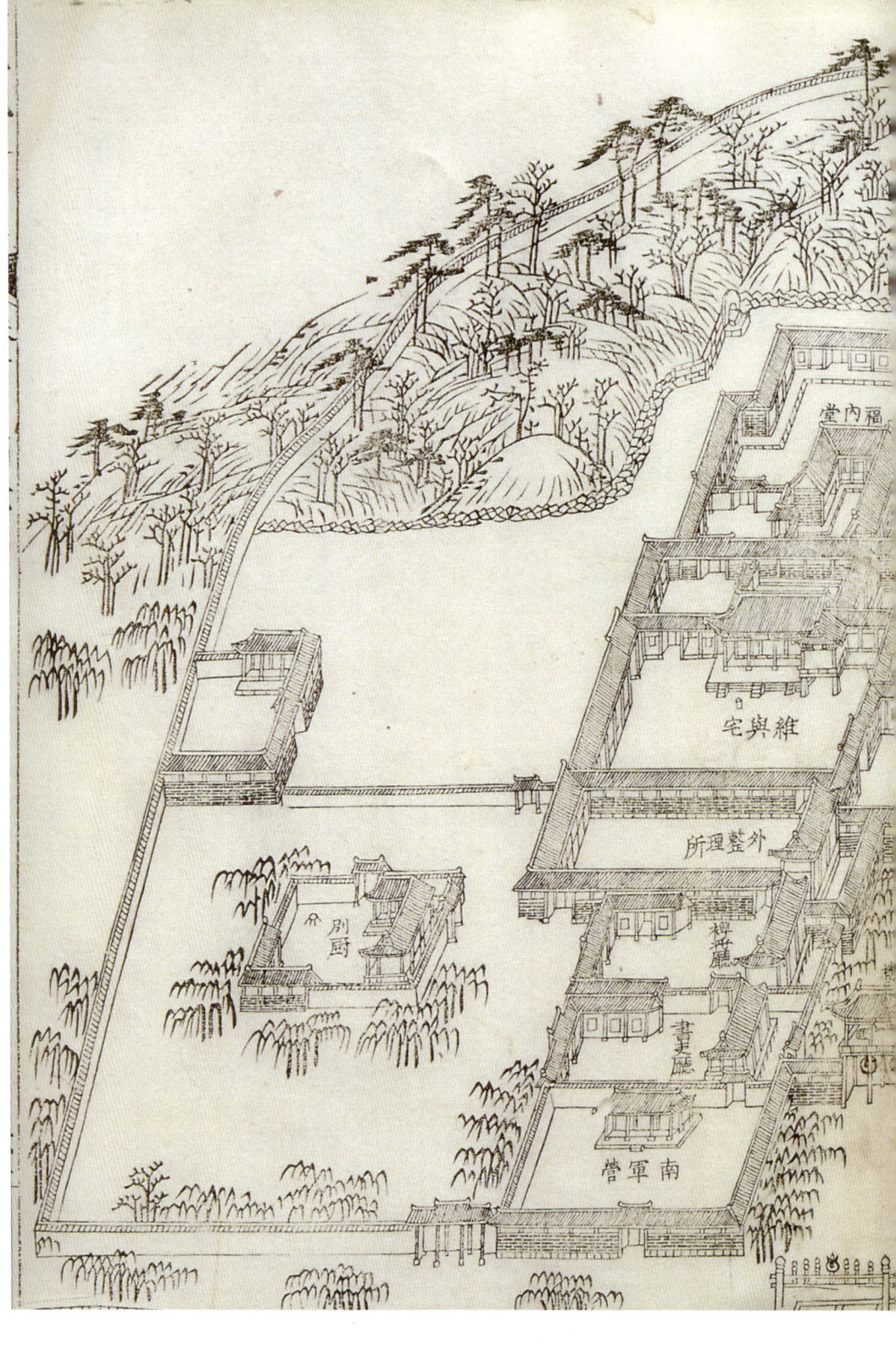

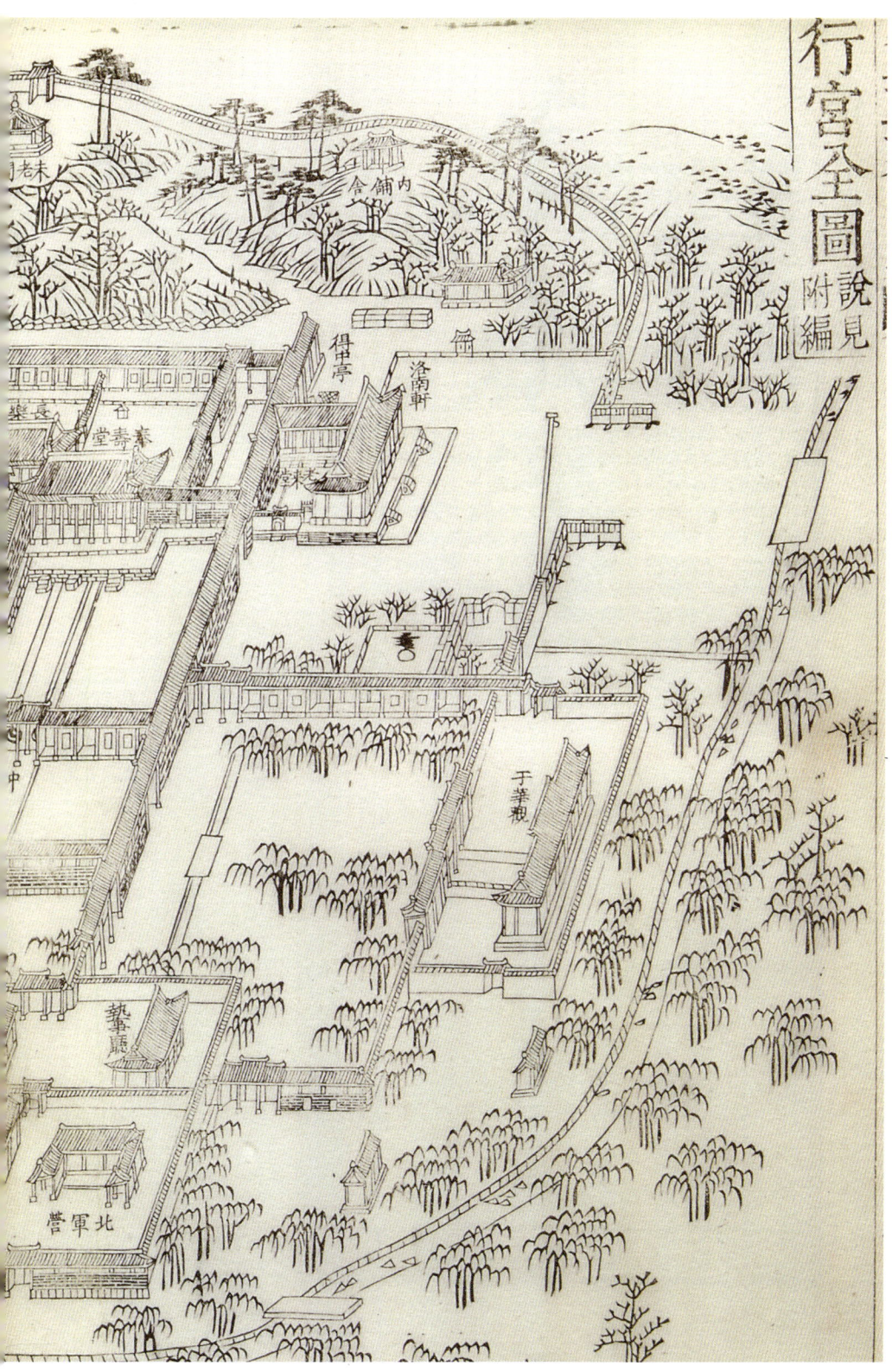

미상, 〈화성행궁〉, 32.8×20.9, 종이, 1796년경, 국립중앙도서관.

이라는 뜻의 〈연거도〉는 화성 성곽은 물론 시가지 전역을 햇불로 밝히는 순간을 묘사한 작품이다. 병사들이 불꽃을 매단 등불 장대를 들고 성곽을 빙 둘러싼 채 도열하고 있을 뿐만 아니라 등불 장대들이 시가지 곳곳에 설치되어 밤의 도시가 대낮 같다. 그림만으로도 이렇듯 신기한데 실제 밤이 되어 화성 전역에 일렁이는 불빛을 상상해보라. 경이로움 그 자체다.

누가 그린 것인지 알 수 없는 판화 〈화성행궁〉은 화성 안에 왕이 머무는 궁궐만을 묘사한 것이다. 건물마다 그 이름을 써넣어 행궁을 친절하게 안내한다. 왕이 몸소 왕림한 자리에서 유생을 상대한 과거 시험과 노인을 위한 잔치인 양로연을 개최한 낙남헌이며 폭죽 놀이를 한 득중정, 어머니 혜경궁 홍씨의 회갑 잔치를 연 봉수당이 선명하다.

단원 김홍도가 그린 〈화성행궁도〉는 《정리의궤첩》에 포함되어 있는 작품이다. 간략한 선묘만으로 마무리한 것으로 보아 밑그림처럼 묘사한 작품이 아닌가 싶다. 특히 혜경궁 홍씨가 머무는 봉수당과 장락당을 포함해 몇몇 건물 이름을 한글과 한자를 병기해두었는데 혜경궁 홍씨를 모시는 이들이 활용하도록 배려한 것이라 정겹다.

혜경궁 홍씨의 회갑 잔치를 치르고서 두 해가 지난 1797년 혜경궁 홍씨의 추억을 위해 한글본 『뎡니의궤』를 제작했다. 그림에 모두 아름다운 채색을 하여 펼칠 때마다 눈부시다. 그 가운데 앞서 살펴본 〈화성전도〉가 전경 가운데 가장 빼어난 작품이라면 〈방화슈류정 외도〉는 행궁의 절경 가운데 최고의 실경화다. 화폭 상단은 방화수류정, 하단은 용연을 묘사했다. 방화수류정과 용연은 승경 가운데 가장 아름다운 경치를 자랑한다. 상단에는 화려한 채색 누각, 중단에는 바위와 소나무, 하단에는 연못 가운데 섬을 각각 배치했다. 세로 축으로 이어지는 세 가지 경물의 변화가 시선을 즐겁게 하는가 하면 또 용연을 빙 둘러 흐드러지는 버드나무

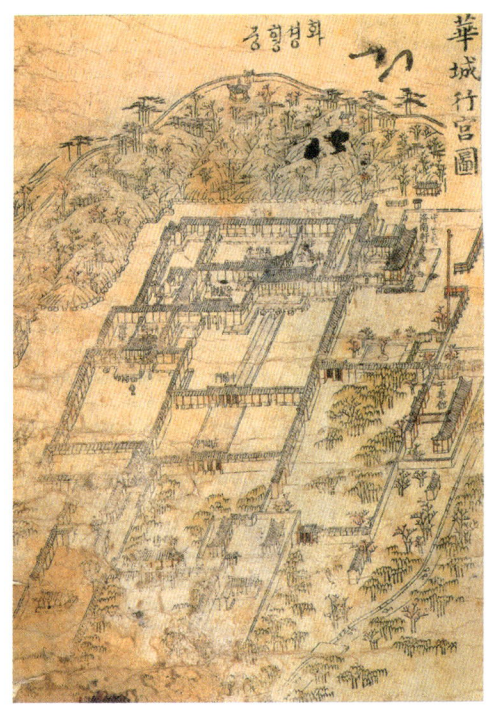
김홍도, 〈화성행궁도〉, 《정리의궤첩》, 24.6×16.7, 종이, 1795. 개인.

미상, 〈방화슈류정 외도〉, 《뎡니의궤》, 22×34.2, 종이, 1797, 프랑스국립도서관.

미상, 〈미로한정도〉, 《뎡니의궤》, 34.2×22, 종이, 1797, 프랑스국립도서관.

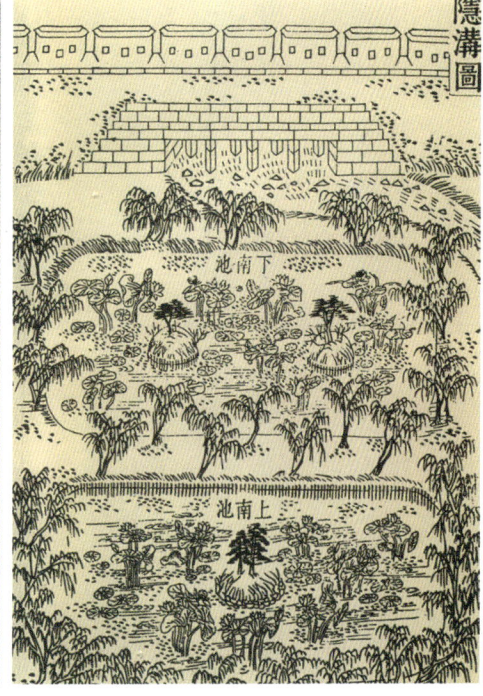
미상, 〈은구도〉, 《화성성역의궤》, 종이 목판, 1796, 서울대규장각.

는 보는 것만으로도 행복하다. 〈미로한정도〉는 행궁 봉수당과 장락당 뒤쪽 동산의 정자를 소재로 그린 것이다. 미로한정未老閒亭은 늙기 전에 즐기는 정자라는 뜻으로 그 뜻이 갸륵한데 실로 동산은 온통 꽃들로 뒤덮여 화사하다.

『화성성역의궤』에 실린 〈은구도〉는 땅 속에 묻은 하수구인 은구隱溝를 그린 판화다. 화폭 상단에는 성곽이 있고 그 아래로 물이 빠져나가는 구멍인 수구水口, 다시 말해 은구가 보인다. 하지만 이 작품의 주제는 화폭 하단 전체를 차지하는 두 개의 연못이다. 상남지上南池와 하남지下南池다. 화성에는 모두 다섯 개의 연못이 있는데 가장 먼저 조성한 게 상남지와 북지北池로 1794년 3월의 일이다. 하남지는 1796년 7월에 만들었다. 그림에서 보듯 상남지를 먼저 조성하고 하남지를 나중에 조성했다. 팔달산 북쪽 기슭에서 흘러내려오는 물이 워낙 많아 남지만 두 곳을 조성한 것이다. 그 길이가 70미터나 될 만큼 엄청 컸으며 팔달문 서쪽에 있었다. 지금은 흔적도 없이 사라졌다.

1795년 윤2월 정조는 어머니 혜경궁 홍씨와 함께 아버지 사도세자가 누워 있는 현륭원으로 행차했다. 이때의 장면을 8폭 병풍에 나눠 그렸는데, 바로 《화성능행도 8폭병》이다. 오늘날 국립중앙박물관, 고궁박물관, 호암미술관 세 곳에 각각 한 채씩 소장되어 있다. 이 가운데 호암미술관 소장본은 단원 김홍도가 밑그림인 화본을 그리고 또 스스로 여덟 폭 병풍을 제작한 것이다. 국립중앙박물관 소장본은 화원 명문가인 개성김문 출신인 긍재兢齋 김득신金得臣, 1754-1822이 주필을 맡아 여러 화원들과 함께 제작한 것이다. 고궁박물관 소장품은 〈봉수당 진찬도〉의 화면 좌우가 바뀌었다. 후대에 화본을 모사하는 과정에서 좌우를 바꿔놓은 상태를 그대로 따라 그렸기 때문이 아닐까 싶다. 여기서는 호암미술관과 국립중앙박물관 소장품을 살펴볼 것이다. 먼저 단원 김홍도의 것을 날짜순으로 따라가보기로 한다.

1795년 윤2월 9일, 정조는 혜경궁 홍씨와 함께 창경궁을 나섰다. 한강을 건너 시흥의 행궁에서 하룻밤을 보내고 10일 오후 화성에 도착했다.

11일, 화성 향교 대성전에서 공자의 위패를 향해 참배했다. 이 장면이 〈화성성묘 전배도〉다. 의례가 장엄하고 그 행렬 또한 근엄하다. 향교를 빙 둘러싼 산자락이 아름답다. 화폭 하단과 주변의 주민들은 자유로운데 비해 그 안쪽은 매우 근엄한 것이 대비를 이룬다. 이어 낙남헌에서 일대의 유생을 대상으로 향시를 치러 모두 61명을 입격시켰다. 〈낙남헌 방방도〉를 보면 시험에 응시한 유생들이 도열해 선 것이 장관이다. 어좌에 정조가 친히 앉아 있었으나 그림에는 왕을 그리지 않는 관습에 따라 어좌만 그려놓았다.

12일, 혜경궁 홍씨와 함께 사도세자가 잠들어 있는 현륭원에 다녀온 정조는 이날밤 서장대에 올라 친히 야간 군사 훈련을 참관하였다. 서장대에서 대포를 쏘기 시작해 동서남북 각 문에서 차례로 대포를 쏘면서 전개한 훈련은 장관이었다. 〈서장대 성조도〉를 보면 화폭 하단의 도시 전체에 등불을 매단 장대를 세워 화성 전체가 휘황찬란하다. 사람들은 누구나 밤하늘 별빛과 은하수를 좋아하는 경향이 있어 지상의 불꽃 또한 무척 사랑한다. 온갖 불빛으로 휘황한 도시의 야간 풍경은 물론 서울 한강 불꽃놀이며 진주 남강 유등 축제처럼 특별한 불빛 축제는 언제나 설렘으로 가득하다.

13일, 혜경궁 홍씨의 회갑 잔치가 열렸다. 정조와 대신들과 종친이 모두 참석했다. 〈봉수당 진찬도〉에 그 행사 장면이 상세히 담겨 있는데 화사하고 현란하기 그지없다. 정조는 친히 술과 함께 몸소 지은 축시를 올렸으며 참석한 문신들에게도 차운하여 시를 지어 올리도록 했다. 잔치는 해가 저물녘까지 계속되었으며 어두워지자 건물 사면에 붉은 등불인 홍사초롱을 걸고 또한 참석자 모두 놋쇠 촛대를 들어올려 대낮같이 환했다고 한다.

14일, 낙남헌에서 양로연이 열렸는데 초대한 노인들 앞에 정조가 친히 나가

〈화성성묘 전배도〉   〈낙남헌 방방도〉

김홍도, 《화성능행도8폭병》, 각 163.7×53.2, 비단, 1795, 호암미술관.

〈서장대 성조도〉

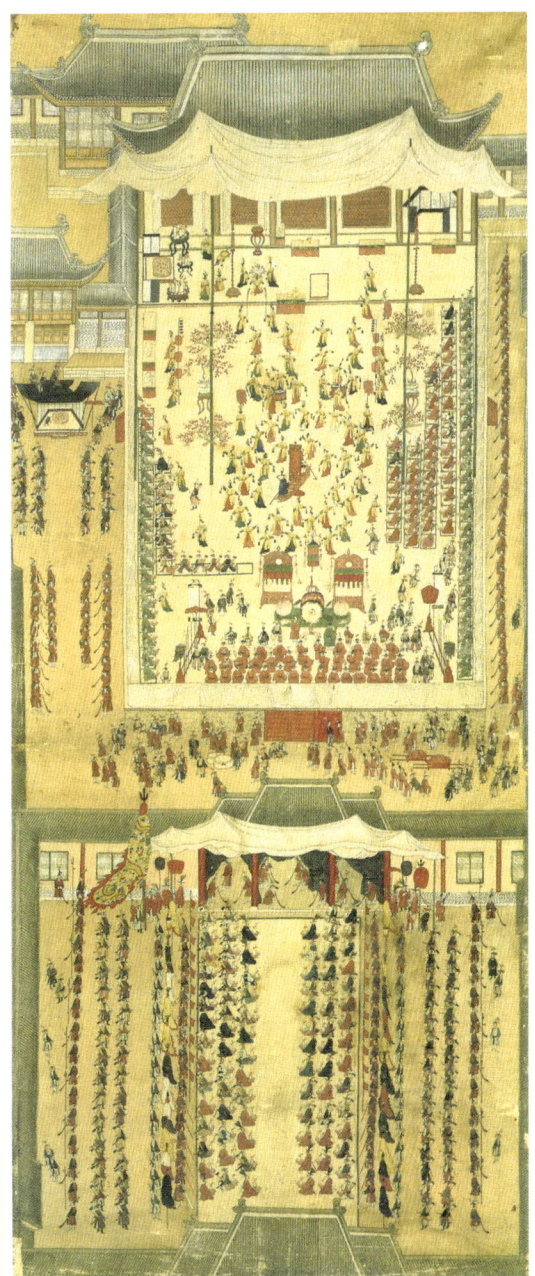

〈봉수당 진찬도〉

〈낙남헌 양로연도〉

〈득중정 어사도〉

김홍도, 《화성능행도8폭병》, 각 163.7×53.2, 비단, 1795, 호암미술관.

〈시흥 환어행렬도〉

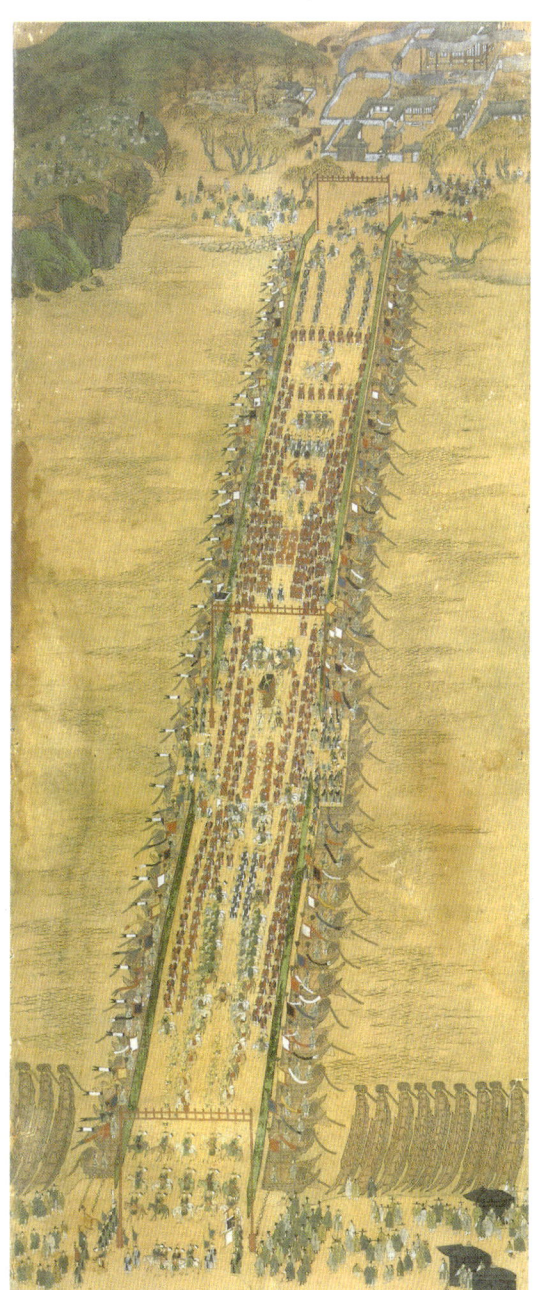
〈노량 주교 도섭도〉

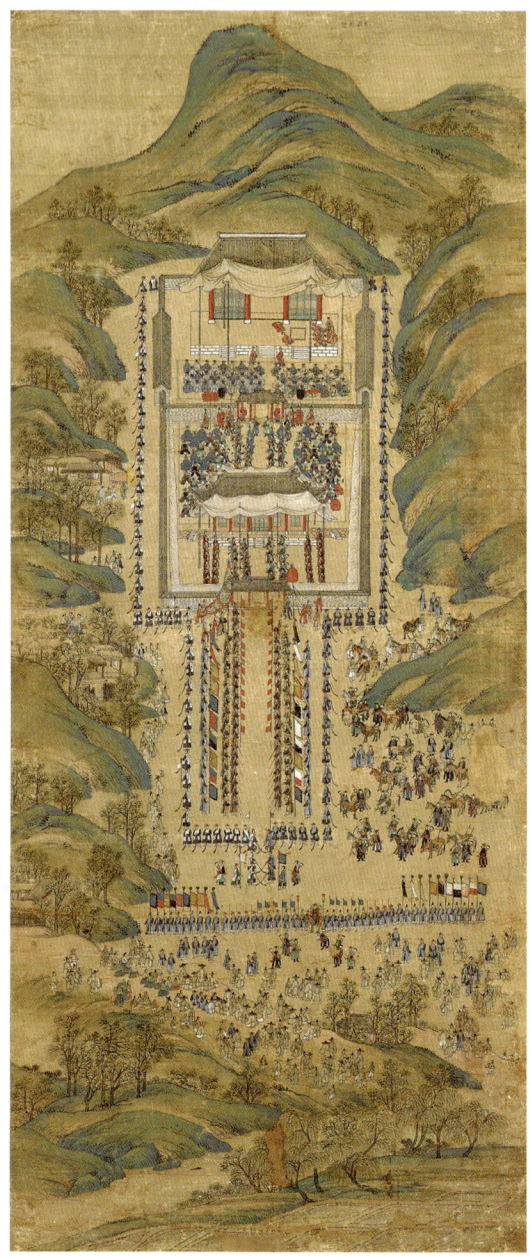 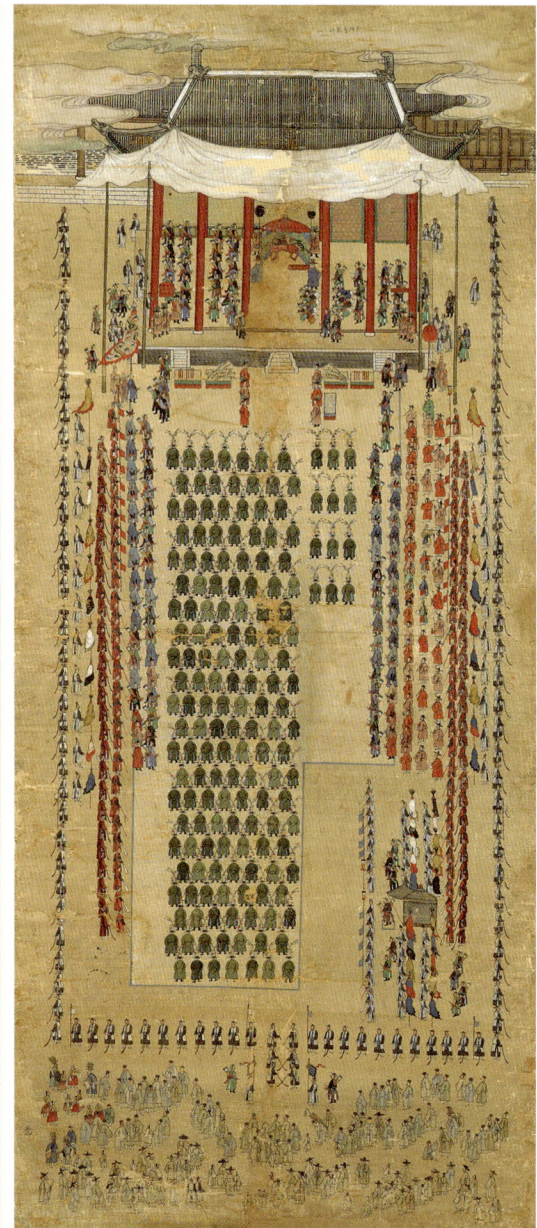

〈화성성묘 전배도〉　〈낙남헌 방방도〉

김득신 외, 《화성능행도8폭병》, 각 151.5×66.4, 비단, 1795, 국립중앙박물관.

〈봉수당 진찬도〉

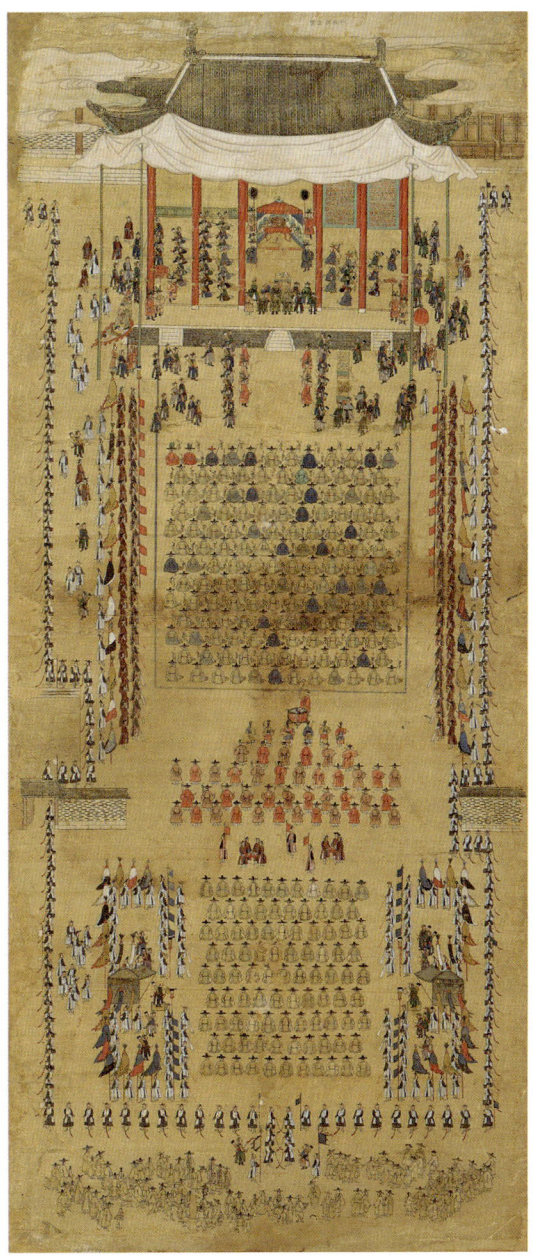
〈낙남헌 양로연도〉

〈서장대 성조도〉   〈득중정 어사도〉

김득신 외, 《화성능행도8폭병》, 각 151.5×66.4, 비단, 1795, 국립중앙박물관.

〈시흥 환어행렬도〉

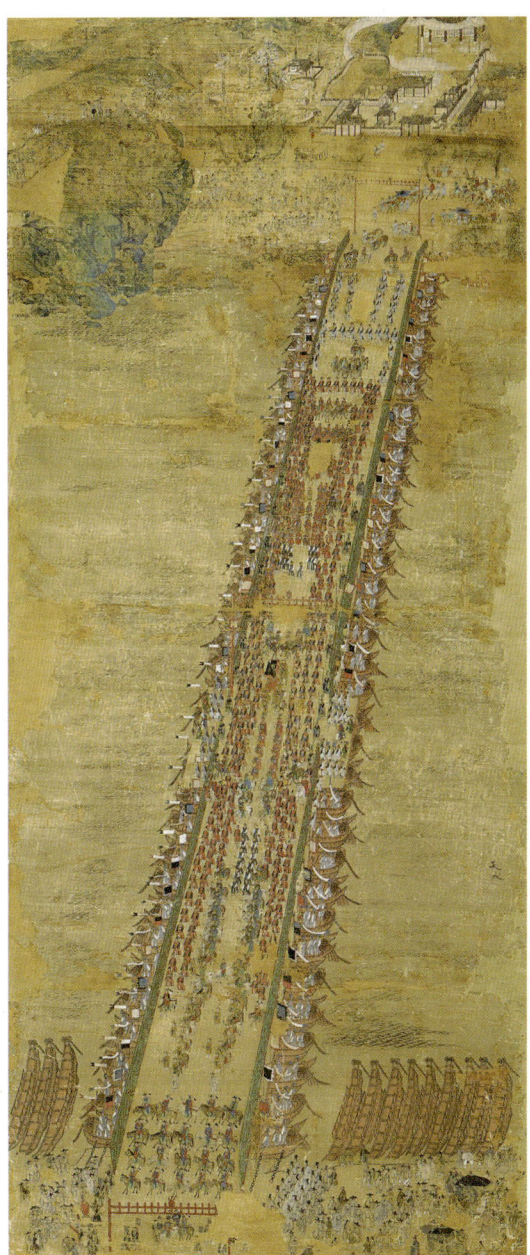

〈한강 주교 환어도〉

서 연회를 베풀었다. 그 장면을 담은 것이 〈낙남헌 양로연도〉다. 이어 왕은 이날 화홍문을 지나 방화수류정까지 나아갔고, 오후에는 득중정에서 활을 쏘았다. 30발을 쏘아 24발을 맞힌 뒤 대신들도 활을 쏘았다. 이 장면을 그린 〈득중정 어사도〉는 활쏘기보다도 그날 저녁 불꽃 대포인 매화포를 쏴 불꽃이 퍼지는 놀이를 그렸다. 화폭 중단에 붉게 타오르는 불꽃이 매화포의 위력을 보여준다.

15일, 화성 행궁을 떠나 시흥으로 향했다. 〈시흥 환어행렬도〉를 보면 화성 행궁부터 시흥 행궁까지 끝이 없어 일대 장관을 연출한다. 각양각색의 모습을 하고 등장하는 인물의 규모와 화면의 구성 그리고 색채에 이르기까지 참으로 장대한 걸작이다.

16일, 시흥을 출발해 노량진의 용양봉저정에서 점심을 든 정조와 혜경궁 홍씨는 곧 주교舟橋, 다시 말해 배다리를 건넜다. 배다리는 물론 일대에 모여든 인파들에 이르기까지 일찍이 이런 장관은 없었다. 〈노량 주교 도섭도〉는 그 장관을 그대로 보여준다.

긍재 김득신을 비롯한 여러 화원이 함께 그린 《화성능행도8폭병》은 화성향교 대성전 참배를 하는 〈화성성묘 전배도〉와 정조가 친림한 시험장에서 과거 시험을 보는 〈낙남헌 방방도〉 그리고 혜경궁 홍씨의 회갑 잔치를 하는 〈봉수당 진찬도〉와 낙남헌에서 베푼 양로연을 그린 〈낙남헌 양로연도〉, 야간에 서장대에서 군사 훈련을 시행하는 〈서장대 성조도〉와 활쏘기와 불꽃놀이를 즐기는 〈득중정 어사도〉, 혜경궁 홍씨를 모시고 한양으로 귀환하는 〈시흥 환어행렬도〉와 한강에 설치한 배다리를 건너는 〈한강 주교 환어도〉로 구성되어 있다.

단원 김홍도의 작품과 그 구성은 물론 산수 및 인물과 건물의 배치와 구도, 채색 모두 비슷하다. 다만 행사에 동원된 군사와 대신을 제외하고 스스로 참여한 일반 백성들의 구성과 배치가 일정한 차이를 보일 뿐이다. 물론 그 차이도 큰 건 아니다. 다만 묘사의 유연성과 자연스러움에 있어 단원 김홍도의 것이 우월한 것은 어쩔 수 없다. 이렇게 보면 단원 김홍도가 그려놓은 밑그림을 초본으로 삼았거나 참고해 그린 것임을 짐작할 수 있다.

정조는 1796년 화성행궁 완공에 즈음하여 화성의 봄과 가을의 8대 승경을 선정했다. 그리고 그것을 봄날의 화성춘팔경과 가을날의 화성추팔경으로 나누어 단원 김홍도로 하여금 그리도록 했다. 지금은 화성추팔경 가운데 다섯 번째 〈서성우렵〉西城羽獵과 일곱 번째 〈한정품국〉閒亭品菊 두 점만 남아 서울대박물관 소장품으로 전해온다. 그 언젠가 나머지 14점이 출현하여 18세기 화성의 절경에 빠져들 날이 오면 참 좋겠다.

〈서성우렵〉은 서장대에서 사냥하는 장면을 그렸다. 빼어난 것은 구도다. 화폭이 위아래로 길쭉하므로 드넓은 벌판을 뛰어다니는 몰이꾼의 모습을 다 표현하기가 쉽지 않았다. 그래서 지형을 이리저리 뒤틀어놓는 방법을 사용했다. 그 결과 오히려 가장 높은 곳에 있는 서장대를 화폭 아래로 끌어내리고 가장 낮은 곳에 있어야 할 벌판은 서장대 위로 배치했다. 서장대를 감싸는 성곽도 맨 아래에 두어 그림을 그리는 화가가 새처럼 하늘에 떠서 내려다 보는 구도를 취했다. 그렇게 하고 나니 비로소 시야가 광대해졌다. 천재 화가의 대담한 선택이다.

〈한정품국〉은 행궁의 뒷동산에 있는 정자인 미로한정에서 가을 국화를 감상하는 장면을 그린 것이다. 〈서성우렵〉과 마찬가지로 구도 설정이 경탄을 자아낸다. 위아래가 긴 장축의 화면이기 때문에 고민스러웠겠으나 사선 구도 하나로 모든 걸 해결했다. 오른쪽에서 왼쪽으로 산기슭이 흘러내리는 구도를 채택한 것이다. 사선 꼭대기의 오른편에 서장대를 올려놓고 한 중간에는 미로한정을, 그리고 사선 맨 아래쪽의 왼편에 낙남헌 건물 지붕을 배치했다. 거기에 더하여 화폭 상단에는 하늘, 하단에는 안개구름으로 여백을 줌으로써 공간감을 살려냈다. 이런 것이 바로 단원 김홍도의 천재성을 증명한다.

〈서성우렵〉　　　　　　　　　　　〈한정품국〉

김홍도, 《화성8경도》, 각 97.7×41.3, 비단, 1796, 서울대박물관.

경기도 화성의 무봉산은 이 지역의 자랑이다. 신라시대 고찰인 만의사도 있고 자연 휴양림과 둘레길도 있어 지역민들의 사랑을 한몸에 받고 있다. 겸재 정선이 그린《퇴우이선생진적첩》중 〈무봉산중〉舞鳳山中을 보면 봉우리에 우뚝 솟은 두 개의 바위가 두드러지고 또 화폭 중단에 만의사로 보이는 기와집 지붕이 있어 깊고 높은 산중처럼 보인다. 오늘날의 모습은 그리 험준하지 않으니 참으로 그랬을까 싶기도 하다. 정선의 외할아버지 박자진朴自振, 1625-1694이 당시 무봉산에 머무르고 있던 우암尤齋 송시열宋時烈, 1607-1689을 찾아가 『주자서절요』 발문을 받아오는 장면을 그린 것으로 실제로 겸재 정선이 무봉산을 직접 다녀와보고 그린 작품인지는 알 수 없다. 다만 이 무렵 충청도 부여 땅을 그린 〈임천고암〉林川鼓岩도 전해오고 있어 두 곳을 아울러 다녀왔을지도 모르겠다.

정조는 1790년 사도세자의 능묘를 현륭원으로 옮기면서 수호 사찰로 용주사를 창건했다. 또한 단원 김홍도를 주관 화사로 임명하여 후불탱화〈삼세여래〉를 그려 봉안토록 하였다. 이때 함께한 화원은 김득신, 이명기였다.

〈삼세여래〉의 한가운데에는 현세를 주재하는 석가모니가, 그 오른쪽에는 약병을 들고 있는 약사여래가, 왼쪽에는 서방 정토를 주재하는 아미타여래가 있다. 석가모니 아래에는 제자인 아난阿難과 가섭迦葉이 서 있다. 경전을 들고 있는 젊은이가 아난이고 수염을 기른 이가 가섭이다. 이어서 아난의 바로 아래에는 화려한 옷차림을 한 채 꽃을 든 문수文殊가, 문수 바로 앞에는 보현普賢이 늘씬하고 아름다운 자태를 뽐내고 있다. 이밖에 하단에는 주로 제자들이, 상단에는 보살과 중생이, 그리고 사방 구석에는 수호자들이 있다.

구성을 보면 먼저 하단 전면의 인물은 모두 전신상이다. 또 인물과 인물 사이에 여백을 두어 공간감을 크게 살리고 있는 것이 두드러진다. 이에 비해 상단 후면의 인물은 모두 머리만 보이게 구성했다. 또 인물과 인물 사이를 최대한 좁힘으로

정선, 〈무봉산중〉, 《퇴우이선쟁진적첩》, 21.5×30.2, 종이, 1746, 개인.

김홍도, 〈삼세여래〉, 440×350, 비단, 1790, 수원 용주사.

김홍도, 〈루백포호〉, 『오륜행실도』「효자」편, 22×15, 종이 목판, 1797, 호암미술관.

써 공간의 밀도를 드높였다. 그렇게 하고 보니 화폭 전체의 공간감이 시원하게 살아났다. 또한 인물 하나하나에 적용한 음영법이 두드러진다. 명암을 준 것인데 서양 화법을 활용한 것이다.

단원 김홍도가 그린 불화는 〈삼세여래〉가 유일하다. 그래서 낯설기도 하지만 서양 화법을 사용했다는 것 때문에 한동안 단원 김홍도의 작품이 아니라는 견해도 있었다. 하지만 작품 후면에 김홍도가 제작했다는 기록을 발견한 이후 이런 논란은 사라졌다. 〈삼세여래〉는 빼어난 구성력과 묘사력 그리고 색채의 조화로움을 과시하는 18세기 미술사의 걸작이자, 조선 불화의 역사를 혁신한 작품으로 화성의 창건과 더불어 시대를 초월한 기념비다. 용주사 일대의 경치를 담고 있지 않지만 정조의 효심을 상징하는 용주사의 중심 불화라는 점에서 수원 실경과 더불어 함께 할 만하다.

한편 정조는 1797년 『오륜행실도』를 엮어 간행토록 하였다. 이 책의 「효자」편에 다섯 점의 판화가 실려 있는데, 이 판화와 동일한 도상의 회화 작품이 호암미술관에 전해온다. 판화로 새기기 전 밑그림으로 단원 김홍도가 그린 것이다. 그 중 〈루백포호〉는 고려시대 효자 최루백 이야기를 담고 있는 작품이다. 최루백은 고려시대 때 수원 사람인데, 아버지가 사냥을 하다가 호랑이에게 물려 죽었다. 이에 15살의 최루백은 도끼를 들고 호랑이를 잡아 그 뱃속에 있는 아버지의 뼈를 가져와 홍법산에 묻고 3년상을 치렀다. 실경을 소재로 삼은 작품은 아니지만 〈루백포호〉는 수원의 산천에서 벌어진 일을 그린 것으로 깊은 산 속의 폭포가 물의 땅 수원을 드러내고 있으니 볼 만하다.

오산, 백제로부터
이어온 독산성

오산 땅은 삼한시대 모수국의 일부로 수원에 속해 있었다. 고려 이래 까마귀 날아드는 산이라는 뜻의 오산烏山이라는 이름이 간간이 등장하곤 했다. 1941년 처음으로 수원군 오산면이 되어 오산이라는 이름이 하나의 행정 명이 되었고 1960년에 오산읍, 1989년에 오산시로 승격되어 비로소 독립 행정 구역이 되었다. 오산이라는 이름의 유래는 이곳 산기슭에 까마귀가 유난히 많아 하늘의 전령인 까마귀 '오'烏 자를 썼다고 하는 학설이 지지를 얻고 있다.

북쪽에 독산성을 품고 있는 양산봉과 그 아래쪽으로 여계산, 석산에 이어 필봉산과 감투봉이 있으나 모두 높이 158미터를 넘지 않는 낮은 산들이어서 평안하다. 그 서쪽에 오산천이 남북을 가로지른다.

여계산 일대에는 여러 모양의 바위가 많은데 장군바위와 애기바위 그리고 금암동에 할머니, 할아버지 바위가 있다. 그 가운데 애기바위는 여계바위라고도 부르는데 여계라는 기생이 마을 수령을 사모하여 술에 취한 수령과 이 바위에서 춤추다가 함께 떨어져 죽었다. 그로부터 이 바위를 여계바위라고 하고 또 그 산 이름을 여계산으로 불렀다는 것이다. 그 이전에는 임진왜란 당시 왜군이 아기가 숨

미상, 〈수원 독산성도〉, 67.6×69.5, 종이, 19세기, 국립고궁박물관.

어 있는 바위를 톱으로 잘라 참혹하게 죽였기 때문에 애기바위라고 불렀다고 한다. 한 바위에 두 개의 전설과 두 개의 이름이 전해오고 있다.

오산에서 가장 이름난 독산성은 백제 때 축조한 성벽으로, 원래는 3.6킬로미터였으나 지금은 400미터만 남아 있다. 이곳에서 벌어진 전투 가운데 최고의 전투는 임진왜란 때 만취당 권율 장군이 펼친 독산성전투다. 권율 장군은 당시 4천 명의 군사를 이끌고 독산성에 주둔하는 중이었다. 포위해 들어오던 왜군은 3만 명의 대군이었다. 왜군은 독산성이 돌산이므로 물이 없어 며칠만 포위하고 있으면 저절로 무너질 것으로 여겼다. 그와 같은 첩보를 입수한 권율 장군은 사방으로 시야가 트인 높은 곳에 말들을 세워놓고 그 위에 흰쌀을 끼얹었다. 물이 없었기 때문에 쌀을 활용한 것이다. 멀리서 보면 말을 목욕시키는 모습으로 보였다. 산성 안에 샘물이 솟아나와 물이 충분하다는 걸 보여준 것이다. 이에 왜군은 철수했는데 그로부터 이 장소는 말을 씻겼던 곳이라고 하여 세마대洗馬臺라고 불렀다.

독산성을 그린 〈수원 독산성도〉를 보면 화제 끝에 작은 글씨로 쓴 '수원'水原이 보인다. 당시 오산은 수원의 일부였으므로 당연히 독산성을 그리고서 '수원'이라고 썼다. 실제로 독산성은 수원의 용주사와 융건릉에서 남쪽으로 그리 멀지 않은 곳에 자리하고 있다. 누가 그렸는지 알 수 없는 〈수원 독산성도〉는 숙련된 화가의 솜씨도 아니고 유형화된 양식을 따른 것도 아니다. 아마도 지역에서 활동하는 향토 화가가 그린 작품이 아닌가 싶다. 화가는 바위가 많은 돌산의 특징을 최대한 과장해 그렸다. 마치 넓은 멍석을 펼쳐 깔아놓은 모습으로 널찍한 너럭바위가 돋보인다. 아주 기이하지만 사각형 바위를 차곡차곡 쌓아올린 돌산처럼 보이도록 연출하는 데 성공했다. 산성의 위력을 그렇게 표현하려고 했나보다. 경물의 형태와 필치는 자유분방하지만 색채는 일관성을 지킴으로써 신기한 모습에도 평화로운 분위기를 드러냄으로 말미암아 눈길을 끈다.

02

충청_
빼어난 산수의 기운을 품은 청풍명월의 땅

충청도는 전라도, 경상도와 더불어 삼남三南의 한 곳이다. 한양과 경기의 남쪽에 있는 세 고을을 의미하는 삼남 지역은 조선시대에 이르러 보편화된 말이다.

삼남의 가장 윗자리를 차지한 충청은 속리산에서 북쪽으로 뻗어나간 금북정맥의 좌우로 커다란 날개를 펼친 모습이다. 생산력이 경상도와 전라도에 미치지 못하지만 산천이 평평하고 아름답다. 산과 강이 부드럽게 휘감는 듯 비단 같고 어느 고을이나 배출한 인물의 이름을 대면 모르는 이가 없을 정도다.

산도 들도 아닌 비산비야非山非野를 일러 이른바 약속의 땅이라 하는데 백두대간이 비껴가는 충청의 하늘은 언제나 열려 있다. 속세와 이별한다는 속리산의 품속을 그리워하듯 언젠가 이곳에 들어와 살 수 있기를 꿈꾸지 않은 이가 없는 곳이 바로 충청도다.

조선시대 태종 때인 1407년 금북정맥의 동쪽을 충청좌도, 서쪽을 충청우도로 불렀는데, 1896년 좌도를 충청북도로 삼고, 우도를 충청남도로 삼았다. 충청북도는 동쪽의 소백산과 문경새재 북쪽의 남한강 유역 일대를 아우른다. 충청남도는 서쪽으로 흐르는 금강 유역 일대를 아우른다. 청담 이중환은 『택리지』에서 다음처럼 썼다.

> "물산은 영남과 호남에 미치지 못하나 산천이 평평하고 아름다우며 서울에 가까운 남쪽에 있어 사대부들이 모여 사는 곳이 되었다."¹

또한 서울과 가까워 풍속에 큰 차이가 없으므로 터를 고르면 가장 살 만하다고 지적했는데 고려 이래 수도 개성과 한양에서 가까운 고장이

충북 주요 지역

충남 주요 지역

라 선진 문명의 혜택을 빠르게 입을 수 있었다.

충청이라는 낱말은 충주忠州의 '충'과 청주淸州의 '청'淸을 합친 것이다. 충청이라는 지명이 처음 등장한 것은 고려시대다. 995년 고려 성종成宗, 960-997 때 지금 충청북도를 세상의 중심을 뜻하는 충원도忠原道 혹은 한강의 남쪽이라고 해서 하남도河南道라고 하였다. 이때 처음으로 충이라는 글자가 등장했다. 충忠은 중中과 심心을 합한 글씨로 중심을 뜻한다. 이 땅이 고려의 중심에 위치해 있다고 여긴 것이다. 예종睿宗, 1079-1122 때 처음으로 충청이라는 지명이 잠시 등장했다가 여러 차례 바뀌어오던 중 1356년 공민왕恭愍王, 1330-1374 때 충청도라는 지명이 확립되었다.[2] 조선시대에도 충청도라는 이름을 계승했으나 충공도忠公道, 공청도公淸道, 공홍도公洪道, 충홍도忠洪道, 공충도公忠道 등으로 바뀌기를 거듭했다.

오늘의 충청북도는 삼한시대 이래 세력 다툼이 벌어진 거대한 벌판이었다. 전쟁터지만 서로 다른 세력의 각축장이었던 만큼 문화의 충돌과 교류가 크게 일어나는 터전이었다. 서로 다른 문화가 융화됨에 따라 남다르게 생긴 중원탑에서 보듯 이른바 중원 문화를 이룩했다. 영남과 한양을 잇는 조령鳥嶺, 다시 말해 새재를 비롯 죽령·이화령·추풍령이 막힘을 틔워주고 또 백두대간과 금북정맥 줄기를 따라 흐르는 남한강이 휘감아 마르지 않게 적셔준다. 거기에 소백산과 월악산, 속리산이 속세를 벗어난 듯 수려한 풍광이 근심걱정을 쓸어가버린다. 단양팔경은 그 아름다운 땅의 하나일 뿐 예부터 사람들은 충북 전역을 일러 맑은 바람 밝은 달이라는 뜻을 담아 청풍명월淸風明月의 땅이라 하였다. 이토록 맑은 고장에 찾아든 인물이 없을 수 없다. 충주의 우륵, 김생,

임경업, 제천의 한수재寒水齋 권상하權尙夏, 1641-1721, 옥천의 김문기, 송시열, 괴산의 김시민, 홍명희, 청주의 손병희, 신채호가 그 이름이다.

오랜 세월 충청우도라 불러오던 충청남도는 알맞게 발달한 산지와 내륙을 가로지르는 금강을 끼고 있다. 그런 까닭에 너른 평야가 부드러운 땅이다. 삼국시대의 장엄한 왕도인 공주와 부여를 품은 이곳은 무령왕릉과 서산마애삼존불상을 비롯한 불교 문화는 물론 백제 문화의 본고장이다. 그뿐 아니다. 유가 문명권에 편입된 이래 기라성과 같은 학자를 배출한 기호학파의 본산이었다. 계룡산, 칠갑산, 대둔산 일대의 신비로움과 태안반도의 기이함이 머금은 땅의 기운에 역사를 뒤흔든 위대한 인물을 숱하게 배출했다. 말 그대로 충절의 충忠과 맑음의 청淸을 함께 갖춘 고장인데 아산의 이순신·이지함, 천안의 유관순, 청양의 최익현, 홍성의 김좌진·이응노, 예산의 윤봉길이라는 이름이 그들이다.

충주, 신라 국토의 정중앙

　　백제 때 충주를 낭비성娘臂城 또는 낭자곡娘子谷으로 불렀다는 설이 있다. 소녀를 뜻하는 '낭'娘자를 쓴 것으로 미루어볼 때 어여쁘고 신비로운 기운이 흐르는 땅이었을 것이다. 고구려가 이 고을의 주인이 되자 우벌于伐이라 했지만 신라가 그 주인이 되자 나라의 한복판을 차지하는 벌판이라는 뜻을 담아 국원國原, 중원中原이라고 했다. 남쪽에 위치한 수도 경주를 중심이라 하지 않고 그 북쪽에 자리한 이곳을 중심이라고 한 까닭은 북방 정책의 중요성 때문이었다. 고려 때 충주忠州라고 했는데 충주의 '충'忠이라는 글자를 분해해보면 중中과 심心을 모아놓은 것이어서 신라의 중원과 같은 의미의 고을 이름임을 알 수 있다.

　　고구려는 점령을 기념하여 높이 2미터나 되는 중원고구려비를 세웠고 신라가 점령했을 때는 높이 14.5미터의 중앙탑을 세웠다. 중앙탑에는 전설이 있다. 국토의 중앙을 측정하기 위해 남쪽과 북쪽 끝에서 각각 두 사람이 동시에 출발했는데 언제나 이곳에서 만나곤 했다. 이에 신라 국토의 정중앙이 되었고 여기에 탑을 세웠으므로 그 이름도 중앙탑이 되었다. 높이에 비해 너무 가늘어 날카롭고 불안하다는 비판도 있지만 마치 사방의 기운을 맞이하여 하늘로 쭉 치솟아오르는 느낌을 주는 까닭에 쾌적하기 그지없다.

거문고를 켜는 곳이라는 뜻의 탄금대彈琴臺를 빼놓고 충주를 떠올릴 수 없다. 가야 출신으로 위대한 음악가 우륵于勒, 6세기[3]이 망명해오자 신라 진흥왕眞興王, 534-576은 그를 충주로 보냈다. 이어 뛰어난 음악가인 계고階古와 만덕萬德, 법지法知를 보내 그의 음악을 배우도록 했다. 우륵은 계고에게는 가야금, 법지에게는 노래, 만덕에게는 춤을 각각 가르치면서 한 번은 그들을 위해 곡을 만들었다. 세 제자가 멋대로 편곡을 하자 화를 냈지만 그들의 연주를 듣고서는 즐거우면서 음란하지 않고, 슬프면서 비통하지 않으니 참으로 우아하고 바르다고 즐거워했다고 한다. 우륵의 음악 철학을 알려주는 이야기라 하겠다. 그는 달천과 남한강이 합쳐지는 강변의 높은 대 위에 올라 거문고를 켜곤 했다. 그래서 사람들은 이곳을 탄금대라 하였다.

그윽한 역사의 흐름을 타고 탄금대에 슬픔이 밀려들었다. 임진왜란 당시 장군 신립申砬, 1546-1592이 8천 명의 군사를 탄금대에 집결시켰다. 물밀 듯 밀려드는 왜군에 맞서 퇴로가 없는 배수진을 친 것이다. 결국 장군을 포함해 군사들은 모두 전멸당했다. 결연한 의지는 보여주었으나 너무나도 참혹한 패배였다. 오랜 세월이 흐른 뒤 이곳 탄금면에서 독립운동가이자 시인으로 이름 높은 권태응權泰應, 1918-1951[4]이 태어났다.

개성김씨 화원 명문가 출신의 화가 복헌復軒 김응환金應煥, 1742-1789 의 《산수화첩》 중 〈탄금대〉를 보면 화폭 하단 오른쪽에 불쑥 솟아오른 탄금대가 의연한 자세를 하고 있다. 두 명의 유람객이 탄금대 중턱에 올라 눈앞에 펼쳐진 절경을 한창 즐기는 중이다. 화폭 중간을 넓게 차지하고 있는 강물이 마치 바다처럼 보인다. 탄금대를 사이에 두고 남한강과 달천이 만나는 지점이어서 바다처럼 드넓다. 강 건너 금가면 마을이 보이고 저 멀리 미륵산이 아득하다.

김응환, 〈탄금대〉, 《산수화첩》, 50.6×34.9, 종이, 1788년 이후, 개인.

미상, 〈가차산도〉, 38.8×37.7, 비단, 19세기, 개인.

그린 이를 알 수 없는 〈가차산도〉는 복헌 김응환의 〈탄금대〉에서 보이는 강 건너 마을 가차산 일대를 그린 것이다. 작품 해설을 쓴 연구자 이보라에 따르면 충주 금가면 일대를 그린 것이다.[5]

화폭이 변색되어 모든 게 흐릿해져 읽기는 물론 보기조차 어렵다. 그러나 산과 마을을 세심하게 그렸고 각 경물마다 이름을 써넣어 그림 같은 지도, 지도 같은 그림이다. 화폭 중단에서 약간 오른쪽으로 봉긋하게 솟아 있는 가차산 꼭대기에 정자가 서 있다. 가차산은 이 일대를 한꺼번에 조망할 수 있을 만큼 전망이 좋은 곳이다.

제천, 청풍명월의 고향

고구려 때 아주 큰 제방이라는 뜻의 대제군大堤郡 또는 내토奈吐라 하던 것을 고려시대에 이르러 제주堤州, 조선 때 제천堤川이라 하였다. '내奈'나 '제堤'가 모두 제방을 뜻하는 말이어서 오래전부터 이 고을에 커다란 저수지가 있었음을 알 수 있다. 청풍면은 바로 옆 단양군의 단양팔경과 연이은 땅으로 맑은 바람, 밝은 달이라는 뜻을 지닌 청풍명월의 고향이다. 또한 제천 의림지는 삼한시대 때 조성한 저수지로 가야 출신의 음악가 우륵은 탄금대와 더불어 이곳에서도 가야금을 탔으며 임진왜란 때 의병들이 전개한 전투의 흔적이 숨쉬는 명승지다. 천 년을 지켜온 소나무가 지극히 아름답다.

1895년 일본인들이 궁궐에 난입하여 명성황후를 시해하자 의암毅庵 유인석 柳麟錫, 1842-1915이 제천에서 최초의 의병을 일으켰다.[6] 그가 팔도에서 집결한 이들과 함께 비밀회의를 하던 봉양읍에는 뒷날 후학을 양성하는 교육 기관 창주정사가 들어섰고 1906년에 자양서사와 자양영당이 건립되었다.

거대한 저수지인 의림지는 거문고의 명인 우륵이 쌓았다는 설을 비롯해 그

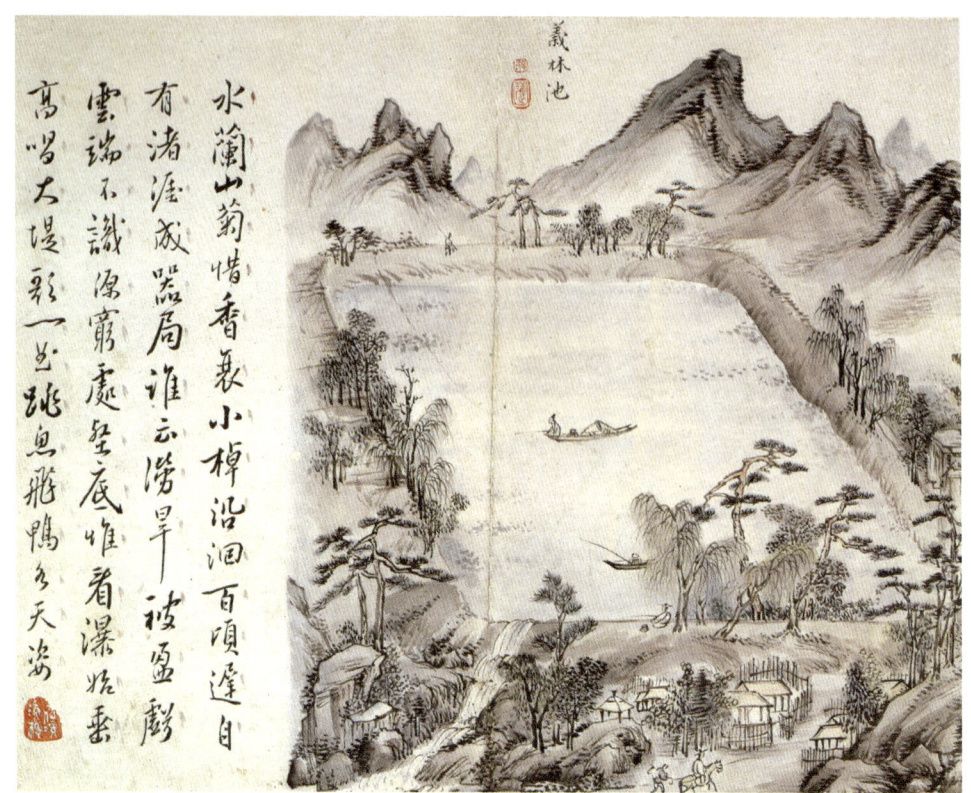

이방운, 〈의림지〉, 《사군강산삼선수석》, 26×32.5, 종이, 1802, 국민대박물관.

미상, 〈의림폭〉, 《남한강실경산수도》, 31.7×46.2, 종이, 18세기 후반, 서울역사박물관.

김윤겸, 〈후선각〉, 《사대가화묘첩》, 28.8×24.5, 종이, 1763-1774, 국립중앙박물관.

기원이 분분하다. 하지만 물이 귀했던 제천 북쪽 땅을 적셔주는 저수지이므로 그보다 훨씬 이전부터 둑을 쌓아 농사의 젖줄로 사용해왔을 것이다. 그 이름도 숲속의 못이라는 뜻으로 임지林池 또는 버드나무 우거진 저수지라는 뜻으로 유지柳池였다. 고려시대 때 제천의 지명을 의로운 샘이라는 뜻의 의천義泉이라 했으므로 그 '의'義 자를 덧붙여 의림지가 되었다.

의림지는 제천 북쪽 용두산에서 흘러나오는 계천 줄기 중 가장 빼어난 풍광을 자랑한다. 풍수지리의 관점에서 보면 용두산의 정기가 의림지로 흘러들었기 때문에 그처럼 빛난다고 한다. 의림지는 농업 발달을 상징하는 수리 시설로 비단 제천만이 아니라 밀양의 수산제, 김제의 벽골제, 상주의 공갈못과 더불어 고대 과학의 성취를 보여준다. 아름다운 풍광과 더불어 한껏 누려도 좋은 곳이다.

황금 시대인 18세기를 빛낸 화가 기야 이방운의 《사군강산삼선수석》 중 〈의림지〉를 보면 잘 짜여진 구도와 더불어 그 풍치의 아름다움이 조화를 이루고 있음을 알 수 있다. 배를 띄운 채 낚시를 하는 두 명의 낚시꾼과 물가에 두 명의 낚시꾼을 그려놓아 한결 여유롭다. 이뿐만 아니라 주변의 버드나무는 물론 활엽수와 침엽수가 흐드러진 모습이며 화폭 하단의 마을과 상단의 산악 배치도 살아 움직이는 듯 생동감이 넘친다.

그린 이를 알 수 없는 《남한강실경산수도》 중 〈의림폭〉은 기야 이방운의 〈의림지〉 화폭 하단 왼쪽 구석에 보이는 물길을 그린 것이 아닌가 싶다. 마치 깊은 산속 폭포를 묘사한 듯 보인다.

실경산수의 신세계를 열어나간 화가 진재 김윤겸의 〈후선각〉을 보면 의림지 남서쪽에 정자가 있었던 듯하다. 신선을 기다리는 전각이라는 뜻의 후선각候仙閣으로 그림 속에서는 주위에 나무들이 울창하여 깊은 맛이 그윽하다. 저수지의 모습은 찾을 길이 없으니, 아마도 의림지와는 얼마간 거리가 떨어진 장소에 있었나 보다. 앞서 살핀 진재 김윤겸보다도 반세기 뒤에 태어난 기야 이방운이 그린 〈의림지〉에도 후선각이 보이지 않는걸 보면 역시 시야에서 벗어날 정도로 멀리 떨어진 곳에 있었나보다.

제천의 허리를 가로지르는 청풍호반에 한벽루가 간결하고 단아한 모습을 자랑하고 있다. 한벽루는 고려 충숙왕忠肅王, 1294-1339 때 청풍을 현에서 군으로 승격한 일을 기념하여 청풍읍 객사 동쪽 벼랑 위에 창건한 정자다. 오랜 세월 보수를 거듭해왔는데 충주댐을 건설함에 따라 모든 게 물 속으로 가라앉을 수밖에 없었다. 지금 위치는 1983년 댐 건설 전에 미리 옮겨둔 곳으로 예전의 자리가 아니다. 제자리를 떠난 한벽루는 더 이상 한벽루가 아니다. 정자는 정자 하나만으로 절경의 명성을 얻는 게 아니다. 정자의 진미는 정자를 둘러싼 풍광이다. 그러니까 한벽루의 아름다움은 한벽루 앞에 펼쳐진 남한강과 금병산의 자태가 함께 어우러져야 완전해진다. 이제 남한강뿐이니 절반의 절경이라, 예전의 그 한벽루는 이제 그림 속에만 있을 뿐이다.

그린 이를 알 수 없는 《남한강실경산수도》 중 〈청풍부〉와 〈한벽루〉는 18세기 후반에 그린 것이다. 〈청풍부〉는 관아와 한벽루 사이에 담장을 배치해 청풍부 관아와 한벽루를 나란히 그렸지만 〈한벽루〉는 관아 건물은 떼어내고 한벽루만 강변의 언덕에 배치해 그렸다. 관아에 비해 정자를 훨씬 빼어나 보이게 그렸는데 실제로 한벽루가 빼어난 자태를 지녔기 때문에 그림에서도 그렇게 나타난다.

〈한벽루〉는 사람이 살아가는 장소임을 염두에 두고 그렸다. 남한강 건너편에 짐을 잔뜩 실은 소와 더불어 나룻배를 기다리는 사람들을 아주 세심하게 묘사해둔 것을 보면 사람 사는 내음이 진하게 난다. 건너편 강변을 따라 옆으로 쭉 늘어선 산은 비단 병풍이라는 뜻의 금병산이다. 〈한벽루〉에 묘사해놓은 금병산 산줄기는 줄을 서서 움직이는 것처럼 활기가 살아 넘친다. 금병산은 더 이상 볼 수 없다. 1985년 청주댐 건설과 함께 물 속에 가라앉아 사라졌기 때문이다. 지금은 능선만

미상, 〈청풍부〉, 《남한강실경산수도》, 31.7×46.2, 종이, 18세기 후반, 서울역사박물관.

미상, 〈한벽루〉, 《남한강실경산수도》, 31.7×46.2, 종이, 18세기 후반, 서울역사박물관.

어설프게 보일 뿐이다.

기야 이방운의 《사군강산삼선수석》 중 〈금병산〉은 제천 일대를 그린 그림뿐만 아니라 조선 실경화 가운데 화사하고 어여쁘며 활력에 넘치는 작품으로 꼽고 싶다. 화폭 하단 중심에는 한벽루와 단풍나무들이 즐비하고, 마당에는 학과 사슴이 보인다. 화폭 중단은 강물로 가득하고 돛단배와 나룻배 네 척이 사람들을 태우고서 부지런히 움직인다. 강 건너 화폭 상단은 그야말로 눈부신 채색화조화 병풍을 펼쳐놓은 듯 금병산이 환한 자태를 드러낸다. 애초에 금병산이 그런 모양이었으니 이방운도 그런 그림을 그릴 수 있었을 게다. 『여지도서』를 보면 금병산은 다음과 같았다고 한다.

"높지도 낮지도 멀지도 가깝지도 않아 날렵하게 한벽루의 한 면을 두른다. 매양 마땅히 봄에는 살구꽃 피고 가을에는 단풍 들면 아름다운 색깔이 현란하니 비단 금장錦帳으로 채색한 병풍 같다."[7]

또한 그 산속에 바람이 불어오는 굴인 풍혈이며 물이 흐르는 굴인 수혈이 있어 신선의 놀이터였다. 강 건너 상단 금병산이 울긋불긋 아름다운 거야 보기만 해도 눈에 들어온다. 그러나 농부가 소를 몰고 오는 장면은 너무 작아 지나치기 쉽다. 그뿐 아니다. 그 아래 강을 가로지르는 나룻배를 보면 소 한 마리가 배 한복판에 서 있다. 이것도 집중하지 않으면 안 보일 만큼 작다. 이게 끝이 아니다. 화폭 하단 오른쪽 구석을 보면 소몰이꾼이 소를 몰고 나아가고 있다. 이처럼 상, 중, 하 세 마리의 소가 연속 등장하는 장면은 자세히 보지 않으면 결코 발견할 수 없다. 또한 그 옆으로 멋진 누각 앞마당에는 사슴, 학, 닭이 각자의 자세를 취하고 있다. 뒤에서 살펴볼, 같은 화첩에 실린 〈도화동〉에도 소가 등장한다. 여기서는 소몰이꾼이 소 등에 올라타고서 어디론가 갈 길을 재촉하는 모습이 보인다. 소몰이꾼 옷차림

이방운, 〈금병산〉,
《사군강산삼선수석》, 26×32.5,
종이, 1802, 국민대박물관.

이방운, 〈평등석〉,
《사군강산삼선수석》,
26×32.5, 종이, 1802,
국민대박물관.

이 비옷을 입고 있음을 보면 귀가를 서두르는 게 아닌가 싶다.

《사군강산삼선수석》에는 의문의 한 점이 있는데 〈평등석〉이다. 어느 곳인지 알 수 없다. 다만 지금은 청풍호반 속으로 가라앉아버린 어느 곳이라고 짐작할 뿐이다. 기야 이방운은 그 바위의 이름을 평평하여 오를 수 있는 바위라는 뜻의 평등석이라 하였다. 그 위치가 배를 타지 않으면 갈 수 없다.

옛 그림 속에서 옛사람을 만나는 즐거움은 빼놓을 수 없다. 실경화에는 거의 모두 유람객이 등장한다. 하지만 숨은 그림처럼 아주 작다. 그래서 자칫 놓치기 일쑤다. 그런데 〈평등석〉을 보면 강물 한복판에 비죽비죽 솟아올라온 너럭바위들이 즐비한데 바로 그 위로 유람객 일행이 각양각색으로 모여 있다. 누군가는 주변 풍광을 보고 있고 또 누군가는 술과 음식을 먹고 마시는데 또 다른 누군가는 시를 짓고 읊조린다. 이 정도로 다양하고 풍성한 모습은 처음 보았다. 노는 이들만 있는 게 아니다. 워낙 많은 인원이라 심지어 선상에 주방을 꾸렸다. 주모는 음식을 차리고, 그렇게 차린 상을 배에서 바위 쪽으로 제공하는 순간까지 묘사했다. 다섯 개의 평등석에 나눠 자리잡은 이들이 모두 17명이고 배 위에는 주모까지 포함해 여섯 명이나 된다. 바위 곳곳에 즉흥시를 써내려갈 수 있는 종이와 책상은 물론 주안상까지 고루 갖추었고 또 배의 주방에서 차린 음식을 바위 쪽으로 전달해주는 장면도 눈길을 끈다. 이 그림을 처음 보았을 때 강 한복판에 둥둥 뜬 구름이 아닌가 싶었다. 아주 특별한 작품이다.

제천 수산면 능강리에는 능강계곡이 있다. 1,016미터 높이의 드높은 금수산 북쪽 기슭에서 흘러 서쪽 청풍호를 향해 가는 능강골의 아름다움이 특별해 사람들은 그곳을 능강구곡綾江九曲이라 하였다. 하류에서 상류로 거슬러 올라가는 순서에 따라 제1곡은 두 절벽의 쌍벽담, 제2곡은 꿈에서 노니는 못인 몽유담, 제3곡은 구름도 누워 가는 폭포 와운폭, 제4곡은 구슬을 꿰어놓은 관주폭, 제5곡은 용의 구슬

같은 용주폭, 제6곡은 비단 병풍을 두른 너럭바위인 금병대, 제7곡은 나르는 제비 같은 탑인 연자탑, 제8곡은 수십 명을 꽉 채워 한꺼번에 앉는 너럭바위인 만당암, 제9곡은 푸른 물방울로 적서대는 취적대. 1985년 충주댐을 세우자 하류에 있던 제3곡까지는 물 속에 가라앉아버렸다.

능강골이 이름을 떨친 건 얼음골이라 부르는 한양지寒陽地가 있어서다. 무더운 여름날에도 정말 얼음이 얼고 서늘한 바람이 온몸을 감싼다. 지형은 사방이 산들로 에워싸여 햇살이 거의 비치지 않는 협곡이다. 여기에 빙혈이 있어 여름날 가장 무더운 때에도 이곳에서 얼음을 캐낸다.

복헌 김응환이 맨 처음 능강골의 아름다움을 그렸다. 그의 〈능강동〉은 어느 그림과도 비교불가능한 묘사와 형상으로 경이로운 감탄을 불러일으킨다. 옆으로 긴 벽돌을 이곳저곳 자유로이 쌓아올려놓고서 저 위에서 물을 퍼붓자 골골마다 흘러내리는 물길이 흐드러진다. 마치 수백 명의 악공들이 한꺼번에 기량을 뽐내는 듯 유장한 음향이 들리는데 화폭 오른쪽 하단 섬 같은 바위에 두 사람이 팔을 들어 아름다운 곳을 가리킨다. 드문 걸작이다.

그린 이를 알 수 없는 《남한강실경산수도》에 〈취적대〉가 전해온다. 취적대는 능강구곡 중 가장 상류에 자리한 제9곡으로 물길을 따라 곱고 매끄러운 판석이 자리잡고 있다. 왼쪽에는 거인이 웅크린 채 누군가를 노리는 자세를 하고 있어 두렵기조차 하다. 또한 이 지역을 그린 그림으로는 지두화의 거장 학산 윤제홍의 《편린첩》중 〈진주담〉이 흐릿한 흑백사진으로 전해온다. 화폭 왼쪽 구석에 '진주담'이라고 써두긴 했지만 그 풍경이 어딘지는 알 수 없다. 다만 길게 쓴 화제의 끝에 '능강동'이라고 써두었으므로 이곳이 능강계곡임은 알 수 있다.

청풍면 능강동에서 북쪽으로 올라가면 학처럼 생긴 학현천이 흐른다. 그 냇물을 학현계곡이라 하는데 그 하류에 복사꽃 만발하는 도화리가 자리하고 있다.

김응환, 〈능강동〉, 《산수화첩》, 34.9×50.6, 종이, 1788년 이후, 개인.

미상, 〈취적대〉,《남한강실경산수도》, 31.7×46.2, 종이, 18세기 후반, 서울역사박물관.

윤제홍, 〈진주담〉,《편린첩》, 27.7×31.8, 종이, 1823, 개인.

복숭아나무가 많은 고을이라 봄이면 복사꽃이 지천으로 깔리니 그야말로 신선이 노니는 무릉도원이었겠다. 이곳에는 동인삼학사東人三學士의 한 사람으로 청풍부사가 된 서파西坡 오도일吳道一, 1645-1703이 새긴 '취적대'吹笛臺, '와선대'臥仙坮와 1807년 청풍부사로 부임한 이계원李啓遠이 새긴 '도화동천桃花洞天 제일강산第一江山'이라는 바위 글씨가 전해온다. 청주댐으로 말미암아 도화골 하류는 물 속으로 사라졌다. 다만 상류 취적대는 그대로여서 바로 위쪽의 학현과 함께 청풍팔경의 제6경 학현취적이라 부른다.

복헌 김응환의 〈도화동〉과 기야 이방운의 〈도화동〉은 다른 방향에서 본 마을 풍경이다. 복헌 김응환의 〈도화동〉은 마을을 열어두었고 기야 이방운의 〈도화동〉은 감춰놓았다. 기대한 복사꽃 만발한 풍경은 아니지만 계절이 달라 그러할 뿐 아름답고 그윽한 고을임은 분명하다. 복헌 김응환의 〈도화동〉에는 일하는 농부의 모습이 자상하다. 수확이 끝난 논 바닥에 쌓아 올린 짚더미가 보이고 그 앞의 농부들은 볏단을 옮기려 하고 있다. 강가에는 두 사람이 앉아 휴식을 취하고 있다. 이방운의 〈도화동〉 오른쪽 하단에는 앞서 살핀, 소 끌고 가는 사람이 보인다.

덕산면 월악리 월악산 동쪽 기슭 수문계곡에 수렴폭포가 쏟아진다. 신륵사를 거쳐 보광암으로 오르는 길목의 폭포다. 기야 이방운은《사군강산삼선수석》중〈수렴폭포〉에서 긴 폭포를 넓게 펼친 다음 물줄기를 여러 개의 점선으로 죽죽 그었는데 마치 '하얀 새끼줄을 연이어 늘어뜨린 듯하다. 그렇게 하고 보니 진짜 펼쳐놓은 발이라는 뜻의 수렴垂簾 그대로다. 양쪽 옆 바위 절벽은 험난하고 폭포 아래는 또 다시 두 차례의 굴곡을 일으킨다.

화폭 상단 꼭대기에는 탑과 암자가 있는데 멀리 있는 보광암을 끌어와 배치했다. 화폭 중단 오른쪽 쏟아지는 폭포 줄기 안쪽에 깊이 패인 동굴에는 두 명의 유람객이 폭포를 창문 삼아 밖을 구경한다. 화폭 하단의 오른쪽 구석에는 나귀를 타고 떠나가는 사람이 보인다. 옆에 휘갈겨쓴 화제를 보면 '큰 폭포라는 소문을 믿지

김응환, 〈도화동〉, 《산수화첩》, 46.3×31.8, 종이, 1788년 이후, 개인.

이방운, 〈도화동〉, 《사군강산삼선수석》, 26×32.5, 종이, 1802, 국민대박물관.

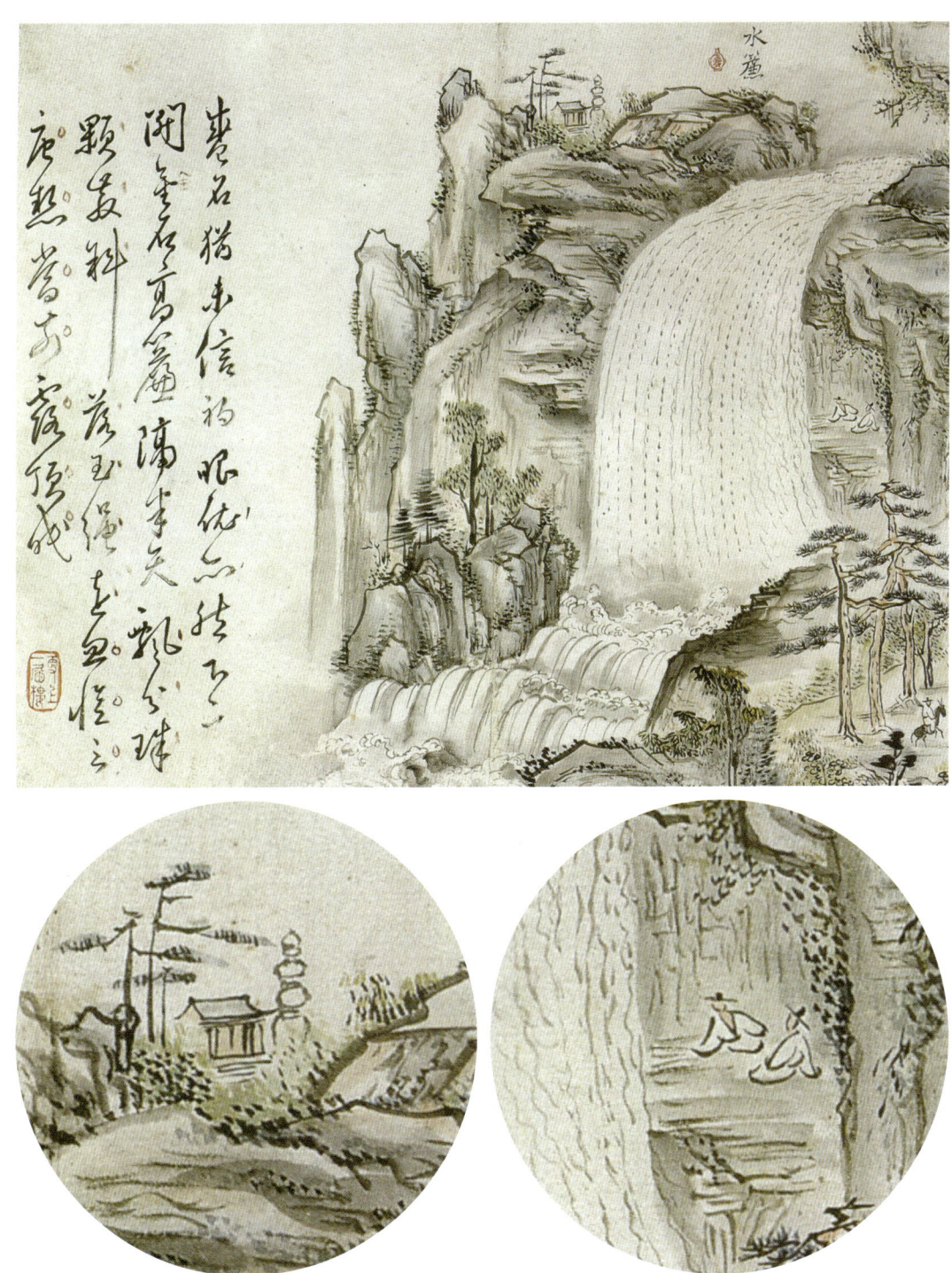

이방운, 〈수렴폭포〉, 《사군강산삼선수석》, 26×32.5, 종이, 1802, 국민대박물관.

않았으나 막상 보니 소문 그대로'라며 '구슬 같은 물방울이 질풍처럼 흩어지는데 그게 마치 하얀 새끼줄이 연달아 비껴 떨어지는 것 같다'고 묘사했다. 이 멋진 말처럼 폭포수도 그렇게 그려놓은 것이 신기하다. 오늘날 이런 모습은 찾을 수 없다. 이방운이 거짓을 그린 게 아니다. 근래 폭포 위에 길을 내고 다리까지 놓았기 때문이다. 폭포를 보러 갔더니 풍경은 사라지고 주변의 시설만 눈을 채운다.

한수면 황강리에 황강서원이 있었다. 1726년 우암 송시열의 5대손과 함께 지역민들이 우암 송시열을 비롯해 그 문하의 한수재 권상하, 남당南塘 한원진韓元震, 1782-1751을 추모하기 위해 창건한 서원이다. 다음 해 영조가 현판을 하사하여 사액서원으로 격상되었다. 1871년 서원철폐령에 따라 훼철된 채 건물만 유지되어왔으나 충주댐 건설을 앞둔 1983년 한수면 남쪽 송계리로 옮겨왔다. 월악산 기슭에서 발원해 북쪽 청풍호반을 향해 흐르는 동달천 하류가 그곳이다. 제천에는 황강서원 말고도 남당서원과 봉강서원이 있었지만 지금은 흔적도 없다. 그나마 황강서원만이 명맥을 지키고 있는 까닭은 우암 송시열과 그 문하의 핵심 인물을 추모하는 힘이 이 땅에 여전히 미치고 있는 까닭일 게다. 풍경을 없애는 것도 지키는 것도 역시 사람의 힘인 모양이다.

그린 이를 알 수 없는《남한강실경산수도》중〈황강서원〉을 보면 서원의 배치와 구성이 한눈에 들어온다. 그 규모가 상당하니 지금 남아 있는 영당影堂은 서원 전체 규모의 극히 일부에 불과함을 알 수 있다. 그림에서 특히 눈길을 끄는 건 화폭 왼쪽 상단 가파르게 솟아오른 절벽 위의 건물이다. 서원의 별채로 보이지만 남아 있지 않으니 알 수 없다.

원서창院西倉은 둔지원屯知院의 서쪽에 있다고 해서 붙인 이름이다. 숙식을 제공하는 역참인 둔지원은 제천과 충주를 잇는 박달재 서쪽에 있었다. 원서창의 위

미상, 〈황강서원〉, 《남한강실경산수도》, 31.7×46.2, 종이, 18세기 후반, 서울역사박물관.

김응환, 〈원서〉, 《산수화첩》, 34.9×50.6, 종이, 1788년 이후, 개인.

치는 제천 북서쪽의 백운면 평동리 원서천변이다. 구름도 쉬어간다는 박달재를 힘겹게 넘어오거나 넘어가야 하는 과객들에게 이곳은 쉬어가지 않으면 안 되는 곳이었다. 힘겹기도 하지만 이토록 아름다운데 어찌 쉬어가지 않을 수 있었겠는가.

복헌 김응환의 《산수화첩》 중 〈원서〉에는 '원서'院西라고 쓴 화제가 있는데 원서창의 줄임말이다. 제천에서 충주를 오가는 길목에 자고 가는 역참이며 물류 창고가 설치되었으므로 이곳은 꽤나 번창한 고을이었다. 그림에도 냇가의 이편과 저편에 반듯한 가옥들이 즐비하다. 화폭 하단 왼쪽 구석에 숨은 듯한 원서창의 규모 또한 상당해 보인다. 고을과 냇가를 둘러싼 사방의 산들은 매우 가팔라 이곳이 깊은 산중이라는 사실도 잘 보여주고 있다. 산과 강과 마을이 조화를 이룬 곳인데 그림 또한 그 모습을 표현하는 데 성공했다.

단양, 모든 곳이 하나의 절경

단양은 고구려 때 적산赤山 또는 적성赤城이었고 고려 때 단산丹山 또는 단양丹陽이라는 이름을 얻었다. '적'赤이나 '단'丹이 모두 붉다는 뜻이다. 월악산과 소백산 사이의 협곡으로 닫힌 고을이며 그 복판에 남한강이 가로지른다.

그러고 보니 주민이 적다. 일제강점기에 북동쪽 영춘군을 병합했어도 인구 증가가 이루어지지는 않았다. 게다가 충주댐 건설로 단양읍을 비롯해 많은 지역이 물 속에 가라앉았다. 엎친 데 덮친 격이라 지금 단양읍은 남한강 상류로 거슬러 올라와 새롭게 조성한 마을이다.

하지만 단양은 석회암 지대를 품은 동굴과 더불어 협곡을 이룬 산과 강으로 말미암아 땅 전체가 하나의 절경이다. 아주 옛날부터 단양팔경은 관동팔경에 버금가는 승경이었고 금세기 들어서는 연간 1천만 명이 넘는 관광객이 다녀가는 고을로 거듭났다.

겸재 정선의 〈봉서정〉은 단양읍 관아 일대의 풍경을 그린 것이다. 봉황이 깃들어 쉬는 집인 봉서정鳳棲亭은 두 개의 즐거움을 누린다고 하여 2층 누각인 이요루

정선, 〈봉서정〉, 《구학첩》, 29.2×33.5, 종이, 1738, 삼성미술관리움.

二樂樓와 함께 단양천변의 양대 누각이었다. 누각 뒤쪽으로 엄연한 단양 관아가 보이고 그 양 옆으로 단양 읍내 풍경이 펼쳐져 있다. 화폭 하단에 흐르는 시내가 단양천이고 그 오른쪽 구석의 다리는 우화교다. 그리고 화폭 상단에 삼각형으로 뾰족하게 솟은 뒷산은 신라시대 단양적성비를 품고 있는 적성산성이다. 물론 지나치게 우뚝하므로 산성이 아니라 읍의 남쪽에 날렵하게 솟은 높이 723미터의 두혈산頭穴山이라고 불렸던 지금의 두악산頭岳山일 수도 있다. 물론 그림은 지금의 단양읍 풍경이 아니다. 지금 저 정자며 관아와 마을은 모두 물 속에 잠겨 볼 수 없다. 그림 속 풍경은 지금의 단양읍에서 하류로 한참을 내려가 단양대교와 적성대교가 있던 곳이었다. 적성산성 아래에는 단양향교와 단성면사무소, 단성중학교가 자리잡고 있고 그 앞 시내인 단양천은 여전히 남한강으로 흘러들어간다.

단양군 대강면의 구름 많은 운계천 계곡을 운암구곡 또는 운선구곡이라 한다. 진재 김윤겸과 표암 강세황이 나란히 그린〈운암〉과 표암 강세황이 그린〈운선동〉,〈사선대〉가 모두 운계천에 자리한 운선구곡의 하나다. 구름바위라는 뜻의 신기한 바위 운암은 사인암보다 상류로 거슬러 올라간다. 운암은 단양팔경 가운데 상·중·하선암 그리고 사인암과 함께 단구팔경의 하나였다. 하지만 1926년『동아일보』9월 4일자「향토예찬 내 고을 명물」을 보면 상·중·하선암과 사인암, 옥순봉, 구담, 도담, 석문을 팔경으로 지목했으므로[8] 운암을 거기에 넣은 건 뒷날 사람들이 만든 이야기다. 그렇다고 해도 팔경에 뒤짐이 없다. 표암 강세황이 그린〈사선대〉속 시설물은 매우 위험해 보인다. 화폭 한 중간에 급류가 흐르는데 그 사이를 건널 수 있도록 긴 나무 기둥을 걸쳐놓았다. 놓인 모습만 봐도 흔들거려 그 위로는 걸어갈 수 없다는 걸 알 수 있다. 아마도 사람이 물 속으로 들어가 두 팔로 기둥을 부여잡고 건너갔을 것이다. 그렇게 아슬아슬해 보여도 유람객에게는 이런 순간들도 즐거운 모험이었을 것이다.

진재 김윤겸과 표암 강세황은 같은 시대를 살아간 세 살 차이의 선후배지만 두 사람의 〈운암〉은 달라도 너무 다르다. 하나의 사물을 어떻게 이토록 다르게 묘사할 수 있을까. 진재 김윤겸은 대상을 뭉게구름이 피어오르는 듯 몽실몽실한 덩어리로 그렸다. 그것도 우산을 쓴 구름처럼 말이다. 이에 반해 표암 강세황은 수직선을 죽 내리긋다가 꼭대기와 중간에 깨진 유리처럼 날카로운 사각형을 끼워넣었다. 단단한 구조물로 만든 철책 같다. 그런데 화폭 오른쪽 끝부분에는 저 멀리 아지랑이 피어오르는 봄날의 꽃동네를 묘사하여 참으로 상반된 느낌을 준다.

한편, 표암 강세황의 〈운선동〉은 구름과 신선이 머무는 땅이라는 뜻의 운선을 그렸다. 〈운암〉에 비해 훨씬 부드럽고 그윽한 분위기를 내려고 하였지만 바위의 날카로움은 여전히 방어 철책 같은 느낌을 유지한다. 그가 그린 〈사선대〉도 크게 다르지 않다. 네 명의 신선이 노닐던 바위라는 뜻의 사선대는 마치 상자곽이나 돌판같이 생긴 암석의 숲이다. 화폭 하단의 바위 위에 앉은 두 사람의 크기로 미루어 주변에 깔린 바위의 규모가 엄청나다는 사실을 짐작할 수 있다. 세 점 다 바위를 힘에 넘치게 표현한 걸작이다.

그린 이를 알 수 없는 《남한강실경산수도》 중 〈성황탄〉은 어디를 그린 것인지 아직 찾지 못했다. 성벽을 둘러싼 물길을 뜻하는 '성황'城隍에다가 급하게 휘도는 여울을 뜻하는 '탄'灘을 합친 성황탄은 화폭 하단에 빠르게 쏟아지는 물살이 보여주듯이 매우 위험한 급류가 흐르는 남한강의 어느 구비일 것이다. 작품의 백미는 화폭 하단 오른쪽 구석에 거세찬 물길을 거슬러 뚫고 올라가는 나룻배다. 노를 잡은 세 명이 물길에 밀리지 않기 위해 온몸을 잔뜩 기울여 전력을 다하는 모습은 말 그대로 사력을 다하는 순간이다. 이런 장면을 어느 작품에서 다시 볼 수 있을까. 경탄을 자아낸다.

단양 일대가 워낙 협곡이라 햇볕이 들지 않아서인지 봄이 짧다. 그래서였을

김윤겸, 〈운암〉, 《사대가화묘첩》, 28.8×24.5, 종이, 1763-1774, 국립중앙박물관.

강세황, 〈운암〉, 31×46.6, 종이, 1779년경, 국민대박물관.

강세황, 〈운선동〉, 31.5×46.5, 종이, 1779년경, 개인.

강세황, 〈사선대〉, 31.5×46.3, 종이, 1779년경, 국민대박물관.

미상, 〈성황탄〉, 《남한강실경산수도》, 31.7×46.2, 종이, 18세기 후반, 서울역사박물관.

미상, 〈영춘현〉,《남한강실경산수도》, 31.7×46.2, 종이, 18세기 후반, 서울역사박물관.

미상, 〈북벽〉, 《남한강실경산수도》, 31.7×46.2, 종이, 18세기 후반, 서울역사박물관.

김응환, 〈북벽〉, 《산수화첩》, 34.9+50.6, 종이, 1788년 이후, 개인.

까. 단양군 영춘면의 영춘은 봄이 오래간다는 뜻이다. 조선시대의 오랜 예언서인 『정감록』에 흉년과 역병, 전쟁도 피해간다는 십승지의 한 곳으로 꼽힌 영춘군은[9] 일제강점기 때 단양군에 편입되어 영춘면으로 바뀌었다.

《남한강실경산수도》 중 〈영춘현〉은 남한강을 허리띠처럼 둥글게 두른 곳에 자리한 관아의 모습을 그윽한 자태로 보여준다. 뒤이어 그린 〈북벽〉은 관아의 동쪽으로 강을 약간 거슬러 올라간 곳에 있다. 북쪽 바위 절벽이라는 뜻의 북벽北壁은 깎아지른 듯 거대한 병풍이 굽어지는 강줄기를 감싸며 빙 둘러 서 있는 것만으로도 참으로 우람하다.

《남한강실경산수도》 중 〈북벽〉과 복헌 김응환의 《산수화첩》 중 〈북벽〉은 그 구도가 거의 같다. 옆으로 길게 늘어선 북벽 가운데 어느 한 부분을 잘라 화폭에 채워놓았다. 아마도 가장 가파르고 높은 곳인 응암 쪽을 그렸다면 날아오르기 직전 매의 웅장한 모습을 그린 것이다. 《산수화첩》 중 〈북벽〉은 작은 사각형 바위를 사선에 맞춰 고르게 배열했기 때문에 날짐승의 느낌이 나지 않지만 《남한강실경산수도》 중 〈북벽〉은 곡선을 주조로 굴곡지게 형상화함으로써 매가 막 날개를 펼치려 하는 순간의 위용 그대로다.

단양팔경, "이 세상이 아닌 다른 별세계로구나"

단양의 승경지 도담삼봉, 석문, 구담봉, 옥순봉, 상선암, 중선암, 하선암, 사인암 등 여덟 곳을 묶어 일컫는 말인 단양팔경을 누가 처음 지목했는지는 알 수 없다. 다만 이곳 일대의 경치에 주목하고 하나의 무리로 엮은이는 청담 이중환이다. 그는 『택리지』 중 「복거총론」 산수편에서 영춘, 단양, 청풍, 제천 네 고을을 특별히 묶은 뒤 그 중 으뜸은 단양이라고 했다. 단양 땅에는 '10리 정도의 들판조차 없지만 강과 시내 바위며 골짜기인 동부洞府처럼 훌륭한 경치가 널려 있다'는 게다. 한강 상류인 단양에는 '바위 절벽과 널따란 반석盤石이 많다'면서 다음처럼 부른다고 했다.

"세상에서 이담삼암二潭三岩이라 한다."[10]

이담은 구담龜潭과 도담島潭이고, 삼암은 상선암·중선암·하선암이다. 그러니까 단양팔경 가운데 다섯 가지를 꼭 짚어 이담삼암이라고 지목한 것이다. 거기에 그치지 않았다. 구담 양쪽으로 강선대, 채운봉, 옥순봉이 펼쳐져 있다고 했다. 다만 석문과 사인암 대신 강선대와 채운봉을 지목한 게 지금의 팔경과 다를 뿐이다.

그러고 보면 청담 이중환은 팔경이라는 낱말을 사용하지 않았을 뿐 여덟 가지 풍경을 지목했으니 단양팔경의 기원이라 할 만하다.

두 번째 인물은 『도담행정기』라는 기행문을 저술한 대유大有 한진호韓鎭戶, 1792-?라는 사람이다.[11] 『도담행정기』에서 그는 단양의 단구협丹丘峽을 지목, 구담·옥순봉·사인암·상선암·중선암·하선암·도담·석문 등 여덟 곳 승경지를 두루 유람하면서 그 아름다움과 기이함을 아낌없이 묘사했다. 청담 이중환에 비해 한걸음 더 나아간 것이다. 그리고 1956년 단양군수를 역임한 김상현은 『단양팔경』이라는 저술에서 그 여덟 곳의 절경을 집성하기에 이르렀다.[12]

누구나 다 그처럼 높이 평가하지는 않았다. 좌의정을 역임하고 영의정을 사직한 19세기의 빼어난 문장가 귤산橘山 이유원李裕元, 1814-1888은 『임하필기』에서 단양 일대의 사군수석이 금강산과 비교해 서로 비슷하다는 당시의 평가를 소개한 다음, 이어서 '옥순봉·구담봉·도담봉을 동해에 갖다놓는다면 이름없는 자그마한 돌덩어리에 불과할 것'이라고 했다.[13] 2014년 국립청주박물관에서 '충북의 산수' 전람회를 진행한 학예관 이수경은 「충북 지역 산수기행 문학과 미술」에서 그런 기록조차 '사군의 산수가 조선시대에 주목을 받은' 증거라며 현재에도 아름다움을 간직하고 있다고 천명하면서도 다음처럼 덧붙였다.

"1985년 충주댐 건설로 남한강 수위가 높아져서 이 지역을 대표하는 구담봉, 옥순봉, 도담삼봉의 규모는 상대적으로 줄어들었고 그동안 주변의 수풀이 무성해져서 기암 절벽의 느낌이 상쇄된 감이 없지 않다."[14]

단양팔경 가운데 도담삼봉·석문·구담봉·옥순봉은 강 위에 떠 있고, 상선암·중선암·하선암·사인암[15]은 계곡 안에 자리잡고 있다. 강 위의 것은 강상사경, 계곡 안의 것은 계상사경이라고 한다.

도담삼봉·석문·구담봉·옥순봉 등 강상사경은 한강 줄기로 이어져 있고, 계상사경 중 상·중·하선암은 단양천 계곡 줄기에, 사인암은 운계천 계곡 줄기에 자리잡고 있다. 사인암이 홀로 떨어져 자리잡고 있는 운계천 계곡은 사선대와 같은 승경이 연이어 있으므로 선화동이라 불리우는 별천지다.

1823년 4월 25일부터 29일까지 대유 한진호가 단양 일대 유람길에 나섰다. 그의 유람은 매우 특별해서 한강 뚝섬에서 배를 타고 출발하여 4월 25일 옥순봉, 구담봉으로 시작, 26일에는 사인암, 27일에는 상선암과 중선암, 29일에는 도담과 석문까지 돌아보았다. 유람을 마친 뒤에는 『도담행정기』를 저술했다.[16]

대유 한진호의 유람은 선상 유람과 도보 유람으로 나뉜다. 첫날인 4월 25일에는 옥순봉과 구담봉을 배를 타고 돌아보았고, 4월 26일과 27일에는 사인암과 상선암·중선암을 걸어서 유람했다. 그리고 마지막날인 4월 29일에는 배를 타고 도담과 석문을 유람했다. 선상 유람과 달리 도보 유람은 시간이 많이 걸렸다. 대유 한진호 일행은 괴평槐坪에 도착해 4월 26일 사인암 구경을 마치고 하룻밤을 보낸 뒤 27일 아침 일찍 사인암을 지나 고개를 넘어 가산촌加山村을 거쳐 중선암에 도착했다. 이어 상선암 가까이에 있는 사찰인 삼선암三仙菴에서 점심을 들고 지름길로 상선암에 도착했다. 하선암으로 향하기 위해 가산촌에 도착했을 때는 이미 저녁이 되었다. 여기서 하선암까지는 10리, 하선암에서 괴평까지는 15리 길이었다. 가는 길의 산 속에 맹수가 많고 밤길에는 짐승이 날뛰니 두렵다는 말을 듣고는 일행 모두 하선암을 포기한 채 지름길을 따라 다시 괴평으로 돌아가야 했다. 하선암 구경은 하지 못한 것이다.[17]

1956년 단양군수 김상현이 『단양팔경』에서 신단양팔경을 제창했다는 사실도 재미있다. 김상현이 제안한 신단양팔경은 도담삼봉, 용담폭, 구담봉, 옥순봉, 설마동, 삼선암, 사인암, 칠성암 등이다. 기왕의 석문을 도담삼봉에 합치고, 상선암·중선암·하선암을 삼선암 하나로 묶었다. 그렇게 재구성하고보니 세 자리가 비었는데 여기에 용담폭, 설마동, 칠성암을 채워넣었다. 김상현은 새로 만든 도로로 인해 하선암과 상선암의 승경은 파괴되고 그저 맑은 계곡물이 흐를 뿐이라며 다음처럼 탄식했다.

"기이한 암석이 배치되어 있을 뿐 보는 사람으로 하여금 대단한 감상을 주지 못하며, 심한 사람은 이것이 무슨 팔경 중의 1경이냐고 조소까지 하니 하선암과 상선암을 팔경의 2경으로 추존하는 것은 재고치 않을 수 없는 실정에 놓여 있는 것이다."[18]

석문에 대해서는 '단양에만 국한한 것이 아니요, 도처에 얼마든지 있으나 석문의 대, 소가 다를 따름이다'라고 지적하고 '신령감을 느끼지 않을 뿐더러 팔경 중의 1경으로는 가치가 없다는 것을 이구동성으로 말하는 바이며 이는 삼봉의 예속 경치로 취급하는 것이 타당하다'고 했다.

하지만 여기에서는 옛사람들이 보고 그린 단양팔경을 돌이켜보련다.

제1경은 도담삼봉이다. 도담삼봉은 단양군 매포읍을 굽이굽이 가로지르는 남한강 한가운데 떠 있는 세 개의 섬이다. 섬 세 개가 모두 짙은 회색에 주름도 잘 잡혀 있어 맵시가 빼어나다. 높이 6미터의 중봉은 장군, 남쪽에 있는 섬은 딸, 북쪽 섬은 아들이라고 비유하곤 하는데 그 생김새를 따른 것이다. 그런데 언제부터인가 짓궂은 사람들이 딸이 아니라 첩이고 아들이 아니라 첩을 질투하는 아내라는 이야기를 만들어냈다.[19] 호사가들의 입방아일 뿐이다.

도담삼봉이라는 이름은 아주 오래되었다. 조선왕조 개국공신인 삼봉三峰 정도전鄭道傳, 1342-1398이 단양 별곡리에 은거하면서 이곳에 들러 즐겨 노닐며 세 봉우리라는 뜻의 삼봉이라는 이름을 지어주고 자신의 아호로 삼았다고 한다. 실제로 정도전이 지은 시편에 삼봉이라는 이름이 등장할 뿐만 아니라 정도전과 관련한 전설도 전해오고 있다. 삼봉은 원래 강원도 정선에 있던 산이었다. 홍수로 인해 남한강을 타고 떠밀려 내려오다가 단양 땅에 멈췄다. 그런데 매년 정선의 관리들이 와서 자기네 땅이라며 세금을 거둬갔다. 이때 열 살의 슬기로운 정도전이 나섰다. 어린 그는 세금을 거두러온 정선의 관리들에게 우리가 오라 한 것도 아니고 또 우리한테 쓸모없는 것이니 정선으로 가져가라고 따졌다. 이 말을 들은 정선 관리들은 다시 나타나지 않았다고 한다. 신단양팔경을 주장한 김상현은 도담을 지극히 사랑한 나머지 물에 비친 그림자까지도 봉우리로 계산했다.

"이 전경을 멀리서 바라보면 흡사 사람들이 유희를 하는 것 같고, 물에 비친 그림자인 도수연영倒水演影은 삼봉이 아니라 육봉이니 그 기관은 글로 다 쓰기 어려우니 지필난기紙筆難記이다."[20]

여섯 개의 봉우리가 하도 신비로워 글로 그 모양 묘사하기 어렵다는 것이다. 그렇지만 삼봉 정도전 이래 숱한 이들이 유람을 와 시편을 읊고 또 산문을 지어 묘사하기를 그치지 않았다. 묘사의 대표는 역시 청담 이중환의 것이 아닌가 싶다.

"이담 중에 도담은 영춘에 있다. 강물이 휘돌면서 모여, 깊고 넓다. 물 가운데 세 개의 돌봉우리가 각각 떨어져 있으면서 한 줄로 선 것이 활줄처럼 곧으며, 쪼아서 새긴 것이 기이하고 공교로워 인가에서 쌓은 석가산 같다. 다만 낮고 작아서 우뚝하고 깎아지른 듯한 모습이 없는 것이 유감스럽다."[21]

청담 이중환과 같은 문인들의 문장도 뛰어나지만 남한강 뗏목 뱃사공들의 노래「짐배노래」는 저절로 흥겹다.

"영월에 영춘에 흐르고 내리는 물은
도담삼봉 안고 돌고 앞편 강에 떠우는 배는
임을 실은 꽃배인데 뒤편 강에 떠우는 배는
노래하는 놀배인데 얼시구 좋다 절시구 좋다
술렁술렁 잘 내려가네"[22]

남한강 뗏목은 한양으로 통하는 주요 운송 수단이었다.「짐배노래」는 나루터 시장의 뱃사공이며 주모들이 주고받는 놀이를 묘사한 것이다. 이뿐만 아니다. 민요「단양팔경가」는 단양팔경 여덟 곳 지명 하나하나를 짚어가며 '사시장춘 단양팔경 조선팔도 명승지'라는 후렴구를 반복해 붙였다. 그 자부심이 얼마나 대단한지 알 수 있다.[23]

또한 주민들은 이곳을 용들의 땅으로 여겨 매년 삼봉용왕제를 지냈는데 물의 주인 용왕에게 물길을 다니는 이들의 안녕을 소원하는「삼봉용왕제 소리」가 간절하다.

"수로천리 한양길을 무사하게 왕래토록 제발점지하옵소서"[24]

도담을 그린 그림은 모두 다섯 점이 남아 있다. 조선회화의 황금 시대를 수놓은 다섯 화가의 다섯 가지 시선인데 한결같이 같지 않다. 같은 걸 보아도 예술가의 시선으로 보면 저렇게 달라보이는가보다.

먼저 겸재 정선의 〈삼도담〉이 있다. 다섯 점 가운데 연대가 가장 올라가는 작품으로 1735년, 92살의 어머니가 별세한 뒤 충청도 4군을 유람하면서 그렸다. 소

정선, 〈삼도담〉, 34.8×29.2, 종이, 1737, 삼성미술관리움.

론당 출신의 대수장가 상고당尚古堂 김광수金光遂, 1699-1770가 겸재 정선에게 청한 것으로 이때 겸재 정선은 처음으로 충청도 일대의 승경을 유람했다. 이웃에 살고 있던 시인 사천槎川 이병연李秉淵, 1671-1751, 화가 관아재觀我齋 조영석趙榮祏, 1686-1761과 함께 다녔고 작품마다 화제를 별지에 쓰곤 했다.

〈삼도담〉을 보면 화폭을 상중하 3단으로 나누어 상단에는 강 건너편 풍경을 배치하고 중단은 넓은 강과 세 개의 바위섬, 최하단은 버드나무와 나루터를 그렸다. 반듯하여 안정감이 넘치는 가운데서도 세 개의 섬이 취하고 있는 자세를 잘 살려 생동감을 부여했다. 마치 살아 있는 사람의 동작과도 같아 보인다. 게다가 가운데 섬 아래쪽에서 자라는 소나무와 바로 옆에 나룻배를 배치해 이야기가 있을 것만 같은 재미가 있다. 화제를 쓴 사천 이병연은 '일엽편주에 몸을 싣고 삼도담 가운데서 달맞이를 하고 싶다'고 했지만 관아재 조영석은 불만을 토해놓았다.

"삼도는 너무 작게 그렸고 앞산은 너무 높고 크게 그렸으니 정선으로서는 만족하지 못할 그림이다."[25]

시인인 사천 이병연이야 정선이 그리는 대로 좋아했겠지만 관아재 조영석은 자신이 화가였으므로 그림에 관해 이것저것 따지고 싶었던 모양이다.

18세기 회화의 황금 시대를 가로질러 살아간 화가 호생관毫生館 최북崔北, 1712-1786이 그린 〈도담〉이 있다. 호생관 최북은 서얼 출신으로 아예 벼슬길을 포기하고 어린 시절부터 현재 심사정에게 나아가 그림을 배워 평생을 화가로 살면서 세상을 떠돌았다. 호생관 최북의 〈도담〉은 겸재 정선이 〈삼도담〉을 그리고 나서 12년이 흐른 뒤인 1749년의 작품이다. 선배와 다르게 그리고 싶었던 그는 세 개의 봉우리를 화폭 한복판에 배치하고 가운데 바위 크기를 한껏 키워 세 개의 섬이 더욱 장엄해졌다. 주변도 우람한 산과 가파른 바위를 빙 둘러놓아 장대함이 더욱 살아나고

최북, 〈도담〉, 25×53.5, 종이, 1749, 개인.

윤덕희, 〈도담절경〉, 《보장첩》, 21.8×17.1, 비단, 1763, 개인.

김응환, 〈도담〉, 《산수화첩》, 50.6×34.9, 종이, 1780년대, 개인.

김홍도, 〈도담삼봉〉, 《병진년 단원절세보》, 26.7×31.6, 종이, 1796, 호암미술관.

있다. 모르긴 해도 관아재 조영석이 정선의 작품을 비판했던 것을 듣고서 그렸는지도 모르겠다.

그윽한 겸재 정선의 그림과 달리 호생관 최북의 〈도담〉을 보고 있으면 조각배에서 선비가 읊는 노랫가락도 함께 들리는 듯하다. 아마도 그 강렬하고 거친 필치 때문이 아닌가 싶은데 또 눈길을 끄는 것은 화폭 오른쪽 최하단에 몇 채의 집과 울타리다. 최북은 여기가 사람 사는 곳임을 말하고 싶었던 모양이다. 이 그림 옆에는 당대 최고의 명필 원교圓嶠 이광사李匡師, 1705-1777가 쓴 글씨가 짝을 이루고 있다. 원교 이광사의 화제에 따르면, 1749년 늦은 봄 이광사가 최북과 함께 네 명의 벗과 더불어 단양 유람을 했다는 사실을 알 수 있다. 이날 유람 참석자에는 완산完山 이창우李昌友, 1711-?가 포함되어 있는데 그는 소론당 명문가 출신으로 도승지를 역임한 삼승정三勝亭 이춘제李春躋, 1692-1761의 6촌 이일제李日躋의 아들이다.

평생 벼슬에 나가지 않고 학문에 탐닉한 화가 낙서駱西 윤덕희尹德熙, 1685-1766는 예원의 일대종사인 공재恭齋 윤두서尹斗緖, 1668-1715의 아들이다. 〈도담절경〉은 그의 화첩《보장첩》寶檣帖에 포함된 작품인데 별지에 다음과 같이 써놓았다.

"계미년, 1763년 7월 낙서 늙은이가 어렵게 만들어 그대를 좇아 버금가기를 힘씀으로써 적막하고 힘든 마음을 위로한다."[26]

낙서 윤덕희의 〈도담절경〉은 도담과 가까이 있는 석문도 포함시켜 그렸다. 세 개의 봉우리를 그 어떤 작품보다도 더욱 거대한 크기로 묘사하고 석문은 하단 왼쪽 구석에 작게 그렸다. 실제의 경치를 재구성한 것이다. 세 개의 바위섬을 수직으로 치솟은 기둥처럼 그렸고 또 한 가운데 섬에서 자라는 소나무도 아주 크게 키워놓았다. 부드럽고 소탈한 필치에도 불구하고 장대한 멋을 풍기는 것은 바로 저 과장법을 활용한 재구성에 있을 것이다.

정조 때 미술사를 휘황하게 수놓은 당대 도화서 화가 복헌 김응환의 〈도담〉은 세 개의 바위섬을 화폭 앞으로 바짝 끌어당겨 놓았다. 또 반대로 강 건너편은 더욱 멀리 밀어냈다. 그러고 보니 강이 마치 바다처럼 보인다. 나아가 김응환은 이것을 더욱 강조하는 배치법을 선보였는데 배를 타기 위해 기다리는 일행을 화폭 하단 왼쪽 구석 끝에 밀어넣어 강의 넓이를 더욱 늘어놓았다. 봉우리 하단에 푸른색 담채를 아주 옅게 칠한 감각도 그렇고, 선비를 태운 배를 봉우리 사이에 끼워두는 재치도 긴장감을 키우는 기술이다. 실경을 숱하게 그리다보니 뛰어난 묘사 방식을 터득한 것이겠다.

단원 김홍도의 〈도담삼봉〉은 《병진년 단원절세보》에 포함된 작품이다. 여기 실린 모든 작품들이 최고 수준의 걸작인데 〈도담삼봉〉은 그 중에서도 절정이다. 강물을 사선 구도로 설정하고보니 세 개의 바위섬은 물론 배경의 나무와 산과 구름 모두 빠르게 달리는 듯 움직임이 생겼다. 먹선도 아주 짧고 가늘게 사용했으며 연두색, 푸른색 물감을 번지듯 아주 옅고 곱게 칠함으로써 화폭 전체가 어여쁘기 그지없다. 복헌 김응환의 〈도담〉이 그 형태에 있어서 매우 특별하지만 단원 김홍도의 〈도담삼봉〉이 풍기는 활력과 미태에는 전혀 따를 수 없다. 또한 그 누구도 흉내낼 수 없을 만큼 경탄을 자아내는 세부 묘사 두 가지가 더 있는데 하나는 세 개의 바위섬 아래 모래사장을 그려넣은 것이고 또 하나는 화폭 하단 오른쪽 구석에 햇볕 가리개인 일산日傘까지 챙겨온 일행을 모습 그대로 그린 것이다. 일산은 인력이 추가로 필요한 장비인 까닭에 흔치 않아 실경화에서 보기 드물다. 말 뒤쪽 시립한 수행한 이들이 군관이라면 이들은 유람객이라기보다는 지체 높은 지역 수령의 공무 수행 중 여가의 순간을 그린 것일지도 모르겠다.

그런데 최북, 김응환, 김홍도 세 화가의 그림을 보면 한가운데 바위섬에 정자가 없다. 1766년 단양군수 조정세趙靖世가 중봉에 능영정菱瀛亭을 지었다고 하니까 그 이전인 1749년에 그린 최북의 그림에 없는 것은 당연하다고 해도 1780년대에 그린 김응환의 그림에도 없는 건 의아하다. 아마도 1766년과 1780년대 사이에 철거했던 게 아닌가 싶다.

오늘날 서 있는 삼도정은 1976년 민간인이 철근 콘크리트로 지어 단양군에 기증한 것이다. 정자는 목조 건물이 제격인데 시멘트임을 확인하는 순간 불편한 마음이 드는 건 어쩔 수 없다. 게다가 도담삼봉 주변 일대에는 언젠가부터 무허가 건물이 난립하기 시작했다. 이토록 흐트러져 있던 것을 정비하기 시작한 때는 1997년이다. 하지만 정비를 너무 열심히 했다. 정비를 넘어 음악분수 시설을 설치했다. 유람선도 띄웠다. 눈길을 들어 멀리 보면 아파트 촌도 한눈에 들어온다. 인공 시설들이 즐비해진 지금 도담 일대가 옛 풍경이 아닌 것만은 사실이다. 하지만 어찌하겠는가.

제2경은 석문이다. 석문은 도담삼봉에서 상류 쪽으로 200미터가량 거슬러 올라가는 지점에 있다. 도담삼봉 분수대에서 산길을 넘어가거나 배를 타고 가는 길이 있다. 도착해 보면 강변에 무지개 모양의 돌문이 신기하다. 『신증동국여지승람』을 보면 '만길이나 되는 푸른 바위벽에 황양목과 측백나무가 돌 틈에 거꾸로 나 있고 바위 구멍이 문과 같아 바라보면 또 다른 하나의 동천洞天과 같다'[27]고 묘사했다. 동천을 지나면 신선이 사는 마을이므로 석문은 바로 신세계로 가는 관문이었다. 석문 왼쪽 아래에 작은 굴이 있고 그 바닥에는 수십 개로 나뉜 바위에 물이 담겨 마치 물밭이라 사람들은 이를 가리켜 신선의 옥을 깔아둔 옥전玉田이라고 불렀다.

99개의 논다랭이로 이루어진 옥전에 전설이 없을 리 없다. 그곳에 마고麻姑 할머니가 농사를 지었는데 마을 사람들은 어찌 저 넓은 99마지기 논을 혼자 경작할까 궁금했다. 땅이 좋으니 그렇다 하여 옥 같은 논이라는 뜻으로 옥전이라 불렀다는 게다. 처음 마고 할머니는 물을 길러 이곳 남한강에 왔다가 그만 비녀를 잃었고 이에 비녀를 찾으려고 흙을 파다보니 그게 논나랭이가 되었다. 술과 담배와 놀이를 좋아하던 마고 할머니는 그 비녀를 찾을 때까지 이곳에서 자유롭게 살았지만 언젠가 죽어 그 곁에 바위가 되었다고 한다. 오늘의 눈으로 보면 신기하게 생긴 바위 하나지만 마음을 고쳐먹고 보면 달리 보일 것이다. 전설이 하나 더 있다. 마고 할머니는 외출할 때 징검다리를 놓아 강을 건너다니곤 했다. 그런데 일제강점기 때 철도 교각을 세운다며 마고 할머니의 징검다리를 폭파해버렸다. 게다가 1985년에는 충주댐을 지어 교각마저 잠겼고 다시는 징검다리가 나타나지 않았다고 한다. 어쩌면 그때 마고 할머니도 떠나버렸는지 모르겠다.

마고 할머니가 살던 이곳 단양 땅을 사랑해마지 않아 구담에 정자를 짓고 살던 문인이자 화가인 단릉 이윤영이 바라본 석문은 다음처럼 가없이 드넓은 곳이었다.

"석문은 사람으로 하여금 들어가고 싶은 뜻을 자아내는 듯 들어가면 끝이 없고 한곳에 서 있으면 마음이 화평함을 느낀다네"[28]

그보다 70여 년 뒤에 태어난 추사秋史 김정희金正喜, 1786-1856는 석문에 이르러 다음처럼 노래했다.

"백 척 돌무지개 물굽이를 열었으니
신이 빚은 천 개의 부처까지 오르는 길 아득하네
마차가 오가는 발자취를 허락지 않으니
다만 연기와 안개만이 오갈 뿐이구나"[29]

석문을 그린 그림은 모두 세 점이 전해온다. 실경화의 새로운 경지를 일궈나간 진재 김윤겸, 기야 이방운, 학산 윤제홍의 작품이다. 신실경의 주역인 세 화가가 석문에 눈길을 준 것이다. 먼저 국립중앙박물관 소장품인 《사대가화묘첩》에는 모

김윤겸, 〈석문〉, 《사대가화묘첩》, 24.5×28.8, 종이, 1763, 국립중앙박물관.

이방운, 〈도담〉, 《사군강산삼선수석》, 26×32.5, 종이, 1802, 국민대박물관.

두 12점의 작품이 있는데 그 가운데 열 점이 진재 김윤겸의 작품이다. 진재 김윤겸은 명문가인 장동김문 출신이지만 서자여서 낮은 벼슬을 마친 뒤 평생을 국토 유람에 바쳤다. 그렇게 그린 실경화들은 겸재 정선의 실경과는 전혀 다른 이른바 신실경의 시대를 열어나간 걸작이 되었다.

〈석문〉을 보면 화면 상단에 '계미수하만사'癸未首夏漫寫라고 썼는데 '계미수하'는 '1763년 4월'이고 '만사'는 '붓가는 대로 그렸다'는 뜻이다. 화폭 하단에 배를 탄 선비 일행이 있는 것으로 보아 진재 김윤겸 일행은 배를 타고 이동했다. 아래서 위로 치켜본 석문이 참으로 웅장하다. 화면을 꽉 채울 정도로 넓은 암벽에 숱하게 많은 돌기가 마치 얼음 기둥처럼 솟아났다. 여기저기 나뭇잎이 무성하고 또한 검고 푸른 담채가 뾰족한 돌기둥의 흰빛을 도드라지게 하여 바위 전체가 반짝거린다. 날카로울 뿐만 아니라 부드러운 기운까지 어울려 참으로 신묘한 아름다움을 드러내는 작품이다.

기야 이방운은 사족 가문 출신이지만 평생 벼슬길에 나가지 않은 채 유람과 그림으로 생애를 보냈다. 그의 그림 열 점을 묶은 《사군강산삼선수석》은 1802년 가을 청풍부사 안숙安叔이 단양, 청풍, 제천, 영춘 네 곳을 다니며 기야 이방운으로 하여금 승경지 열 곳을 그리게 한 것이다. 다음 해 1월 김양지金養之란 사람에게 발문을 쓰게 한 뒤 한 권으로 묶었다.[30]

열 점 가운데 〈도담〉, 〈구담〉, 〈사인암〉 세 점이 단양팔경이다. 〈도담〉은 도담과 석문을 한 화폭에 담았다. 새가 하늘에서 내려다보는 구도인 부감법을 구사함으로써 다른 두 곳을 한꺼번에 그릴 수 있었다. 제목은 〈도담〉이지만 정작 도담삼봉은 뒤로 밀려나 작아졌다. 주인공이 석문으로 바뀐 것이다. 햇볕 가리개인 차일遮日을 설치한 큰 배는 청풍부사 일행의 모습이다. 선비 한 명이 탄 배를 따로 그려 넣은 것이 재미있다. 유람객이 끊이지 않음을 보여주고자 한 것이겠다. 석문의 모습도 아주 특별하다. 큰 바위 꼭대기에 얹어놓았는데 그 형상이 마치 사각 대문 같

윤제홍, 〈석문〉, 《산수화 8폭 화첩》, 67×45.4, 종이, 1833, 삼성미술관리움.

다. 강 건너편 모습도 산 능선 곡선이 아주 유연하게 휘어져 멋스럽다. 그 옆의 화폭 상단 오른쪽 구석은 시원스럽게 탁 트여 마치 바다처럼 아득하다. 또한 이방운은 각각의 경물마다 청록색 담채를 조금씩 칠함으로써 신선한 느낌을 한층 살렸다.

학산 윤제홍은 평생 관료로 북으로는 황해도, 남으로는 제주도에 이르기까지 외직을 전전한 화가였다. 1821년에는 충청도 청풍부사로 부임했다. 두 해가 지난 1823년 8월 학산 윤제홍은 당대 예원의 맹주 자하紫霞 신위申緯, 1769-1847, 이웃의 영춘현령 기원綺園 유한지兪漢芝, 1760-1834, 규장각 직제학 조종영趙鐘永, 1771-1829과 더불어 청풍 일대의 선상 유람을 한껏 누렸다. 석문에 이르러 기묘한 형상을 발견한 학산 윤제홍은 그림을 그린 다음 화제를 써넣었다.

"바위 구멍 가운데 빈 배 한 척이 오락가락하고 배 위에는 낚싯대가 꽂혀 있네. 생각하건대 어부가 도원桃源으로 가버린 지 오래였을 게다."

상상력이 아주 비상하다. 산기슭에 자리잡은 석문을 강 아래로 끌어내려 물 위에 둔 것부터 그렇다. 심지어 그 안으로 무릉도원을 향한 어부의 배까지 그렸으니 말이다. 학산 윤제홍은 손가락에 먹을 묻혀 그리는 지두화의 거장이다. 먹물의 번짐과 뭉개진 선이 지극히 부드러운 까닭은 붓털이 아닌 사람 살결로 묘사해서 그런 것인데 그 아스라한 분위기가 따스하기까지 하다.

제3경은 구담봉이다. 구담봉은 청풍면과 경계를 이루는 단양면 장회리에 있다. 높이 326미터의 붉고 푸른 절벽이 장엄하고 기묘하다. 절벽 위에 거북모양 바위가 있어 구담봉이라 하고 그 아래 물 속 바위가 거북모양이어서 구담이라는 이름이 생겼다. 봄날에는 꽃이 피고 가을에 단풍이 들면 거울 같은 구담의 맑은 물에 그것들이 비친다. 물 속에 꽃이 피고 난풍이 드는 게다. 그렇게 조물주가 노니는 별천지로 변하는 건 순식간이었다.

퇴계 이황은 「단양산수기」에서 북쪽 적석산에서 구담에 이르는 산줄기의 돌을 마치 귀신이 새기고 신이 깎은 것 같다고 썼다. 또 산줄기 아래쪽으로는 여러 가지 빛깔이 아롱진 채운이 흐르는데 그 속에는 2천 년을 살아 검게 변한 현학玄鶴이 출몰하며 위쪽으로는 다섯 봉우리가 솟아올라 오로五老라고 부른다고 했다. 또 흐르는 장회탄 강줄기가 서쪽으로 구봉을 돌아 구담의 머리가 되고 북쪽으로 돌다가 서쪽으로 꺾여 구담의 풍경을 이룬다고 묘사했다. 이렇게 멋지고 보니 퇴계 이황이 보기에 구담이야말로 거울에 비친 하늘이었다.

"봉우리들이 그림과 같은데 사이에 낀 협문挾門이 마주 보고 열려 있고 물은 그 속에 쌓였는데 깊고 넓은 것이 몹시 푸르러 마치 새로 갈아낀 거울로 하늘을 비추는 것이 구담이다."[31]

그러니까 구담은 거울이 그린 그림이라는 것이다. 그렇다. 귀신이 새기고 깎은 곳이었으므로 전설이 없을 수 없다. 청풍군수를 역임한 성암省庵 이지번李之蕃, ?-1575 이야기다. 성암 이지번이 이곳 토담집에서 수련하던 시절 구담봉 맞은편 오로봉五老峯에 칡넝쿨 밧줄을 연결해 가마를 매달아 오고가며 놀았다. 이 광경을 본 사람들은 신선이 학을 타고 노는 것이라 했다. 바로 그게 삭도索道의 효시였다. 『토정비결』의 저자 토정土亭 이지함李之菡, 1517-1578의 형이었던 이지번은 아우 이지함으로부터 구담봉 부근에 명당이 많다는 정보를 얻었다. 직접 눈으로 확인한 성암 이지번은 가족 무덤 다섯 기를 이장해왔다. 그래서 아들 아계鵝溪 이산해李山海, 1535-1609가 1589년과 1599년 두 차례나 영의정에 올랐다고 한다.

시인 옥소玉所 권섭權燮, 1671-1759은 평생 벼슬에 나가지 않고 산수 유람과 서화골동을 즐긴 문인이었다. 옥소 권섭은 구담봉을 사랑하여 말년을 제천시 봉양읍

신리에서 보내며 자신이 죽거든 구담봉에 묻어달라고 하였다. 유언대로 단양군 단성면 장회리 구담봉 정상에 누웠으며 심지어 두 아내와 손자도 모두 함께 묻혔다. 단양 사랑이 이처럼 지극함을 기려 1999년 단양군 소금정 공원에 그의 시비와 더불어 흉상을 세웠다. 옥소 권섭이 묘사한 구담봉의 모습은 「황강구곡가」黃江九曲歌의 마지막 구절인 다음 한 마디였다.

"별유동천別有洞天 천만세千萬世라, 천만 년이나 되는 세월에도 이 세상이 아닌 다른 별세계로구나"[32]

옥소 권섭이 잠들어 있는 구담봉은 또 다른 세상, 조물주의 세상이라 말 그대로 별천지였다.

구담봉을 그린 작품은 세 점이 전해온다. 먼저 겸재 정선의 〈구담〉은 그 필치가 무척 부드럽고 연하다. 따라서 앞에서 살핀, 대수장가인 상고당 김광수가 주문해서 그려준 1737년 사군 여행 때 그린 일련의 작품과는 다르다. 뒷날 이때의 기억을 되살려 그린 후대의 작품이 아닌가 싶다. 늘씬한 바위 기둥을 촘촘하게 밀집시켜놓고 보니 널따란 평판이 되었다. 마치 병풍 같다. 겸재 정선과 같은 시대를 살아간 지리학자 청담 이중환이 『택리지』에 묘사한 구담을 읽어보면 겸재 정선의 〈구담〉을 설명한 것이 아닌가 싶을 만큼 비슷하다.

"구담은 청풍 지역에 있다. 양편 언덕에 석벽이 하늘에 솟아 해를 가리웠고 강물은 그 사이에 쏟아져 내린다. 석벽이 겹겹으로 서로 막혀 문과 같다."[33]

화폭 오른쪽에 성벽 문처럼 비좁게 열린 틈 사이로 멀리 보이는 바위 기둥은 흐릿하지만 늘씬하고 또 뾰족하다. 참으로 별세계라 신비롭기만 하다. 화폭 하단에 떠 있는 유람선을 가까이 다가서 보면 햇볕을 가리는 차일 모양이 남달리 독특해서 눈길을 끈다. 사각으로 배치해 세운 수직 장대와 길고 반듯한 직사각형의 차일이 아주 반듯해 안전해 보인다. 그래서인지 위에 있는 거대한 바윗덩어리 무게를 감당하기에 충분하다.

기야 이방운의 〈구담〉은 학산 윤제홍의 〈구담〉과 더불어 구담쌍벽이라고 해도 좋을 걸작이다. 〈도담〉에서 남과 다른 구도를 채택해 개성을 보인 바 있는 기야 이방운은 〈구담〉에서 비교불가능한 위력을 보여준다. 먼저 화폭을 상하 2단으로 구분한 뒤 상단을 거대한 바위로 꽉 채웠다. 하단은 강물, 나무, 정자, 사람을 이리저리 흩어놓았다. 그러니까 위를 무겁게, 아래를 가볍게 해서 중력의 힘을 더욱 키우는 방식으로 구담봉의 장대함을 더욱 강화한 것이다.

구담봉을 묘사하는 기법도 대담하다. 빗자루를 빠르게 빛의 속도로 쓸어내리는 속도감으로 말미암아 엄청난 무게에도 불구하고 공중에 날아오르는 듯 시원한 쾌감을 선물한다. 구담봉 꼭대기는 네모난 바위로 마감하고 소나무를 곁들여 풍성하기조차 하다. 하단은 정자를 그렸는데 별지에 쓴 화제에 따르면 창하정蒼霞亭이다. 창하정은 단양에 은거한 은일지사 단릉 이윤영이 1752년에 세운 정자다. 붉은 언덕이라는 뜻의 단릉이라는 아호의 '단'은 단양의 '단'에서 따온 것으로 그에게는 오직 단양뿐이었다. 단릉 이윤영은 해가 바뀌자 사인암에 서벽정棲碧亭도 세웠다. 서벽정은 많은 이들이 읊어 노래하는 곳으로 그 명성이 창하정에 못지 않았다. 기야 이방운은 화폭에 선비들을 열 명이나 그렸다. 한 곳에 모여 있게 하지 않고 옆으로 넓게 퍼져 앉거나 서거나 걷는 모습으로 흩어놓았다. 구담이야말로 이처럼 볼거리가 많다는 걸 드러내려는 것이었고 또한 화폭에 활력을 불러일으키려 한 것이었다.

이 그림에서 가장 감탄을 자아내는 부분은 강물이다. 강물을 보면 옅은 먹선으로 묘사한 아홉 개의 덩어리가 보인다. 더욱 가까이 가서 보면 그 덩어리가 거북

정선, 〈구담〉, 20.3×26.8, 비단, 1737년 이후, 고려대박물관.

이방운, 〈구담〉, 《사군강산삼선수석》, 26×32.5, 종이, 1802, 국민대박물관.

윤제홍, 〈구담〉, 28.5×42.5, 종이, 1823, 개인.

이 등판임을 알 수 있다. 아주 작은 덩어리 셋을 빼면 거북이는 여섯이다. 물 속의 거북바위를 그린 것인데 지금은 1985년에 막은 충주댐 탓에 물이 차올라 강바닥이 보이지 않아 거북바위도 숨어버렸다.

거북은 우주를 떠받치고 있는 근원이며 신과 인간을 맺어주는 신성한 존재다. 이방운은 아마도 그런 사실을 알고 있었을 것이다. 물 속을 기어 다니는 바위 거북을 한 마리 한 마리 그려나갔고 그 위로 하늘을 찌르는 거대한 암벽을 짙은 먹색으로 붓을 빠르게 움직였다. 그렇게 해서 육중한 덩어리가 모습을 드러낼 즈음 높은 하늘과 넓은 땅을 이어주는 성채가 탄생하는 걸 느꼈을 것이다.

학산 윤제홍의 〈구담〉은 창하정에서 강 건너 구담봉을 바라본 풍경이다. 기야 이방운의 〈구담〉과 똑같은 위치에서 바라보았다. 하지만 그 생김생김이며 풍기는 기운은 완연히 다르다. 암벽 기둥을 다섯 개로 나누고서 각각의 기둥마다 큰 바위를 하나씩 쌓아올려 마치 탑 같기도 하고 거대한 건물 같기도 하다. 여기저기 나무들만 없다면 도시의 빌딩숲인 줄 알겠다. 그러다 보니 하단의 강물이나 바위는 비좁아졌고 유람선도 꼬리를 감추었지만 창하정도 한쪽으로 옮겨서 그렸다. 긴 화제를 여백에 배치하는 기술도 학산 윤제홍 작품만의 특기인데 〈구담〉에서도 역시 글씨를 그림처럼 멋지게 배치했다. 화폭 왼쪽에 암벽 기둥 하나 정도 넓이의 여백을 만들고 거기에 다음과 같은 화제를 썼다.

"청하정에서 구담을 바라보며 내가 예전에 '옥순봉은 청수淸秀하고 구담봉은 웅혼雄渾하다. 신선들이 사는 호천壺天처럼 특별히 신기한 특일기격特一奇格이고 이윤영이 호를 단릉이라 한 것도 하나의 기이한 일이다'라고 한 적이 있다. 보는 이는 어찌 생각할까."[34]

모든 그림을 손가락으로 그리는 지두화의 거장 학산 윤제홍의 작품 가운데

〈구담〉이야말로 걸작이다. 지두화만이 보여주는 선과 면과 형상이 다시 없을 신묘한 감각으로 가득하다. 글씨도 손가락으로 써서 또한 기묘한 기운이 넘쳐 흐른다. 희귀한 지두화라서 걸작이라고 평가하는 게 아니냐고 묻는 이들이 있지만 그게 아니다. 붓으로 그린 필묘화와 빗대어 보더라도 이 〈구담〉은 걸작 중 걸작이다.

제4경은 옥순봉이다. 283미터 높이의 거창한 옥순봉은 구담봉 서쪽 지금의 제천군 수산면에 치솟아 구담봉과 쌍벽을 이룬다. 청년 시절의 청담 이중환이 1768년 여름 안동에서 한양 가는 길에 옥순봉을 지나치며 다음처럼 노래했다.

"땅 위 높은 모양 단정한 선비 서 있고
물결 복판에 움직이는 그림자 늙은 용 뒤집네
정신은 빼어나 강산 빛깔 뛰어난데
기세 높이 우주의 형상 버티는구나"[35]

『한국지명총람』은 옥순봉을 '천여 척이 되는 바위가 댓순처럼 솟아 있는데 그 빛이 혹은 푸르고 혹은 희며, 푸른 등나무가 얽혀서 구름이 낀 것같이 보임'[36]이라고 그려두었다. 대나무 싹인 죽순 봉우리라는 뜻의 옥순봉이라는 이름을 지은이가 누군지 알 수 없지만 다음의 기록을 증거삼아 퇴계 이황이라고들 한다. 단양군수로 부임한 퇴계 이황은 이곳에 이르러 엄청난 바위를 보고 놀라워 하다가 「단양산수기」에 다음처럼 썼다.

"천 길 백 길이 되는 죽순 같은 바위가 높이 솟아 있어 하늘을 버티고 있다. 그 빛이 혹은 푸르고 혹은 희어 푸른 등나무 같은 고목이 아득하게 침침하니 우러러 볼 수는 있어도 만질 수는 없다. 이것을 옥순봉이라 이름 지은 것은 그 모양 때문이다."[37]

옥순봉에는 기생 두향杜香과 퇴계 이황의 이야기가 얽혀 있다. 단양군수로 부임한 이황은 두향과 더불어 거문고를 튕기며 승경을 누리곤 했다. 이때 두향이 이황에게 청했다. 옥순봉을 단양군에 속하게 해야 단양팔경이 모두 갖춰진다는 것이다. 이에 이황은 청풍부사에게 옥순봉을 단양군에 속하게 해달라고 청했다. 물론 청풍부사는 거절했다. 어찌 할 도리가 없던 퇴계 이황은 석벽에다 다음처럼 글을 새겼다.

"단구동문"丹丘洞門

단양의 관문이라는 뜻이다. 그러니까 행정 구역으로는 청풍군이지만 여기에 이르면 이미 단양으로 넘어갔다고 여기게끔 만든 것이다. 그렇다고 해도 옥순봉은 여전히 청풍 땅에 속해 있다. 두향의 뜻을 다 이루지 못한 퇴계 이황은 임기가 끝났고 떠나버렸다. 두향은 강 건너 강선대降仙臺 옆에 살았는데 퇴계 이황이 죽었다는 소식을 접하자 스스로 목숨을 마감했다. 뒷날 뛰어난 문인들은 강선대에 이르면 두향을 떠올리며 시를 지어 추모의 뜻을 드러내곤 했다. 두향을 추모하는 숱한 문인들의 시편 가운데 가장 아름다운 것은 강화학파의 일원인 월암月巖 이광려李匡呂, 1720-1783가 읊은 노래다.

"외로운 무덤이 관도변에 있어 거친 모래에 꽃도 붉게 피었네. 두향이라는 이름 사라질 때 강선대 바윗돌도 없어지리라"[38]

또한 이곳 주민들이 강선대 옆에 무덤을 만들었고 단성향토사연구회 주관으로 매년 5월 초면 제사를 지낸다. 그 이름이 두향제杜香祭다. 지금은 충주호 물을 피해 다른 곳으로 옮겼다.

많은 시인 가운데 오늘날 단양팔경으로 불리는 여덟 곳을 하나도 빼지 않고 시로 읊은 이는 추사 김정희다.[39] 김정희는 1822년 단양 유람 길에 올랐다. 마침 화가 가운데 당대의 으뜸이라는 찬사를 얻은 학산 윤제홍이 청풍부사였고 서예가 가운데 당대의 으뜸으로 불리운 기원 유한지가 영춘군수였다. 학산 윤제홍과 기원 유한지를 두루 찾아본 뒤 사군의 승경지를 다니며 승경을 만날 때마다 한 수씩 읊었는데「옥순봉」은 다음과 같다.

"사람의 필력이 천둥 번개 내딛는 듯
빼어난 운율에 깊은 정감 물가에 흩어졌네
천리를 떠메온 저 조각들 말하자면
집 들머리에 새파란 한 봉우리 옮겨놓은 셈이라네"[40]

선비의 기운을 살려 가장 특이한 형태를 그려내는 화가 능호관 이인상의 〈옥순봉 백루〉 하단 오른쪽 구석에는 '사예士倪와 약속해 물가의 정자에서 만나기로 하였는데 그 정자는 곧 산천山泉과 경심磬心과 창하蒼霞와 백루白樓였다. 종강鍾岡에서 추일秋日에'라는 글이 있다. 사예는 단릉 이윤영이다. 창하정은 단릉 이윤영이 1754년에 세운 것이고 나머지 셋은 1751년부터 1757년까지 구담봉과 옥순봉 사이에 능호관 이인상이 세운 것이다. 그러고 보면 이 작품의 배경을 이루는 바위는 그 이름을 특정해놓지 않았다고 해도 당연히 옥순봉이다. 그리고 화폭의 정자는 산천정, 경심정이거나 백루 가운데 하나임에 틀림이 없다. 다만 화제에 백루를 끝에 썼으므로 백루로 보는 것이다. 작품의 주인공은 띠로 올린 지붕의 정자지만 실제로 두드러져 보이는 것은 옥순봉 암벽이다. 마치 휘장을 둘러놓은 듯 안개가 감

이인상, 〈옥순봉 백루〉, 31×23, 종이, 1757, 개인.

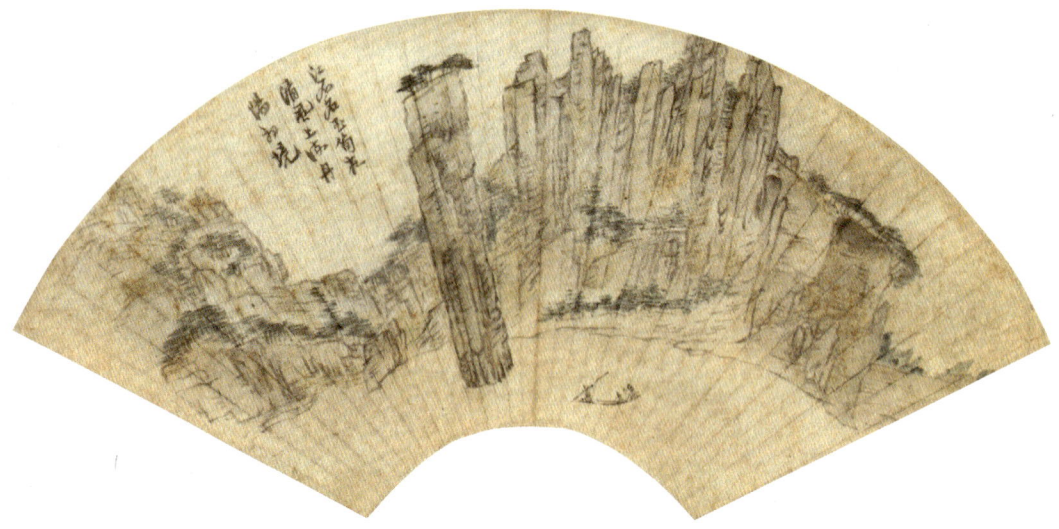

이윤영, 〈옥순봉〉, 60×118.8, 종이, 18세기 전반, 고려대박물관.

김홍도, 〈옥순봉〉, 《병진년 단원절세보》, 26.7×31.6, 종이, 1796, 호암미술관.

싸고 있는 느낌인데 먹물의 강약을 조절해 줄기를 만들고 사이사이 짧은 가로선을 그어 죽순 마디로 보이게끔 연출했다.

단릉 이윤영의 〈옥순봉〉은 가는 선으로 바위를 그린 까닭에 날카로운 느낌이다. 상단 왼쪽 여백에 '강가의 돌은 옥순봉으로 청풍에서 단양으로 향하는 초입에 있다'고 했는데 옥순봉의 위치다. 단양에서 은거하고 있는 만큼 그 위치는 물론이고 또한 생김생김에 매우 익숙했을 텐데 웬일인지 거대한 돌기둥 하나를 앞으로 빼냈다. 게다가 약간 기울게 해서 불안감을 조성했다. 경이로운 생김새의 특성을 더욱 강조하고 싶어 변형한 것인지도 모르겠다. 다만 단양팔경을 소재로 한 그의 그림이 오직 이 한 점만 전해오고 있는 사실이 이상하다. 다른 건 몰라도 구담봉 건너편에 정자까지 짓고 살 정도면 분명 구담봉 그림 한 점쯤은 전해올 텐데 말이다.

단원 김홍도는 단양과 두 차례 인연이 있다 1788년에 한 차례 다녀왔고 그 뒤 1792년 1월부터 1795년 1월까지 3년 동안 단양의 이웃인 연풍현감으로 재임했다. 1823년 4월에 배를 타고 한양부터 단양까지 사군산수 유람을 한 한진호는 『도담행정기』에서 단원 김홍도가 현감 시절 정조에게 사군산수를 그려 올렸다고 했다.[41]

《병진년 단원절세보》 중 〈옥순봉〉은 매우 뛰어난 걸작으로 마치 다섯 개의 손가락을 하늘로 뻗어올린 형상이다. 왼쪽 화폭을 채우고 오른쪽은 비워서 상쾌한 기운을 흐르게 만들었다. 또 아주 옅은 붉은 빛과 푸른 빛을 칠해 은은한 분위기를 살렸다. 차일 친 배를 타고 유람하는 모습으로 미루어 연풍현감 재임 시절에 그린 밑그림을 토대로 하여 임기를 마친 한 해 뒤인 1796년에 그린 것이다.

관호觀湖 엄치욱嚴致郁, 1770무렵-?은 1795년 윤2월 경기도 화성을 건설하는 성역에 포함된 다섯 명의 화공 가운데 훈련도감 소속 마병馬兵의 직책으로 참가했다. 그는 화원은 아니었지만 1800년 정조가 세상을 떠난 때 의궤를 제작하는 화사畫師 직책으로 참가한 적이 있다. 그러나 1804년 의궤 사업 때는 방외화원으로 참

엄치욱, 〈옥순봉〉, 39.5×28.5, 종이, 19세기, 국립중앙박물관.

윤제홍, 〈옥순봉〉, 《산수화 8폭 화첩》, 67×45.4, 종이, 1833, 삼성미술관리움.

윤제홍, 〈옥순봉〉, 《학산구구옹첩》, 58.5×31, 종이, 1844. 개인.

가하는 것으로 보아 도화서 화원은 아니었다. 그런 그가 몇 점의 실경화를 남겼는데 〈옥순봉〉이 그 가운데 하나다. 엄치욱은 존경해 마지 않은 단원 김홍도의 〈옥순봉〉을 따랐지만 화폭 오른쪽에 물 위의 선상 유람 대신 길 위의 마상 유람 장면으로 바꾼 데다 구도에서도 옥순봉을 오른쪽으로 옮겨 변화를 주어 개성을 살리는 데 성공했다.

학산 윤제홍은 1833년과 1844년에 각각 그린 두 점의 〈옥순봉〉을 남겼다. 먼저 두 그림의 화제를 보자.

*1833년
"내가 옥순봉 아래를 놀러갈 때마다
절벽 아래 정자가 없음을 안타까워 했다.
근래에 능호관 이인상의 화첩을 보았는데
이 그림이 혹시라도 나의 안타까움을 씻어주겠지."

*1844년
"바람이 잠잠해지고 햇살이 밝은 날이면 한벽루에서 배를 저어 거슬러 올라 옥순봉에 이르고 흥이 다해서야 돌아왔다. 권백득이라는 자가 옥피리를 잘 불어 신선처럼 노닌다. 함께 배를 탄 사람은 소석 김시랑, 천상 윤세마, 다불산인 권이로서 모두 운치 있는 기이한 선비들이다. 학산구구옹이 그리다."

학산 윤제홍은 1821년 10월부터 1823년 11월까지 2년 동안 청풍부사로 재임했다. 이 그림들은 퇴임한 지 10~20년이 흐른 뒤의 것들이다. 퇴임 후 10년 만인 1833년에 그린 그림은 크게 세 부분으로 구성했다. 먼저 전경에 옥순봉과 정자, 나무숲을 그렸는데 나무를 크게 그려서인지 두 개의 바위 기둥이 작아졌고 해서 아담하다. 상단 왼쪽에는 유장한 폭포를, 오른쪽에는 집들이 옹기종기 모인 마을을 그렸다. 그런데 옥순봉에는 강물 위에 세운 정자가 있지 않았고 또 부근 일대에 폭포도 없으며 주변에 마을이 형성되어 있던 것도 아니다. 아니 어쩌면 윤제홍은 그걸 보았는지도 모르겠다.

또 그로부터 10여 년이 흐른 뒤인 1844년에 그린 그림은 바위 기둥을 세 개로 나누어 재구성했다. 상상력인지 재구성의 귀재인지 알 수 없으나 탁월한 건 사실이다. 그렇게 재구성한 봉우리의 꼭대기마다 '1봉'一峯, '2봉'二峯, '3봉'三峯이라고 써넣었다. 화폭 오른쪽 1봉은 반쪽만 보이게 배치했다. 중앙의 2봉은 매끄럽게 뻗어올라가다가 중간에 사각의 층계석을 배치해 변화를 주었다. 왼쪽 3봉은 기둥 전면에 균열의 금줄이 실핏줄처럼 번져 있고 상단에 커다란 사각 바위가 가로로 누워 있다. 그 위로 소나무가 모자 같은 봉우리와 어울려 흥취를 돋운다. 오랜 세월이 흐르고 보니 옥순봉이 상상 속의 별세계로 다시 태어난 것이다. 이 그림은 벗들과 더불어 선상 유람을 할 때 그린 것인데 화제에 권백득權柏得이라는 자가 옥피리를 잘 불어 신선처럼 노닌다고 썼다. 실제로 옥순봉 바위 절벽을 무대삼아 권백득이 피리 공연을 베풀고 있다. 청중은 배 위에 노니는 이들이다. 앞서 살핀 지우재 정수영의 <여주 휴류암>에 해금을 연주하는 어부와 학산 윤제홍의 <옥순봉>에 피리를 연주하는 권백득은 실경화에 등장하는 희귀한 음악인이라 할 수 있겠다. 차일을 설치한 배 위에는 윤제홍 일행이 모두 고개를 들어 옥순봉의 절경과 권백득의 피리 소리에 빠져 있다.

학산 윤제홍 작품의 매력은 저처럼 이야기를 품은 상상력과 더불어 역시 손가락으로 그린 지두화의 풍미에 있다. 1833년 그림은 옅은 먹으로 부드럽고도 아련하며 1844년 그림은 짙은 먹을 사용해 억세고도 강경하다. 게다가 손가락으로 쓰는 글씨의 맛은 비교불가능한 개성을 지니고 있고 또 그 위치와 구성도 그림과 함께 엉켜 있어 조형 요소로서 기능을 한껏 발휘하고 있다. 그러고 보면 지두화가 드문 한국미술사에 학산 윤제홍은 그 존재 자체가 축복이다.

제5경은 상선암이다. 상선암, 중선암, 하선암이 연이어 자리한 단양천은 문경 대미산大美山에서 발원하여 단양 벌천리伐川里에 이르러 동서 양쪽 냇물과 합쳐 북으로 흐른다. 『한국지명총람』에서 단양천은 '단양면 중심부를 뚫고 단양읍내를 지나 한강으로 흘러들어감. 물이 맑고 바위가 기묘'하다며 신선이 노니는 계곡이라 선유동이라고 하였다.[42]

이중환은 『택리지』에서 이곳 단양천 강 가운데는 반석이 많아 물이 줄면 반석이 나타나고 물이 깊어지면 반석이 잠긴다면서 상, 중, 하로 이어지는 바위를 묘사했다. 선유동을 이처럼 멋지게 그린 문장은 다시 찾지 못했다. 마치 한편의 그림을 보는 듯 한 문장 한 문장이 걸작이다.

"삼암三巖이라는 것은 고을 서남쪽 두메 가운데 있다. 산중에 큰 시냇물이 돌로 된 골을 좇아 흘러내리는데 시내 바닥과 양쪽 언덕이 모두 돌이다. 언덕 위에는 기이한 바위가 있어 어떤 것은 작은 봉우리도 되고 어떤 것은 평상을 편 것 같으며, 어떤 것은 성에 벽돌을 쌓은 것 같다. 위에는 오래된 소나무와 늙은 나무가 있어, 어떤 것은 눕기도 하고 엎어지기도 하여 얽혀 있다. 시냇물이 길게 우묵한 돌에 이르면 돌구유에 물을 담은 것 같고, 둥글게 오목한 돌에 이르면 돌가마에 물을 담은 것 같다. 물과 돌이 서로 부딪치며 밤낮으로 시끄러워서 물가에서는 사람의 말소리도 들리지 않는다. 좌우에 있는 산등성이에는 높은 숲이 우거져 빽빽하고, 온갖 새가 지저귀어 참으로 인간 세상의 경계가 아니다. 이와 같이 바위가 셋인데 위에 있는 것은 상선암, 중간 것은 중선암, 맨 끝에 있는 것은 하선암이라 한다."[43]

단양면 가산리 선유동 산터골 동남쪽 다시 말해 벌천리 북쪽에 상선암의 절경이 펼쳐진다. 푸르고 붉은 바위가 벽같이 우람한데 맑은 시냇물이 폭포를 이룬다. 그 물방울이 안개와도 같고 사방팔방에 기이한 봉우리와 숲이 울창하게 펼쳐 있다. 이곳에 있던 선암사仙岩寺에서 수련해온 선비인 한수재寒水齋 권상하權尙夏, 1641-1721가 상선암이라는 이름을 지어주었다. 한수재 권상하가 그 아름다움을 처음 발견한 것은 아니다. 이곳 산수야말로 옥녀가 베틀 짜는 옥녀직금형玉女織錦型 풍수라는 사실을 신라의 승려 의상이 알아보고서 그곳에 선암사를 창건했다. 그러므로 이곳은 일찍이 선녀의 바위 또는 신선의 바위라는 뜻의 선암으로 널리 알려져 있던 셈이다. 선암사는 일제강점기에 폐허가 되었다가 한국전쟁 때 또 다시 불에 타버렸는데 1956년 중창하면서 상선암上禪庵으로 이름을 바꾸었다.

상선암 일대에 하늘을 떠받드는 경천벽, 누워 있는 용 같은 와룡암, 저승으로 가는 호수처럼 맑은 명경담이며 일직선을 이룬 일선대, 햇볕을 가리는 차일암, 빛과 그림자가 어른거리는 광영담과 같은 승경이 즐비하다. 왼쪽 도로와 바위를 이어주는 다리를 세워 지금은 풍경이 변했다. 많은 이들이 도로의 위치를 바꿔 다리를 없애고 그 풍경을 조금이라도 되찾자고 하지만 여전히 그대로다.

상선암은 공조판서를 역임한 병계屛溪 윤봉구尹鳳九, 1683-1767와 관련이 있다. 윤봉구의 아버지 윤명운尹明運이 두 아내를 잃자 세 번째 아내를 맞이해 두 아들을 얻었다. 그 셋째 아내 이씨가 첫날밤 꿈을 꾸었다. 꿈에 나타난 어떤 여인은 다음처럼 말하고 홀연 사라졌다.

"나는 당신 남편의 전처다. 두 번째 들어온 여인이 나의 자식들을 학대하면서 조상을 섬기지 않아서 내가 그를 죽게 했다. 하지만 당신은 본심이 착한 사람이니 좋은 아들을 낳게 하겠다."

그뒤 실제로 이씨는 아들 둘을 잘 낳았고 병계 윤봉구는 총명하고 건장하게 자라났다. 그리고 강문팔학사江門八學士의 한 사람으로 이름을 떨친 병계 윤봉구는 인간과 사물은 그 본성이 다르다는 인물성이론人物性異論을 견지하는 호론湖論의 수호자이기도 했다. 그는 또한 상선암의 아름다움에 깊이 빠져 이곳을 읊은 시인이었다. '산림과 수석이 어찌 이리 기이하고 신비롭냐'고 묻고서 '길게 노래 부르니 계수나무가 움직이고 술잔을 잡고 들으니 어느새 신선이 지나갔을까'라고 탄식해 마지 않았다.

'어느새 신선이 지나간 풍경'을 그린 이가 다름아닌 호생관 최북이다. 서자 여서 중인 신분인 그는 평생 벼슬길에 나가지 않았다. 기이한 언행으로 숱한 일화를 남긴 그는 정감에 넘치는 세계를 연출해냈다. 금강산을 비롯한 국내 여행은 물론 통신사 일행으로 왜국도 다녀온 호생관 최북이 뒷날 영의정에 오른 금릉金陵 남공철南公轍, 1760-1840을 만나 중국과 조선의 풍속 및 산수의 형세가 다르니 조선사람은 마땅히 조선의 산수를 그려야 하지 않겠느냐고 호언했던 일화는 아주 유명하다.[44]

호생관 최북의 〈상선암〉의 화제는 '선암'仙巖이라고 써 있지만 이를 상선암으로 보는 까닭은 그 모습 때문이다. 크지 않은 화폭에 대상을 매우 자세하게 묘사하여 상선암 일대를 사진으로 찍은 듯 묘사했다. 중선암이나 하선암과 또렷하게 구별할 수 있을 정도다. 그렇게 보면 대상을 관찰하고 치밀하게 묘사하는 초년의 작품이거나 아니면 정밀하게 묘사해달라는 누군가의 요구에 따른 것이겠다. 바로 그 섬세한 묘사를 근거 삼아 이 작품이 호생관 최북의 작품이 아니라는 견해도 나왔다. 최북의 화풍이 아니라는 것이다. 그럴 수도 있지만 지나친 의심은 한 작가의 다양성을 인정하지 못하는 데서 오는 것일 뿐이다.

이 그림에는 경천벽, 와룡암, 일선대, 차일암과 명경대, 광영담의 기이한 형태가 여기저기 보인다. 화폭 상단 왼쪽 구석의 옅은 하늘색 담채로 그린 산봉우리

최북, 〈상선암〉, 28×28.3, 종이, 18세기, 선문대박물관.

김홍도, 〈상선암〉, 71.6×41, 비단, 1792년경, 서강대박물관.

부터 화폭 하단 오른쪽 구석으로 콸콸 쏟아져내리는 물길이 고운 감성을 자극한다. 그림의 중심축을 이루는 물길 양쪽으로 여러 가지 형태의 바위들이 즐비하여 시끌벅적 활기 넘친다. 최상단의 봉우리는 엎드려 머리를 조아리는데 누굴 향한 것일까. 이래저래 기이한 형상도 형상이지만 이 그림이 아름다운 까닭은 산봉우리부터 흘러내리는 강물에 물든 푸른빛 담채와 그 주변 바위에 스며든 옅은 먹빛 담채가 이루어내는 조화 때문이다.

단원 김홍도의 1792년 무렵 작품 〈상선암〉은 변색이 심하다. 너무 어두워 필선이나 채색이 잘 보이지 않는다. 가파른 산과 거대한 바위 기둥을 그려넣은 깊은 산중 풍경이라서 그런지 더욱 어둡다. 어둠을 뚫고 찬찬히 보노라면 화폭 하단은 언덕과 더불어 사각형이 겹겹이 쌓인 바위가 모습으르 드러낸다. 오른쪽에 바짝 붙어 우뚝 치솟은 바위 기둥이 보이고 아래쪽에는 바닥에 바윗덩어리가 깔려 있다. 병조정랑을 역임한 탁월한 문인 간재艮齋 홍의영洪儀泳, 1750-1816이 화폭 상단 왼쪽에 화제를 길게 썼는데 상선암, 중선암, 하선암 가운데 상선암이 가장 뛰어나다고 했다.

제6경은 중선암이다. 단양면 가산리 선유동 단양천에 중선암이 있다. 상선암에서 2킬로미터쯤 내려오면 흰 바위가 갑자기 층계를 이룬다. 이곳이 중선암이다. 일대에 두 마리의 용이 춤을 추는 쌍룡폭, 옥으로 장식한 듯 옥렴대와 거울처럼 깨끗하게 비추는 명경대가 어우러져 있다. 효종 때 곡운谷雲 김수증金壽增, 1624-1701이 지은 이름이다. 곡운 김수증은 명문세가인 장동김문의 적장자였으나 관직보다는 강원도 화천 백운산 기슭에 은거하길 즐겨하여 그곳에 곡운구곡을 경영했다. 명승을 보는 안목이 뛰어난 그였으므로 그가 지은 이름에 믿음이 간다. 이곳이 더욱 많은 이들에게 알려진 때는 아마도 숙종 때인 1717년 충청감사 윤헌주尹憲柱, 1661-1729가 옥렴대 바위에 다음과 같은 글씨를 새기면서부터가 아닌가 한다.

"사군강산四郡江山 삼선수석三仙水石"

네 고을의 강과 산이며 세 신선의 물과 돌이라는 뜻인데 네 고을은 영춘·단양·청풍·제천을 뜻하는 것이고, 세 신선은 상선·중선·하선이다. 이처럼 '사군강산 삼선수석'이라는 여덟 글자로 함축함으로써 사람들 뇌리에 깊숙이 들어선 채 잊혀지지 않는 게 바로 문장의 힘이다. 이때부터일 것이다. 이곳 바위에 다녀간 이들이 그 주변에 제 이름을 새겼는데『단양군지』에 따르면 무려 300여 명이나 된다고 한다.[45] 지금은 거의 다 사라졌다. 누군가 지운 게 아니다. 거기에 축대를 쌓아올리다보니 제자리에 있어야 할 바위들이 제 모습을 잃어버리곤 했는데 이때 그 이름 새긴 바위들도 훼손되었던 모양이다.

쌍룡폭포는 그냥 쏟아지는 폭포가 아니다. 물 흐름을 가로막는 몇 개의 바위가 솟아 있고 그 사이로 두 개의 물줄기가 쏟아진다. 그 모습이 마치 용이 솟구치는 모습이어서 쌍룡폭포라고 불렀다. 물론 단지 그 생김새 때문만은 아니다. 단양군수 김상현이 지은 『단양팔경』에는 그 이름의 유래를 전해주고 있다. 태고太古 시대의 무릉왕武陵王 때 이곳 바위 사이에서 두 마리의 쌍용이 출현해 공중으로 비상하곤 했다고 한다.[46]

전설을 닮은 물줄기를 보고 있노라면 그 위용이 참으로 장관임을 깨우칠 것이다. 이현동李玄同이라는 이가 읊은 중선암 노래에도 그 용이 등장한다.

"개인 하늘에 쌍룡이 일어나는 것을 보니
가까이에 오랜 사찰 종소리를 분간하기 어렵더라
쾅쾅 떨어지는 돌에 미친 우뢰 소리가
구름 사이에서 한둘 봉우리를 드러냈구나"[47]

이방운, 〈중선암〉, 27×33.4, 종이, 1802, 개인.

둘째 행에 보면 지척에 오랜 역사를 지닌 옛 사찰이 근처에 있었지만 지금은 없다.

중선암을 그린 그림은 한 점밖에 찾지 못했다. 《사군강산삼선수석》의 작가 기야 이방운의 작품이다. 물론 저 화첩에는 중선암을 그린 작품이 포함되어 있지 않다. 기야 이방운의 〈중선암〉은 2004년 '고려조선도자회화명품전'에 출품된 작품이다.[48] 그런데 저 화첩에 포함된 작품과 크기가 비슷하고 또 화폭 중간에 접힌 자국이 선명하다. 그리고 보면 화첩에서 떨어져나온 작품임이 분명하다.

이방운의 〈중선암〉은 짧고 빠르게 움직이는 필선의 힘이 도드라질 뿐 아니라 옅게 칠한 하늘색 담채의 쾌적함으로 말미암아 보는 이를 상쾌하게 만들어준다. 유난히 흰빛을 뿜어내는 중선암 바위 가운데서도 화폭 중심에 두 개의 타원형 모양을 지닌 옥렴대와 명경대는 더욱 하얗다. 옥렴대는 옥으로 만든 주렴이고 명경대는 맑은 유리로 만든 거울이므로 투명하기 그지 없게 묘사하는 건 당연한 일이었을 게다. 그 위에 선비들이 혹은 눕고 혹은 앉아 선경을 즐기고 있다. 물줄기도 용의 폭포답게 빠르고 힘차다. 사방을 둘러싸고 있는 거대한 바위산들 또한 속도감 있는 붓질로 말미암아 솟구치는 듯 장엄하다. 이토록 잘 그렸으므로 비록 한 점뿐이라고 해도 아쉬움은 없다. 시원찮은 게 많은 것보다 빼어난 하나가 훨씬 낫다는 건 이 작품을 두고 하는 말이겠다.

제7경은 하선암이다. 어느 땅이 그렇지 않겠는가마는 하선암은 유난하다. 봄날에는 진달래와 철쭉, 여름에는 안개구름, 가을에는 붉은 단풍, 겨울에는 눈 쌓인 소나무가 지극히 아름답다. 지금은 그 곁에 커다란 도로와 다리를 놓아 옛 풍치는 사라지고 말았지만 그렇다고 해도 아름다움은 여전하여 계절마다 볼 만하다.

하선암은 중선암에서 4킬로미터쯤 떨어진 단양면 대잠리 선유동 단양천에 있다. 수백 명이 앉을 수 있을 만큼 평평한 바위가 3층으로 이루어져 있어 기이하다. 물에 비치는 서쪽 바위 모양이 무지개나 부처처럼 생겨서 무지개바위인 홍암虹岩 또는 부처바위인 불암佛岩이라 불렀다. 그런데 성종 때 단양군수 임제광林霽光이 신선바위인 선암仙岩이라고 고쳤다. 하지만 임제광의 뒤를 이어 이곳 군수로 부임한 퇴계 이황은 「산수기」에서 다시 불암이라고 했다. 어찌 신선과 부처가 다르고 같음이 있겠는가라는 생각에서였다.

하선암을 그린 그림도 역시 한 점뿐이다. 겸재 정선이 그린 〈하선암〉이다. 재미있는 사실은 그림 상단 왼쪽 구석에 쓴 화제를 보면 신선 '선'仙이 아니라 배 '선'船이라고 써서 '아래쪽 배 바위'를 뜻하는 하선암下船巖이라고 한 대목이다. 이 그림을 보고 제발을 쓴 사천 이병연도 모두 '선'船이라고 썼다. 부처나 신선 모두를 밀어내 버린 것이다. 그런데도 사람들은 '선'仙을 더욱 사랑하여 신선의 바위로 불렀고 끝내 신선이 이겼다. 부처도 아니고 저 엉뚱한 배 바위를 밀어낸 것이다. 신선의 바위인 '선암'으로 자리잡아 논쟁에서 벗어난 시절에 태어난 추사 김정희는 하선암에서 그저 '흐르는 물 속에서 해와 달을 찾았고 그 바위 앞에 향불을 피웠다'고 한다.[49]

겸재 정선의 〈하선암〉은 바위를 넓게 그리긴 했지만 산과 나무에 더욱 큰 비중을 두었다. 또 경물의 배치를 약간씩 기울여 불안하다. 산과 바위는 잿빛 먹물로 칠해 어둡다. 게다가 바위와 물줄기를 하나의 폭으로 좁혀놓았고 바위에 있을 법한 유람객의 모습도 그려넣지 않았다. 〈삼도담〉, 〈구담〉은 밝고 맑게 그렸는데 〈하선암〉은 이처럼 어둡고 좁게 그린 데는 분명 무슨 까닭이 있을 것이다. 사천 이병연은 이렇게 어두운 작품을 보고 다음처럼 썼다.

"여기 하선암부터 들어가면 중선암이고 상선암이 있다. 맑은 물과 하얀 돌은 들어가면 갈수록 더욱 아름답다. 지금 정선이 그린 그림의 의미를 보니 무릉도원을 찾으려다가 찾지 못하고 결국 쓸쓸한 마음으로 돌아온 것 같구나."[50]

정선, 〈하선암〉, 35.9×34.2, 종이, 1738, 삼성미술관리움.

겸재 정선의 실망감이 무엇인지 모르겠으나 사천 이병연이 찾아낸 쓸쓸한 마음을 받아 관아재 조영석은 '진경眞境에는 크게 부족하지만 유난히 황솔荒率하여 서권기書卷氣가 있다'[51]고 의미를 부여했다. 다시 말하면 실제 경물과 닮지 않았지만 필치가 쓸쓸하고 거칠어서 책이 품은 기운인 서권기가 있다는 것이다.

마지막 제8경은 사인암이다. 사인암은 단양군 대강면에서 사인암리까지 걸쳐 있는 운계천에 있다. 이 운계천을 일러 운암구곡雲岩九曲이라 하는데 사인암은 일곱째 굽이에 해당한다. 운암구곡을 운선구곡雲仙九曲이라고도 부르는데『한국지명총람』에서 다음처럼 기록하고 있다.

"아홉 굽이로 되었는데 굽이마다 경치가 매우 아름다와서 대은담大隱潭, 황정동黃庭洞, 수운정水雲亭, 연단굴煉丹窟, 도광벽道光壁, 사선대四仙臺, 사인암舍人巖, 선화동仙花洞 구곡으로 유명함."[52]

구곡이라 해놓고 정작 여덟 가지만 제시했으나 중요한 건 숫자가 아니다. 저 운계천 일대는 단양팔경 안의 또 다른 승경이다. 구곡 가운데 사인암은 운계천 구곡의 주인이다. 저 풍경의 지배자 사인암의 유래는 단암丹巖 우탁禹倬, 1263-1342으로부터 시작한다. 단양 출신으로 1308년 아버지의 후궁과 간통한 충선왕忠宣王, 1275-1325의 부정을 탄핵했다. 왕을 부끄럽게 만든 단암 우탁은 당시 벼슬이 겨우 정4품 사인舍人에 지나지 않았다. 곧장 고향으로 내려와 운선雲仙 계곡의 치솟은 바위 근처에 은거하며 스스로 단암丹巖 또는 백운白雲이라는 호를 짓고 일대를 흰구름처럼 떠다녔다. 단암 우탁의 벼슬인 사인을 취해 그 바위 이름을 사인암이라 한 사람은 조선 성종 때 단양군수 임제광林霽光이 있다.

임진왜란을 극복한 탁월한 재상 서에西厓 유성룡柳成龍, 1542-1607이 운선계곡에 작은 땅을 구입하고 수운정水雲亭을 지어 잠시 은거한 적이 있었다. 뒷날 문홍도 文弘道, 1553-1603란 자가 이를 트집잡아 전쟁 중 향락을 누렸다고 탄핵함에 서애 유성룡은 고스란히 수난을 당하고 말았다. 천지의 비밀을 간직한 이상향이라고 해도 이런 일이 있고 보니 수운정은 짐짓 전설처럼 사라지고 말았다.

100년이 지나 서애 유성룡의 표현 그대로 운선계곡의 '붉고 푸른 절벽마다 스며들었던 탄핵'의 신음소리 씻겨나감에 활기를 되찾기 시작했다. 그 가운데 가장 성대한 사건은 1751년 봄에 일어났다. 구담 아래 거처를 마련하여 생활하고 있는 화가 단릉 이윤영을 찾아온 능호관 이인상이 사인암에서 여러 벗들과 만났다. 시서화삼절로 명성이 자자했던 두 화가는 사인암을 마치 제집처럼 여겼다. 단릉 이윤영은 신선놀이에 도끼자루 썩는 줄 모른다는 뜻의 난가대爛柯臺라는 글씨를 바위에 새기자 능호관 이인상은 그 난가대를 보고서 천 날 동안 잠자며 아무 일도 없이 바둑, 장기 구경하면 좋겠구나라고 감탄했다. 실제로 사인암 아래 청련암靑蓮庵과 산신각山神閣 일대 바위에는 바둑판, 장기판이 새겨져 있다. 신선의 놀이터였던 게다.

이 두 사람이 바둑이나 장기를 두었는지는 모르겠으나 합작으로 사인암을 찬미하는 시 「사인암집찬」舍人巖集贊을 지었다. 이번에는 능호관 이인상의 글씨로 또 다른 바위에 새겨넣었다. 첫 두 구절은 주자, 다음 두 구절은 『논어』에 나오는 문장으로 '먹줄 곧게 수평 잡아 옥빛에다 쇳소리인 옥색금성 우러르매 더욱 높아 우뚝하기 짝이 없네'였다. 능호관 이인상이 멋진 전서체로 운화대 바위에 새긴 그 노래는 '이따금 향기로운 기운 달빛도 어여쁘다 구름 꽃 바위이니 이름 삼가 못 새길까'[53]였다.

단릉 이윤영이 처음 이곳 사인암에 당도했을 때 멀리 보이는 우뚝한 바위가 자신에게 '낮춰 절하려는 듯하여 나도 몰래 무릎이 절로 꿇어졌다'고 했다. 이어 '백 걸음 밖에서부터 걸음마다 우러러 보며 곧장 그 아래 이르러 서서 보고, 앉아서 보고, 누워서 보며 한참 동안 능히 떠나가지 못하였으니 그런 뒤에야 그 아름다움이

김윤겸, 〈사인암〉, 《사대가화묘첩》, 28.8×24.5, 종이, 1763-1774, 국립중앙박물관.

김홍도, 〈사인암〉, 《병진년 단원절세보》, 26.7×31.6, 종이, 1796, 호암미술관.

이방운, 〈사인암〉, 《사군강산삼선수석》, 32.5×26, 종이, 1802, 국민대박물관.

있는 곳을 다 얻을 수 있었다'고 고백해두었다.[54] 단양이 좋아 호조차 단릉이라 짓고 거기 삶을 베푼 단릉 이윤영이 『단릉유고』丹陵遺稿에 쓴 이야기다.

운선계곡에 당도한 추사 김정희는 사인암을 하늘이 그린 그림이라는 뜻의 천강화도天降畫圖라 불렀다.

"괴상하다 하늘이 그린 천강화도라
속된 감정에 범상한 운치 따위 털끝마저 없네
인간의 오색은 원래 변치 않는 것이니
격조밖에 푸르고 붉은 빛 흠씬 칠했구나"[55]

진재 김윤겸의 〈사인암〉은 《사대가화묘첩》에 포함된 작품이다. 〈사인암〉의 화제는 펼쳐놓은 바위에서 맑은 물 내려다본다는 뜻의 '전석부청류'展石俯淸流圖로 물 흐르는 모습을 즐기는 자신의 모습을 설명했다.

진재 김윤겸이 바라본 사인암은 사각형 바위를 쌓아올린 바위 기둥이다. 중앙에 우람하게 솟아오른 사인암이 아름다운 까닭은 봉우리의 나무가 어여쁘게 감싸서이기도 하지만 앞에서 크게 자라난 소나무의 여유로움 탓이다. 그 여유는 청동 화로에 물 끓이는 청의동자와 차 내오길 기다리는 선비라는 설정에서도 느껴진다.

단원 김홍도가 그린 단양팔경은 《병진년 단원절세보》에 세 점이 장첩되어 있다. 〈도담삼봉〉, 〈옥순봉〉 그리고 〈사인암〉이다. 절정기를 구가하던 1796년의 작품으로 흠잡을 데 없는 걸작들이다. 하지만 한진호의 『도담행정기』를 보면 능수능란한 김홍도라도 사인암을 그리기 힘들어 애를 먹었다고 한다. 『도담행정기』에 정조가 단원 김홍도에게 연풍현감을 제수하여 이곳 사군의 산수를 그리도록 했다며 다음처럼 썼다.

"일찍이 들으니 정조 때 그림을 잘 그리던 김홍도가 연풍현감이 되었을 때 그를 시켜 사군의 산수를 그려 오라 했다. 이에 홍도가 사인암에 이르러 그리려 했으나 그 뜻을 얻지 못하여 열흘을 머물면서 익히 보고 여러모로 생각하였으나 끝내 참모습을 얻지 못하고 돌아왔다고 한다."[56]

단원 김홍도가 연풍현감으로 부임한 때가 1792년이고 지금 전해오는 작품 〈사인암〉은 1796년에 그린 것이니 실제로 현감 재임 중에는 자신 있는 완성본을 얻지 못했을지도 모른다. 그러나 〈사인암〉을 보면 한진호가 전한 소문은 사실이라기보다 사인암의 기이하고 신묘한 모습을 더욱 드높이고자 하는 이들이 지어 퍼뜨린 전설이 아닌가 싶다.

단원 김홍도의 〈사인암〉이 지닌 가장 큰 특징은 그 거대한 몸집에도 불구하고 부챗살을 활짝 펼쳐 보이는 모습이다. 아주 쾌적하다. 마치 햇살처럼 번져나가는 느낌을 주는데 바위의 묘사를 보면 상단은 짙은 먹선으로 나무와 풀잎을 그려 무겁게 하고 하단은 텅 비워 가볍게 했다. 위가 무겁고 아래가 가벼워 마치 솟구치는 듯 경쾌하다. 누구도 해내지 못할 그 어려운 사인암을 이렇게 멋진 형상으로 해냈다. 풍경의 지배자인 사인암이 허락해주었기 때문일 것이지만 김홍도의 천재가 그것을 받아들일 수 있어서였을지도 모르겠다.

기야 이방운의 〈사인암〉은 《사군강산삼선수석》에 포함된 작품이다. 이 작품은 다른 이들이 그린 것과 달리 시야를 넓게 펼쳐내 광활한 공간을 지배하는 주인으로 사인암을 표현했다는 점이 두드러진다. 풍경의 지배자 사인암의 생김 또한 잘 짜여진 기하무늬로 표현했다. 아홉 개의 돌기둥을 세우고 가운데 다섯 기둥은 중간을 한 번 끊었을 뿐 쭉 뻗어 올라가는 수직의 날렵한 쾌감을 연출했다. 게다가 양쪽에 두 개씩의 기둥은 키를 줄이고 여러 개의 매듭을 주어 가운데 다섯 기둥의 속도감을 더욱 북돋워준다. 사인암 앞을 흐르는 운계천이 휘돌고 그 앞 너른 벌판의 끝에 산과 마을이 있어 사인암을 감싼다. 사인암 아래로 등장하는 가마와 나귀를 탄 선비들이 유람객의 발길이 끊이지 않고 있음도 설명해주고 있다.

여기에는 세 가지 이동 수단이 한꺼번에 등장한다. 화폭 맨 앞에 두 선비가 대화를 나누는데 이들은 걷는 이들이다. 중간쯤에 수염을 흩날리며 견여에 의젓한 모습으로 올라앉은 이는 신분이 고귀해 보인다. 바로 뒤에 남색 도포자락 휘날리는 두 사람은 하급 군인이다. 그리고 보면 견여의 주인공은 아무래도 지역 수령이 아닌가 싶다. 유람이 아니라 공무상 여행길인 게다. 만약 유람길이라면 수령이라 해도 군인을 수행시키는 건 부담이기 때문이다. 끝으로 조랑말을 탄 선비는 바로 뒤에 괴나리봇짐을 진 시종을 대동한 사족 유람객이다. 그림을 보고 있노라면 별지에 화제를 쓴 김양지라는 이의 말이 떠오른다.

"홀로 험준하게 우뚝 서 있는 바위, 사인암은 누구의 자취인가"[57]

괴산, 속리산을 거쳐 휘어지듯
달려가는 백두대간

고구려 때 잉근내仍斤內, 신라 때 괴양槐壤, 고려 때 괴주槐州였다가 조선에 이르러 비로소 괴산槐山이 되었다. 홰나무가 자라나 울창한 산이라는 뜻의 괴산이라는 이름의 기원은 신라 진평왕眞平王, 567-632 때였다. 이곳 가잠성椵岑城의 찬덕讚德 장군이 백제 대군을 맞이해 백 일 동안 수성을 하다가 끝내 커다란 느티나무에 머리를 들이받고 자결했다. 뒷날 태종太宗 무열왕武烈王, 604-661이 그를 추모해 괴槐자를 붙여주었다. 중국 주나라 때 조정 뜰에 회화나무 혹은 홰나무인 괴목槐木 세 그루를 심었는데 세 정승인 삼공三公의 자리를 표시하기 위한 것이었다. 그러니까 이 땅을 삼공의 자리로 높여주었던 게다.

이처럼 결코 가볍지 않은 땅 괴산의 동남쪽으로 백두대간이 휘어지듯 달려간다. 월악산과 속리산 사이에 1,017미터 높이의 조령산鳥嶺山을 비롯한 봉우리가 연이어 흐른다. 산기슭에서 발원한 달천이 여러 지류와 합해 복판을 가로지르다가 남한강에 합류한다. 이처럼 산으로 가득한 땅이지만 서북쪽에는 또 평야가 제법이라 산과 강과 들이 조화롭기만 하다.

괴산의 불정면 삼방리 어래산 기슭은 필암筆菴 배극렴裵克廉, 1325-1392의 땅이다. 조선왕조 창업 공신인 그는 관직을 버리고 이곳으로 와 은거의 삶을 살았다. 태조 이성계가 은거의 땅을 세 번이나 찾아와 출사를 권하고 명했으나 끝내 나아가지 않았다. 그래서 마을 이름은 세 번을 찾은 마을이라는 뜻의 삼방리三訪里, 산 이름은 임금이 오는 산이라는 뜻의 어래산御來山이 되었다. 오늘날은 찬덕 장군이나 배극렴의 이름을 기억하는 이는 드물고 속리산 자락의 화양구곡을 찾는 이들만 이 땅의 아름다움에 감탄하곤 한다.

괴산군 연풍면의 폭포는 옥돌을 씻어내린다는 뜻 그대로 수옥漱玉이라 부른다. 20미터 높이에 3단으로 쏟아져 아름답다. 그 옆에는 폭포 이름을 딴 수옥정도 있다. 1711년 연풍현감으로 부임한 후계后溪 조유수趙裕壽, 1663-1741가 지었지만 언젠가 없어졌던 것을 1960년 괴산군에서 새로 지었다. 수옥정의 기원은 고려시대 공민왕까지 거슬러 올라간다. 홍건적을 피해 이곳까지 피난 온 공민왕이 폭포 아래 작은 절을 지어 비통함을 다스리고자 했다는 것이다. 물론 그때는 수옥정이라 하지 않았다.

1740년 이후 몇 차례 이곳을 방문한 화가 능호관 이인상의 〈수옥정〉을 보면 폭포 곁에 정자가 보인다. 그러나 고송유수관 이인문의 〈수옥정〉에는 정자가 안 보인다. 하지만 화폭 상단에 '수옥정'이라는 화제를 쓴 것으로 미루어 화폭 밖으로 정자가 있었음직하다. 그러므로 이 정자는 고송유수관 이인문이 다녀간 이후 언젠가 무너졌을 것이다.

이인문의 작품은 가을의 풍경을, 이인상의 작품은 초겨울의 풍경을 그린 까닭에 사뭇 달라 보인다. 서로 화풍이 많이 달라서 더욱 다른 모습으로 보이는 걸까. 그래도 폭포의 배경을 이루는 바위 절벽을 옆으로 넓게 펼쳐놓은 구도와 커다란 나무의 강조를 보면 대상의 특징을 파악하는 능력은 똑같은 모양이다. 그렇다고 해도 같은 풍경을 이토록 다르게 그려내는 두 화가의 시선은 여전히 신기하다.

이인상, 〈수옥정〉, 34×23.5, 종이, 18세기 중엽, 평양 조선미술박물관.

이인문, 〈수옥정〉, 《실경첩》, 77×45, 비단, 18세기 말–19세기 초, 국립중앙박물관.

화양구곡, 우암 송시열로부터 이어진 이름

　　화양구곡은 괴산군 청천면 화양리 화양동 계곡 3킬로미터에 걸쳐 펼쳐지는 아홉 곳의 화려한 자연을 말한다. 제1곡 경천벽, 제2곡 운영담, 제3곡 읍궁암, 제4곡 금사담, 제5곡 첨성대, 제6곡 능운대, 제7곡 와룡암, 제8곡 학소대, 제9곡 파곶 등을 한데 묶어 이른다. 자연은 수수만년 그렇게 있었지만 화양구곡이라는 이름으로 부른 때는 17세기다. 청나라를 정벌하자는 주장을 펼치던 서인당의 영수 우암 송시열이 1666년부터 1688년까지 20여 년 동안 이 계곡에 거주했을 때가 그 기원이다.

　　우암 송시열은 1659년까지 판의금부사, 판중추부사를 역임하면서 중앙정계에서 영향력을 행사하고 있었다. 북벌을 꿈꾸던 군주 효종이 급작스레 승하하자 낙향한 이후 몇 곳을 전전하다가 이곳에 거처를 정하였다. 이곳 화양동에 거주하면서도 1671년 우의정, 좌의정으로 출사해 정권을 전단하며 유배와 출사를 반복했다.

　　그는 이곳에서 중국 옷차림을 하고 송나라 사람 주희를 따라 소탈한 생활을 이어가면서 이미 망해 사라진 명나라의 부활을 꿈꾸며 중원의 새 주인 청나라에 복수하는 의지를 불태웠다. 살아생전에는 주자학의 산실인 화양서원華陽書院이나 명나라 황제 신종, 의종을 제향하는 만동묘萬東廟 그리고 화양구곡 같은 것은 없었다. 지금 전해오는 그림은 물론 전해오는 기록도 모두 우암 송시열 사후 제작된 것들이다.

그런 까닭에 이곳에 들를 때면 통쾌하기 그지 없는 풍광과 달리 기이한 역사의 굴절을 되새기곤 한다. 미개 종족이라 멸시했던 여진족이 중원 대륙의 주인으로 등장하여 조선을 아우 또는 신하의 나라로 하대하는 일을 견디지 못하는 마음이야 안타까움이 한가득이다. 그러나 강대국 청나라를 멸시하면서 그로 인해 조선의 백성들이 치러야 할 참혹한 대가는 상상하지 못했던 것일까. 전쟁이란, 더욱이 약소국가가 치르는 전쟁이란 왕족과 대신이 아니라 백성들에게 가장 참혹하다. 임진왜란, 병자호란은 물론 일제를 상대로 하는 의병들의 독립전쟁 그리고 한국전쟁을 돌이켜보면 그때마다 왕족과 대신, 대통령과 국회의원 같은 통치자들은 더욱 번창했고 백성과 민인은 더욱 비참했다.

화양구곡을 처음 그림으로 그린 이는 청주목사 온재韞齋 김진옥金鎭玉, ?-?이다. 청주목사로 재직할 당시인 1715년 금사담에 있는 암서재巖棲齋를 중건했다. 수원부사로 옮겨간 다음 해인 1719년 화양구곡을 시로 읊고 그림으로 그렸다. 온재 김진옥은 이 그림을 옥소 권섭에게 보여주었고 옥소 권섭은 「화양구곡도설」을 지었다. 이어 옥소 권섭은 손자 권신응權信應, 1728-1786에게 화양구곡을 그리라 하였다. 1756년 이후의 일이다. 그 뒤 세기가 바뀐 1809년 겨울 약관 20살의 젊은이 계서溪墅 이형부李馨溥, 1791-?가 다시 화양구곡을 그렸다.[58]

지금 전해오는 화양구곡도는 두 가지다. 하나는 권신응이 그린 것으로 추정하는 《화양구곡도》이고 또 하나는 계서 이형부가 그린 《화양구곡도》다.[59] 덕분에 그림 속에 나타나는 화양구곡이 지닌 두 개의 모양을 즐길 수 있다.

권신응의《화양구곡도》와 계서 이형부의《화양구곡도》는 서로 시대도 다르고 화풍도 다르지만 둘 다 세상 어디에서도 볼 수 없는 독특한 기법으로 그렸다. 비교해 보면 완전히 다르지만 한양 주류 화풍과는 크게 다른 향촌 변방 화풍이라는 점에서는 같다.

계서 이형부의 경우 이 작품만 남아 있어서 더 이상 알 수 있는 게 없다. 다만 그저 괴산 땅을 소재로 삼아 홀로 수련한 기술을 발휘해 탄생시킨 괴산의 향촌 양식이라고 규정할 뿐이다. 권신응은《화양구곡도》말고도 한양 일대의 풍경을 그린《북악십경》이 전해오고 있다. 그런데《화양구곡도》와《북악십경》의 화풍은 서로 다른 화가의 솜씨라고 해도 무리가 없을 만큼 다르다. 한 작가의 내부에서 시간에 따른 변화 및 다양성의 발현이 불가능한 것은 아니다. 무엇보다 중요한 건 권신응의《화양구곡도》는 괴산 화양동을 소재로 그린 괴산의 향촌 실경이며 따라서 괴산의 향촌 양식 가운데 하나라는 사실이다.

권신응은 제1곡부터 제9곡까지 아홉 점만 그렸지만 계서 이형부는 아홉 계곡을 아우르는〈화양전도〉한 점을 더 그렸다.〈화양전도〉는 3킬로미터에 이르는 길고 긴 계곡을 38센티미터밖에 안 되는 아주 짧은 길이의 화폭에 한꺼번에 담은 것으로 실제 경관과는 다르다. 하지만 뒤이어 하나씩 차례로 묘사했고 또 이처럼 변형하여 호기심을 자극하는 방식은 매우 뛰어난 선택이다. 화폭 중단을 시원스레 가로지르는 화양천을 두고 왼쪽에 제9곡 파곶과 중간에 제3곡 읍궁암을 배치했다. 화폭 하단에 제4곡 금사담의 암서재와 환장암을, 화폭 상단 복판에 널찍한 터를 마련하여 가장 위쪽에 만동묘를 놓고 만동묘 오른쪽에 화양서원을, 왼쪽에 마을을 배치했다.

〈화양전도〉의 장점은 그리는 순서에서 나온다. 먼저 바위를 가느다란 먹선으로 그린 뒤 옅은 녹청색을 칠하고서 바탕이 마르기 전에 다시 한 번 짙은 녹청색

이형부, 〈화양전도〉, 《화양구곡도》, 25.5×38, 종이, 1809, 개인.

을 요소요소에 칠함에 따라 번지는 선염 효과를 구사했다. 숙성하지 못한 기교에도 불구하고 기법의 일관성을 유지하면서 경물 하나하나를 매우 자상하고 정성스럽게 묘사했다. 상하 3단 구도가 매우 혼연하여 시선을 시원하게 씻어주는 쾌감도 빼어나다. 관객의 눈길과 마음을 움직여 사로잡는 힘이 있는데 바로 쾌적한 가운데 부드럽고 은은한 데서 스며나오는 기운이 그것이다. 이 작품만이 아니라 《화양구곡도》화첩에 포함된 모든 그림이 그러하다. 계서 이형부의 다른 작품을 찾을 수 없어 더욱 아쉽다.

제1곡은 경천벽이다. 경천벽은 기이한 바위가 가파르게 치솟아 하늘을 떠받든 형세다. 경천벽에 새긴 바위 글씨인 '화양동문' 華陽洞門은 우암 송시열의 솜씨인데 뒷날 집자해 새긴 것이 아닌가 한다. 거대한 절벽은 조물주가 아니라면 결코 만들 수 없는 모양인데 한 가운데가 봉긋이 솟구쳐 더욱 높아 보이는 건 어쩔 수 없다.

권신응의 〈경천벽〉은 바위 절벽을 매끄러운 면이 아니라 둥글둥글한 바위를 쌓아올린 모습으로 그려서 마치 돌무지 같아 보인다. 계서 이형부의 〈경천벽〉은 도시 안에 사각의 고층 건물이 즐비한 모습이다. 옅은 녹청색을 칠해 매끄러운 평면 사각기둥에는 마치 벽돌을 쌓아올린 듯 가느다란 먹선으로 사각을 만들어 현대 도심의 고층건물 같은 느낌을 준다. 물론 이건 오늘의 시선으로 보는 것이고 사실은 벽돌건물 같아 고풍스런 맛이 흐른다. 화폭 하단 왼쪽에 '화양동문'이라는 글씨를 새긴 바로 옆 폭포는 한층 운치를 더해주는 역할을 하고 있다.

제2곡은 운영담이다. 경천벽 북쪽으로 400미터를 올라가면 나오는 운영담은 못에 구름이 뜰 정도로 맑다는 곳이다. 그래서 그 이름을 구름의 그림자인 운영이라 하였는데 권신응의 〈운영담〉을 보면 화양천 물길을 부드럽고 가는 먹선으로 구름 무늬를 만들어놓아 말 그대로 구름못이 되었다. 그 아래 오른쪽에는 정자와

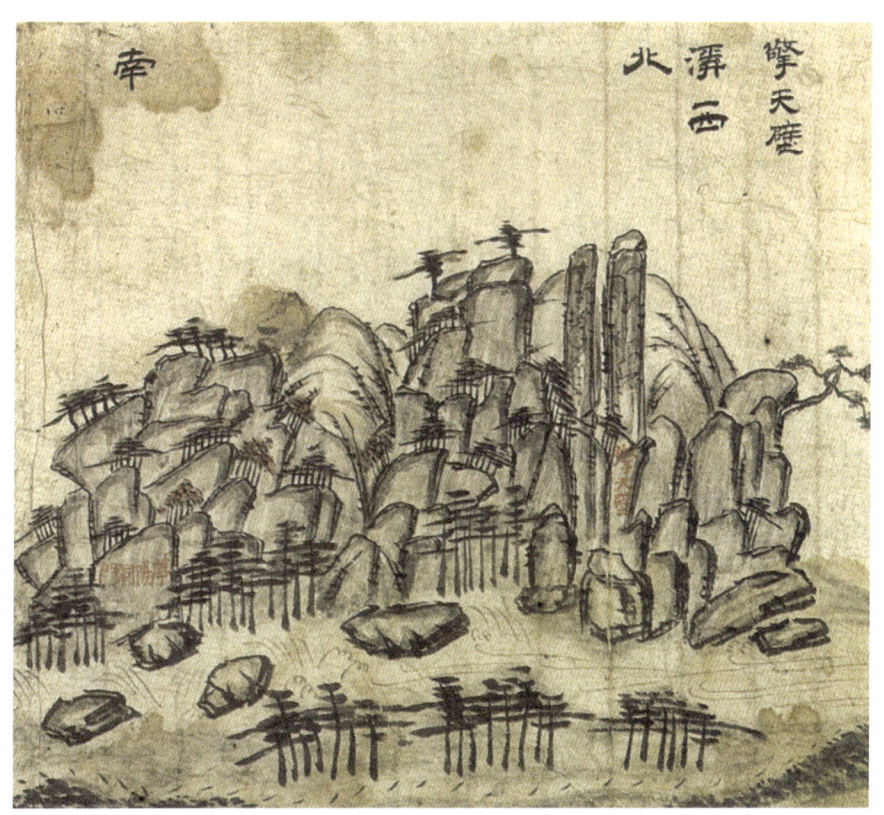

권신응, 〈경천벽〉, 《화양구곡도》, 25.5×38, 종이, 1756년 이후, 충북대박물관.

이형부, 〈경천벽〉, 《화양구곡도》, 25.5×38, 종이, 1809, 개인.

권신응, 〈운영담〉, 《화양구곡도》, 25.5×38, 종이, 1756년 이후, 충북대박물관.

이형부, 〈운영담〉 부분, 《화양구곡도》, 종이, 1809, 개인.

함께 여러 채의 집들이 보이고 구름못 건너편으로는 둥글둥글한 산들이 정겹다.

계서 이형부의 〈운영담〉은 권신응의 구도와 달리 운영담에만 집중했다. 하지만 화폭 하단 구름못보다도 절벽 묘사에 집중했는데 양옆은 생략하고 위아래로 뻗어오른 기둥에 심혈을 기울였다. 〈경천벽〉의 묘사와 달리 매끈한 바위를 크고 작게 쌓아올려 다채로운 멋이 살아났다.

제3곡은 읍궁암이다. 조선 오백 년 역사상 신하가 왕과 홀로 마주하는 독대는 거의 없는 일이었다. 하지만 우암 송시열은 효종과 독대하였고 이때 청나라를 정벌하기 위한 북벌에 관한 여러 이야기가 오갔으리라 짐작한다. 기록하는 사관도 참석하지 않았으므로 내용은 알 수 없다. 하지만 북벌을 꾀하는 군주와 북벌을 주장하는 신하가 무슨 말을 나누었겠는가. 직후 급서한 효종은 말이 없고 살아남은 우암 송시열 또한 기록을 남기지 않았다.

통곡의 바위인 읍궁암泣弓巖은 우암 송시열이 새벽에 이곳에 올라 효종이 승하한 그날이 되면 통곡했다는 곳이다. 하얗고 드넓은 통곡의 바위에 서면 그날의 독대와 북벌이라는 낱말이 사라지지 않는다. 온갖 상상이 다 들지만 권력의 중심에 서서 생애를 다해 치떨리는 복수설치를 주장했던 우암 송시열은 출정은 하지 않고 왜 주장만 했던 것일까. 읍궁암은 운영담에서 멀지 않다.

권신응의 〈읍궁암〉을 보면 화폭 상단 중앙에 붉은 글씨로 표시한 '만동사'萬東祠가 보이고 바로 아래 오른쪽으로 '서원'書院이 자리하고 있다. 만동사는 명나라 마지막 황제인 신종과 의종의 제사를 지내는 사당이고 서원은 화양서원이다. 그 아래로 내려오면 화양천 가에 동그란 바위가 보이는데 여기에 '읍궁암'이라고 써놓았다.

계서 이형부는 〈읍궁암〉에서 상단의 건물을 모두 제거하고 두 개의 봉우리만 아담하게 그렸다. 하나는 돌산, 하나는 흙산으로 대비해 변화가 있다. 화폭 하단 오른쪽 구석에 키가 큰 소나무 한 그루를 세워두고 바로 아래 엄청난 크기의 바

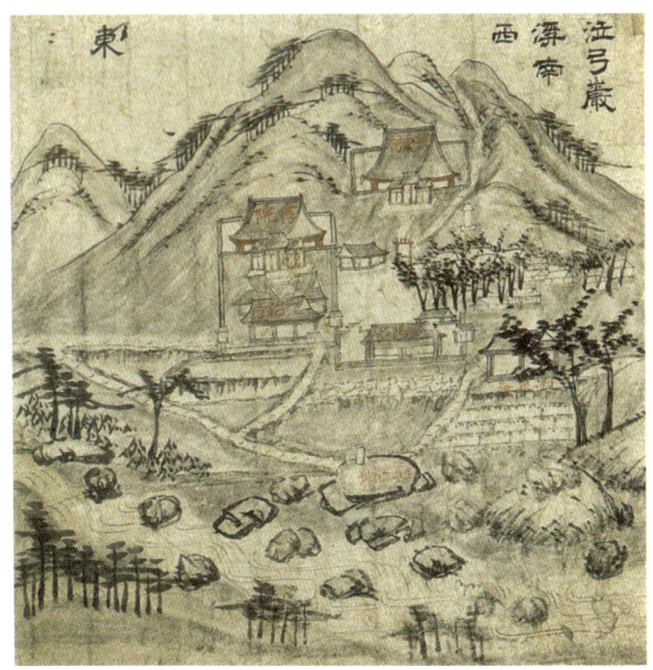

권신응, 〈읍궁암〉, 《화양구곡도》, 25.5×38, 종이,
1756년 이후, 충북대박물관.

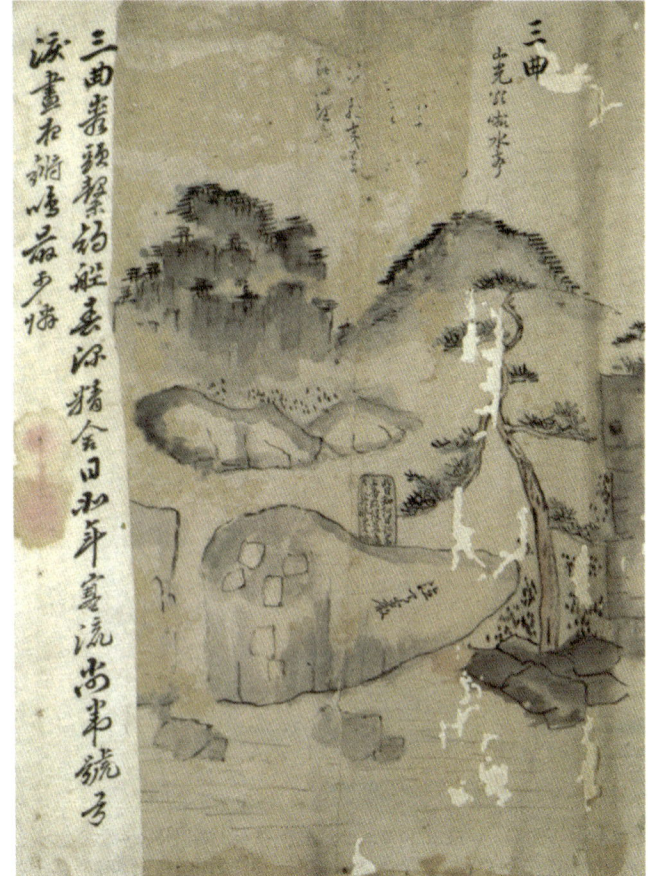

이형부, 〈읍궁암〉 부분, 《화양구곡도》,
종이, 1809, 개인.

위와 비석을 그렸다. 마치 사람이 엎드려 누운 채 통곡하는 모습이다.

제4곡은 금사담이다. 금사담金沙潭은 읍궁암 강 건너편에 자리한 금빛 모래가 아름다운 못이다. 못 위로는 금사담이 한눈에 내려다 보이는 암서재巖棲齋가 우뚝하다. 암서재는 바위에 깃든 건물이라는 뜻인데 우암 송시열이 좋은 날이면 이곳에서 문하생들과 더불어 강학을 하였다고 하여 구곡의 중심으로 삼는 곳이다. 지금의 건물은 1986년에 다시 지은 것이다.

권신응의 〈금사담〉을 보면 화폭 하단의 금모래가 환히 보이는 그 맑은 못을 저 〈운영담〉처럼 구름이 흐르는 무늬를 사용해 멋지게 묘사했다. 게다가 여기저기 이름을 써넣어둔 것을 보면 우암 송시열의 자취에 더욱 마음을 쏟은 것이다.

계서 이형부는 〈금사담〉의 아름다움에 마음을 앗겼나보다. 암서재를 받치고 있는 바위가 더욱 마음에 들었는지 화폭에는 온통 바위 천지다. 이리저리 옆으로 누운 바위와 반듯하게 서 있는 바위, 사선으로 치켜드는 바위를 겹겹으로 쌓아올려 마치 꿈틀대며 모든 게 살아 있어 보인다. 바위 사이사이로 자라난 나무와 풀들은 물론 틈으로 흐르는 물소리도 들린다. 작게 그린 암서재도 귀엽고 바위를 떠받드느라 제 모습은 거의 없는 하단의 금사담 물길도 느낌이 좋다.

제5곡은 첨성대다. 읍궁암에서 상류 쪽으로 제법 올라가면 드높은 바위가 있다. 아래쪽 넓은 절벽이 있고 그 한쪽 위로 바위가 불쑥 치솟아 밤하늘 별을 볼 만한 곳이라 하여 첨성대라는 이름을 붙였다. 이 바위 곳곳에 선조와 명나라 마지막 왕인 신종, 의종의 글씨를 새겨놓았다. 조선과 명나라가 하나라는 의미였다.

권신응의 〈첨성대〉는 바위를 차곡차곡 쌓아서 맨 꼭대기까지 올라가면 하늘 끝에 닿을 것만 같은 풍경이다. 실제로 머리를 치켜올리고 있는 형상이다.

계서 이형부의 〈첨성대〉는 하단의 넓은 절벽을 두 개로 나누었다. 화폭 하단

권신응, 〈금사담〉, 《화양구곡도》, 25.5×38, 종이, 1756년 이후, 충북대박물관.

이형부, 〈금사담〉, 《화양구곡도》, 25.5×38, 종이, 1809, 개인.

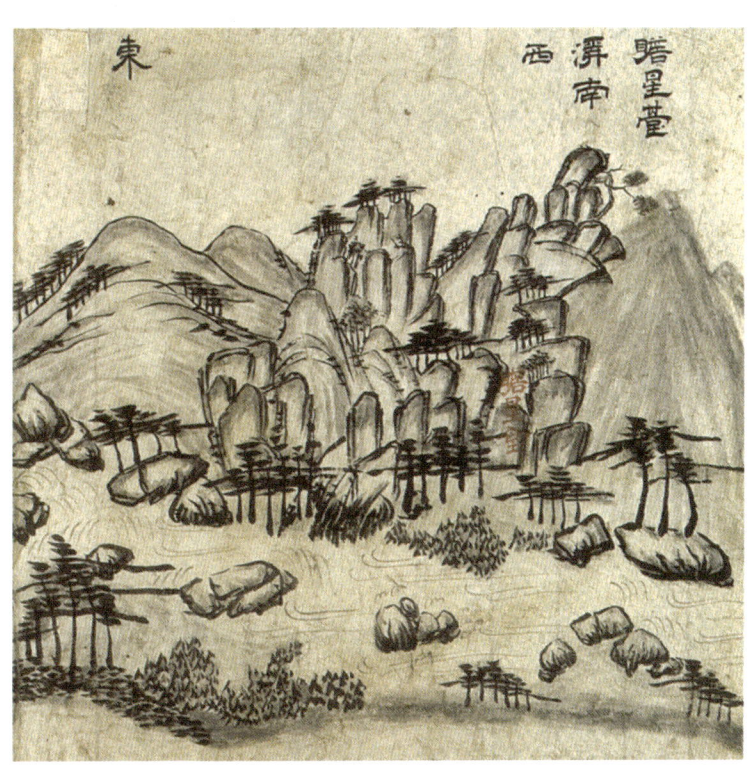

권신응, 〈첨성대〉, 《화양구곡도》,
25.5×38, 종이, 1756년 이후,
충북대박물관.

이형부, 〈첨성대〉 부분, 《화양구곡도》,
종이, 1809, 개인.

의 오른쪽으로는 사각바위를 쌓아올리면서도 변화를 주어 한층 다채로운 즐거움을 끌어낸다. 왼쪽에는 조선과 명나라 왕의 글씨를 써넣고 그 위쪽에 펼친 부채처럼 둥근 바위를 얹어놓았다. 특히 아래쪽 글씨는 바위에 새긴 것들인데 매끄러운 벽면에 붓글씨 작품을 걸어놓고 전람회를 여는 느낌을 준다.

제6곡은 능운대다. 능운대凌雲臺는 첨성대에서 상류 쪽으로 올라가 화양천 건너편에 자리하고 있는 바위다. 평지에서 갑자기 솟아오른 것 같아 기이하지만 구름보다 빼어난 구름의 모양을 하고 있어 능운대라는 이름을 얻었다.

권신응의 〈능운대〉를 보면 왕의 문장을 지키는 암자라는 뜻을 지닌 환장암煥章庵이 지극히 커서 이 그림의 주인공 노릇을 하고 있다. 환장이라는 이름은 강 건너 제5곡 첨성대 바위에 새겨진 조선과 명나라 왕의 글씨를 수호하는 임무를 지닌 암자라는 데서 유래했다. 그런 까닭에 권신응은 암자를 더욱 크게 그리고 정작 제6곡의 주인공인 능운대 바위는 화폭 하단 오른쪽에 치우쳐 조그맣게 그려놓았다.

계서 이형부는 당연히 그렇게 하지 않았다. 그의 〈능운대〉를 보면 화폭 전체를 능운대 바위로 꽉 채웠다. 여기서 그치지 않는다. 먼저 바위를 3등분해서 아래쪽을 가로로 자르고 틈새를 만든 뒤 짙은 먹빛깔을 번지게 칠해 강렬한 효과를 내는 데 성공했다. 다음 그 아래 하단은 작은 사각바위 몇 개를 겹으로 세웠지만 상단은 넓고 시원스런 평면 바위를 배치했다. 그로써 위가 아래보다 크고 무거워 화면의 역동성을 키워놓았다. 변화의 미감을 연출하는 데 성공한 것이다. 더구나 상단 여백에 글씨를 가득 채워 화폭을 3단 구도로 구획한 감각도 빼어나 보인다.

제7곡은 와룡암이다. 와룡암臥龍巖은 능운대에서 상류로 1킬로미터를 올라간다. 용이 엎드려 있는 바위라고 해서 와룡임이라는 이름으로 부른다. 물줄기와 같은 방향으로 누워 있는 거대한 바위는 신기하기도 하고 경이롭기도 하나.

권신응, 〈능운대〉, 《화양구곡도》, 25.5×38, 종이, 1756년 이후, 충북대박물관.

이형부, 〈능운대〉 부분, 《화양구곡도》, 종이, 1809, 개인.

권신응, 〈와룡암〉, 《화양구곡도》, 25.5×38, 종이, 1756년 이후, 충북대박물관.

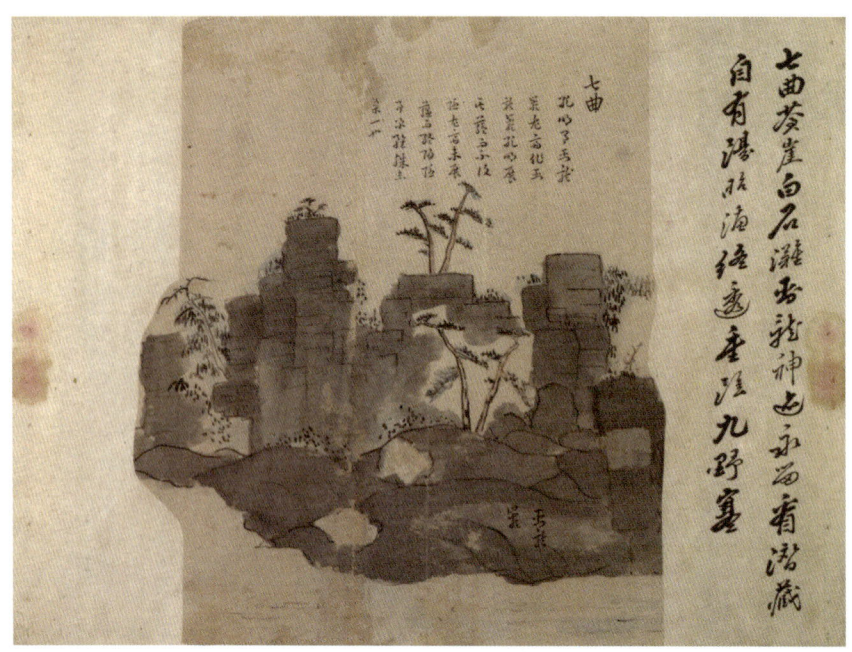

이형부, 〈와룡암〉, 《화양구곡도》, 25.5×38, 종이, 1809, 개인.

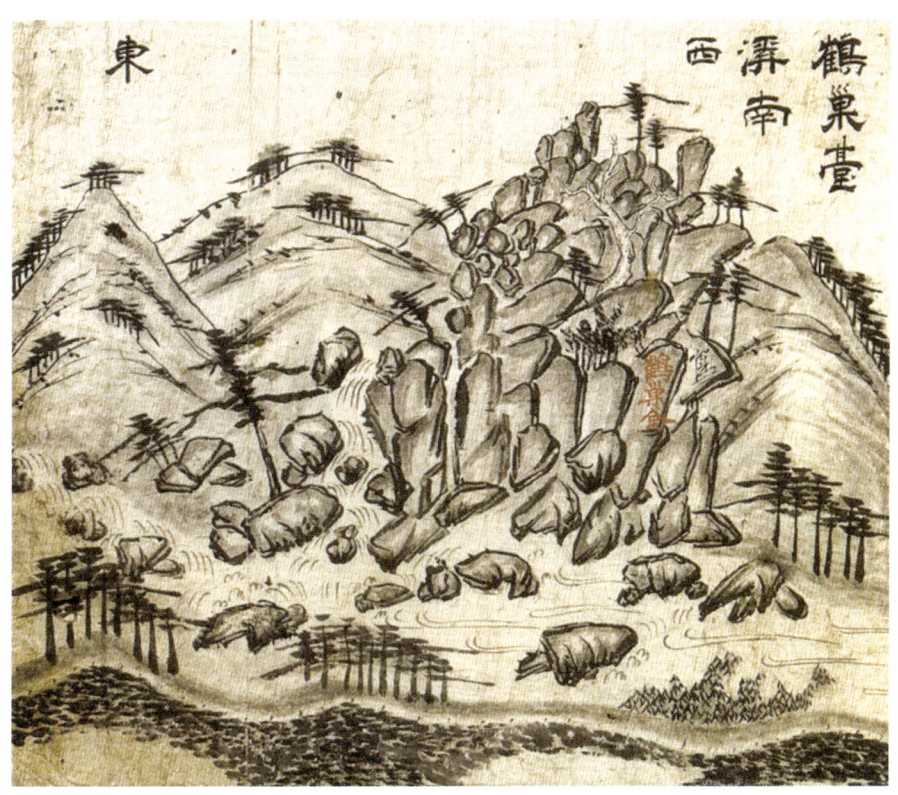

권신응, 〈학소대〉, 《화양구곡도》, 25.5×38, 종이, 1756년 이후, 충북대박물관.

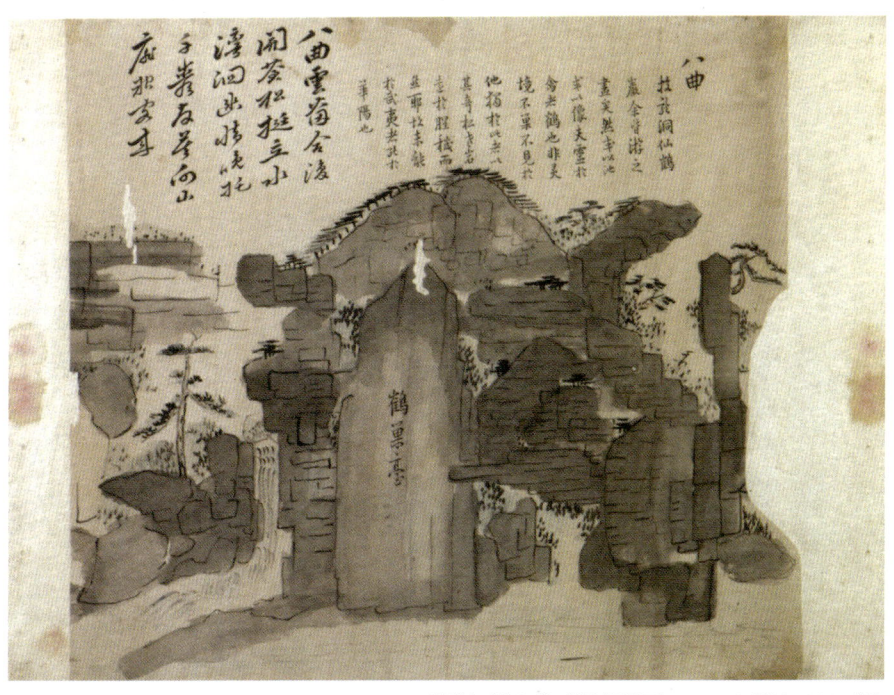

이형부, 〈학소대〉, 《화양구곡도》, 25.5×38, 종이, 1809, 개인.

권신응의 〈와룡암〉은 웅크린 용을 그렸는데 큰 바위 몇 개를 쌓아올려놓은 모습이다.

계서 이형부의 〈와룡암〉은 화폭을 위아래로 나누어 상단은 직선과 수직 사각형, 하단은 곡선과 수평 유선형 바위를 그려놓았다. 그러니까 하단의 거대한 바위를 용으로 그린 것인데 마치 고래 몇 마리가 뒤엉켜 내달리는 모양이다. 고래 등에 명암 없이 평평한 까닭에 자칫 밋밋하긴 해도 오히려 중후한 무게가 돋보인다. 상단 바위의 경우는 틈 사이에 소나무 네 그루와 활엽수 한 그루를 배치하고 또 무성한 잎새를 여기저기 새겨넣어 생기를 불어 넣었다.

제8곡은 학소대다. 학소대鶴巢臺는 와룡암에서 상류로 올라가면 나오는, 화양천으로 둘러싸인 거대한 절벽이다. 절벽 일대에 늘어선 소나무들에 청학이 둥지를 틀어 보금자리로 삼았으므로 학소대라 이름 지었다. 푸른 빛깔의 청학은 그 얼굴이 새의 부리를 한 사람이며 날개가 여덟 개나 된다. 한 번 울면 천하가 평온해진다는 전설의 학이다.

권신응의 〈학소대〉는 제5곡 〈첨성대〉와 거의 같다. 학소대와 첨성대는 실제 생김새가 크게 다른데 권신응이 보기에 다를 바 없었나보다. 다만 〈학소대〉에서는 바위 한쪽에 물길이 흘러 폭포처럼 보이는 게 다르다.

계서 이형부의 〈학소대〉는 변화가 많다. 한복판에 비석으로 보일 만큼 반듯한 판석을 세워 '학소대'라 쓰고 그 위에 갓머리를 씌웠다. 양쪽 어깨는 크게 변화를 주었다. 오른쪽은 이리저리 변화하지만 반듯반듯한 가로선으로 단아해 보이는 바윗덩어리를 배치했다. 왼쪽은 그 사이가 물길로 뚫려 있어 소나무도 자라고 뒤쪽에서 빛이 들어온다. 번짐 기법도 덩어리에 따라 짙고 또 엷게 구사해 활기가 넘친다.

권신응, 〈파곶〉, 《화양구곡도》, 25.5×38, 종이, 1756년 이후, 충북대박물관.

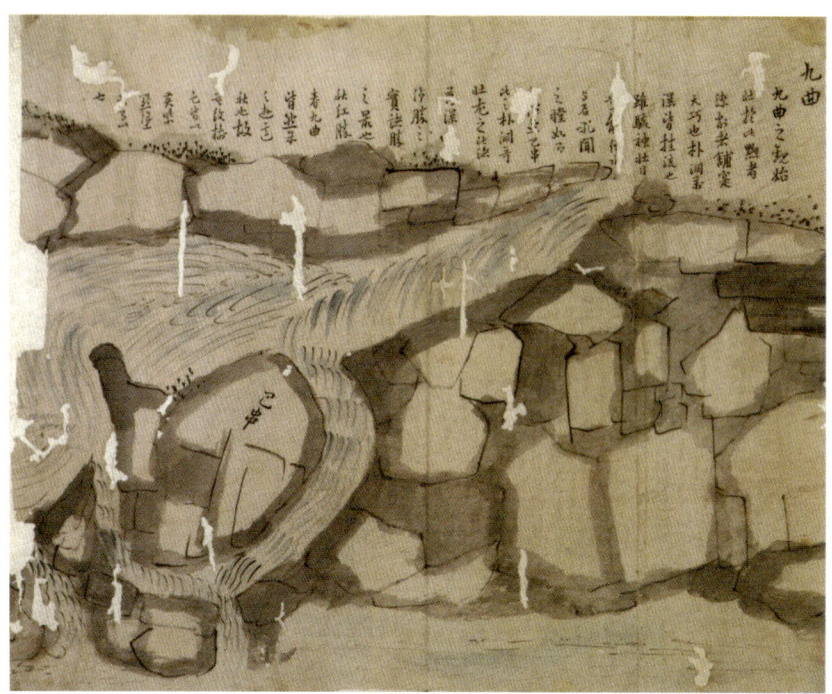

이형부, 〈파곶 전면〉, 《화양구곡도》, 25.5×38, 종이, 1809, 개인.

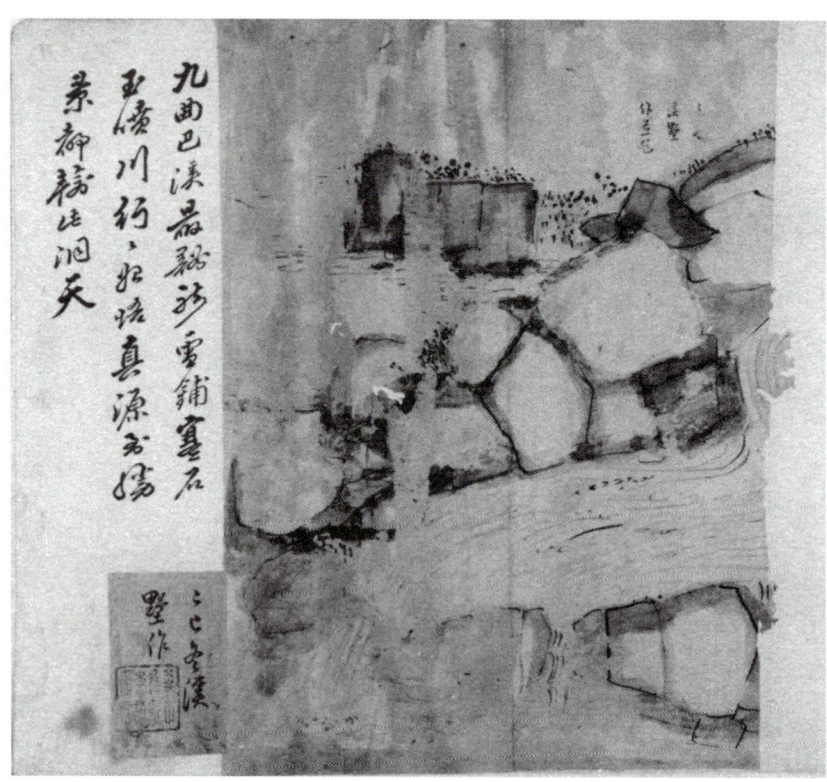

이형부, 〈파곶 후면〉, 《화양구곡도》, 25.5×38, 종이, 1809, 개인.

마지막 제9곡은 파곶이다. 학소대에서 한참을 올라가다보면 화양천 복판에 드넓은 너럭바위가 마치 옥으로 만든 판 같아 보이는 곳이 나타난다. 비가 내리면 물 속으로 가라앉고 개면 드러나 그 매끄럽고 깨끗한 것이 1천 명이나 되는 사람이 한꺼번에 앉을 만큼 대단하다. 파곶의 앞 글자인 '파'巴는 큰 뱀을 뜻한다. 뱀을 싫어하는 사람들은 꽃이 흐드러진 모양을 뜻하는 '파'葩 자를 쓴다. 그래서 파곶巴串이 아니라 파곶葩串이라고 쓴다. 꽃을 꿰어놓은 곳이라는 뜻이다. 파곶葩串이 뜻도 아름다워 좋다. 하지만 근래 천변에 큰 도로를 내놓아 옛 풍경은 사라졌다. 이곳을 찾는 이들을 위한다며 길을 낸 것이다. 여기를 찾는 건 그 길 때문인가, 풍경 때문인가. 답을 알면서도 괴이한 일을 하는 건 무엇 때문일까.

권신응은 〈파곶〉을 하늘에서 바라본 둥근 못처럼 시원스럽게 그려놓았다. 계서 이형부는 파곶을 전면과 후면으로 각각 그렸는데, 파곶의 지형이 워낙 길게 뻗어 있어 그 모습을 더욱 더 자상하게 묘사하고자 한 것이겠다. 〈파곶 전면〉에서는 권신응과 달리 화양천 물줄기를 그린 다음 화폭 왼쪽에 널따란 타원형 너럭바위를 강 안에 배치했다. 그 위에 '파곶'巴串이라는 글씨를 써넣었다. 천변으로는 거대한 바위 조각을 성벽처럼 채워넣었는데 실제와 다르지만 주변의 바위를 그렇게 그려놓고보니 장대해졌다. 〈파곶 후면〉에서는 파곶의 하류 지점을 묘사했다.

보은, 법주사에서
소망을 기원하다

　　신라 때 삼년산三年山이라 불렀으나 고려 때 보령保齡, 조선에 이르러 보은報恩이라 하였다. 삼년산은 신라가 쌓아올린 산성인 삼년산성으로부터 비롯했다. 남매가 목숨을 걸고 성을 쌓았는데 결국 내기에 진 누이동생이 죽었다는 설화와 얽혀 있다. 하지만 그런 전설이나 지명이 마땅치 않았는지 두 아우를 죽이고 왕위에 오른 태종 이방원李芳遠, 1367-1422이 나섰다. 이방원은 두 아우의 원혼을 달래려 속리산 법주사에 시주하여 영혼을 인도케 하였으며 이 땅의 이름까지 은혜를 갚는다는 뜻의 보은으로 바꾸었다.

　　법주사에 딸린 복천암福泉庵은 720년에 창건한 암자다. 극락전의 현판 '무량수'無量壽는 공민왕의 글씨다. 이 암자가 이름을 널리 떨친 건 조선 세조의 일화 때문이다. 당시 난치병인 피부병으로 고생하고 있던 세조가 두 고승인 신미信眉, 학조學祖와 더불어 3일 기도를 올린 다음 암자의 길목에 있는 목욕소沐浴沼에서 씻고서 완치한 일이 있었다. 이에 세조는 암자를 수리하고 옥판에 '만년보력'萬年寶曆이라는 글씨를 새겨 하사했다. 이후 숱한 이들이 기적을 꿈꾸며 기도를 올리는 명소가 되었다.

복헌 김응환의 《산수화첩》 중 〈복천동대〉는 바로 저 복천암 동쪽에 자리한 공간을 그린 것이다. 화폭 중단에 동대를 배치했는데 그곳의 쌍둥이 부도 탑이 유난하다. 크고 잘 생겼다. 그 어여쁜 자태만 보아도 좋을 이 부도 탑 앞에 소원을 비는 이들이 앉아 있다. 그 옆 오르막길을 걸어 올라오는 이들도 아마 소원을 빌겠다고 오르는 이들일 게다. 이런 모습을 그린 까닭은 분명 동대의 인기를 보여주고 싶어서였을 것이다. 또한 화폭 상단에는 겹겹으로 쌓인 산들로 가득 채웠다. 한가운데 조그만 암자가 보이는데 그 모습이야말로 속세로부터 이별을 뜻하는 속리俗離라는 이름 그대로다.

그린 이를 알 수 없는 〈법주사〉는 그림 지도에 가깝다. 그래서 절집은 물론 그 주변의 산수 풍광을 한눈에 보여준다. 법주사는 신라의 승려 의신義信이 창건한 천년 고찰이다. 의신이 천축, 다시 말해 인도에서 가져온 경전을 봉안할 절을 짓기 위해 흰 나귀를 타고 다니다가 이곳에 이르렀다. 그 순간 나귀가 멈추더니 울어댔고 이에 깨우침이 있어 창건한 것이 법주사다. 불법이 담긴 경전, 다시 말해 불법이 머무르는 절이라는 뜻의 법주사法住寺라는 이름도 그래서 지어진 것이다. 공민왕이 양산 통도사에서 가져와 봉안토록 한 부처의 사리탑이 지금까지도 전해오고 있으며 가람 한복판에는 조선에 오직 하나뿐인 5층 목탑 팔상전이 서 있다. 탑이라고는 하지만 실로 거대한 건물이다. 〈법주사〉에도 그 장엄한 모습이 생생하다.

법주사는 또한 20세기 미술사상 가장 장엄한 불상이 탄생한 사찰이다. 1939년 법주사는 정관井觀 김복진金復鎭, 1901-1940에게 30미터 높이의 미륵부처 조성을 의뢰했다. 20세기 미술의 사유틀을 전환시킨 활동가이자 조각가인 정관 김복진은 일본 도쿄미술학교에서 서양 인상파 조각은 물론 고전 불상까지 수련한 인물이었다. 그해 봄부터 당대 과학 기술의 산물인 신물질 시멘트를 사용하여 불상 조성에 착수했는데 안타깝게도 완성을 눈앞에 둔 1940년 8월 별세했다. 그가 떠난 뒤 불

김응환, 〈복천동대〉, 《산수화첩》, 34.9×50.6, 종이, 1788년 이후, 개인.

미상, 〈법주사〉, 29×31.5, 종이, 19세기, 개인.

상은 제자와 후예의 손길로 완공되었다. 동양 최대의 불상이라는 수식과는 별개로 빼어난 비례와 아름다운 형태로 말미암아 모든 이들의 사랑을 한몸에 받았다. 하지만 1986년 법주사는 멀쩡한 시멘트 불상을 철거하고 청동불상을 그 옆에 세웠다. 한국미술사상 가장 빼어난 예술품을 훼손하는 순간이었다. 이전의 아름답고 우아하며 장엄한 불상을 따라 만든다고 했지만 작가를 배제한 채 공장에 맡겼다. 그렇게 새로 들어선 불상은 내 눈에는 밉상이었고 이후 다시는 발걸음을 주지 않고 있다. 다만 위대한 작가의 작품이 어떻게 사라졌는가를 여기 이곳에 기록하는 것으로 위안을 삼을 뿐이다.

부여, 백제의
마지막 수도

부여는 금강 하류인 백마강, 즉 사비강이 흘러 일대의 비옥한 평야가 펼쳐진 고을이다. 백제의 마지막 수도로서 공주와 더불어 지역 전체가 거대한 박물관이다. 삼한시대에 초산楚山에 속했고 백제 때 강건한 이들의 고을이라는 뜻의 소부리所夫里라고도 불렸지만 강이 흐르는 마을이라는 뜻을 지닌 사비泗沘가 익숙하다. 날이 밝아오는 여명을 뜻하는 부여라는 이름을 얻은 기원은 백제 제26대 성왕聖王, 504-554 때다.

부여 출신의 영웅 계백은 잊을 수 없는 백제의 마지막 장군이다. 그리고 고려 공민왕 때 개혁정책을 추진하던 승려 신돈을 탄핵하다가 죽음을 면하고 이곳 지석리에 은거하던 중 요절한 고산 이존오도 잊을 수 없는 이름이다. 계백 장군과 함께 부여 의열사에 배향되어 있다. 또한 이곳 출신인「껍데기는 가라」의 시인 신동엽申東曄, 1930-1969은 20세기 문학사상 위대한 걸작인 대하서사시「금강」을 우리에게 남겨놓았다.

부여에 가면 비단처럼 반짝이는 금강의 하류가 부소산扶蘇山의 허리를 휘감는 듯 흐르는 것을 볼 수 있다. 사비강이다. 오늘날 백마강으로 부르는 바로 그 강이다. 왕국의 위엄을 한껏 드러내는 부소산과 어울려 반달 모양으로 동쪽을 향한 사비성은 백제의 태양을 맞이하는 신의 터전이었다. 660년 신라는 당나라와 연합해 사비성을 침략했다. 이 땅을 점령한 당나라 군대는 파괴의 만행과 더불어 의자왕義慈王, 599-660을 포함한 2만 명을 당나라로 끌고 가 노예로 삼았다. 만행은 이게 다가 아니었다. 나아가 저들은 타사암墮死巖을 낙화암落花巖으로 바꿔버렸다. 타사암은 백제의 궁녀와 신하들이 곡식을 태우고 저들에게 당할 치욕을 피해 몸을 던져 죽은 바위였다. 그러나 저들은 그 참혹한 죽음을 꽃잎 떨어지는 일 정도로 여겨 낙화암이라고 했다.

점령군은 사비강도 백마강으로 바꿨다. 사뭇 낭만 어린 새 이름을 얻은 것 같지만 그렇지 않다. 백마강이라는 이름은 점령군 소정방蘇定方, 592-667이 사비강의 수호신인 아홉 마리 용을 자신이 타던 백마를 미끼삼아 낚시해 올렸다고 하여 지은 이름이다. 낙화암이라는 이름도 그렇다. 의자왕이 3천 명이나 되는 궁녀에 푹 빠져 국가 멸망을 재촉하고 있었다고 비난하면서 그런 망국 군주가 점령을 당하기 직전 3천 궁녀를 모두 사비강에 몰살시켰다는 뜻으로 붙인 이름이다. 점령군의 오만으로 백제를 모욕하는 저 낙화암과 백마강이라는 낱말을 왜 지금껏 사용하고 있는 것일까. 의자왕은 『삼국사기』에 따르면 '해동의 증자曾子'였다. 게다가 『삼국유사』에 따르면 왕이 궁녀 3천 명을 죽인 적도 없고[60] 저들이 용을 낚은 일도 없다.

일제강점기인 1939년 일제는 고대일본인 왜국 왕실의 옛 인물들을 봉안한 부여신궁을 설치했다. 백제의 신을 몰아내고 섬나라 왜국의 신을 집어넣은 것이다. 특히 7세기 아스카 시대를 개창한 백제 왕족 출신 스이코 천황을 내세워 조선과 왜국이 하나였음을 증명하려 했다. 일본으로서는 식민지의 저항을 약화시키고 싶었던 게다. 이를 염두에 두고 건설한 부여신궁은 지금 없어졌지만 신성한 백제 땅에 드리운 왜국의 그늘이었다.

아주 특별한 개성을 발휘한 화가 단릉 이윤영이 이곳에 들러 낙화암, 다시 말

이윤영, 〈고란사〉, 39.5×43.5, 종이, 1748, 개인.

정선, 〈임천고암〉, 80×49, 종이, 1744-1746, 간송미술관.

해 타사암과 그 절벽에 위치한 절인 고란사를 그렸다. 〈고란사〉 화폭 상단 왼쪽에 쓴 화제에 그 사연이 담겨 있다. 단릉 이윤영이 지리산 기슭 함양 땅 사근沙斤 고을의 찰방으로 재직하는 절친한 벗이자 기발한 재능을 지닌 화가 능호관 이인상을 찾아갔다가 함께 지리산 천왕봉을 유람했다. 두 벗은 저 현란하고도 슬픈 백제 흥망사를 밤새워 나눴다. 헤어지기 직전 부여 고란사에 깃든 아름다움을 말로는 제대로 펼쳐낼 수 없을 것이라고 걱정도 했다. 그리고 능호관 이인상과 헤어진 뒤 단릉 이윤영은 부여로 왔다.

그림 속 고란사는 백제 말기에 지은 절이라고도 하고 고려 현종顯宗, 992-1031 때 궁녀의 넋을 기리려고 지었다는 말도 있다. 절벽에 고란초가 자라고 그 아래 고란정에서 찬 우물이 솟는데 그 물은 고란수라 한다. 화폭에는 고란초도, 고란정도 보이지 않지만 어느 바위는 폭포처럼 쏟아지는 듯하고 또 어느 바위는 벽돌 쌓아 올리듯 현란해서 그 틈 사이로 보이는 것만 같다.

암벽 아래 나룻배에는 두 사람이 바싹 붙어 앉아 낙화암과 고란사를 올려보며 속삭인다. 단릉 이윤영과 함께 앉은 이는 스승 임재臨齋 윤심형尹心衡, 1698-1754인지도 모르겠다. 임재 윤심형은 영조가 어려움을 겪던 세자 시절에 앞장서 옹호하던 인물이었다. 그런 까닭에 순탄치 않은 젊은 시절을 겪어야 했으므로 일찍부터 은거의 즐거움을 배웠던, 유람을 누릴 줄 아는 선비였다. 그림을 그릴 때 단릉 이윤영은 어쩌면 백 년 전 아름다운 시인의 노래를 읊었을 게다.

꽃잎 날리는 전설의 땅에서 그리 멀지 않은 부안 고을의 기생 매창梅窓 이계생李桂生, 1573-1610이 어느 날 타사암에 도착했다. 매창 이계생은 난설헌蘭雪軒 허초희許楚姬, 1562-1590를 존경해 마지않았던 시인이었고 그에 못지 않은 시편을 읊곤 했는데 부여를 탐승한 매창 이계생은 텅빈 마음으로「부여에서」를 노래했다.

"아예 소식 전하지 말아다오. 난 모르고 그대로 살고 싶네.

그대 이 잔 물리치지 말아라. 가고 보면 무덤에는 풀만 우거지니"[61]

겸재 정선은 71살 때인 1746년 무렵 부여 땅을 그린 〈임천고암〉林川鼓岩을 남겼다. 부여군 세도면 반조원리 고암 땅 풍경이다. 부여읍에서 남쪽으로 금강을 따라 내려오면 논산천과 합수하는 곳이다. 경경포구가 있어 아름다운 마을이다. 은일지사 삼회재三悔齋 정오규鄭五奎, 1678-1744가 살던 곳으로 그의 할아버지가 마련해 둔 향저였다.[62]

바위가 북처럼 생겼다고 해서 고암鼓岩이라고 했는데 실제로 임천강가에 북을 눕혀 놓은 모습이다. 그러고 보니 집이며 나무를 북 위에 얹어놓은 모습이다. 절벽 끝 건물에 학이 한 마리 보이고 안쪽 집 문밖으로 소를 끌고 나서는 농부가 보여 대조를 이룬다. 지팡이를 짚고서 멀리 금강을 바라보는 선비는 삼회재 정오규일 것이다. 은일지사의 생애가 임천에 흐르고 고암에 울리는 것 같아 가슴 저린 풍경이다.

논산, 산과 강과
절과 서원으로 가득한 곳

논산은 백제 때 가지내加知奈였고, 연산면에 속해 있는 논산 시내 동쪽 황산벌은 백제 때 황등야산黃等也山, 신라 경덕왕 때 황산黃山이었다. 논산의 남쪽 땅은 은진恩津이었다. 이처럼 여럿으로 나뉘어오다가 일제강점기에 통폐합했다. 오랫동안 붉은 노을로 물든 산이라는 뜻의 놀메 또는 놀뫼라고 불러왔는데 황산의 토박이 말이었다. 일제강점기에 놀메를 한자로 바꿀 때 비슷한 소리를 찾아 논산論山이라고 해버렸다. 뭔가를 토론한다는 뜻의 '논'論을 가져다 붙이고 보니 전혀 엉뚱한 이름이 되고 말았다. 지금이라도 제 이름을 찾아야 하지 않을까, 간혹 혼자 생각한다.

북쪽 끝에 계룡산이, 동쪽 끝에 대둔산이 우뚝하다. 그 사이를 잇는 금남정맥이 논산의 동쪽을 가로막아 험준하다. 서쪽은 노성천과 논산천이 서로 만나 서쪽 금강으로 흘러들어간다. 그 일대가 넓은 벌판인 논산평야인데 유명한 황산벌이 이곳이다. 논산에는 계백 장군의 묘소가 있고 그 위패를 봉안한 충곡서원이 있었다. 계백 장군은 부여 사람이지만 660년 신라와 당나라 10만 연합군에 5천 명에 불과한 군사로 맞선 곳이 바로 이곳 황산벌이다. 계백은 연이어 네 차례나 승전을 거듭했지만 끝내 전사했다. 살아남은 이들이 은밀히 시신을 수습해 가매장을 했고 이후 제사를 지냈으며 1천 년이 지난 1680년 숙종 때 충곡서원을 건립하기에 이르렀다. 지금 부적면 신풍리에 있는 묘소는 고증을 거쳐 만들었고 1989년에 충청남도 기념물로 등재되었다.

논산에는 관촉사 은진미륵을 비롯해 수도 없는 유적이 즐비하다. 천년왕국 고려를 연 개태사, 문창살이 아름다운 쌍계사와 백제의 꿈을 일군 견훤甄萱, 867-936의 묘, 백의정승 명재明齋 윤증尹拯, 1629-1714의 옛집만으로도 현란하다. 게다가 조선의 수도 후보지인 계룡산 기슭 신도안 땅은 숫용추, 암용추가 용의 울음을 토해내고 탑정리 논산저수지는 무려 636헥타르, 다시 말해 192만 평의 광대함으로 마치 육지의 바다 같다. 황산서원 앞 강경포구는 비단 같은 금강의 평화를 선물하고 그 옆으로 곱게 솟은 옥녀봉에 오르면 호남평야를 한눈에 보여준다.

은진면 반야산 기슭의 관촉사灌燭寺에는 높이 17.8미터의 미륵입상이 서 있다. 절을 창건하고 불상을 세운 게 아니라 반야산의 기적이 일어나 그로부터 입상을 조성할 때 사찰을 지었다. 조선 땅 그 어느 곳인들 가지 않은 곳이 없는 유람의 시인 매월당 김시습은 「관촉대상을 뵙고」의 첫 머리에서 '길 위에서 멀리 보는 웃음이 새로운 건, 강가에 위인이 천척이나 솟았음이라네'라고 묘사했다. 그런 까닭에 '지친 발이지만 산길 찾는 걸 사양하지 않는 것은 몸과 마음 깨끗하게 하고서 예를 올리려 함이라'고 하였다.[63] 저 관촉대상灌燭大像은 흔히 은진미륵이라 부르는데 매월당 김시습의 눈에도 웃음이 새로웠던 모양이다.

관촉사의 미륵입상은 사비촌 노파와 딸로부터 시작한다. 때는 고려 광종光宗, 925-975 19년인 968년의 일이다. 광종은 국가 시험에 승과를 개설하여 승려로 하여금 국사에 참여토록 했다. 그 무렵 노파와 딸이 산기슭에서 아기울음과 더불어 솟아오르는 거대한 바위를 발견했다. 이 사실을 조정에 알리자 광종은 승려 혜명慧明에게 지혜를 구했다. 개국 이래 큰 선물이라는 혜명의 말을 들은 광종은 그 바위를 깎아 대불을 조성하라고 하명했다. 혜명은 37년 간 석공 100명을 동원해 완성했다. 하지만 커다란 불상을 반듯하게 세우는 일이 간단치 않았다. 우연히 모래놀이를 하는 두 명의 아이들을 보며 깨우친 혜명은 반석 주위에 흙을 덮어 평지를 만든 뒤 부처를 옮겨 세우는 데 성공했다. 1006년의 일이다. 두 아이는 보현과 문수동자였다고 한다.

불상을 완성하자 하늘이 비를 내려 몸을 씻었고 상서로운 기운이 21일 동안 서렸으며 이마에서 빛을 뿌려 천지를 밝혔다고 한다. 그 빛을 본 중국의 승려 지안智眼이 이곳 고려까지 찾아와 예배를 올렸다. 그 빛이 촛불의 광명 같아 절 이름을 촛불이 빛나는 절이라는 뜻의 관촉사라 했다. 그렇게 들어선 은진미륵은 세상이 태평하면 상서로운 기운이 하늘에 서리고 온몸이 빛을 발하는데 혼란하면 온몸에 땀이 흐르고 손에 쥔 꽃이 색깔을 잃는다고 한다. 부여군 임천면 대조사의 미륵불상이 은진미륵과 똑같이 생겼는데 다만 키가 10미터로 작을 뿐이다. 누가 형이고 아우인지는 모르겠다.

은진미륵은 미래의 부처인 미륵 불상이라고 부르지만 손의 모양을 기준삼아 보면 서방정토를 주재하는 아미타 불상이라고 한다. 양손을 가슴에 들어 오른손은 위로, 왼손은 아래로 내려 엄지와 중지를 맞대는 중품하생인中品下生印을 하고 있어서다. 그런가 하면 부처의 으뜸가는 제자로 대자대비하신 관음보살상이라고도 한다. 미륵이건 아미타건 관음이건 모두 세상의 힘겹고 아픈 이들에게 희망을 건네는 존재이니 누구면 어떠한가.

그런 이를 알 수 없는 〈은진 관촉사〉는 주변의 산수 풍광과 조화를 이룬 가람의 아름다움을 표현한 작품이다. 관촉사 경내도 자연스럽다. 무엇보다도 화폭을 지배하는 은진미륵이 두드러지는데 조각 작품이 아니라 살아 있는 사람의 모습으로 형상화했다. 연꽃무늬 좌대 위에 서 있긴 하지만 얼굴 표정이며 몸짓, 옷차림, 좌대를 밟고 있는 발의 모양이 모두 살아 있는 사람 같다. 더구나 하얀 호분을 써서

미상, 〈은진 관촉사〉, 31×29, 비단, 19세기, 개인.

미상, 〈황산서원〉, 《황산기첩》, 22.3×15.7, 모시, 1680, 이홍근 기증, 국립중앙박물관.

미상, 〈금강선유〉, 《황산기첩》, 22.3×15.7, 모시, 1680, 이홍근 기증, 국립중앙박물관.

은빛 반짝이므로 그 옆의 비석과 함께 공간을 압도한다. 묘사가 섬세하고 각각의 경물들이 아기자기하기 그지없어 포근하고 그윽한 것이 미륵의 기운을 품고 있는 듯 느껴진다.

논산천과 강경천이 모여 금강으로 흘러드는 강경포구에 죽림서원이 있다. 1626년 이 고을 유림들이 율곡 이이를 비롯한 인물을 기리기 위해 황산사黃山祠를 창건했다. 그로부터 50년이 흐른 뒤인 1665년 현종이 죽림서원으로 사액했다. 그때 퇴계 이황을 추가했고 30년 뒤인 1695년에는 우암 송시열을 추가 배향했다. 계보가 서로 다른 영남학파, 기호학파의 인물들을 함께 배향하고 있다는 것이 흥미롭다.

처음 배향한 율곡 이이는 기호학파의 비조로 서인당이 추숭하는 인물이고 다음 배향한 퇴계 이황은 영남학파의 비조로 동인당이 추숭하는 인물이다. 그런데 세 번째 배향한 우암 송시열은 기호학파로 서인 노론당의 영수였다. 추가 배향하던 때는 당쟁이 극심하던 시절이었다. 그 시절 저렇게 합사한 것은 당쟁을 완화시키려는 탕평의 뜻이 있었다고 한다. 하지만 정작 이곳 논산 노성면 사람인 미촌美村 윤선거尹宣擧, 1610-1669, 명재明齋 윤증尹拯, 1629-1714 부자는 배향하지 않았다. 기호학파의 중심인 이들은 서인 소론당의 영수였으며 명재 윤증은 백의정승이라 불리운 인물이었다. 아마도 노론당파의 힘이 여기에도 미쳤던가보다.

그린 이를 알 수 없는《황산기첩》黃山記帖 중〈황산서원〉과〈금강선유〉는 황산서원을 그린 작품이다. 강경 땅을 흐르는 금강과 더불어 죽림서원으로 이름이 바뀐 황산서원은 당시 서인당의 거점이었다. 아직 황산사였던 1653년 어느 날 우암 송시열, 미촌 윤선거를 중심으로 서인당 집회가 열렸다. 이때만 해도 그림에서 보듯 서로 우애가 두터웠다. 그로부터 27년이 흐른 1680년에 우암 송시열의 제자 한수재寒水齋 권상하權尙夏, 1641-1721가 당시 참석자의 글과 그림을 모아《황산기첩》

을 만들었다. 한수재 권상하가 이처럼 좋았던 시절을 회고하는 기록을 만든 까닭은 당시 우암 송시열의 제자이자 미촌 윤선거의 아들인 명재 윤증 때 생긴 일과 관련이 있어 보인다. 명재 윤증은 아버지 미촌 윤선거가 별세하자 우암 송시열에게 묘지명을 부탁했다. 이때 송시열이 윤선거를 소홀히 취급하면서 내용을 왜곡했다고 한다. 이에 명재 윤증은 사제지간의 의리를 단절했다 1681년에는 우암 송시열과 격렬한 논쟁을 펼쳤으며 일련의 과정을 거쳐 끝내 1684년 서인당은 노론당과 소론당으로 나뉘어 오랜 세월 적대했다.

〈황산서원〉을 보면 서원에서 강학이 이루어지는 장면과 더불어 계속 모여드는 참가자들의 발걸음도 분주하다. 〈금강선유〉는 서원 앞 금강 강경포구에 배를 띄워 즐기는 장면을 묘사했다. 아래쪽 작은 배 위에 두 사람이 마주 앉은 장면이 눈길을 끈다. 장기나 바둑을 두는 모습이 아닌가 싶다. 그렇다면 〈금강선유〉는 지금껏 본 적이 없는 거의 유일한 선상대국 장면이다. 바둑판 위의 바둑돌이 한판 대국이 끝날 때까지 흔들리지 않을 만큼 물결이 고요해야 가능한데 대체 이 금강은 얼마나 고요한 것일까. 비단결 같은 강물이라는 뜻의 금강이라서 그런 것인가.

03

전라_
눈부신 황금 평야가 비단처럼 빛나는 땅

전라도는 기름진 평야와 천 개의 섬을 품은 바다를 갖춰 물산이 풍성한 땅이다. 조선에서 지평선이 보이는 오직 하나의 땅 전라도지만 그렇다고 심산유곡이 없는 게 아니다. 좌도에는 덕유산 기슭에 펼쳐진 고원 지대가 엄청나고 우도에는 드넓은 들판에 갑자기 불쑥 솟아오른 무등산이 장엄하다. 끝없이 드넓은 평야처럼 평화로운 이곳은 인심마저 깊어 한 번 정을 들이고 살면 다시는 딴 곳을 떠올리지 않는 곳이다. 온 고을에 비단을 깔아놓은 듯하다는 뜻의 전라는 전주의 '전'全, 나주의 '라'羅 자를 합친 것이다. 비단처럼 아름다운 그 지명은 고려 현종 때인 1018년에 처음 쓴 것이다.[1]

조선 태종 때인 1407년 호남정맥 동쪽 산악 지대를 좌도, 서쪽 평야 지대를 우도로 구분해놓았다. 조선의 수도 한양에서 왕의 시선으로 볼 때 왼쪽을 좌도, 오른쪽을 우도라 하였던 게다. 이런 좌우도 체제가 남북도 체제로 바뀐 때는 고종 시절인 1892년이었다.[2]

흔히 전라도를 호남湖南이라고 하는데 충청과 경계를 이루는 금강의 남쪽이라고 해서 생긴 말이다. 금강의 옛 이름이 다름아닌 호강湖江이었기 때문이다. 전라도의 중추를 이루는 호남정맥은 백두대간에서 나와 남해안까지 뻗어나간다. 그 호남정맥 동쪽에 섬진강이 흐르고 서쪽에 만경강과 영산강이 흐른다. 아득한 옛날 모래내, 모래물이라 했던 섬진강 유역은 전라좌도였고, 만 개의 밭이랑을 거울처럼 비추는 만경강과 비단결 흐르는 영산강 유역은 전라우도였다. 전라우도에 전개된 호남평야는 서해바다와 맞닿아 지극히 환한 땅이다. 이뿐만 아니라 그 해안선을 따라 수도 없이 솟아오른 섬들 또한 참으로 곱다.

마한에서 백제로 이어지는 문명의 땅 전라도를 1463년에 유람한 매월당 김시습은 기행문 「유호남록」에서 '물과 바위인 천석泉石의 경치는

336

전북 주요 지역

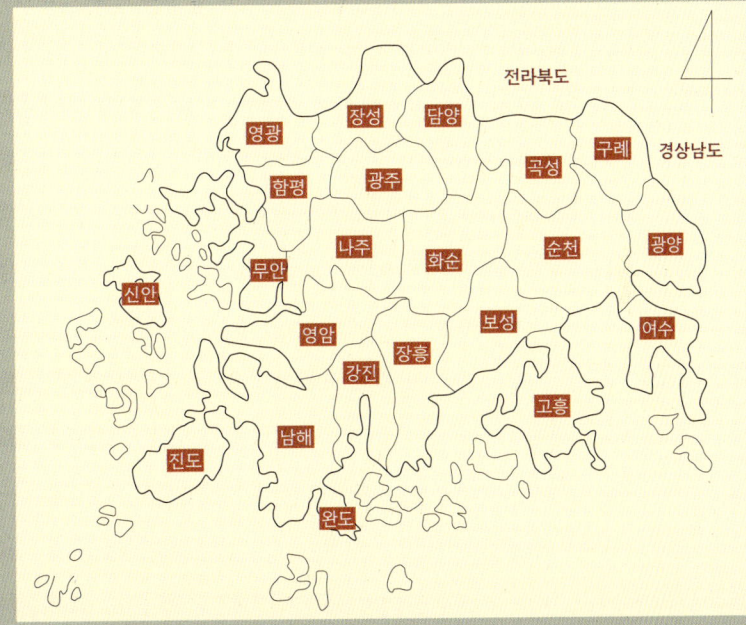

전남 주요 지역

대체로 없지만 주민의 충실함과 물산의 풍부함은 관동의 몇 배나 많다'고 했다.

"호남에 이르러 늙은 매화, 성긴 대와 겨울 치자, 아름다운 난초와 귤유橘柚가 가을에 익고 비자와 동백이 겨울에 푸르름을 기꺼이 보니 또한 하나의 장관이었다. 감, 밤, 생강, 솜과, 바다 나라의 여러 진귀한 물건에 이르러서는 바로 백제가 힘입어 넉넉하고 풍성하였던 것이라 하겠다."[3]

그로부터 300년이 흐른 1751년에 지리학자 청담 이중환은 『택리지』에서 전라도를 '땅이 기름지고 서남쪽은 바다에 임해 있다'고 썼다. '나라의 가장 남쪽에 위치하여 지방 물산이 풍부하며 산골 고을이라도 냇물로 관개하는 까닭에 흉년이 적고 수확이 많다'는 것이다.[4]

참으로 그렇다. 하지만 바로 그런 까닭에 전라도는 굴곡진 역사의 그늘로 들어가야 했다. 매월당 김시습은 '망한 백제의 유풍' 속에 살았다고 했고, 청담 이중환은 '풍속이 나빠 살 만한 곳이 못 된다'고 했다. 물산이 풍부하고 수확이 많은 그만큼 수탈의 손길이 컸고 그에 따라 저항 역시 드셌다. 백제 멸망 이후 오랜 세월 비단길이 아닌 비 내리는 수렁길을 끝도 가도 없이 살아내야 했다. 다만 매월당 김시습은 '습속이 변하면서 대대로 훌륭한 인재가 나왔다'고 했고[5] 청담 이중환은 '인걸은 영기靈氣로 태어나는 것이므로 인걸이 또한 적지 아니하다'는 문장과 함께 다음과 같은 말 한마디로 위로를 건넸다.

"산천이 기이하고 훌륭한 곳이 많은 데 고려에서 조선에 이

르도록 크게 드러난 적이 없었으니 또한 한 번쯤은 모였던 정기가 나타날 것이다."[6]

판소리의 본고장이자 서화의 본가인 전라북도는 변산반도를 끼고 있는 서해와 벽골제로 유명한 김제 벌판을 중심으로 드넓은 호남평야가 끝이 없다. 동쪽으로는 험준한 백두대간 능선에 덕유산·지리산과 섬진강이, 호남정맥 능선에 마이산·내장산·모악산·선운산과 만경강이 아름다운 자태를 더불어 뽐낸다. 그 산천에 어울리는 소리가 없을 수 없다. 동북 지역 명창 송흥록宋興祿, 1801-1863의 동편제와 서남 지역 명창 박유전朴裕全, 1835-1906의 서편제를 탄생시킨 판소리의 본고장이라는 역사가 그러하다. 또한 창암蒼巖 이삼만李三晩, 1770-1847을 비조로 하여 19세기 이래 삼남 지역에 서화를 전승시킨 지역 미술계의 본가임을 자랑한다.

기름진 벌판과 섬나라 그리고 회화의 본향인 전라남도는 서해와 남해로 휘어지는 해안선에 수도 없이 즐비한 섬과 내륙의 월출산·내장산·두륜산·무등산·지리산에 영산강·탐진강·섬진강이 흐르고 그 주변을 감싸는 드넓은 평야가 기름지다. 기이하고 눈부신 섬이 많아 20세기에 해상국립공원으로 지정되었다. 홍도, 흑산도에서 보길도, 거문도를 거쳐 오동도에 이르는 1만 7천여 개의 섬나라를 이루어 섬의 본향이라 하고 또한 이 바다를 특별히 다도해라 일컫는다. 다도해의 복잡한 해안 지리를 활용하는 데 귀신 같았던 이순신 장군이 이곳을 무대로 끝없는 승전을 거두었으므로 또 이 바다를 이순신의 바다라 한다. 나아가 소치 허련의 진도를 거점으로 근대서화를 꽃피워낸 남도 회화의 본향이다.

전주, 천년왕국을 향한 꿈의 기원

전주는 마한시대에 불사분사국不斯濆邪國이었다. 백제시대에 들어 완산完山이라 하였고 남북국시대의 신라 때인 756년에 비로소 전주全州로 바뀌었다. 하지만 '완完'이건 '전全'이건 모두 토박이 말 '온'과 같은 뜻이다. 『삼국사기』[7]에 '비사벌'이라는 표현이 나오지만 이는 경상남도 창녕 땅의 비사벌과 혼동한 것일 뿐이다.

892년 견훤은 전주를 도읍으로 삼아 후백제를 건국했다. 왕국의 수도가 되었지만 936년 멸망하면서 고려의 영토로 바뀌었다. 조선시대에 이르러 전라도를 관할하는 수부로 군림했으며 1896년 행정 구역 개편에 따라 전라북도의 수부가 되었다.

북쪽과 서쪽으로는 산이 없고 남동쪽에 436미터의 두리봉, 500미터의 행치봉, 남쪽에 793미터의 모악산이 받쳐주고 있다. 그러니까 남쪽의 산들이 고을을 감싸는 형태를 이룬다. 따라서 이곳에서 발원한 하천이 북쪽을 향해 흐르는데 삼천천은 전주천과 합류해 북쪽 끝에서 만경강으로 흘러든다. 전라도의 수부답게 다양한 유산이 즐비하지만 역시 음식 문화가 화려하다. 전주에 가면 비빔밥, 한식, 오모가리탕, 콩나물국밥은 놓칠 수 없다.

기껏 37년의 짧은 기간이지만 후백제 왕국의 수도를 경험한 전주는 그러므로 견훤이라는 영웅을 잊을 수 없다. 멸망했으나 천년왕국 백제와 그 문명의 계승자임을 내세운 견훤은 전주 일대의 희망이었다. 뛰어난 지혜와 전략으로 군사와 경제 양면에서 고려와 신라를 압도하고 중국과의 외교에서도 성공했기 때문이다. 하지만 930년 고창전투에서 왕건 군대에 패배하면서 급격히 쇠퇴하여 끝내 멸망하고 말았다.

태조 이성계는 왜구를 격멸시킨 황산대첩의 승장으로 개선 길에 전주에 들러 오목대梧木臺에 올라 전주이씨 종친을 모아 잔치를 베풀었다. 중국 한나라 고조 유방劉邦이 반란을 평정하고 개선 길에 지금 강소성의 풍패豊沛에 들러 「대풍가」大風歌를 읊었다는 고사에 따라 이성계도 이 자리에서 「대풍가」를 읊었다. 새로운 왕조 개창의 포부를 천명한 것이다. 그리고 얼마 뒤 이성계는 천년왕국 조선을 건국했다. 그래서 전주를 가리켜 새 왕조를 잉태한 발상지라는 의미를 담아 풍패지향豊沛之鄕이라 한다. 전주관아 내 객사의 이름을 풍패지관, 성곽의 남문 이름을 풍남문이라 한 것도 모두 저 풍패에서 나온 것이다.

이성계는 전주이씨로 전주가 본향이었을 뿐 아니라 실제로 4대 위의 할아버지인 목조穆祖, ?-1274가 살던 유서 깊은 땅이었다. 오목대 이웃에 있는 이목대梨木臺는 목조가 태어난 곳이다. 이성계는 즉위한 바로 그해에 전주를 특별시인 유수부留守府로 승격시켰고 이후 전주성을 축성하였다. 그가 세상을 떠난 뒤 이곳에는 태조의 위패와 어진을 봉안한 경기전과 세웠으며 왕조실록을 보존하는 사고가 들어섰다.

견훤에서 이성계에 이르는 위대한 창업 군주의 도시 전주는 오랜 세월이 흐른 뒤 또 다른 영웅을 배출했다. 전봉준全琫準, 1854-1894 장군이 그 이름이다. 장군은 동학군을 이끌고 전주성에 입성하여 노비문서 소각을 실천함으로써 믿음을 보여주었다. 나아가 정부를 상대로 12개 항목의 평화조약을 맺음으로써 새로운 혁명의 미래를 백성들로 하여금 경험케 했다. 근대의 아침을 여는 영웅은 이렇게 탄생했다.

전주는 지역 예원을 형성시킨 19세기의 예향藝鄕이다. 그 비조는 서법가인 창암蒼巖 이삼만李三晩, 1770-1847이다. 이삼만은 교동에서 태어나 활동하면서 남도 예원의 씨를 뿌렸다. 전라도에서만이 아니라 경상도 예원의 비조 팔하八下 서석지 徐錫止, 1826-1906가 와서 배웠다. 전주가 남도 예원의 본가임을 자랑하는 예향이란 칭호는 결코 빈말이 아니다.

예향을 더욱 예향답게 해주는 이름은 람전藍田 허산옥許山玉, 1924-1993이다.[8] 20세기 미술사상 아름다운 채색화조와 수묵팔군자를 토해낸 위대한 화가인 그는 김제 출신으로 전주에서 음식점을 경영하며 전주 예원에 아름다운 이름을 수놓았다.

1771년 이전에 그려진 〈전주전도〉는 그린 이를 알 수 없다. 연구자들이 '전주전도'라고 부르는 까닭에 지도처럼 보이지만 사실은 하늘에서 바라본 도시 산수화다.

전주성은 영조 때인 1734년 기존의 성을 헐고 돌로 쌓은 석성으로 완공했는데 오늘날 풍남문의 이름은 명견루明見樓였다. 1767년 민가 수천 채와 관가 100여 채를 태운 대화재로 명견루의 문루가 불타버렸다. 풍남문은 다음해 풍산홍씨 명문세가 출신의 전라도 관찰사 안와安窩 홍낙인洪樂仁, 1729-1777이 화재를 복구하면서 문루를 새로 지은 다음 저 풍패의 '풍'자를 가져와 풍남문이라 한 것이 그 이름의 유래다.

풍남문만 남기고 전주성을 철거한 것은 1907년 순종 때였다. 도시 개발이라는 명분과 달리 이미 내정을 장악한 일제 통감부의 통치와 수탈을 위한 파괴였다. 온전한 주권 국가였다면 있을 수 없는 일이었다.

미상, 〈전주지도〉,
149.9×89.8,
종이, 1771년 이전,
서울대규장각

〈전주전도〉는 1767년 대화재 직후 재건에 성공한 전주의 모습을 담은 것이다. 연구자 박정혜는 이 작품의 제작 연도를『조선시대 사가기록화, 조선 양반가의 특별한 순간들』에서 경기전 위에 전주이씨 시조의 위패를 모신 조경묘肇慶廟가 없으므로 조경묘를 건립한 1771년 이전으로 보았다.[9] 어쩌면 안와 홍낙인이 한양의 화원을 불러 자신이 복구한 모습을 예전처럼 아름다운 도시로 그리게 했는지도 모르겠다. 화폭 복판에 직사각형으로 배치한 전주성이 아주 반듯한데 성곽에는 동서남북 네 개의 대문과 여덟 개의 소문을 내놓았다.

　먼저 성곽의 밖을 북동남서 차례로 살펴보자. 화폭의 상단은 북문 밖 벌판이다. 건지산 아래의 오른쪽 벌판에는 사선으로 흐르는 건산천이 보이고 왼쪽에는 전주천이 흐른다. 건산천과 전주천이 왼쪽 구석에서 만나 만경강으로 들어가는 모습이 아득하다. 성밖의 화폭 왼쪽은 산줄기가 위에서 아래로 길게 뻗어내리는데 능선을 따라 오르내리는 봉우리가 즐비하다. 화폭 하단 남문 밖으로 나와 전주천변을 따라 올라가면 단아한 전주향교와 가파른 절벽 위에 세운 한벽당寒碧堂에 이른다. 한벽당은 관직을 버리고 이곳에 은거한 월당月塘 최담崔霮, 1346-1434이 세운 정자로 전주팔경의 으뜸이다. 그 위쪽 언덕배기에 자리한 오목대에는 전주성 재건을 기념하는 관찰사 일행의 모습이 성대하다. 강 건너 화폭 맨 아래쪽에는 328미터 높이의 금성산 봉우리를 향해 솟구쳐 오르는 산줄기가 우뚝하다. 화폭 왼쪽은 서문 성곽을 따라 전주천이 나란히 흐르는데 강 이쪽은 민가들이 촘촘하고 강 저쪽은 언덕이 여울을 만들어 아름답다.

　다음으로는 성안을 보자. 북문 안쪽 왼편에는 활터, 오른편에는 감옥이 있다. 복판에 난 길을 따라내려오면 맨먼저 풍패지관이라는 현판을 걸어놓은 객사客舍를 만난다. 더 내려와 성의 한복판에 이르면 본영인 선화당宣化堂과 관풍루觀風樓를 만난다. 이곳을 지나 남문을 향해 내려오다보면 오른쪽에 수도 없이 많은 학의 무리와 거목들로 둘러싸인 진전眞殿이 있는데 천년왕국의 창업 군주 태조 이성계의 어진을 봉안한 경기전이다. 눈길을 끄는 건 풍남문이다. 크고 아름다우며 웅장한 희망이 서려 있어 볼 때마다 가슴이 뛴다.

    끝으로 눈여겨볼 것은 성의 안과 밖을 막론하고 온 고을이 온통 꽃나무로 뒤덮인 풍경이다. 한 마리 새가 되어 하늘 높이 떠 지상을 내려다 본다. 성곽도 보이고 관아며 민가들이 즐비한 건 사실인데 그보다도 활짝 핀 꽃나무가 화폭 전체를 압도하고 있다. 붉고 흰 꽃들이 이처럼 눈부시게 성 안과 밖을 가리지 않고 수놓은 실경화는 어디에서도 본 적이 없다. 희고 붉은 꽃들이 활짝 핀 이 공간을 어떻게 꿈의 도시라 하지 않을 수 있을까.

익산, 황금빛 벌판에
장엄한 무왕의 자취

익산 땅은 백제 때 금마저金馬渚였다. 북으로는 금강이, 남으로는 만경강이 흘러 황금빛 말이 노니는 벌판이라서 온조왕溫祚王, ?-28이 그렇게 이름 지었다. 고려 출신의 원나라 기황후奇皇后, 1315-1369의 외가였던 이곳은 고려 때 풍성함을 더하는 고을이라는 뜻을 담아 익주益州라는 이름으로 바꿨다가 조선시대에 들어와 익산益山이라고 했다.

20세기에 이리裡里라는 도시가 있었다. 익산의 작은 고을이던 솜말을 1931년에 이리로 바꾼 뒤 1949년 익산에서 아예 분리를 시켰다. 솜말은 '속에 숨은 마을'이라는 뜻이라서 행정 지명을 한자로 바꿀 때 속을 의미하는 이裡 자를 가져온 것이다. 이후 이리는 한국전쟁 때 난민과 공업단지 조성으로 크게 번창했으나 짐승 이름과 소리가 같아 놀림감도 되고 해서 원망을 사곤 했다. 1977년 11월 이리역에서 일어난 전대미문의 화약폭발사고로 엄청난 인명 피해를 입었고 도시는 폐허로 변했다. 이후 복구 작업에 성공한 뒤 이리는 1995년 예전처럼 익산의 일부가 되었다.

익산은 백제시대 전성기를 이끈 통치자 무왕武王, 581-641의 궁궐이 자리한 왕의 땅이었다. 이뿐만 아니라 무왕의 사찰인 미륵사도 궁궐에 버금가는 거대한 규모를 자랑하고 있었다. 무왕 부부가 이곳을 지나가는데 때마침 못 가운데서 미륵삼존불이 출현하자 감격하여 그 터에 미륵사를 창건했다. 미륵사 석탑은 거대한 탑으로 그 높이가 14.2미터나 된다. 『신증동국여지승람』에 따르면 신라 진평왕이 조성했다. 좌우 양쪽의 쌍탑으로 서탑이 반파된 채 남았으나 1992년 동탑을 중건했고 2019년 서탑을 복원했다.

익산의 유적은 이외에도 많지만 특히 고도리 옥룡천을 사이에 둔 두 기의 불상이 아주 특별하다. 높이 4.24미터의 가늘고 홀쭉한 불상은 그 생김새 때문에 불상이라기보다는 속세의 석인상으로 여겨지기도 한다. 강을 경계 삼아 만나지 못하는 안타까운 남성과 여성의 상징이라는 것이다.

조선시대에 양곡陽谷 소세양蘇世讓, 1486-1562이 이곳으로 숨어들었다. 그는 뛰어난 문장가이자 빼어난 행정 관료였다. 게다가 가슴 따뜻한 사람이어서 왕위를 삼촌에게 찬탈당한 뒤 세상을 떠난 단종의 어머니 현덕왕후顯德王后, 1418-1441의 복위를 상소하고 결국 현릉顯陵에 안장케 하였다. 그의 어머니는 개성왕씨 왕석주王碩珠의 딸이었다. 어쩌면 양곡 소세양은 멸망한 고려의 추억을 현덕왕후에 투영시켰는지도 모르겠다. 양곡 소세양이 1535년에 사직하고 생애 마지막 27년을 보낼 곳으로 익산을 선택한 까닭 또한 비운의 왕국 백제를 추억하기 위한 것인지도 모르겠다.

면와眠窩 소동도蘇東道, 1592-1671는 증조 할아버지인 소세공蘇世恭이 익산에 뿌리내린 진주소씨 후손이다. 인조정변 이후 출사하여 평안도, 경상도, 황해도의 외직을 전전했던 면와 소동도는 부임하는 곳마다 양대 호란 이후 황폐한 민생을 구휼하고 무너진 가옥을 재건하였으며 국방을 복원하는 데 전력을 기울였다. 그런 뒤 스스로 관직을 사직하고 고향으로 돌아왔다. 비록 외직을 전전했으나 어디에서

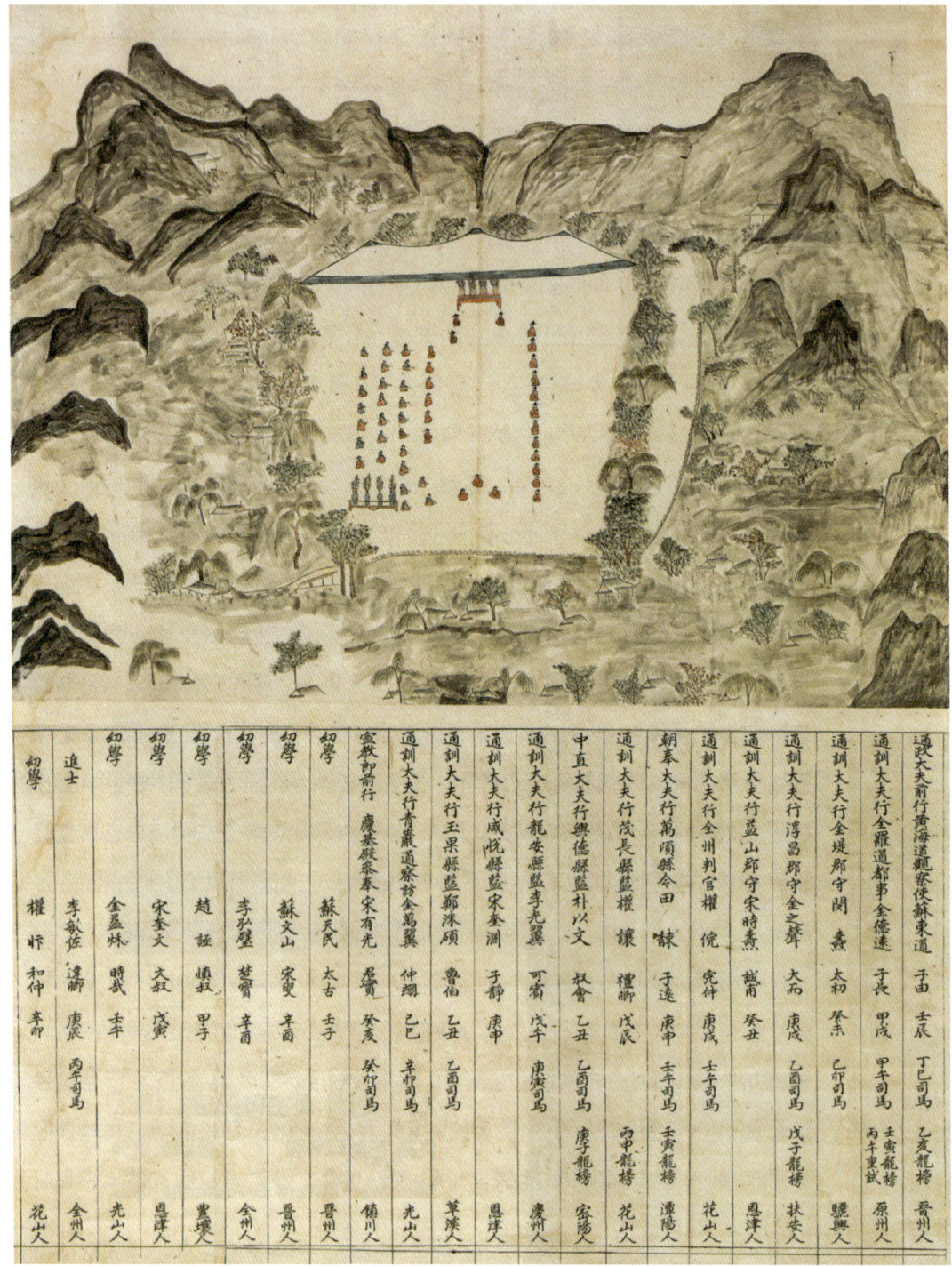

미상, 〈소동도 계회도〉 모사본, 116.5×88.4, 종이, 개인.

무얼 하든 유능과 청렴을 자랑스럽게 여긴 그의 귀향은 그 어느 금의환향보다도 뿌듯한 것이었다.

그린 이를 알 수 없는 〈소동도 계회도〉는 바로 그의 귀향을 축하하는 잔치였다. 화폭 하단 참석자 명단을 보면 출사하지 않은 유학幼學은 물론이고 전라도사를 비롯 전라도 관내 군수와 현감이 열 명이나 된다. 그만큼 평판이 드높았던 게다. 화폭을 보면 주위를 감싼 산과 그 기슭 아래 가옥과 나무들이 널찍하게 퍼져 있어 정겨움이 넘친다. 이런 종류의 계회도에 주변의 백성들이 사는 풍경을 그린 건 희귀하다. 마치 주민들 모두가 입을 모아 그의 귀향을 진심으로 환영한다고 외치는 듯하다. 그뿐 아니다. 화폭 상단에 굵고 강한 산이 어깨를 펼쳐 감싸준다. 익산에는 산다운 산이 430미터의 미륵산을 중심으로 253미터의 선인봉, 321미터의 용화산뿐이다. 아마도 장엄한 분위기를 나타내기 위하여 멀찍이 떨어진 산을 끌어왔을 것이다. 마지막으로 화폭 중앙 잔치 풍경을 보면 환영의 꽃만 보일 뿐, 무희나 광대는커녕 흔한 악기 한 대도 보이지 않는다. 음식조차 차리지 않았다. 그의 검소함이 참으로 심하고 또 심하다.

김제, 한반도 유일의
지평선을 품다

김제는 삼한시대 때 벽비리국辟卑離國이었고 백제 때 벼의 고을이라는 뜻의 볏골을 벽골碧骨이라는 한자로 표기했다. 남북국시대의 신라 때 김제金堤로 바꾸었다. 이곳저곳에서 사금 채취가 이루어지고 있어 쇠 '금'金자를 붙인 지명이 많았다. 이 지역에 사금이 많은 까닭은 이 땅이 바다였다가 점차 메꿔졌기 때문이다. 덧붙이자면 '큰 뚝'을 한자로 표기할 때 '큼'을 '금'金으로, '뚝'을 제방이라는 뜻의 '제'堤로 바꾸었다는 설도 있다.

북쪽의 만경강과 남쪽의 동진강 사이에 펼쳐진 김제만경 너른 들은 한반도에서 유일하게 지평선을 볼 수 있는 벌판이다. 한눈에 천리를 본다는 일목천리一目千里의 땅이라고 부른다. 그 벌판 사이사이에 흐르는 두월천과 월평천은 남동쪽 끝의 모악산에서 발원한 것이다. 이처럼 광활한 평야를 경영하기 위하여 백제 때인 330년 제방을 쌓아 만든 것이 그 유명한 벽골제다. 볏골의 뚝이라는 뜻을 지닌 벽골제는 지금까지 보존되어오고 있다. 김제만이 아니라 이웃 만경, 부안, 정읍까지 농업용수를 공급해온 생명의 샘과 같은 저수지였다.

김제에는 금산사도 유명하다. 금산사는 후백제를 건국한 견훤과 인연이 깊다. 935년 70대에 접어든 견훤이 935년 넷째 금강에게 왕위를 넘기려 하자 장남 신검이 동생 금강을 죽인 뒤 아버지 견훤을 금산사 미륵전 지하에 유폐시켰다. 견훤은 3개월 만에 탈출해 전라도 나주에 진을 치고 있던 왕건에게 귀순했다. 그리고 장남 신검을 멸해달라 청했다. 결국 왕건에게 격파당한 신검은 항복했고 후백제는 그 운명을 다하고 말았다. 아버지가 이룬 것을 아버지가 거둔 것이다.

김제 백산면은 석정石亭 이정직李定稷, 1841-1910의 고향이다. 칸트 철학과 주자학을 비교 연구한 철학자로 매천梅泉 황현黃玹, 1855-1910, 난타蘭坨 이기李琦, 1856~1935와 더불어 당대 호남 3걸로 명성을 떨친 인물이다. 시와 글씨에도 뛰어난 그의 문하에서 자란 이들이 지역 예원을 일궈나갔다.

또한 김제 부량면에서 태어난 람전 허산옥은 남원 권번 출신 기생이었다. 기생 출신으로 뒷날 화가의 삶을 살아간 이는 거의 없지만 람전 허산옥은 기생 제도가 폐지된 해방 이후 화가의 길로 나가 절정의 화가로 성장했다. 그가 남긴 수묵 팔군자와 채색 화조화는 20세기 후반을 힘차고 곱게 수놓았고 눈부신 미술의 성좌로 우뚝 섰다.

김제 모악산 자락에서 태어난 진표율사眞表律師, 8세기가 금산사에 이르러 미륵장육상을 조성하면서 미륵도량으로 키워냈다. 모악산은 원래 어머니의 산인 엄뫼에서 비롯했다. 어머니란 뜻을 따라 한자로 옮기고 보니 모악산母岳山이 되었다. 또한 금산은 커다란 산인 큰뫼였다. '큰'이 '금'金과 소리가 같다고 하여 금산金山이라고 했다. 그러니까 모악산은 어머니와 같은 산이고 금산사는 큰 산의 절집이다. 실로 모악산은 김제평야의 드넓은 벌판에 불쑥 솟아올라 더욱 커보이는 것이고 또 계곡마다 냇물을 보내 평야를 적셔주고 있으므로 어머니의 젖줄과도 같았다.

백제 때인 599년 법왕法王, ?-600의 원찰로 창건된 금산사는 진표율사가 중창함으로써 대가람으로 거듭났다. 여기에 후백제 창업주 견훤과의 인연만 있는 게

허련, 〈모악산 금산사〉, 21×26.7, 종이, 19세기 중엽, 전북대박물관.

아니다. 금산사에서 출가한 처영대사處英大師는 임진왜란이 일어나자 승병을 일으켜 눈부신 활약을 거듭했다. 이후 정유재란 때인 1598년 왜군은 이에 대한 보복으로 금강문 하나만 남겨두고 금산사를 모조리 불태워버렸다. 이에 1601년 수문대사守文大師가 수십 년 동안 재건을 한 것이 오늘날 금산사의 원형이다. 1934년 미륵전 본존이 무너지자 정관 김복진이 흙과 짚을 섞어 만드는 장육상으로 조성했는데 1936년의 일이다. 승려 조각가들과의 경쟁 끝에 선정이 된 뒤 당시 서울에서 제작해 이곳으로 운반해와 봉안한 일은 큰 화제였다.[10] 도쿄미술학교에서 배운 서구 근대 인상파 조각의 감각으로 이 미륵상을 제작했는데 전에 없는 새로운 20세기 최고의 불상으로 꼽히며 지금도 사랑받고 있다.

진도 출신의 화가 소치 허련이 그린 〈모악산 금산사〉는 건물은 물론 나무와 풀 한 포기도 놓치지 않았을 만큼 사실에 충실한 작품이다. 화폭을 둥글게 감싼 산악과 그 안에 펼쳐진 대가람의 위용 또한 놓치지 않았다. 소치 허련은 66세 이후 몇 년을 전라도에서 지냈는데 그때 방문하여 관찰한 것을 바탕 삼아 그린 게 아닌가 싶다.[11]

부안, 변산반도의
경이로운 아름다움

부안은 백제 때 계화皆火와 흔량매欣良買였고 남북국시대의 신라 때 계화는 부령扶寧으로, 흔량매는 보안保安으로 바꾸었다. 조선시대에 이르러 부령의 '부'扶, 보안의 '안'安을 한 글자씩 따 부안扶安이라 하였다. 평안함을 돕는다는 의미를 머금은 부안은 드넓은 평야와 서쪽 변산반도 일대의 산악, 그리고 서해안의 섬을 품은 바다로 구성되었다. 바닷가에 바짝 붙은 변산의 기상봉이 높이 509미터나 된다는 것이 두드러진다. 산자락 사방이 휘어지고 꺾어지는 계곡마다 바위 절벽과 봉우리가 기이하고 신비하여 승경지의 경이로움을 한몸에 안고 있다.

그 가운데 산내면 격포 일대 채석강과 적벽강이 유명하다. 채석강彩石江은 중국 당나라 시인 이백李白, 701-762이 사랑하여 뱃놀이하다가 빠져 죽은 강 이름이고 적벽강赤壁江은 송나라 시인 소식蘇軾, 1036-1101이 사랑한 강 이름인데 이곳의 아름다움과 기이함이 그에 버금간다고 해서 지은 이름이다. 또한 절경이 즐비한 변산 기슭에 자리를 잡은 내소사는 백제 무왕 때인 633년 창건한 천년사찰이다.

부안이 배출한 위대한 시인 이매창李梅窓, 1573-1610은 부안 아전의 서녀로 태어나 기생의 길을 선택했다. 문장과 성품으로 그 이름이 널리 퍼져 조선의 천재 교산蛟山 허균許筠, 1569-1618과 깊이 교유했다. 이매창으로 말미암아 부안에 자주 내려온 교산 허균은 이곳에서 위대한 소설『홍길동전』을 지었는데 그와 함께 이매창이 읊은 시편은 조선문학사를 비단처럼 아름답게 물들이고 있다. 하지만 이매창이 죽던 해에 '굶고 떨며 40년 길게 살았지, 사람살이 얼마나 될까, 어느 날도 눈물 적시지 않은 적 없구나'라고 읊은 걸 보면 슬픔이 절로 흐른다. 그가 죽고 잊혀질 무렵 부안 아전들이 61수의 시편을 모아 개암사에서 시집을 출간했다.[12]

그 기운이 머물다 되살아난 것일까. 부안 땅은 이매창 이후 20세기에 이르러 절정의 전원시인 신석정辛夕汀, 1907-1974을 배출했다. 일제강점에 저항한 이래 독재정권에 반대하는 저항시인으로 일관된 생애를 살아간「촛불」의 시인 신석정은 동향의 선배 이매창의 시를 번역해『대역 매창시집』[13]을 세상에 내놓았다.

그뿐 아니다. 젊은 날 부안으로 낙향한 반계磻溪 유형원柳馨遠, 1622-1673은 이곳에서 학문을 연찬해 부국부민富國富民의 이상을 향한 경세학의 걸작『반계수록』磻溪隧錄을 탄생시켰다. 유형원이 살던 우동리에 반계천이 흐르는데 여기서 살면서 그 냇물 이름을 따 자신의 아호를 반계라고 했다.

20세기 탁월한 미술사학자 이동주李東洲, 1917-1997가 18세기 예원의 총수라고 지목한 표암 강세황이 변산邊山을 유람했다. 1770년 차남 강완姜俒, 1739-?이 부안현감으로 부임하자 동행해 부안읍에 머무를 때였다.

눈 내리는 한겨울날 표암 강세황은 읍을 나서 맨 처음 상서면 가오리에 있는 동림서원東林書院과 상서면 감교리 청계서원淸溪書院에 들렀다. 그는 변산 여행기인「유우금암기」遊禹金巖記에서 청계서원이 아니라 유천서원柳川書院에 들렀다고 했지만[14] 유천서원은 남쪽의 보안면 영전리에 있으므로 거리가 맞지 않다.

동림서원은 반계 유형원을 배향했으며 청계서원은 그 효행을 기려 동네에 정문旌門을 세워 표창한, 즉 정려旌閭가 내려진 송세정宋世貞을 배향한 서원인데 둘다 조선 숙종 때 왕이 친히 현판을 하사한 사액서원이다. 우금산禹金山 기슭으로 접어들어 개암사에 들렀다가 산길을 따라 가는 과정을 강세황은 「유우금암기」에서 다음처럼 묘사했다.

"만 길이나 되는 높은 산봉우리가 구름 사이에 꽂혀 있고 산봉우리 끝의 바위 세 개가 있어 높이가 모두 100여 길이나 된다. 앞뒤로 두 사람이 어깨에 메는 가마인 견여를 타고 올라가니 바위 밑에 굴이 있었다. 크기는 100여 칸의 집과 같고 깊이는 수십 길이 되는데 벽의 무늬가 종횡으로 나 있어 마치 화려한 비단 같았다. 이것을 우진굴禹陳窟이라 한다."[15]

표암 강세황이 그린《우금암도》는 옆으로 긴 두루말이 화폭에 자신이 답사한 변산의 풍경 여섯 곳을 그려놓았다. 그 중 첫 번째 〈우금암〉은 우진굴과 더불어 굴을 품고 있는 우금암禹金巖을 그린 것이다. 울금바위라고도 부르는 우금암은 40미터 높이로 아찔하다. 그림에서는 세 개의 거대한 바윗덩어리로 이루어진 봉우리를 가늘고 부드러운 선으로 묘사했다. 허리께부터는 'ㄴ' 자 모양으로 꺾어서 마치 벽돌로 둘러 만든 구조물 같은 굴을 만들었고 그 앞에 담장을 두른 건축물을 배치했다. 지금은 없어진 옥천암玉川庵이다. 〈우금암〉에 이어 다음으로 바위 봉우리를 그렸는데 화제를 쓰지 않아 어디를 그렸는지 알 수 없다. 다만 우금암과 비슷하므로 일단 〈우금암 2〉로 해놓기로 한다. 다음은 〈문현〉인데 문현文懸이 어디인지 알 수 없다. 그림의 순서로 보아 우금암과 실상사 사이이므로 그 중간의 어느 고개를 그린 듯하다. 「유우금암기」에서 우금굴에서 출발하자 '길이 평평하고 좌우의 기이한 봉우리며 맑은 물과 중첩된 벽은 더 이상 인간세계가 아니다. 때는 음력 2월인데 아직 잔설이 남아 깊은 숲과 그윽한 산골 물 사이에서 눈부시게 빛나고 있다'고 표현했는데 〈문현〉이 바로 그 풍경을 그림으로 형상화한 것이다. 특히 화폭 하단 오른쪽 구석에 견여를 탄 표암 강세황 일행이 보인다. 앞뒤로 견여가 둘인데 앞은 아버지 강세황, 뒤는 아들 강완이 아닌가 싶다. 산악에 난 길은 항시 좁고 험해 말을 타는 건 매우 위험한 선택이었다. 따라서 걷기 위주였으나 경사가 급하지 않은 경우 이처럼 견여를 탈 수 있었다.

표암 강세황 일행은 발걸음을 재촉해 내리막의 평평한 길을 따라가 실상사實相寺에 도착해 하룻밤을 보냈다. 실상사는 신라 신문왕神文王, ?-692 때인 689년 초의 선사草衣禪師, 1786-1866가 창건하였고 조선시대 효령대군孝寧大君, 1396-1486이 중창한 천년 고찰이다. 한국전쟁 때 불탄 것을 1995년 새로 짓기 시작했다. 원불교 교조 박중빈朴重彬, 1891-1943이 이곳에서 수련하다 깨우침을 얻었다고 하여 원불교 성지 중 하나가 되었다. 표암 강세황의《우금암도》중〈실상사〉는 가람 배치와 그 전각의 규모를 생생하게 보여준다. 표암은 기행문에 다음처럼 썼다.

"견여로 20여 리를 가서 실상사에 도착하였다. 절은 매우 크고 웅장하지만 지금은 많이 허물어졌다."[16]

퇴락했음에도 불구하고 여전히 크고 웅장해 보였다는 것이다. 그는 화폭 상단의 거대한 바위 절벽을 빠르고 거칠게 그렸다. 하얗게 눈 쌓인 실상사의 기운을 상징하고 싶었는지도 모른다. 하룻밤을 묵고 일어나 표암 강세황 일행은 직소천을 거슬러 올라가다가 오른쪽으로 꺾어 월명암月明庵으로 향했다. 월명암은 실상사보다 약간 늦은 691년 부설선사浮雪禪師가 창건한 고찰로 임진왜란 때부터 부침을 거듭한 유서 깊은 사찰이다. 대한제국기 의병이 본거지로 삼을 만큼 깊은 곳에 자리를 잡았다. 표암 강세황이 기록하기를 '오솔길의 얼음은 미끄럽고 돌은 날카로워 견여는 여기저기 부딪치고 진창과 눈을 만나 발이 빠져 고생이 이만저만이 아니었다'는 곳이다. 이곳에서 멀리 아득한 바다까지 구경한 일행은 다시 되돌아와 직소

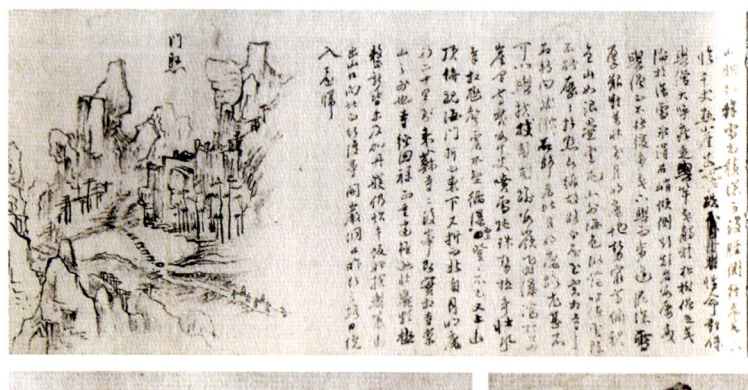

〈우금암 2〉

〈우금암〉

〈문현〉

강세황, 《우금암도》, 28.6×358.8, 종이, 미국 LA카운티미술관.

〈실상사〉

〈용추〉

〈극락암〉

천을 계속 거슬러 올라가는 데 여기서부터는 더욱 길이 험하여 견여에서 내려 걷기 시작했다.

"견여조차 타지 못하고 지팡이를 짚고 엉금엉금 기었다. 여러 고개를 넘자 폭포가 양 절벽 사이에 쏟아져 내리는데 높이가 거의 수십 길이나 되었다. 구슬을 튀기듯 흰 눈을 뿜어내고 기세가 매우 기이하고 웅장하며 바람과 서로 부딪혀 소리가 숲과 골짜기에 울렸다."[17]

이곳이 바로 용추龍湫, 다시 말해 직소폭포直沼瀑布였다. 변산반도 서쪽 망포대와 신성봉 기슭에서 발원해 북쪽을 향해 흘러나가는 직소천에 폭포가 가로막는다. 폭 2미터에 높이 30미터의 거대한 물줄기가 곧장 못으로 직접 떨어져 직소라는 이름을 얻었다. 그 못의 직경도 무려 50미터나 된다. 마치 비단을 드리운 듯 신비하다. 예전에는 실상사 이름을 따 실상용추實相龍湫라고 했는데 실상사의 용이 살던 못을 가리키는 것이었다. 일제강점기 때 기록을 보면 실제로 이곳에는 기우제를 지내는 단이 있었으며 사람들은 직소천 계곡과 이곳 용추를 보지 않고는 변산을 말할 수 없다고 했다. 그뿐 아니다. 봄이면 진달래와 철쭉, 여름이면 해를 가리는 숲, 가을이면 온 산을 붉게 태우는 단풍, 겨울이면 하얀 세상으로 바뀌는 눈으로 4계절의 비경이 숨쉰다. 그런 까닭에 사람들은 이곳을 변산팔경의 제1경이라 하는 것이다. 직소폭포 아래로 내려가면 극락암이 있다.

〈용추〉를 보면 폭포 위쪽에 두 사람이 서거나 앉아 있는데 깨알만 한 크기여서 과연 장대한 규모임을 알 수 있다. 화폭 오른쪽 가장자리에 오르막 계단 길을 그려놓은 것도 인상 깊다.

〈극락암〉 또한 움푹 파인 듯한 바위 절벽 안쪽에 자리하고 있는 암자를 앉혀두었다. 잔설이 쌓인 바위 절벽을 표현하기 위해 거친 빗자루로 쓸어내리듯하여

희끗희끗한 것이 깊고 아득한 기분이 든다.

　　직소폭포에서 관음봉 혹은 능가산 서쪽으로 고개를 넘어가면 또 하나의 천년 고찰 내소사來蘇寺가 자리잡고 있다. 백제 무왕 때 혜구두타惠丘頭陀가 창건한 사찰로 전나무 숲길과 더불어 변산팔경의 하나다. 《우금암도》에 내소사를 그리지 않은 까닭을 알 수 없다. 기행문에 내소사에 도착해 점심을 지어먹은 뒤 견여를 버리고 말을 몰아 떠났다고 쓴 걸 보면 마음이 급해서였는지도 모르겠다. 빼어난 숲과 길을 지닌 내소사의 눈부신 모습은 그림이 없어도 있는 그대로다.

정읍, 은거의 장이며
항쟁의 중심지

정읍은 삼한시대 때인 백제 때 우물 고을을 뜻하는 정촌井村이었다가 남북국 시대의 신라 때 정읍井邑으로 바꾸었다. 일제강점기인 1914년 고부군과 태인군을 정읍으로 통폐합해 오늘에 이르고 있다.[18]

정읍의 산악은 동남쪽에 자리한 내장산內藏山이 으뜸이다. 내장산은 보물을 숨긴 산이라는 뜻인데 예로부터 영혼이 숨쉬는 산이라고 해서 영은산靈隱山이라 부르던 산이었다. 가을철 단풍이 붉고 붉어 조선팔경의 으뜸이었다.

하천은 크게 두 갈래인데 하나는 동북쪽 김제의 모악산에서 발원해 흐르는 동진강이 길게 가로지른다. 다른 하나는 동남쪽 내장산에서 발원한 정읍천이다. 정읍천은 북쪽 벌판을 가로질러 흐르다가 동진강으로 합류해 서해바다를 향해 달려간다.

정읍의 오랜 유적은 내장산 복판에 있는 천년고찰 내장사다. 백제 무왕 때인 636년 영은조사靈隱祖師가 창건한 영은사가 내장사의 기원이라고 하지만 서로 다른 절이라는 설도 전해온다. 오랜 세월 곡절을 겪으며 1977년 중건한 내장사는 내장사의 연이은 봉우리가 병풍처럼 둘러 있고 가을이면 세상에서 가장 수려한 단풍으로 물든다.

지금은 경기도 남양주 사릉리에 잠들어 있는 정순왕후의 고향이 이곳 칠보면 시산리다. 시산리는 백제 때 태시산 고을이다. 정순왕후는 단종의 비가 되었고 이 땅은 왕비를 배출한 고장으로 거듭났다. 하지만 영광도 잠시, 남편 단종과 함께 폐위당했다가 숙종 때야 남편과 함께 복위된 비운의 왕비였다. 무성서원 가까운 남전마을에는 정순왕후 증조부인 송계생宋繼生 유허비각이 있고 그 경내에 정순왕후 여산송씨 태생지비가 서 있다. 낡고 좁은 이곳에 서면 정순왕후가 홀로 잠들어 있는 경기도 남양주의 사릉이 떠오른다. 멀리 강원도 영월 장릉에 홀로 누운 남편 단종과 헤어진 사연도 함께.

또한 정읍은 갑오년 동학농민항쟁의 중심이다. 탐관오리인 고부군수 조병갑趙秉甲, 1844-1912의 횡포로 말미암아 1893년 3월 고부에서 농민봉기가 일어났다. 고부접주 전봉준이 이끄는 8천 동학농민군의 궐기가 그 시작이었다. 전국 규모로 번진 전투는 일본군을 상대로 하는 항일전쟁으로 진행되었고 그해 11월 패배로 막을 내리고 말았다. 이 전쟁은 이후 의병항쟁과 더불어 반외세 무장투쟁의 기원으로 좌절하지 않는 불굴의 의지를 상징한다.

임진왜란의 영웅 광해왕 재위 때 배다른 어머니 인목대비를 폐위했다. 이에 반대하던 이들이 이곳 칠보면의 정자인 송정松亭 주변에서 은거의 생애를 살아갔다. 그들을 일러 일곱 명의 미친 이와 열 명의 현인을 뜻하는 칠광십현七狂十賢이라고 했다. 고려시대 이래 오랜 역사를 지니고 있는 무성서원武城書院이 자리한 이곳 일대의 땅을 넓게 보아 고현동古縣洞이라 부른다. 후손들이 영당을 세울 때 은일지사이자 화가인 난곡蘭谷 송민고宋民古, 1592-1664가 〈칠광도〉와 〈십현도〉를 그려 봉안하고 뜻을 기려왔다. 오랜 세월이 흐르면서 건물과 그림이 모두 낡은 1898년 영모당永慕堂을 중건하고 당대 제일의 초상화가 석지石芝 채용신蔡龍臣, 1850-1941에게 주문

채용신, 〈고현동 칠광도〉, 127.7×83.4, 비단, 1910, 정읍 송산사.

채용신, 〈송정십현도〉, 119×83.4, 비단, 1910, 정읍 송산사.

하여 〈칠광도〉와 〈십현도〉를 옮겨 그리게 하였다.

석지 채용신이 그린 〈고현동 7광도〉는 일곱 명의 미친 이를 의미하는 칠광七狂을 주제로 내세웠으나 그보다는 그들이 은거했던 고현동 일대를 넓게 펼쳐 보인 작품이다. 화폭 상단 오른쪽 기슭에 영모당과 송정이 보인다. 송정 마당에 있는 일곱 명이 바로 일곱 광인이다. 거기 등장하는 일곱 명은 원래의 그림을 그린 난곡 송민고와 더불어 김대립金大立, 김응빈金應賓, 김감金堪, 송치중宋致中, 이상형李尙馨, 이탁李逴이다. 화폭 상단 왼쪽에는 무성서원을 둘러싼 초가 마을이 아름답다. 화폭 중단에 옆으로 길게 이어진 마을의 오른쪽 끝에 넓은 판석이 보인다. 바닥을 붉은색으로 칠해두었는데 술잔을 나눈다는 뜻의 유상대流觴臺다. 화폭 오른쪽에 위아래로 흐르는 강이 동진강이고 그 옆 마을 사이를 이리저리 흐르는 은석천과 칠보천이 보인다. 〈송정십현도〉는 칠광과 더불어 이곳 송정 앞마당에 모인 열 명의 선비를 그렸다.

순창, 드높은 산과 드넓은 평야

순창은 마한 때 오산烏山 또는 옥천玉川이었다. 까마귀가 즐비한 옥빛 강산이라는 뜻인데 까마귀는 좋은 소식을 가져오는 하늘의 전령이었기에 이 땅은 행운이 깃든 고을이었다. 백제 때는 도실道實이었다가 남북국시대의 신라 때 순화淳化가 되었으며 고려 때 비로소 순창淳昌이라는 이름을 얻었다. 순화나 순창이나 모두 인심이 두터운 마을이라는 뜻이다. 북서쪽 끝에는 내장산이며 진안고원이 드높고 동남쪽 끝에 흐르는 섬진강 주변으로 평야가 드넓다. 산간 지역인 순창에는 회문산回文山 국립자연휴양림과 더불어 강천산剛泉山 군립공원이 모습을 뽐내고 있다. 회문산은 한국전쟁이 한창이던 시절 남부군 사령부가 있던 곳으로 참혹한 상흔으로 물든 땅이다. 강천산은 이웃 내장산에 버금가는 가을 단풍이 물들어 아름다운 땅이다. 강천산은 한마디로 절경이다. 8킬로미터에 이르는 강천계곡 구비마다 기암괴석이 즐비하다. 1981년 최초의 군립공원으로 지정되었는데 강천사며 귀래정, 합미성, 홀어미산성 그리고 삼인대가 있어 이 땅이 아주 오랜 세월 사람의 역사가 쌓인 곳임을 알려주고 있다. 그보다도 더욱 경탄을 자아내는 것은 승경이다. 구룡폭포, 범바위, 병풍바위, 사천왕암, 관음암, 형제굴은 그 일부일 뿐이다. 887년 도선국사道

訥國師, 827-898가 창건한 강천사는 임진왜란과 한국전쟁 때 완전히 불타 사라졌으나 전후 재건한 건물과 더불어 고려 때 5층석탑이 남아 있다. 귀래정은 어린 조카 단종을 죽이고 왕위에 오른 세조 때 형 신숙주申叔舟, 1417-1475의 변절에 실망한 동생 신말주申末舟, 1439-1488이후가 세운 정자다.

삼인대三印臺는 중종 때 담양부사 눌재訥齋 박상朴詳, 1474-1530, 부안현감 석헌石軒 유옥柳沃, 1487-1519, 순창군수 충암沖庵 김정金淨, 1486-1521 세 사람이 죽음을 무릅쓰고 폐비 단경왕후端敬王后, 1487-1557 신씨慎氏의 복위를 상소하기로 맹세한 유적이다. 여기에는 사연이 있다. 중종은 반정세력의 도움으로 연산왕을 몰아내고 왕위에 올랐다. 부인 신씨 역시 자연스럽게 왕비가 되었다. 그가 단경왕후다. 그런데 반정공신 박원종朴元宗, 1467-1510이 단경왕후의 폐비를 주장했다. 단경왕후의 아버지 신수근愼守勤, 1450-1506은 연산왕의 매부였다. 박원종은 그런 신수근의 딸이 왕비로 있는 한 자신에게 화가 미칠 것을 두려워했다. 중종도 처음에는 아비가 반역을 했어도 조강지처를 내쫓을 수는 없다고 맞섰으나 결국 굴복해 신씨를 폐비시키고 말았다. 그렇게 10년이 흐른 뒤인 1515년에 저 세 사람은 단경왕후 복위와 박원종 일당의 횡포를 규탄하는 상소를 올렸다. 바로 그 결의를 다지고 맹세를 나눈 현장, 삼인대는 세 사람이 허리에 차고 온 직인을 풀어 소나무 가지에 걸어두었다고 해서 붙인 이름이다. 이곳에 비석을 세운 때는 200여 년이 흐른 1739년의 일이다.

순창에 인물이 없을 수 없다. 고려 충렬왕이 세자 시절 몽고에 인질로 잡혀갈 때 배종한 경재敬齋 설공검薛公儉, 1224-1302과 더불어 조선 건국 당시 두 임금을 섬기지 않는다며 이곳에 은거한 농은農隱 조원길趙元吉, ?-?은 일찍이 순창이라는 이름을 수놓은 인물이다. 임진왜란 의병장 김치세金致世, ?-?를 비롯하여 실학자 여암旅庵 신경준申景濬, 1712-1781, 성리학자 노사蘆沙 기정진奇正鎭, 1798-1876과 같은 학자도 나왔다.

순창하면 빼놓을 수 없는 것이 강천산 기슭의 토종꿀과 고추장이다. 태조 이성계가 순창에 머무르고 있던 무학대사를 찾아가다 이곳 순창에서 고추장 맛을 보

설씨부인, 〈광덕산 부도암도〉, 『권선문첩』, 40×38.6, 종이, 1482, 개인.

왔다. 그 맛을 잊을 수 없어 즉위한 뒤 고추장을 진상케 했고, 그로 인해 순창 고추장은 나라를 대표하는 명성을 얻었다. 이것이 순창 고추장에 얽힌 이야기다. 순창 고추장은 순창읍 반경 5킬로미터 안에서 자라는 고추와 콩이 아니면 그 맛이 아니라고 한다. 그 비결은 오직 특이한 수질과 토양이라는 게 정설이다.

귀래정의 주인 신말주는 1455년 세조가 단종을 폐위하고 즉위하자 병을 핑계삼아 아내 설씨부인薛氏夫人, 1429-1506의 친정인 순창으로 내려왔다. 순창을 은거지로 선택한 것이다. 그렇다고 쭉 순창에 살았던 건 아니다. 그는 몇 해 뒤인 1459년 대사헌으로 출사했다가 1467년 다시 낙향했고 이후 1476년 전주부윤으로 나아갔다가 다시 낙향했다. 이후에도 여러 번 출사와 낙향을 거듭했다.

설씨부인은 설백민薛佰民, 15세기의 딸로 순창에서 태어나 신말주와 결혼해 한양에서 살던 여성이다.[19] 다시 고향에서 살게 된 설씨부인은 남편이 출사와 낙향을 거듭하면서 남편의 임지와 순창을 번갈아 오갔을 것이다. 설씨부인은 문장과 글씨와 그림 모두에 능해 유명한 이였다. 그런 그는 1482년 승려 약비若非의 요청으로 쇠락해버린 강천사 복원 운동을 시작했다. 복원을 위해 14점의 글씨와 그림 한 점을 묶어 성금 출연을 촉구하는 일종의 선언 문서인 『권선문첩』勸善文帖을 만들었다. 〈광덕산 부도암도〉廣德山浮圖庵圖가 바로 여기에 실린 그림이다. 화폭 상단은 광덕산이라 부르는 강천산 주봉과 그 줄기를 배치했는데 오른쪽에서 왼쪽으로 뻗어나가면서 드넓은 공간이 생겼다. 하단에는 거대한 바위와 소나무며 떡갈나무를 배치해 안정감을 주었고 그 사이 중간 오른쪽에 두 채의 건물을 그리고 옆으로 긴 축대와 함께 일주문을 그렸다. 당시 부도암이 매우 작은 암자에 불과했음을 보여주는 실경이다. 이 부도암이 중창을 거쳐 강천사로 거듭났다. 〈광덕산 부도암도〉는 전해오는 실물이 드문 15세기 실경 산수화라는 점에서 의미가 각별하다. 이 그림이 각별한 까닭은 또 있다. 당대 유행하는 주류 화풍을 구사하고 있다는 점과 아울러 그 시절 유일한 여성 화가의 작품이라는 점이다. 여러 의미로 보물 같은 그림이다.

무주, 충청과 경상과 전라와 맞닿다

무주는 충청, 경상, 전라 3도와 맞닿은 고을이다. 그야말로 사방팔방으로 연결된 땅이다. 마한, 대가야의 일부였다가 백제의 적천赤川, 신라의 단천현丹川, 고려의 주계朱溪가 되었다. 조선에 이르러 무풍茂豊 땅을 병합하면서 머리글자 '무'茂와 '주'朱를 따와 비로소 무주茂朱라는 이름을 얻었다. 백제 이래 붉은 빛깔을 뜻하는 적赤, 단丹, 주朱를 사용하고 있는데 실제로 이 땅의 바위는 모두 붉은 빛을 뿜어내는 화산암과 편마암이었다. 저녁노을 흐르는 강물에 비친 계곡의 빛깔이 빨갰거나 아니면 붉은 치마처럼 생긴 적상산赤裳山이 한복판을 차지하고 있어 붉은 빛 무성한 고을이라고 했는지도 모르겠다.

무주 북쪽에는 덕유산에서 발원한 남대천이 무주읍을 휘감으며 흐르다가 서쪽 금강에 합류한다. 무주의 한복판에 솟은 적상산이 아름답고 그 줄기를 따라 남쪽으로 오르면 덕유산이 우뚝하다. 남쪽에는 덕유산에서 발원한 통안천·구리향천·명천이 안성면에 이르러 합친 뒤 서쪽 금강으로 흘러들어간다. 그 구비가 얼마나 평화롭고 그윽한지 알 수 없다. 넉넉하고 어질기 그지없다는 뜻의 덕유산德裕山이 쏟아내는 기운이 이름 그대로 퍼진 것이겠다.

구천동은 또 얼마나 시원한지, 가는 길목에 나제통문羅濟通門을 통과한다면 백제와 신라를 넘나들 뿐 아니라 전라도와 경상도를 넘나드는 경험을 하는 것이다. 나제통문은 일제강점기인 1925년에 뚫은 동굴이지만 그곳은 백제와 신라를 연결하는 고개였으므로 아주 오래된 통문이라는 사실은 변함이 없다. 통문을 지나쳐 구천동 계곡을 따라 오르면 하늘 아래 처음 절집인 백련사가 나온다. 신라 때 창건한 천년고찰이다. 구천동은 덕유산 북쪽 기슭으로 70리를 흐르는 긴 계곡이다. 구천동이라는 이름은 불가에 귀의한 9천 명이 살고 있다는 구천둔九千屯에서 유래했다는 설과 이 계곡에 천 가지가 넘는 초목이 살고 있기 때문이라는 설이 전해온다.

높이 1,037미터의 적상산은 꼭대기에 드높은 절벽이 병풍처럼 펼쳐져 있어 신비롭다. 그 바위는 붉은색 퇴적암이며 진달래 피는 봄과 단풍 지는 가을에는 마치 붉은 치마를 두른 듯 경탄을 자아낸다. 고려시대 때 최영崔瑩, 1316-1388 장군이 적상산에 올라 천연 요새임을 확인하고 공민왕에게 건의해 이곳에 산성을 축성했다. 임진왜란이 끝나고 만주 여진의 위협에 따라 묘향산 사고가 위험에 노출되자 광해왕이 이곳 산성을 수리하고 적상산 사고를 세운 뒤『왕조실록』을 이관하였다. 얼마 뒤 강화의 마니산 사고가 침탈을 당한 것을 보면 미래를 향한 통찰이었다. 하지만 일본이 조선을 강점한 뒤 제 물건처럼 멋대로 실록을 모두 쓸어갔다.

안성의 남쪽 배나무 고을이라는 뜻의 이목리梨木里에는 울음의 강물인 명천鳴川이 흐른다. 명천은 덕유산 삿갓봉에서 발원해 원통사 계곡을 거쳐 명천마을을 가로지른다. 이어 배냉기라 부르는 이목리로 내려와 안성면 소재지로 달아난다. 나는 이곳 배냉기에서 태어나고 자랐다. 1956년 5월이니 전쟁의 포연이 아직 사라지지 않았을 때다. 하지만 머루와 달래, 산딸기며 들꽃들이 엄마의 환한 웃음과 더불어 풍성했고 저 멀리 덕유산은 어찌 그리도 정겨운지 세상의 모든 풍경이 그런 모양인 줄로만 알고 자랐다. 마을 앞쪽에는 긴 뚝방이 있고 그 너머에 명천은 엄청난 강물이었다. 여름이면 깊고 넓은 강물에 빠져 물장구치고 겨울이면 얼음판 위로 앉은뱅이 미끄럼을 탔다. 눈 쌓인 겨울 새벽이면 도회지에서 일하시는 아버지가 사다주신 장화를 신고 윗배냉기 할아버지 댁에 가 그 품에 안겼다. '정짓간'에 가면 드높은 천장 대들보에 커다란 구렁이가 스르륵 지나가곤 했다. 무서워 엄마 품에 숨어들었으나 어른들은 수호신이라 여겼다. 또한 어른들은 저녁이면 뒷마당에 먹을 것들을 여기저기 내놓았다. 영문을 몰랐으나 그것이 짐승들과 함께 사는 슬기였음을 안 건 철들고서였다. 동네 여자아이 놀리느라 눈을 뭉쳐 가슴 속으로 집어넣기도 하고 세발자전거 타고 우쭐대기도 했다. 할아버지가 돌아가시자 내가 사는 아랫배냉기에서 할아버지 댁이 있는 윗배냉기까지 검정색 지프차가 도로를 가득 메웠다. 장면張勉, 1899-1966정권 때 아버지가 내무부 신현돈申鉉燉, 1903-1965 장관 비서실에 근무하셨기 때문이라는 걸 뒷날 알았다.

지금은 통영대전고속도로가 배냉기 옆을 관통하는 데다 명천마을 가까이에 큰길이 나서 깊은 산골도 그 시절 풍경도 사라졌다. 사람들은 여전히 아름다운 휴양지라고들 하지만 나는 고향을 잃었다.

지금껏 무주 또는 덕유산이나 적상산을 그린 그림을 찾지 못했다. 이토록 깊고 따스한 덕유산은 물론 붉은치마 두른 듯한 적상산이며 그 위에 세운 적상산성과 사고가 있는데 어찌 그림 한 장 없겠는가, 싶었다. 깊고 특별한 승경지를 품고 있는 지역 가운데 그림을 찾을 수 없는 곳이 많지만 그래도 무주의 승경을 그린 실경화만은 찾고 싶었다. 그러나 끝내 찾지 못했다. 찾지 못했으니 무주는 여기서 빼야 했다. 하지만 어쩐지 섭섭했다. 고향이란 이런 것일까. 그림 대신 예외를 두어 《해동지도》 중 〈무주부〉를 포함시키기로 했다. 그냥 내 고향이라서인데 고향이란 이처럼 예외인 것인가보다.

〈무주부〉 화폭 상단을 보면 맨 먼저 덕유산에서 발원한 남대천이 서쪽 무주

미상, 〈무주부〉, 《해동지도》, 47.5×30, 종이, 18세기 중엽, 서울대규장각.

읍을 관통해 금강으로 합류하는 모습이 두드러진다. 무주 관아들이 즐비하고 그 아래쪽으로 험준한 바위산이 빙 둘러선 적상산성이 멋진 자태를 드러내고 있다. 산성 안 북창천과 밖으로 상곡천이 흘러 합류하고 여러 채의 건물들이 즐비하게 늘어섰다.

　　화폭 하단에는 덕유산에서 발원하여 안성을 통과하는 구량천에 명천이 합류해 서쪽의 금강을 향해 간다. 나는 명천 중하류쯤 배나무 꽃이 눈부신 땅에서 태어났다. 화폭 최하단을 보면 안성사창安城社倉이 보이는데 바로 그곳이다. 오른쪽으로 원통사元通寺, 왼쪽으로 죽계서원竹溪書院이 보인다. 신라 때 창건한 원통사는 1905년에 거병한 덕유산 의병 김동신金東臣, 1871-1933, 문태서文泰瑞, 1880-1913 그리고 대한제국 근위대 출신 신명선申明善, ?-1908 부대의 활동 거점이었다. 1949년 여수 순천에서 일어난 여순사건의 여파에 화를 입어 모두 불타고 말았다. 한국전쟁 때 주지 승려 황범인黃梵仁이 재건을 시작해 오늘에 이르렀다. 1713년에 창건한 죽계서원은 고려시대 장수 김신金侁, ?-1274, 조선시대 선조 때 장수 장필무張弼武, 1510-1574의 위패를 배향한 서원이다. 1869년 서원철폐령에 따라 훼철했다가 1972년 재건했다. 하지만 그 누구도 원통사며 죽계서원 이야기를 들려주는 이 없어 이웃에서 태어나고 자랐으면서도 가본 적이 없다. 알았다면 몇 차례나 들러 예를 갖추었을 게다. 이렇게 시원찮은 글로, 이제야 고향이 낳은 위인의 생애를 흠향한다.

광주, 무등산 그리고
금남로의 꽃잎

　　광주 땅의 이름은 물 흐르는 너른 벌판이라는 뜻의 물들이었다. 백제 때 물들이라는 소리를 한자로 바꾸어 무진武珍이라 했고, 고려 때 빛고을이라는 뜻의 광주光州로 바꿨다. 한복판에 영산강이 흐르고 저 해 뜨는 동쪽 벌판에는 무등산이 그야말로 불끈 솟아 있다. 광주 땅에는 무등산 기슭에서 흘러내리는 물길이 여러 갈래인데 증심천이 광주천에 합류하고 그 넓은 벌판에 마을이 번창해나갔다. 하지만 고려시대 이래 전라도 수부의 지위는 언제나 나주였고 조선시대에도 군, 현의 하나에 불과했다. 대한제국시대인 1896년 전라도를 남북으로 분할할 때 전라남도 도청을 광주에 설치함에 따라 남도의 수부가 되었으며 1988년 송정과 광산군을 편입시켜 대도시가 되었다.

　　제봉霽峯 고경명高敬命, 1533-1592, 충장忠壯 김덕령金德齡, 1567-1596, 금남錦南 정충신鄭忠信, 1576-1646은 광주가 배출한 임진왜란과 정묘호란의 영웅이다. 지금 광주의 도로명 제봉로, 충장로, 금남로는 모두 이들을 기리는 이름이다. 이처럼 의병과 무장을 배출한 투쟁의 역사로 말미암은 것일까. 일제강점기 때인 1929년 11월 3일에 펼쳐진 광주학생항일운동은 1919년 3·1민족해방운동 이후 전국 규모로 퍼져나간 최대의 저항 투쟁이었다. 그뿐만일까. 쿠테타를 일으켜 집권한 전두환全斗煥, 1931-2021 군대가 1980년 광주시민을 학살하자 이에 맞선 시민들이 항쟁에 나섰다. 오랜 전통을 배우며 자란 광주시민이었기에 5·18민중항쟁에 나설 수 있었던 것이다.

광주는 또한 예술의 고장이다. 광주가 배출한 목정牧丁 최한영崔漢永, 1902-1988, 송정이 낳은 용아龍兒 박용철朴龍喆, 1904-1938과 더불어 진도 출신의 의재毅齋 허백련許百鍊, 1891-1977과 화순 출신의 모후산인母后山人 오지호吳之湖, 1905-1982는 광주 땅을 예술의 고장으로 육성시킨 절정의 예인이다. 용아 박용철은 짧은 생애를 살며 일제강점기 조선문학사에 두터운 업적을 쌓은 시인으로, 1930년에 발표한 「떠나가는 배」는 세기가 바뀐 지금도 가슴시린 감동의 물결이다. 3·1민족해방운동의 주도자인 목정 최한영은 옥고 이후에도 올곧은 생애를 살며 서법가로 명성을 떨쳤다. 의재 허백련은 소치 허련 가문에서 낳은 남도산수화의 거장으로, 모후산인 오지호는 서구 근대 회화를 배워 조선 풍토를 융합함으로써 자기화를 성취한 20세기 거장으로 각각의 지위를 획득했다.

광주천과 무등산 그리고 5·18민중항쟁은 나의 생애와 학문의 근간이 되어 주었다. 이 땅에서 그 존재를 만난 여러 장군과 예인들, 그리고 5·18민중항쟁 당시 내 눈앞에서 금남로의 꽃잎이 된 이름 모를 청년들은 지금도 여전히 내 삶 안에 단단히 자리잡고 있다.

무등산은 높이 1,186미터로 호남정맥에서 가장 높다. 대도시 광주 벌판에서 갑자기 병풍처럼 치솟았음에도 들녘 사람들에게 위협이 아니라 평온한 느낌을 주는 게 경탄스럽다. 돌산이 아니라 흙산인 데다 품이 넓어 완만하고 그 사이로 수도 없는 나무들이 우거져 있기 때문이다. 사람들은 성스러운 성산聖山이자 신의 산악이라 하여 신악神岳이요 호남의 신전이라 부른다. 무등산이라는 지명은 『고려사』 1256년 항목에 처음 등장하는데[20] 물들과 그 한자 이름인 무진을 따라서 무등無等

이라고 쓴 것이다. 그러니까 무등이란 물들이고 그 뜻은 물 흐르는 너른 벌판이며 여기에 산을 붙여 무등산이라고 쓴 것이다. 이런 어원을 생각하지 않고 무등산이라는 한자 뜻을 따라 등급이 없는 산이라고 해석하는 사람들이 많다. 심지어 누군가는 무덤이나 무당에서 가져왔다는 견해를 펼치기도 한다.

무등산 꼭대기에 솟은 천왕봉은 군사 시설이어서 오를 수 없고 그 아래쪽 1,100미터 높이에 있는 서석대까지만 접근할 수 있다. 전국 방방곡곡을 나그네처럼 유랑한 시인 매월당 김시습은 이곳에 올라 아름다운 시편「무등에 올라」를 남겼다.

> 아지랑이 자욱한 산 빛이 푸른 안개에 스며들고
> 높고 낮은 돌 길에는 능수버들 으슥도 하여라
> 신사며 절집에는 키 큰 교목 많아
> 하늘에 별들이 가까와 손으로 만질 것만 같아라[21]

그린 이를 알 수 없는 〈무등산도〉는 산의 생김생김만이 아니라 경물과 사찰까지 그려놓았다. 가느다란 선과 옅은 먹으로 흙산의 부드러움을 매우 맑고 포근하게 묘사한 걸작이다. 가장 높은 천왕봉 오른쪽 기슭에 서석대와 입석대를 묘사했다. 그 옆으로 열 개나 되는 돌기둥이 있는데 그림에서는 옆으로 누워 넓은 바위인 광석廣石과 함께 사시사철 시원한 바람이 나오는 구멍인 풍혈대風穴臺를 거창하게 그려놓았다. 그 옆에 둥그런 북처럼 생긴 바위가 특별한데 이름을 써넣지 않았다. 풍혈대 아래 기슭에서 급경사를 이루며 흘러내리는 증심천에 입혀놓은 파란색 담채가 아름답다.

화폭 한복판에 천제단天祭壇이 보인다. 소나무로 둘러싸인 곳의 사각형이 그것이다. 신성한 성산이었으므로 삼한시대의 백제, 신라부터 고려까지 국가가 나서서 하늘에 제사를 지내기 시작했다. 삼한시대 이래 천제를 지내는 산은 이곳 무등

미상, 〈무등산도〉, 62×103, 종이, 19세기, 영남대박물관.

산과 더불어 묘향산과 구월산뿐이었다. 조선시대에 이르러 하늘에 제사를 지낼 수 없는 제후국이 되자 국가가 아니라 광주 관아가 주관했다. 일제강점기에 조선총독부가 상중하 세 개의 대로 이루어진 천제단을 파괴하고 또 제사도 지내지 못하게 했다. 조선의 신성함을 말살하고자 한 것이다. 화가인 의재 허백련이 나서서 1965년부터 매년 10월 3일 연진회가 주관하는 개천제를 지내기 시작했다. 여기에 단군신전 건립을 추진했으나 기독교단 일부의 반대로 무산되었다.

그림에는 원효사, 증심사, 약사암 세 곳의 절집이 보인다. 오른쪽에 가장 커다랗게 그린 약사암은 신라시대 때 창건한 사찰이다. 약사암 반대편 왼쪽에 숨은 듯 자리한 원효사는 신라의 승려 원효가 창건했다고 하지만 기록과 연대가 맞지 않아 전설이라 한다. 한국전쟁 때 모두 불탔으나 이후 오랜 세월을 거쳐 새로 지었다. 천제단 바로 아래 쪽에 자리를 잡은 증심사證心寺는 신라시대 때 민간인이 창건한 사찰이다. 물론 860년 신라의 철감국사澈鑑國師가 창건했다는 설도 있지만 민간 창건설을 못마땅해 하는 이가 내세우는 것일 뿐이다.

아무튼 위대한 승려가 아니라 민간인이 나선 것도 희귀한데 여기에 풍수가 겹친 창건 설화가 흥미롭다. 전라도 무주 한만동이라는 자의 집안에 지독한 할아버지가 있었는데 노비 득이가 그에게 욕을 하고는 도주했다. 이에 득이의 아내가 갇혔는데 한만동의 어머니가 그 아내를 풀어주었다. 그 뒤 집안이 몰락했고 어머니마저 세상을 떠났다. 한만동이 장례를 치르고 있는데 한 승려가 와 통곡을 하다가 어머니의 묘소 터를 잡아주었다. 그로부터 가세가 풀려 후손은 벼슬에 오르고 재산 또한 불어났다. 이상하게 여긴 한만동은 그 묘소를 이장하고 터를 파헤쳤다. 이에 노승이 나타나 꾸짖었고 이에 한만동은 그 터에 절을 지었는데 바로 증심사다. 그러니까 이 절은 풍수에서 말하는 복 받은 땅 위에 선 절이다.

장성, 어제도 오늘도 흐르는 황룡강 물줄기

장성은 백제 때 고시이古尸伊였다가 남북국시대 때 갑성岬城으로 바뀌었고 고려에 이르러 비로소 장성長城이라는 이름을 얻었다. 산줄기가 북쪽으로 길게 가로막고 있어 이를 길다란 성곽으로 비유해 고을 이름을 장성이라고 지었다. 높이 621미터의 축령산과 더불어 장성을 가로지르는 황룡강이 잘 어울리는 곳이다. 호남 유가의 종장인 하서河西 김인후金麟厚, 1510-1560와 조선 3대 의적 홍길동洪吉童, 1443-?의 고향인 장성은 임진왜란과 일제강점기에 호남 항일의병의 본산이었다. 특히 황룡강은 1894년 전봉준 장군이 이끄는 동학농민군이 위엄을 떨친 곳이다. 당시 한양에서 파견된 정예군에 맞서 동학농민군은 황룡강에서 치열한 전투 끝에 승리를 거두었고 이를 기반으로 전주성까지 점령을 할 수 있었다. 그러므로 황룡 전투는 동학농민군에게 잊을 수 없는 역사의 현장이다.

벼슬에 올라 머무른 여러 관아를 그린 그림이라는 뜻의《숙천제아도》宿踐諸衙圖는 공조참판을 역임한 하석霞石 한필교韓弼敎, 1807-1878가 자신이 재직한 관청을 한 곳 한 곳 빠짐없이 묘사한 화첩이다. 25살에 목릉참봉으로 출사해서 1878년 공조

미상, 〈장성부〉, 《숙천제아도》, 종이, 19세기 말, 미국 하버드옌칭도서관.

낭심호, 〈백양사〉, 《조선8경도》, 110×33, 종이, 1925년 이후, 최열 기증, 국립현대미술관연구센터.

참판에 이르기까지 15곳의 근무지를 한 점씩 그렸다. 이런 방식의 그림을 환력도 宦歷圖라 부르는데 아주 희귀한 것이다.[22]

《숙천제아도》 중 〈장성부〉는 전라도 장성 관아를 중심으로 주변의 산과 강 그리고 마을을 그린 작품이다. 화폭의 사방 가장자리에 고을을 편안히 감싸는 여러 산봉우리가 즐비하다. 마을 곳곳에 물길이 여럿인데 화폭 왼쪽 산줄기를 따라 황룡강이 길게 흐른다. 복판 관아의 가장 위쪽에 중심건물인 동헌이 자리잡았고 여러 전각들이 즐비하다. 눈길을 끄는 건 화폭 상단 왼쪽 황룡강가에 선 '하마비'다. 타고 온 말에서 내리도록 하는 이정표인 하마비를 이곳에 세운 까닭은 고을의 위엄을 드러내려 한 것이겠다. 관아 주위를 둘러싸고 민가와 길과 냇물 그리고 숱한 나무들이 어울려 참으로 아름다운 정경이다.

장성은 이처럼 산과 강이 조화를 이루어 호남 제일 산수를 자랑하는 땅이었다. 그 중 백제 무왕 때인 632년 여환선사如幻禪師가 창건한 백양사의 단풍은 조선 제일이다. 백제 때는 백암사, 신라 때는 정토사로 그 이름이 바뀌었다가 조선 선조 때 지금의 흰 양이라는 뜻의 백양사白羊寺로 바뀌었다. 환성선사喚醒禪師가 영천굴에서 설법을 하고 있을 때 설법이 신묘하여 뒷산에 있던 흰 양이 내려와 얼마 뒤 천상으로 올라가는 기적이 일어났으므로 그때부터 백양사라 불렀다고 한다. 백양사 단풍은 정읍 내장산 단풍과 더불어 조선제일경이었다. 물론 가을단풍만이 아니다. 예부터 봄날에는 백양이라고 하여 춘백양春白羊이라는 칭송이 자자했을 뿐만 아니라 겨울날에는 백암산白巖山, 입암산笠巖山의 설경이 일대 장관이었다. 누군지 알 수 없는 화가 월호 낭심호의 그림 〈호남 백양사〉는 깊고 아늑한 백양사의 여름날 풍경이다.

장성 장안리 봉암서원과 변씨 정려각을 지나면 열녀각과 영사정永思亭이 있다. 이 가운데 영사정은 조선 초인 1452년에 건립한 것이다. 고려시대 때 문인 변정邊靜, ?-?이 이곳에 은거하며 여러 학자를 배출하였던 유서 깊은 곳이었으므로 후손들이 세웠다.

그린 이를 알 수 없는 8폭 병풍《영사정팔경도》는 장안리 황룡강변에 자리한 영사정 주변 여덟 승경을 그린 작품이다. 여덟 폭 가운데 지금은 여섯 폭만 전해오고 또 세 폭에만 화제 글씨가 보인다. 그런데 남원 출신의 시인이자 의병장 죽암竹巖 양대박 梁大樸, 1543-1592의 문집『청계집』에 실려 있는 시편「영사정팔경」의 제목과 일치하여 팔경의 전모를 짐작할 수 있다. 혹시《영사정팔경도》는 죽암 양대박이 황룡강 유람길에 화가도 함께 하여 그리게 한 것이 아닌가 싶다.

첫째 폭 〈수죽청풍〉脩竹淸風은 대나무 사이로 맑은 바람이 부는 장면을 실감나게 그렸다. 대나무를 그린 게 아니라 바람을 그린다는 말처럼 바람에 휘어지는 세 무더기의 대나무 숲이 활기를 북돋운다. 그 아래 세 명의 선비가 둘러 앉았는데 그들의 이야기가 들려 오는 듯 유쾌하다.

둘째 폭 〈순강모우〉鶉江暮雨는 비오는 해질녘 하늘에서 쏟아져내리는 빛이 눈길을 끈다. 화폭 하단 오른쪽에 비바람을 견디는 나무와 정자에 앉은 선비가 그윽하다. 반대쪽 강에는 비옷을 입은 두 명의 어부가 거친 물결을 헤치고 나아가는 모습이 생생하다.

셋째 폭 〈방장청운〉方丈晴雲은 비 그치고 안개 낀 경치가 그윽하여 평화롭기 그지 없다.

넷째 폭 〈야도고주〉野渡孤舟는 들녘 나루에서 나룻배를 손짓으로 부르는 일행의 기다림이 더욱 간절해 보인다.

다섯 째 폭 〈단애쌍루〉斷崖雙樓는 이쪽과 저쪽 절벽에 두 개의 정자가 정다운 친구처럼 쌍을 이루고 있다. 또한 그물을 던져 물고기를 잡는 순간을 소재로 삼은 아주 희귀한 그림으로 매우 특별하다. 어부가 허리를 구부린 채 그물을 잡아당기는데도 물고기가 꽉 찬 그물을 당기는 게 쉽지 않은 모양이다. 그 무게가 버거운 듯

〈수죽청풍〉

〈순강모우〉

〈방장청운〉

〈야도고주〉

〈단애쌍루〉

〈폐성잔조〉

미상, 《영사정팔경도》, 각 70×50, 종이, 16세기, 개인.

배도 기울어졌고 반대쪽은 위로 솟아올랐는데 노를 젓는 노꾼이 더욱 기를 쓰고 있다. 수도 없는 실경화를 보았으나 이런 장면은 드물다. 강물의 물결 묘사 또한 비단결처럼 곱다.

여섯째 폭 〈폐성잔조〉廢城殘照는 무너진 성에 깃드는 저녁노을이 안개와 더불어 아득하다. 연기 속에 숨은 마을이며 성곽을 향해 가는 일행의 모습이 한가롭다.

《영사정팔경도》의 여섯 폭에 담겨 있는 장면은 모두 바뀌어 더는 볼 수 없다. 다만 영사정을 품은 황룡강은 예나 지금이나 다름없이 흐르고 있다.

영광, 불가의 땅이며
유가의 땅이며 항쟁의 땅

영광은 삼한시대 이래 융성한 부족국가의 전통을 지녔으며 백제 때 무시이武尸伊, 남북국시대의 신라 때 무령武靈이었다가 고려 때 비로소 영광靈光이라는 이름을 얻었다. 크다는 뜻의 무시를 한자로 무시武尸라 한 것이고 또 거리라는 뜻을 한자로 이伊라 바꾼 것이다. 따라서 무시이는 큰거리를 뜻한다. 그 뒤 신령스러운 마음을 뜻하는 영靈을 덧붙였다가 나중에 또 빛을 뜻하는 광光을 더하여 영광이라고 했다.

이곳은 법성포를 중심으로 백제 때부터 당나라와 활발한 무역이 이루어져 번영을 구가했다. 쌀과 소금 같은 물산이 풍부한 고장으로 특히 굴비가 특산물이다.

영광 땅은 동쪽으로 산봉우리가 솟아 있고 서쪽으로 바다가 있으며 내륙으로 많은 시내물이 흐르는 고을이다. 동쪽에 593미터 높이의 태청산太淸山, 남쪽에 516미터 높이의 불갑산佛甲山, 348미터 높이의 모악산母岳山이 솟아 있고 벌판에는 저 산에서 발원한 구암천九巖川, 와탄천瓦灘川, 불갑천佛甲川이 서해바다로 흘러들어 간다. 그러고 보면 이곳도 물이 많은 고을이었나보다.

영광은 삼국시대 때 인도의 승려 마라난타摩羅難陀 4세기가 이곳에 이르러 384년 불갑산 기슭에 불갑사佛甲寺를 창건해 일찍이 불가의 땅이 되었다. 그뿐 아니라 유가

안중식, 〈영광풍경〉, 170×473, 비단, 1915, 호암미술관.

의 땅이기도 했다. 이 땅이 배출한 수은睡隱 강항姜沆, 1567-1618은 임진왜란 때 포로가 되어 일본 주자학의 개조 후지와라 세이카藤原惺窩, 1561-1619와 무장으로 유학자의 삶을 추구한 아카마쓰 히로미치赤松廣通, 1562-1600에게 영향을 끼친 인물이었다. 귀국한 수은 강항은 출사하지 않고 이곳에 은거하며 제자를 키워냈다. 그의 저서『간양록』은 오늘날까지도 널리 읽히는 고전이다.

1907년 기병한 호남의 심남일沈南一, 1871-1910, 의진의 도통장이자 뒷날 살아남아 화가의 생애를 살아간 가석可石 김도숙金道淑, 1872-1943은 나주 출신이지만 이곳 영광과 인연이 깊다. 숱한 전과를 올리던 중 체포, 투옥 당했다가 천신만고 끝에 출옥한 뒤 이곳 영광에서 활동했기 때문이다. 미술사에 이름 석 자 올리지 못한 그였고 호남미술사에서도 그 이름은 없었다. 어느 날의 일이다. 가석可石이라는 아호만 있는 해오라기 병풍을 해체하던 표구점에서 누군지 아느냐고 물어왔다. 가보니 인장에 '무령거인'武靈居人이라는 글자가 보였다. 인장 연구가인 고재식高宰植, 1960-2017에게 물었더니 자신의 고향인 영광의 옛 지명이 무령이라고 알려주었다. 이로부터 무령거인 가석이라는 인물을 추적할 수 있었고 의병 김도숙임을 확인할 수 있었다. 미술사상 잊혀진 의병 출신 화가를 찾아낸 순간이었다. 그 실마리가 영광이었으니 이 얼마나 영광스러웠는지 아직도 설레임이 생생하다.[23]

외지인인 가석 김도숙이 활약하던 바로 그 시절에 원불교 대종사 소태산 박중빈이 이 땅에서 태어났다. 그의 생가가 있는 백수읍 길룡리는 순례 성지로 빛나고 또한 물질은 개벽되니 정신을 개벽하자는 그의 말은 새 시대의 마중물을 뜻하는 화두가 되었다. 하지만 1985년 이 땅에 원자력발전소가 가동을 시작하면서 핵의 두려움이 교차하는 곳으로 변했다.

1915년은 20세기 미술의 스승 심전心田 안중식安中植, 1861-1919이 스러진 왕조의 궁궐인 경복궁〈백악춘효도〉를 그린 해다. 당대 최고의 걸작을 토해낸 바로 그해 심전 안중식은 조희경曺喜璟과 조희양曺喜陽 형제의 청으로 이곳 영광을 방문했다. 그리고 〈영광풍경〉을 그렸다. 앵두처럼 어여쁘다는 채화정菜花亭에서 영광을 한눈에 보고 여덟 폭 병풍에 옮겼다.

화폭 왼쪽 끝에 관아, 오른쪽 멀리 향교를 배치했다. 상단에는 고을을 감싸는 산줄기를, 하단에는 가옥을 빼곡하게 채웠으며, 화폭 오른쪽은 너른 들판이다. 초가지붕 사이로 우뚝한 기와집이 변화를 일으키고 사이사이로 난 길과 문득 주민들이 여기저기 보이는 데 정겹다.

오른쪽 중간 논 부분을 보면 쟁기를 매단 소가 앞으로 나가는 모습이 보인다. 무엇보다도 이 작품의 뛰어난 점은 고요함이 뒤덮은 적멸의 풍경을 연출했다는 것이다.

어느 연구자가 저 〈백악춘효도〉와 함께 이 작품 〈영광풍경〉을 가리켜 생동하지 못한 실경이라고 흠을 잡곤 하지만 그렇지 않다. 일제의 침략과 강점에 맞서 일찍부터 동학농민항쟁과 의병 항쟁의 거점이었던 이 땅이 활기에 넘친다면 그게 더욱 기이한 일 아니겠는가. 1910년 일제강점으로 말미암아 우울과 침통의 기운으로 뒤덮여 적멸의 고요함을 드러내는 풍경이 보이지 않는가 말이다.

화순, 적벽강과
운주사에 깃든 꿈

　　화순 지역은 삼한시대 때 여래비리국如來卑離國과 벽비리국辟卑離國 일대였다. 고려 때 능성현綾城縣과 화순현和順縣이었는데 동복천, 능주천, 화순천을 경계삼아 능주, 화순, 동복으로 나뉘어 있었다가 조선을 거쳐 일제강점기에 이르러 하나의 화순이 되었다. 북쪽에 1,187미터 높이의 무등산, 810미터 높이의 백아산, 동쪽의 919미터 높이의 모후산이 우뚝하다. 그뿐 아니라 남쪽이나 한복판에도 높은 산들이 즐비하여 벌판이 비좁다. 대신 깊은 계곡의 물이 맑고 깨끗하며 강변에 붉은 적벽과 같은 바위들이 모두 아름답다. 비단물결 흐르는 땅처럼 곱다는 능주는 인조가 1632년 자신의 모후인 인헌왕후仁獻王后, 1578-1626의 관향이라 하여 목牧으로 승격시켰다.

　　이곳 능주와 동복 땅에는 그보다도 훨씬 이전인 1519년 기묘사화 때 정암靜菴 조광조趙光祖, 1482-1519와 신재新齋 최산두崔山斗, 1483-1536가 유배를 왔다. 사림의 태산북두라 하는 정암 조광조는 그해 사약을 받아 세상을 떠났으나 호남삼걸의 한 분인 신재 최산두는 1533년 해배 때까지 적벽강 아래서 정암 조광조와 기묘사화의 벗들을 기억하며 꿈을 버리지 않은 채 이곳에서 세상을 등졌다. 이상국가를 꿈꾼 개혁 사림파의 대표인 기묘사학사 네 명 가운데 두 명이 이곳과 인연을 맺음으로써 화순은 더욱 가슴 저린 땅이 되었다. 그 이후 숱한 서원이 들어섰다. 그 가운데 1523년에 능주 출신 학포學圃 양팽손梁彭孫, 1488-1545이 이양면 증리에 정암 조광조를 추모하여 세운 죽수서원竹樹書院이 있고, 1668년 동복면 연월리에 신재 최산두를 추모하여 세운 도원서원道源書院이 있다.

화순에는 운주사와 쌍봉사가 있다. 운주사는 풍수지리에 탁월한 도선국사道詵國師, 827-898가 창건했다. 배가 움직인다는 뜻의 운주運舟 모양으로 배치했다고 한다. 영남에 비해 호남에 산이 없어 한쪽으로 기울 것을 염려해 천 개의 부처와 탑을 조성해놓았다고도 한다. 하지만 임진왜란 때 파괴로 망실당하고 말았다. 일제강점기 때까지 석탑 30기, 석불 213기가 남았었지만 이후에도 계속 침탈당해 1983년 무렵에는 석탑 16기, 석불 70기만 남았다. 이후 운주사의 명성이 널리 알려지면서 중건에 힘써 지금은 크게 늘어났으나 분위기는 사뭇 달라졌다. 1980년대 특히 유명해졌는데 머리가 발보다 아래쪽에 위치한 채 누워 있는 한 쌍의 와불臥佛이 일어서면 새 세상이 온다는 전설이 중건 시대와 맞물려서였다. 868년 철감선사澈鑑禪師가 창건한 쌍봉사는 부도탑도 아름답지만 3층의 날렵한 탑 모양으로 특이함을 뽐내는 대웅전이 더욱 눈길을 끈다. 대웅전으로 사용하고 있기에 전각이라고 할 뿐 본래는 탑이었다.

화순은 또한 20세기 뛰어난 화가이자 미술사의 신세계를 이룩한 오지호吳之湖, 1905-1982를 배출한 땅이다.

묵호墨豪 전충효全忠孝, 17세기가 그린 〈석정처사유거도〉는 석정石亭 김한명金漢鳴, 1651-1718의 은거지인 화순군 이서면 보산리의 풍경이다. 석정 김한명은 부모를 모시고자 관직에 나가는 대신 보산리 석정마을 입구에 석정정사를 세우고 후학을 지도하며 처사의 생애를 살았다. 묵호 전충효는 화폭 한복판에 석정 김한명 가옥

전충효, 〈석정처사유거도〉, 128.4×81.3, 비단, 17세기 후반, 개인.

미상, 〈점등예천〉, 《동복오씨세덕십장》, 24.7×21, 종이, 19세기 후반, 국립공주박물관.

을 배치하고 그뒤에 우뚝한 보암산을 그렸다. 화폭 하단에는 시냇물이 흐른다. 산을 뒤로 하고 물을 앞에 둔다는 배산임수 지형을 보여주고 있다. 한눈에 보아도 명당이다. 석정 김한명의 집은 동복천을 따라 전개된 적벽과 가깝다. 하지만 전충효는 적벽을 끌어들이지 않았다. 그보다도 화폭 상단에 큰 물길과 성벽 그리고 산악을 그렸다. 저렇게 높은 산악은 화순에서 서북쪽의 무등산뿐이다. 따라서 저 성벽은 광주읍성이고 화폭 최상단의 뾰족한 것은 무등산 입석대가 아닌가 한다.

그린 이를 알 수 없는 《동복오씨세덕십장》同福吳氏世德+章은 화순 동복오씨 가문의 명망 있는 선조 11명의 행적을 담은 화첩이다. 그중 〈점등예천〉點燈禮天은 화순 동복면을 본관으로 하는 동복오씨 3세손 오대승吳大陞, ?-?의 이야기다. 시중侍中을 역임한 오대승이 이곳 동복으로 낙향하여 살았는데 동네 한 바위에 48개의 구멍을 파고 거기에 매일 밤 불을 밝혀 하늘에 예를 올린, 즉 점등예천을 했다는 이야기다. 후손의 번창을 위한 정성이었다는데 실제로 이후 가문이 크게 번창하였다.

세월이 흘러 18세손 수촌水邨 오시수吳始壽, 1632-1681가 1670년 전라도 관찰사로 부임했다. 수촌 오시수는 극심한 기근을 극복하는 선정을 베풀었다. 이후 평안도 관찰사를 거쳐 도승지, 형조판서, 호조판서로 재임하면서 뛰어난 경세 관료로서 역량을 보였으며 6조 판서를 두루 역임한 끝에 우의정에 올랐다. 하지만 남인의 영수로 당쟁에 휘말려 사사당하고 말았다. 사후에는 관직을 회복하긴 했다. 그가 전라도 관찰사로 재직하던 때 동복에 들러 오대승 묘소에 참배했는데 이때 석등을 켰던 바위에 대를 쌓고 비석도 세워 그 일을 기념했다.[24]

〈점등예천〉에는 화폭 가운데 수십 개의 구멍을 낸 큰 너럭바위와 홍살문이 보인다. 그 곁으로 도로가 길게 휘어지고 그 양쪽 마을이 아늑하다. 화폭 상단을 가득 채우고 하단을 텅 비운데다 '之' 자 형 구도로 경물을 배치해 매우 시원스럽다.

강진, 다산 정약용의 유배지

강진은 마한 때 도무道武, 동음冬音이었다가 신라 때 도무는 양무陽武, 동음은 탐진耽津으로 바꿨다. 또 고려 때 양무를 도강道康으로 바꾸어 변화를 거듭했으나 조선시대에 이르러 둘을 합해 비로소 도강의 강康과 탐진의 진津을 따서 강진康津이라고 하였다. 온화하고 평화로운 나루터라는 뜻을 품은 강진은 북으로 달빛 월악산이 하늘을 향하고 남으로 쪽빛 탐진강이 바다로 들어간다. 기름진 땅이라 곡식 또한 기름진데 그 흙으로 빚은 청자가 아름답다.

네덜란드 사람 하멜Hendrick Hamel, 1630-1692이 1653년 제주로 표류해오자 조선 정부는 그 일행을 14년 동안 억류했다. 하멜은 7년을 이곳 강진 병영에 거주했다. 그가 의지했던 은행나무가 지금도 병영 성동리에 살고 있다. 또한 다산 정약용이 이곳 강진에서 10년을 머물며 『목민심서』를 썼고, 그가 머물던 다산초당은 지금도 숱한 이들의 사랑을 얻고 있다. 또한 독립운동가이자 시인인 영랑永郞 김윤식金允植, 1903-1950의 고향이다. 그의 숱한 시편들이 모두 그렇지만 「모란이 피기까지는」은 20세기의 걸작이라 누구나 한 번쯤은 읊었을 게다.

초의, 〈다산초당도〉,
종이, 1813, 개인.

초의선사가 그린 〈다산초당도〉는 강진군 도암면 만덕리에 있는 다산 정약용의 유배지를 그린 것이다. 초의는 다산 정약용의 제자였다. 그는 해남 대흥사에 일지암을 짓고 40년을 머물렀으며 진도의 소치 허련을 추사 김정희에게 소개해 화가의 길을 걷게 했다. 이뿐만 아니라 해동의 다성茶聖으로 명성을 떨쳤던 그는 『동다송』을 저술했으며 그림 실력도 출중했다.

다산 정약용이 이곳 초당에 머문 연유는 이러하다. 다산 정약용의 어머니 해남윤씨는 예원의 일대종사인 공재 윤두서의 손녀였다. 다산 정약용이 유배를 오자 그 후손 윤단尹搏, 1744-1821이 초당을 제공했다. 다산 정약용은 윤단의 자식들과 더불어 여러 제자를 받아 이곳 초당에서 교육하였고 제자들이 거처하는 초가도 더 지었다.

초의선사가 그린 〈다산초당도〉를 보면 초가 두 채와 연못이 있고 후원에는 아름다운 꽃들이 만발해 있다. 화폭 상단에 초당의 뒷산 만덕산이 아담하고 또 마당 앞쪽으로 담장이 보기에 편안하다.

다산 정약용이 유배에서 풀려 떠난 뒤 세월이 흘러 초당은 폐허가 되었다. 지금 다산초당은 1957년 다산유적보존회, 1975년 강진군이 새로 지은 것인데 그림 속 초가와 달리 모두 기와지붕을 얹었다.

순천, 하늘 닮은 땅

순천은 백제 때 산골과 벌판이 하나로 이루어진 고을이라 하여 감평欲平이라 했다. 물론 사평沙平 또는 무평군武平郡이라고도 했는데 남북국시대 경덕왕 때인 757년 승평군昇平郡, 고려 태조 때인 940년 승주昇州라 불렀다. 그러다가 충선왕 때인 1276년에 비로소 순천順天이란 이름을 얻었다.

하늘을 따르는 고을이란 뜻의 이름답게 그 지형 또한 하늘을 거스르지 않는다. 서쪽 조계산에서 동쪽 백운산으로 이어지는 호남정맥이 순천 북부를 두텁게 감싸고 돈다. 남쪽으로는 순천만이 남해바다를 향해 드넓게 쫙 펼쳐진다. 그 모습이 그야말로 산악과 해안을 한꺼번에 품는 조화와 순리의 형세를 이룬다. 강물은 또 어떠한가. 서쪽 조계산에서 흘러내리는 이사천과 북쪽 산악 지대에서 흘러내리는 동천이 만나 저 순천만으로 빠져나가는데 그 사이에 순천만국가정원이 자리 잡아 한 해에 천만 명의 관광객을 불러들인다. 『동국여지승람』에서 말하기를 '산과 물이 기이하고 고와서 세상에서 작은 강남인 소강남이라 일컫는다'고 하였음을 보면 순천은 단지 지나치는 관광의 땅이 아니라 세상에서 가장 살기 좋은 땅이라 하는 저 중국 양자강 남쪽 강남과도 같은 곳이었음을 알 수 있다.

순천에서 인물 자랑하지 말라는 말을 모르는 이는 없다. 모두가 선녀요, 모두가 선남인 땅 순천 시내 영동 대로변에 우뚝 선 팔마비八馬碑는 고려 때 청렴한 관리 최석崔碩을 추앙하는 비석이다. 순천에는 수령이 바뀔 때 떠나는 수령이 여덟 필의 말을 골라 갖는 풍습이 있었다. 부담이 안 될 리 없었으니 폐단이 아니라 할 수 없다. 태수 임기를 마친 최석은 이에 따르지 않았다. 관례에 따라 억지로 딸려 보낸 여덟 마리의 말은 물론이요 그 사이 낳은 망아지까지 되돌려 보내왔다. 그로 말미암아 폐단은 사라졌다. 순천 사람들은 팔마비를 세워 최석의 덕을 칭송했고, 오늘날 우리는 그 덕분에 깨끗하여 모두가 기리는 관리를 뜻하는 청백리를 순천에서 만나고 기릴 수 있게 되었다.

순천에서 기억할 곳은 또 있다. 순천을 상징하는 누각, 연자루燕子樓다. 연자루는 물 위에 걸터앉은 다락집처럼 멋진 건물이었다. 고려 시대의 것으로, 중국 서주徐州 땅을 대표하는 연자루에 버금간다고 하여 그 이름을 그대로 가져왔다. 여기에는 고려 때 순천 제일 기생 호호好好의 전설이 전해온다. 고려 고종 때 순천 태수로 부임해온 손억孫億이 이곳에서 호호와 만나 사랑을 맺었으나 임기가 끝나 상경했다. 손억이 뒷날 특별한 임무를 맡아 순천으로 와 호호를 찾았지만 그녀는 늙었고 연자루만이 아름다운 자태를 뽐내고 있더라는 이야기다. 이어지지 못한 사랑의 사연을 머금은 연자루는 그러나 정유재란 때 불탄 이래 여러 차례 중건을 거듭하다가 1930년 일제강점기에 철거당했다. 연자루가 다시 등장한 건 그로부터 반 세기가 흐른 뒤였다. 원래는 팔마비와 가까운 곳에 있었는데 지금은 아니다. 오랜 세월 제자리를 지키고 있는 팔마비와 떨어져 강 건너 죽도봉 자락으로 자리를 옮겼다. 1974년 순천 출신 재일동포 김계선金桂善이 죽도봉 넓은 땅을 기증하여 공원으로 개발, 이곳에 연자루를 재건해 오늘에 이르고 있다. 죽도봉 공원에는 연자루만이 아니라 팔마탑이 우뚝하다. 팔마비의 주인공 최석이 돌려보냈다고 하는 말 아홉 필을 새겨 놓은 탑으로, 팔마비와는 멀어졌으나 팔마탑과는 가까워진 셈이다.

순천에는 또다른 이야기도 전해온다. 송광면 낙수리의 한 부자가 시주를 청하는 승려에게 더러운 물을 끼얹었다. 승려가 염불을 외우자 부잣집은 점차 물에 가라앉아 거대한 못으로 변하고 말았다. 장자못 설화다. 이 몰락의 설화는 그저 작은 징벌의 이야기일 뿐이다. 순천에는 해방 직후 듣고도 차마 못 믿을 일이 일어났다. 1948년 10월 19일 여수 주둔군 제14연대는 제주 4·3항쟁을 진압하라는 명령을 거부한 뒤 여수를 점령하고, 이어 순천을 점령하였다. 그러나 오래가지 못했다. 진압군에 의해 10월 27일 순천 수복이 이루어졌다. 이 과정에서 군인과 경찰은 물론 숱한 민간인들이 죽어나갔다. '여수·순천 10·19사건'이라 부르는 이 참혹한 비극은 오늘날 우리 현대사의 슬픈 역사로 남아 있다.

순천은 조계산 자락의 선암사와 송광사 두 사찰의 땅이다. 선암사는 백제 때인 529년 아도화상이 창건했고 남북국 시대 때인 861년 도선국사가 다시 창건했다. 임진왜란 이래 1823년까지 세 차례나 모두 불타버린 것을 중건했다. 선암사는 꽃의 절이다. 300년 된 산철쭉과 연산홍을 비롯해 벚꽃이며 동백, 자목련, 수국 등 수많은 꽃이 즐비하여 절집 전체가 꽃밭이다. 여기에 잎과 꽃이 서로 만나지 못한 채 핀다는 뜻으로, 참나리꽃의 일종인 화엽불봉상은 오직 선암사에만 있다고 한다. 그게 신기하여 나리꽃이 필 무렵인 한여름이면 선암사가 떠오른다.

선암사에서 조계산을 넘어 서쪽으로 가면 비로소 송광사가 있다. 송광사는 신라의 승려 혜린이 처음 창건한 사찰이다. 고려 때인 1220년 승려 지눌이 중창했다. 창건할 때는 길상사, 중창할 때는 수선사였으나 조선 초부터 송광사라고 불렀다. 송광사를 품고 있는 산의 이름은 조계산인데, 이 산의 옛 이름이 송광산이었다. 중창 당시 고려 희종熙宗, 1181-1237이 수선사라는 이름과 조계산이라는 이름을 함께 하사했는데, 오늘날에는 수선사라는 이름은 송광사로, 송광산이라는 이름은 조계산으로 바뀌었으니 산과 절이 이름을 맞바꾼 셈이 되었다.

송광사는 불교 개혁의 총본산이었다. 불교가 정치와 밀착한 데다 안으로는

송태회, 〈송광사〉,
100.5×57, 종이, 1915,
송광사성보박물관.

교종과 선종의 대립이 극심해 가던 시절의 일이다. 보조국사가 참선과 지혜를 아우르는 수행 방식인 정혜쌍수定慧雙修를 내세우고 송광사를 그 본산으로 삼아 정혜결사定慧結社를 조직하였다. 처음에는 몇 명에 불과했지만 이후 16명에 이르는 국사를 배출할 정도의 대가람으로 거듭났다. 불가의 세 가지 보물인 부처·경전·승려, 다시 말해 삼보三寶를 갖춘 절을 삼보 사찰이라고 하는데, 16국사를 배출한 송광사는 부처의 진신사리를 모신 통도사, 최고의 경전인 대장경을 지닌 해인사와 더불어 이른바 승보 사찰로서, 삼보 사찰의 하나로 우뚝 섰다.

    이러한 송광사를 그린 이는 순천의 이웃 화순에서 태어난 화가 염재念齋 송태회宋泰會, 1872-1940다. 그는 청운의 뜻을 품고 상경하여 성장해 나갔으나 일제가 조국을 강점하자 낙향하여 교육에 헌신하는 가운데 순천, 구례, 보성, 장성, 고흥, 영암 일대의 사찰에서 요구하는 비문과 현판 글씨를 써주곤 했다. 가혹한 시대를 처사의 생애로 견딘 처사 화가였다. 그런 그가 〈송광사〉를 그린 것도 바로 그 무렵인 1915년이다. 〈송광사〉의 화폭 상단은 텅 빈 하늘이다. 이어서 국사봉을 주봉으로 삼아 아래로 쏟아지는 자락에 수도 없는 전각들이 즐비하고 하단에는 신평천이 흐른다. 맨 아래 다리를 건너 일주문을 지나면 국사전, 하사당, 약사전, 영산전을 비롯해 온갖 이름의 건물들이 줄을 짓는다. 1920년대 찍은 사진을 보면 빽빽한 것이 마당조차 보이지 않을 정도여서 폭우가 쏟아져도 비를 맞지 않고 모든 건물을 오갈 수 있었다고 한다. 한국전쟁 때 불에 탔으나 1980년 무렵에는 대략 70여 동을 재건해 예전의 성세를 자랑할 정도가 되었다. 화폭을 보면 셀 수 없는 각각의 건물을 정교하고 세밀하게 묘사했음을 알 수 있다. 마당에 탑이 없는 대신 산중턱에 국사를 기리는 두 개의 탑과 주변 암자를 묘사해두었고 하단 왼쪽 절벽 위에서 세 스님이 드넓은 풍광을 관람하는 모습도 그렸다. 상단 오른쪽에 붙여둔 별도의 작품이 어디를 그린 것인지는 미처 알 수 없다.

지리산, 넓고 깊어
끝이 없는

지리산智異山은 심오한 이치를 간직한 신의 땅으로 지혜로운 이인異人의 산, 그러니까 아주 특별한 사람의 땅이다. 청담 이중환은 『택리지』에서 '뭇 신선이 모이는 곳'이라 하였다.[25] 지리산은 금강산, 한라산과 더불어 삼신산의 하나다. 금강산은 봉래산, 한라산은 영주산, 지리산은 방장산方丈山으로 신선이 내려와 노닐던 신의 산이었다. 그런 까닭에 신라의 오악, 조선의 사악, 대한제국의 오악의 하나로 꼽혀 국가가 직접 제사를 지내온 산이다.

방장산이라 부른 기원은 중국 당나라의 시성으로 추앙받는 두보杜甫, 712-770가 그 위치를 마한, 변한, 진한 땅을 이르는 삼한외三韓外라 하여 지리산을 특별히 가리킨 데서도 보듯 아주 오래된 것이다. 또한 두류산頭流山이라고도 하는데 백두산에서 흐르는 정기가 이곳에 솟았다는 뜻을 머금은 이름이다. 그런데 학자들은 그 이름의 기원을 지루하다의 사투리인 지리를 한자로 옮긴 것이라고 한다. 여기서 지루하다는 건 게으르다가 아니라 너무 넓고 너무 깊어 끝이 없다는 뜻으로 새겨야 한다.

지리산의 산신은 천왕天王과 성모聖母다. 중국 불교가 들어오면서 성모가 석가의 어머니 마야부인이라거나 중국의 마고라는 전설이 생겼다.

지리산에는 창업 군주와 얽힌 이야기도 많다. 뇌천 김부식은 『삼국사기』에서[26] 신라의 시조 박혁거세의 어머니 선도성모仙桃聖母를 산신으로 모시고 봄가을에 제사를 올렸다고 했고, 동안거사動安居士 이승휴李承休, 1224-1301는 『제왕운기』에서[27] 고려를 창업한 태조 왕건의 어머니 위숙왕후威肅王后를 산신으로 모시고 제를 올렸다고 했다. 조선을 창업한 태조 이성계의 이야기도 전해진다. 이성계가 왕위에 오르기 전 왕건의 어머니가 지리산에서 기도를 올려 왕건을 낳았다는 이야기를 듣고 창업의 꿈을 품고 지리산에서 기도를 올렸다. 어찌된 영문인지 불에 태운 기도문인 소지燒紙가 하늘로 오르지 않았다. 이때부터 이성계는 지리산을 배척했다고 한다.

생육신의 한 사람으로 국토를 유람한 시인 매월당 김시습은 1463년 지리산 성녀사聖女祠에 발길을 들여놓았다. 그는 「지리산을 바라보며」의 첫 소절에서 지리산을 아름답게 노래했다.

"하늘 높이 솟은 묏부리 멀리 하늘 만질 듯한데
돌 빛 같은 산 머리에 엷은 안개 서려 있구나"[28]

높이 1,915미터의 지리산은 한라산 다음으로 높은 산이다. 거기에 천왕봉, 반야봉, 노고단을 비롯하여 1,000미터가 넘는 봉우리가 즐비하고 또한 사방으로 넓게 퍼져 있으므로 뱀사골이며 피아골을 비롯한 계곡이 정말 많다. 당연히 하천도 즐비하다. 낙동강으로 흘러들어가는 북동부의 덕천강, 주천, 남천이 있고 섬진강으로 흘러들어가는 서남부의 화개천, 서시천이 있다. 그러다 보니 식물과 동물도 그 종수가 지극히 많다. 그뿐인가. 화엄사, 천은사, 쌍계사, 실상사를 비롯해 이름난 사찰이 즐비하다.

『택리지』에 이르길 '흙이 두텁고 기름져 온 산이 모두 사람 살기에 알맞다'며

김윤겸, 〈지리전면도〉, 29.6×34.7, 종이, 1770, 국립중앙박물관.

'열매와 곡식이 저절로 열렸다가 저절로 떨어지므로 승려와 속인이 풍족하고 농부와 장인 또한 심하게 노력하지 않아도 충족하니 이 산에 사는 백성은 풍년, 흉년을 모르는 까닭에 이 산을 풍부한 산이라 부산富山이라 한다'고 하였다.[29]

또한『도선비급』,『정감록』을 비롯한 대부분의 풍수지리서에서는 지리산을 두고 난리를 피할 수 있는 장소인 십승지十乘地라고 지목해두었다. 이에 따라 동학농민항쟁의 패잔병이 유민으로 흘러들어 산간 마을에 흩어지기도 했다. 그러나 1950년 한국전쟁의 참혹한 상처는 예외없이 이 산을 할퀴고 지나갔다. 아무리 십승지라고 해도 인간의 포악한 손길을 피해갈 수는 없었나보다.

조선 제일의 권문세가 장동김문 출신이었으나 서자로 출생해 평생 세상을 유람하며 조선 산천을 그린 화가 진재 김윤겸이 〈지리전면도〉를 그렸다. 지리산을 그린 단 하나의 걸작이다. 많은 이들이 그 봉우리와 그 계곡의 기암괴석을 그렸을 것으로 여겨 실경에 눈길을 준 이래 꾸준히 찾았으나 다른 그림은 끝내 찾지 못했다.

〈지리전면도〉를 보면 화폭 상단은 텅 비워두고 중하단은 숱한 봉우리로 가득 채웠다. 봉우리 사이마다 구름을 흘려놓고 화폭 오른쪽에 멀리서부터 아래로 이리저리 휘어지며 패인 계곡을 그렸다. 봉우리는 흙산답게 부드럽고 고운 곡선으로 넘실대는 파도처럼 어여쁘고 계곡은 만물을 적시는 듯 평온하다. 계곡의 시냇가를 보면 물길 따라 나무와 길이 줄지어 함께 이어지는데 이곳이야말로 사람살기 좋은 땅임을 증거라도 하듯 구비마다 가옥들이 자리잡고 있다.

아름다운 계곡은 지리산 북쪽 경상도 함양군에 자리한 높이 851미터의 금대산에서 남쪽으로 전개된 지리산을 바라보는 풍경이다. 화폭 상단 왼쪽 구석에 쓴 화제를 보면 '금대대지이전면'金臺對智異全面인데 금대에서 지리산 전체를 응대한다는 뜻이다. 여기에 기대어 보면 커다란 계곡은 함양군 마천면의 덕전천 물줄기다. 덕전천의 상류에는 용소폭포가 아름다운데 그림에서는 표현해놓지 않았다. 이 계곡의 오른쪽 산줄기를 타고 더욱 거슬러 올라가면 1,484미터 높이의 삼각고지다.

삼각고지에서 왼쪽으로 꺾어져 내려오면 촛대봉을 거쳐 1,915미터 높이의 최고봉인 천왕봉에 이르는데 그림을 보면 상단에 봉긋하게 솟아 있다. 물론 김윤겸이 지명을 써놓지 않아 정확히 알 수 없어 촛대봉인지 천왕봉인지 확신할 수는 없다. 또 화면이 잘려 더 이상 나오지는 않지만 계곡 서쪽으로 토끼봉을 거쳐 1,732미터 높이의 반야봉이 솟아 있다. 천왕봉은 경상도 산청군, 삼각고지는 하동군, 반야봉은 전라도 남원에 속해 있는데 이처럼 함양 금대산은 경상도와 전라도를 한꺼번에 보여주는 최고의 조망지다.

지리산에 오르면 갖은 전설들이 수도 없으나 이 산에서는 고운孤雲 최치원崔致遠, 857-?의 향기가 사라지지 않고 있다. 『택리지』에는 화엄사, 연곡사와 신응사, 쌍계사에 최치원의 초상이 있다고 하였고, 또 시냇가 바위 절벽에는 그가 쓴 큰 글씨가 새겨져 있다며 세상에는 그가 지금도 가야산과 지리산 사이를 오간다는 말이 돈다고 했다. 실제로 1571년 한 승려가 바윗돌 사이에서 주운 종이에 바로 지금 써내려간 듯 다음과 같은 시편을 보았다고 한다.

"동쪽나라 화개동은 항아리 속에 별다른 천지여라,
신선이 옥베개를 밀치며 잠을 깨니 세대는 벌써 천 년이 지났구나"[30]

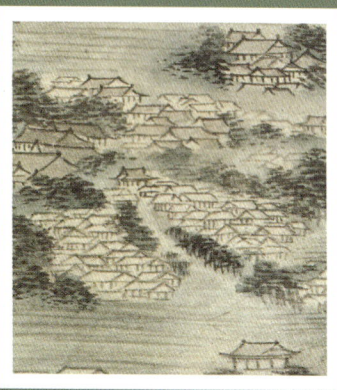

04

경상_
낙원의 가락 흐르는 천 년 정토의 땅

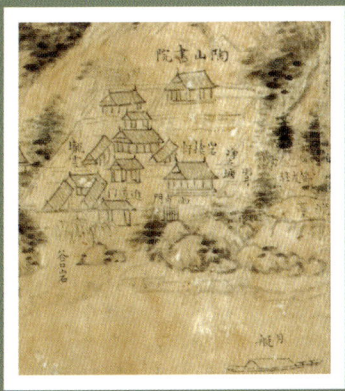

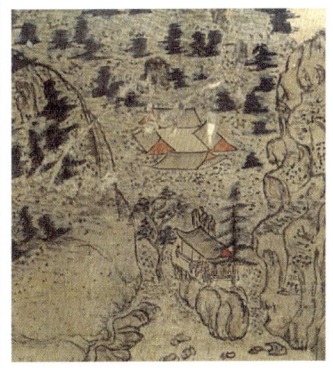

경상도는 큰 강인 낙동강이 한복판을 가로질러 두 개로 나뉜 지맥支脈이 김해에서 크게 합쳐진다. 또 70개 고을의 물이 한 곳으로 빠져나가는 데서 보듯 판국이 커서 그야말로 지리地理가 가장 쾌적한 고장이다. 그래서 천 년이나 된 마을이 여기저기 유명하고 낙동강 좌도에는 벼슬한 집이 많으며, 우도에는 부자가 많다.

황금의 나라 신라의 땅 이곳은 맑고 깨끗한 정토淨土였으나 1950년 전쟁이 나자 경상도는 난민의 천국이었고 산업단지가 숱하게 들어서면서부터 이주민의 종착지였다. 한 번 이곳에 정착하면 나갈 줄 모르니 함께 나누고 품는 곳이 바로 경상도다.

경상도라는 지명은 고려 충숙왕 때인 1314년에 지은 것이다.[1] 경주慶州와 상주尙州의 앞 글자를 합친 것으로 두 도시의 위세를 짐작할 수 있는 이름이다. 청담 이중환은 『택리지』에서 경상도 땅을 다음처럼 개괄했다.

> "경상도 북쪽에 태백산이 하늘까지 치솟았으나 봉우리를 굽혀 아래를 보는 것이 마치 수성水星의 모양새여서 그 지리가 가장 아름다운 땅이다. 태백산 왼쪽으로 흐르는 지맥은 동해바다 해안선으로 바짝 붙어 내려오다가 동래 바닷가에서 그쳤다. 태백산 오른쪽으로 흐르는 지맥은 소백, 속리, 덕유, 지리산이 되어 끝내 남해 바닷가에서 그쳤다. 두 개의 지맥 사이에 기름진 들판이 천 리나 된다."[2]

태백산은 낙동강의 첫 발원지다. 상주의 동쪽으로 흐르는 강이라는 뜻

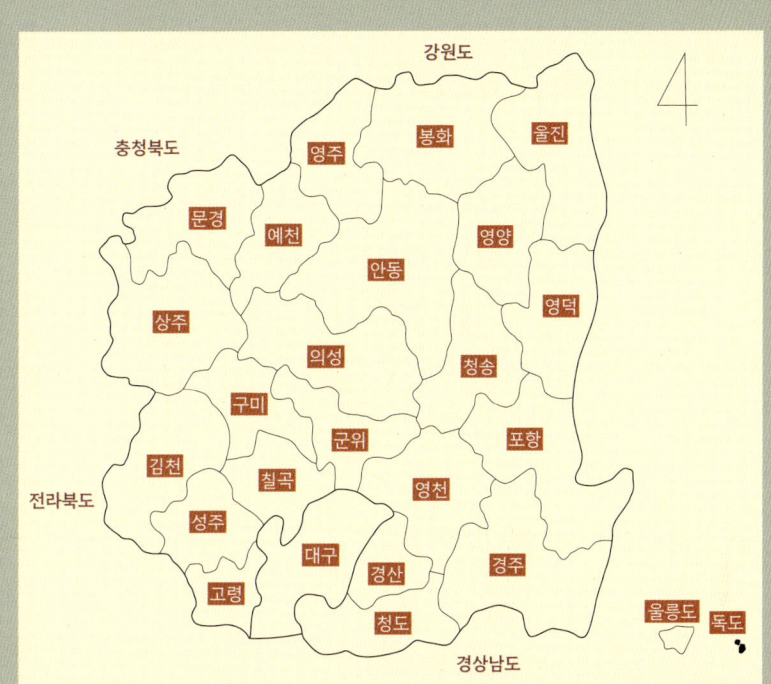

경북 주요 지역

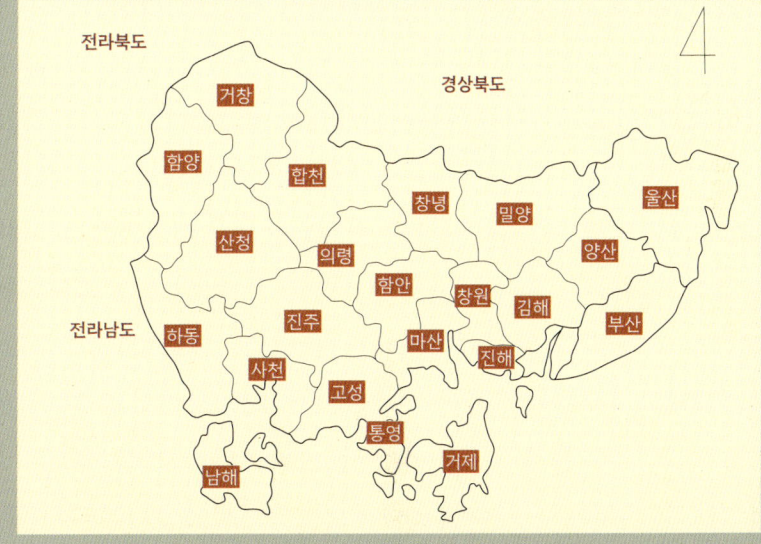

경남 주요 지역

의 낙동강은 경상도에 풍요를 약속하는 젖줄이다. 두 개의 지맥 사이로 천리를 흐르는 거대한 강 줄기 주변 전체가 기름진 들판이니 하늘로부터 받은 혜택이라 하겠다.

경상도를 나눌 때 낙동강 동쪽은 좌도左道, 서쪽은 우도右道라 한다.『택리지』에 '좌도에는 벼슬한 집이 많고 우도에는 부자가 많으며 간간히 천 년이나 된 유명한 마을이 있다'고 했다. 좌도는 땅이 메마르고 가난하지만 학문하는 선비가 많고 우도는 땅이 기름지나 학문에 힘쓰지 않기 때문이라는 게다. 하지만 시대가 바뀌면 땅도 사람도 바뀌는 법이다.

경상도는 가야제국으로부터 시작하여 신라가 천 년을 호령한 이후 고려가 들어서고 또 조선이 들어서 세상의 중심에서 벗어났지만 좌도에서 퇴계 이황, 우도에서 남명 조식과 같은 인물이 출현함에 따라 위대한 철학의 고장이 되었다. 어디 그뿐인가. 그 문하에서 이루 다 할 수 없이 뛰어난 문인들을 배출하였고 정치의 한복판에서 세상을 좌지우지해나갔다.

경상북도는 북쪽의 태백산에서 뻗어내리는 백두대간 줄기와 그 곁을 따라 흐르는 낙동강 줄기가 거대한 방패를 이루어 다른 지역과 차이를 키웠는데 오랜 가야 문명과 신라 문명이 번영을 누려온 땅이었다. 조선시대에 영남학파의 모태로서 중앙 정계와의 인연은 끝이 없었다.

황금빛 알에서 나온 수로왕首露王, 42-199을 둘러싼 이야기가 신비로운

경상남도는 철의 제국이었다. 가야 문명의 발상지로서 지리산 자락의 산간과 낙동강 유역의 평야 그리고 남해안을 두루 품고 있어 다채롭고 풍요로운 문화를 꽃피웠다. 하지만 침략을 꾀하는 왜국의 관문으로 고통은 끝이 없었다.

안동, 영남 유림의 구심점

안동은 신라시대 때 고타야古陀耶, 고창古昌이었는데 고려의 태조 왕건 때 비로소 안동安東이 되었다. 이후 영가永嘉, 길주吉州, 복주福州를 거듭하다 공민왕 때 다시 안동이라는 이름을 되찾았다. 안동은 소백산 남부 지역에 펼쳐진 분지의 땅이다. 그 동쪽에서 반변천이 흐르다가 북쪽에서 내려오는 낙동강을 만나 합친 다음 서쪽 안동벌판으로 나가는 것이다. 20세기 후반 들어 낙동강을 막아 안동호를, 반변천을 막아 임하호를 만들어 이제 안동은 물이 넘쳐나는 고을이 되었다.

홍건적이 고려를 침략하자 공민왕이 안동으로 피난 왔다. 안동군민의 지지를 바탕삼아 홍건적을 격퇴했고 이후 안동에는 왕과 왕비의 인연을 담은 설화가 꽃을 피웠다. 관련 유적도 넘쳐나고보니 자부심 넘치는 대도시의 자세를 갖추었다. 또한 수수만년을 용처럼 꿈틀대며 안동을 가로지르는 낙동강 줄기 곁에서 영남학파의 비조 퇴계 이황과 임진왜란을 극복한 재상 서애西厓 류성룡柳成龍, 1542-1607이 탄생했다. 그로부터 이 땅은 영남 유학의 중심이자 성리학의 중흥지요 국토 수호의 자부심이 되었다.

서애 류성룡의 하회마을은 낙동강이 거의 동그라미를 그리듯 휘돌아 마치 연꽃이 물 위에 떠 있는 모양을 뜻하는 물도리 마을이었다. 그뿐인가. 퇴계 이황의 도산서당은 마치 폭포가 쏟아져내리듯 격렬하게 흐르는 강물을 토해내는 청량산 자락의 기운이 모인 곳이다. 이토록 풍광이 수려한 곳에 자리잡은 도산서당과 서원은 어느덧 영남 유림의 구심지가 되었다. 저 하회마을 병산서원까지 더불어 순례지가 되었고 지금은 자연은 물론 인문을 사랑하는 이라면 한 번은 다녀와야 할 땅이 되었다.

안동은 청포도의 시인 육사陸史 이원록李源祿, 1905-1944을 배출한 땅이다. 흔히 이육사라 부르는 시인은 퇴계 이황의 14대손으로 생애 전부가 항일 투쟁으로 점철된 전설의 인물이다. 「광야」처럼 남아 있는 시편은 주옥 같은 걸작이나 투쟁의 여가에 잠시 쓴 것일 뿐이다. 의열단 단원으로 시작한 그의 전쟁은 1942년 베이징에서 독립투쟁 중 체포당해 감옥에서 엄혹한 고문 끝에 끝났다. 그의 나이 마흔 살이었다. 그로부터 3년 뒤 일본은 무조건 항복을 하고 물러갔다. 이육사의 전쟁이 승리하는 순간이었다. 그런 까닭에 퇴계 이황이며 서애 류성룡의 이름이 안동을 뒤덮고 있긴 하나 안동, 하면 청포도가 익어가는 「광야」의 시정이 하염없이 흐르는 건 어찌할 수 없는 일이다.

"다시 천고의 뒤에 백마 타고 오는 초인이 있어
이 광야에서 목놓아 부르게 하리라"³

퇴계 이황이 60살 때인 1560년 후학을 교육하기 위한 서당을 완공했다. 물론 이후에도 예조판서로 나갔지만 70살 직전 은퇴하여 이곳에서 생애를 마쳤다. 몇 해가 지난 1574년 서당 뒤편에 서원을 창건하고 이황을 배향했는데 다음 해 선조가 최고의 명필 석봉石峯 한호韓濩, 1543-1605로 하여금 도산陶山이라는 편액을 쓰게 하여 하사함으로써 사액서원의 위상을 갖추었다. 도산서원은 고종 때의 서원철폐령에도 훼철하지 않은 47개 서원 중 하나로 지금도 옛 향기가 짙게 풍기는 참으로 아름다운 건물이다.

서얼 출신의 허주虛舟 이징李澄, 1581-1645이후은 하급 관직을 전전했지만 최고의 명성을 떨친 궁중 화가였다. 길이 3미터나 되는 〈도산서원도〉가 전해오는데 서원 일대 주위의 산악과 하천은 물론 경물에 이르기까지 섬세하게 묘사한 대작이다. 어떤 계기로 제작한 것인지 알 수 없으나 많은 이들의 주문에 응했음을 생각하면 안동 유림의 청에 응한 것이었을 게다. 화폭 오른쪽 상단 멀리 청량산을 거쳐 흐르는 낙동강이 휘돌아 급하게 흐른다. 물길이 꺾이는 곳 하단에 이루 말할 수 없이 큰 바윗덩어리가 버티고 앉았는데 '동취병'東翠屛이라고 쓴 글씨가 보인다. 화폭 한가운데 우람한 자태의 도산이 솟아 있고 그 아래 거대한 규모의 서당과 서원이 도산의 품에 안겨 있다. 그리고 그 옆으로 수직의 바위 기둥이 넓게 펼쳐져 있는데 '서취병'西翠屛이라는 글씨가 있다. 그러니까 서원 양쪽 동서에 바위 병풍 한 채씩이 호위를 하는 형세다.

조선 실경의 창시자 겸재 정선의 〈도산서원도〉는 그가 1733년 포항의 작은 고을인 청하읍淸河邑 현감으로 부임한 뒤 그린 것이다. 구도는 경탄을 자아낼 만큼 빼어나다. 상단 중앙에 도산 봉우리를 봉긋하게 그리고 그 아래 서원을 약간 사선으로 눕혀놓음으로써 우러르지 않으면 안 될 장엄성이 절로 흐른다. 서원 아래 좌우에 마치 수호신과 같은 덩어리가 있는데 오른쪽에는 사각의 바위 절벽이, 왼쪽에는 삼각형의 커다란 흙산이 솟아 있어 중후한 안정감을 준다. 또한 그 아래로 낙동강이 화폭 전체를 가로질러 유쾌한 기운을 충분히 느낄 수 있도록 배려했다. 부채 화면을 염두에 둔 아주 빼어난 걸작이다.

겸재 정선은 이처럼 통쾌한 걸작을 토해내고서 10여 년이 흐른 뒤인 1746년에 다시 도산서원을 그렸다. 퇴계 이황과 율곡 이이를 소재로 삼은 화첩《퇴우이선생진적첩》退尤二先生眞蹟帖 중 〈계상정거도〉溪上靜居圖가 그것이다. 아마도 옛 기억을 되살려 그렸을 것이다. 10여 년 전의 〈도산서원도〉가 서원의 규모는 물론 그 일대의 경물에 충실했다면 이번에는 퇴계 이황의 삶을 드러내려는 의도를 드러냈다. 많은 건물을 배제하고 단 두 채의 건물만을 그린 뒤 그 안에 단정히 앉은 이황의 모습만 그림으로써 이곳을 서당이나 서원과는 무관한 개인의 공간으로 보이게 하였다. 주변 풍경도 입구를 지키는 바위와 더불어 강과 산줄기만 배치했다. 그러고 보면 이 작품은 활력에 넘치는 공간이 아니라 선비가 은거하는 이상 세계를 연출한 것이다. 이 작품이 유명한 까닭은 천 원짜리 지폐에 실려 널리 유통되고 있기 때문이기도 하다. 화폭 하단 입구에 골이 깊게 패여 건널 수 없는 곳에 설치한 긴 판석이 보인다. 돌다리를 놓은 셈인데 세심히 보지 않으면 발견할 수 없는 구조물이다.

허주 이징에서 겸재 정선에 이르는 100년 사이에 그린 도산서원도 세 점을 비교해 변화 과정을 살펴보면 흥미롭다. 첫째, 천연의 자연이 인공물인 건물을 압도하는 풍경에서 시작한다. 둘째, 산과 강 같은 자연 경물이 서원을 호위하는 주변물로 바뀌면서 서원 중심 공간이 되었다. 셋째, 자연물이나 인공물을 막론하고 이제는 이황 단 한 사람을 위한 배경으로 변모한다. 그러니까 시대를 거쳐오면서 천연 공간에서 인위 공간으로 변하다가 인간을 중심으로 하는 이상 공간으로 변천해 온 것이다. 다시 말해 이곳은 자연과 인공과 인간이 조화를 이루는 이상 세계라 하겠다. 덧붙이자면 표암 강세황이 그린 〈도산서원도〉가 전해오는데 앞선 작품을 모사한 것으로 변화를 보여주는 건 아니다.

청류淸流 이의성李義聲, 1775-1833이 그린 《하외도 10폭 병풍》의 제목 하외河隈는 안동 하회마을이지만 그는 하회마을에만 그치지 않고 마을 위 아래로 흐르는 낙동강의 여러 구비를 그렸다. 청류 이의성은 서얼 가문 출신으로 하급 관직을 전전하면서 빼어난 그림 솜씨를 과시한 화가였다. 동래정씨 소론명문가 출신의 경산經山 정원용鄭元容, 1783-1873이 평소 교유하던 청류 이의성에게 안동의 실경을 부탁했다. 그게 바로 이 《하외도 10폭 병풍》이다. 〈도산서원〉을 시작으로 〈안동부치〉, 〈석

정선, 〈도산서원도〉, 56.3×21.2, 종이, 1734년경, 간송미술관.

이징, 〈도산서원도〉, 130×300, 종이, 17세기 전반, 계명대중앙도서관.

정선, 〈계상정거도〉, 《퇴우이선쟁진적첩》, 25.6×40.1, 종이, 1746, 개인.

星湖先生疾革彌留中命世晃寫武夷圖旣成又令寫陶
山圖世晃竊念天下佳山水何限而今　先生獨拈此二地俾之
　　　　寫耶念…

陶山書院

亦樂齋
隴雲
岩棲軒
淨塘
進道門
咸昌門
谷口巖

강세황, 〈도산서원도〉, 26.8×138, 종이, 1751, 국립중앙박물관.

문정〉, 〈수동〉, 〈망천〉, 〈하회〉, 〈구담〉을 거쳐 〈지보〉까지 낙동강변의 여덟 곳을 순서대로 그리고, 두 폭은 글씨로 채웠다. 이 병풍에는 유래가 있다. 300년 전인 16세기에 서애 류성룡의 아버지 류중영柳仲郢, 1515-1573이 평안도 정주목사 시절 화공으로 하여금 고향인 안동 하외河隈를 그리게 했다. 이어서 임당林塘 정유길鄭惟吉, 1515-1588에게는 화제를, 퇴계 이황에게는 서문을 써달라고 부탁했다. 그런데 임진왜란 때 그림이 불타버렸다. 이 일을 떠올린 류중영과 정유길의 후손이 나서서 청류 이의성에게 저 그림을 다시 그려줄 것을 부탁했다.

첫째 폭 〈도산서원〉은 서애 류성룡이 21살 때인 1562년 형과 함께 이곳으로 찾아와 퇴계 이황 문하에 입문한 이야기가 담긴 실경화다. 청량산 남쪽 기슭의 낙동강가에 자리잡은 도산서원을 그렸다. 화폭 왼쪽에 유장한 강이 흐르고 그 오른쪽 서원이 우뚝한 모습으로 위엄에 넘친다. 멀리 화폭 상단은 도산서원 서쪽 영지산의 모습이다.

두 번째 폭 〈안동부치〉는 도산서원에서 낙동강을 타고 서남쪽으로 내려오다 보면 강변에 자리잡은 안동읍을 그린 것이다. 화폭 하단은 낙동강이 유장하고, 중단의 왼쪽은 너른 벌판이 시원스레 펼쳐져 있다. 그 오른쪽은 안동 성곽이 포근하게 감싼 고을 전경이다. 성곽이 또렷하고 동서남북 네 개의 대문이 우뚝하다. 성 안의 관아 건물과 숱한 민가들이 오밀조밀하고 또 성 밖 이곳저곳에 전각이 서 있어 풍경의 아름다움을 알려준다.

세 번째 폭 〈석문정〉은 풍산읍 막곡리 청성산靑城山 중턱의 정자다. 왜국 통신사로 다녀온 뒤 그들이 침략하지 않을 것이라고 보고한 학봉鶴峰 김성일金誠一, 1538-1593이 1587년에 창건한 정자다. 두 개의 바위가 서로 마주보는데 그 사이가 비어 있으므로 문과 같다 해서 석문石門이라고 불렀다. 문처럼 생긴 바위가 그림에 보이지 않지만 거대한 바위가 일대의 산수를 호령하는 듯 장쾌하다. 그런 바위에 세운 두 채의 정자가 보이는데 석문 일대의 풍경을 제 것으로 삼고 싶었나보다.

네 번째 폭 〈수동〉은 풍산읍 회곡리와 마애리 사이 마을인 수리를 가리킨다. 수리에는 서애 류성룡의 묘소가 자리잡고 있다. 화폭에 묘소가 보이지는 않지만 수동壽洞 고을이 얼마나 아름다운가를 섬세하게 보여준다. 복판의 낙동강가를 따라 일렬로 늘어선 나무의 행렬도 아름답지만 하단의 마을을 뒤덮고 있는 숲에 수도 없는 점을 찍어 온통 꽃밭으로 출렁대는 게 더욱 아름답다.

다섯째 폭 〈망천〉은 수리 바로 아래쪽 마애리를 가리킨다. 마을 앞 낙동강 가에 길게 늘어서 있는 바위 절벽이 저 중국의 망천輞川과 같다 하여 그런 이름을 붙였다. 망천은 중국 서안의 남전藍田 땅에 당나라 시인이자 문인화의 창시자 왕유王維,701-761가 병든 어머니를 위하여 살았던 곳이라서 더욱 유명하다. 하지만 그림 속 마을의 바위벽에 불상을 새겼으므로 마애불상의 고을이라고 해서 마애리 이름 붙였고 지금도 그 지명은 마애리다. 화폭 상단에 기암괴석으로 이루어진 바위 절벽이 마애불상을 새긴 곳이지만 불상을 그리지는 않았다.

여섯째 폭 〈하회〉는 풍산 류씨의 600년 동족마을이다. 서애 류성룡과 그의 친형 류운룡柳雲龍 형제가 하회마을을 동족마을로 굳건히 만든 주역이다. 마애리에서 낙동강 하류로 좀 더 내려가면 그 이름도 아름다운 꽃산인 화산花山이 솟아 있다. 그 화산을 감싸고 휘돌아가는 강물의 품 안에 하회마을은 물론 병산서원도 자리하고 있다. 그 지형이 마치 연꽃과 같은데 화폭을 보면 하회마을이 주머니 속에 들어가 있는 모습이다. 기와와 초가로 즐비한 가옥들 또한 옹기종기 모여 즐비한 것이 서로서로 돕는 듯 정겹다. 담장이라고 해봐야 싸리나무를 세운 게 전부여서 경계 없는 하나의 집임을 알려주고 왼쪽 아래 탑을 세워놓은 모습이 어여쁘다. 또한 원형으로 돌아 주머니를 만들어주고 있는 낙동강의 바깥쪽을 보면 모두 가파른 절벽의 연속이다. 마을에서 강 건너편을 보면 기암괴석으로 이루어진 병풍이 참으로 화려하여 질식할 것만 같다. 어찌 이런 절경이 있는 것일까. 볼 때마다 모를 일이다.

〈도산서원〉 〈안동부치〉

이의성, 《하외도 10폭 병풍》, 각 130×59, 종이, 1828, 국립중앙박물관.

〈석문정〉　　　　　　　　〈수동〉

〈망천〉　　　　　　　　　　　　〈하회〉

이의성, 《하외도 10폭 병풍》, 각 130×59, 종이, 1828, 국립중앙박물관.

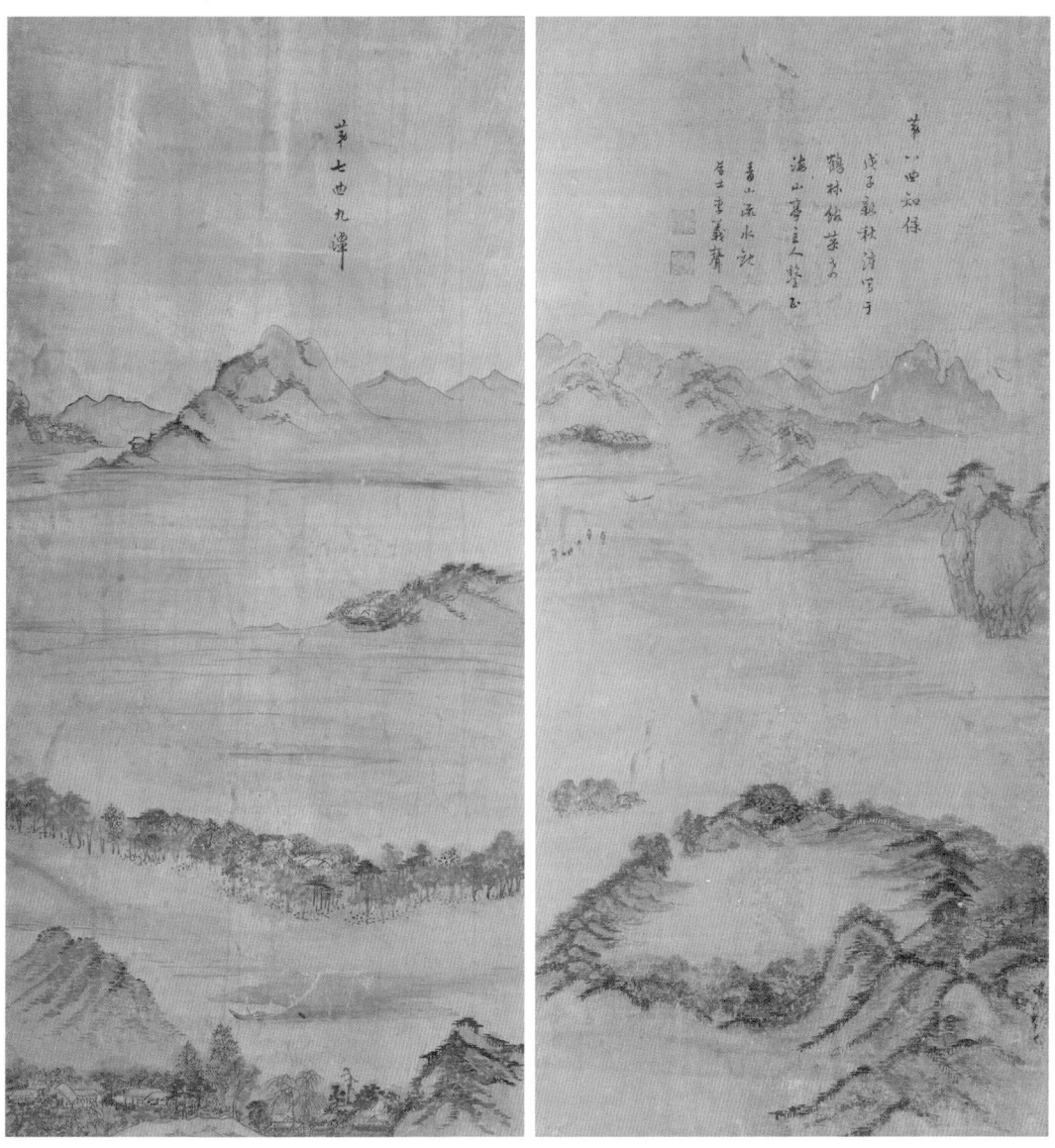

〈구담〉　〈지보〉

일곱째 폭 〈구담〉은 풍천면의 아홉 개 물웅덩이를 그린 것이다. 하회마을에서 강을 따라 한 번 돌아 약간 더 내려가면 구담리九潭里가 있는데 그 앞 물을 일러 구담이라 한다. 화폭은 아홉 개의 못이라기보다는 거대한 호수다. 그림에서 두드러지는 것은 하단에 한 줄로 길게 늘어선 나무의 행렬이다.

여덟째 폭 〈지보〉는 풍천면 구담리 바로 서쪽이다. 지보知保란 이름이 이웃 예천군에 있어 문득 이 풍경이 예천의 지보면을 그린 게 아닌가 싶기도 하다. 그렇다고 해도 《하외도 10폭 병풍》이므로 안동을 아예 벗어나 따로 분리할 일은 아니다. 하단의 둥근 분지가 특이하고 중단의 드넓은 벌판과 강이 하염없는데 강을 건너려는 사람들은 무얼할까 궁금하다. 해서 상단에 쓴 화제를 보니 자신을 '거사居士 이의성'이라고 하면서 '무자신추'戊子新秋 그러니까, 1828년 이른 가을에 그렸다고 썼다. 분명 그 일행에 화가 이의성이 함께하고 있을게다.

허주虛舟 이종악李宗岳, 1726-1773은 안동을 세거지로 삼은 고성이씨 가문의 후손으로 벼슬길에 나가지 않은 처사였다. 시서화와 거문고는 물론 유람에도 탐닉한 이였다. 그는 낙동강 지류인 반변천에 배를 띄워 선상 유람을 즐겼다. 그 중 1763년 4월 4일부터 8일까지 닷새 동안 행한 선상 유람을 기념해 그린 그림을 《허주부군산수유첩》으로 묶었다. 허주 이종악이 다른 그림을 그렸는지 알 수 없고 오직 12점의 그림을 묶은 이 화첩만 전해온다.[4] 한양 중심의 주류 화풍과는 다른 지역 화풍을 보여주는 그림들은 어디에서도 볼 수 없는 오직 허주 이종악만의 개성에 넘치는, 이른바 허주 양식으로 그린 것이다. 반변천변 승경지에 세운 귀래정이며 반구정 같은 정자는 모두 고성이씨 가문에서 대를 물려오며 세운 것들이다. 화첩에 실린 순서대로 그림을 살펴보면 다음과 같다.

첫번째 〈동호해람〉은 안동시청 가까운 법흥동에 있는 고성이씨 가문의 임청각臨淸閣과 그 앞 동호東湖를 그린 작품이다. 맑은 물가에 있는 전각이라는 뜻의 임청각답다. 임청각은 의병으로 출발해 독립운동을 전개한 석주石洲 이상룡李相龍, 1858-1932과 그의 손자며느리 허은許銀, 1907-1997에 이르기까지 무려 11명의 독립운동가를 배출한 독립운동의 본산이다. 1942년 일제는 50채의 임청각 건물을 헐어내고 철로를 놓아 그 흐름을 잘라놓았다. 그로부터 70여 년이 흐른 2014년부터 10년 동안 철로와 철로 방음벽을 철거하고 옛 모습대로 복원했다. 복원이라고는 해도 어찌 옛 풍경일까마는 그래도 상처를 지웠으니 조금은 위로가 될지 모르겠다.

동호에서 닻줄을 푼다는 뜻의 동호해람東湖解纜은 4월 4일 허주 이종악이 선상 유람을 시작한 때를 그린 것이다. 화폭 상단에 거대한 봉우리는 안동의 진산인 높이 252미터의 영남산이며 하단의 너른 강물은 낙동강이다. 그 가운데 산악을 등 뒤로 하고 하천을 눈앞에 둔 이른바 배산임수의 명당 자리에 거대한 규모의 임청각이 장엄하다. 나무숲으로 둘러싸인 일대가 포근한데 그 잎새를 촘촘하게 뿌린 듯 펼쳐놓아 일대의 풍경에 생기가 감돈다. 강가에 유람선 안팎으로 사람들이 웅성거리는데 허주 이종악 일행이 선상 유람을 시작하는 순간이다.

두 번째 〈반구관등〉은 선상 유람을 마치고 귀가하는 순간인 4월 8일을 그린 것이다. 안동 정상동에 있는 반변천의 반구정에 멈췄는데 때는 바야흐로 4월 초파일이라 집집마다 등불을 내걸고 있었다. 반구정에서 안동 고을을 환하게 밝히고 있는 등불을 본다는 뜻의 반구관등伴鷗觀燈을 했던 것이다. 이종악은 그 모습을 어떻게 표현할지 고심하다가 빨간 점을 찍기로 했던 듯하다. 화폭 상단을 보면 무수히 많은 빨간색 점들이 그것이다. 그렇게 해서 전무후무한 불꽃 벌판이 탄생했다. 불야성이란 바로 이런 것이다.

세 번째 〈선어반조〉는 안동 동쪽 선어연鮮魚淵을 그린 것이다. 반구정 앞 강물을 조금 거슬러 올라가면 불쑥 솟은 바위 절벽이 나타난다. 이곳을 선어대 혹은 송석松石이라 하고 그 앞 강을 송강松江이라고 한다. 예부터 이곳에 용이 산다고 하여

〈동호해람〉

〈반구관등〉

〈선어반조〉

〈양정과범〉

이종악, 《허주부군산수유첩》, 각 32×24, 종이, 1763, 고성이씨가.

〈이호정도〉

〈운정풍범〉

〈칠탄후선〉

〈망천귀도〉

기우제를 지내곤 했다. 물 깊은 이곳에 사는 게 용이 아니라는 주장도 있지만 사람들의 믿음이 그렇게 깊어진 걸 어찌 바꿀 수 있겠는가. 지금도 어느 순간 용이 솟구칠 듯 깊고 또 깊다. 허주 이종악은 마치 용의 꿈틀거림처럼 휘돌아 감는 모습으로 송강을 묘사했다. 화폭 상단의 가파른 언덕에서 돌무더기가 쏟아질 듯 위태로운데 왼쪽 기슭에는 밀림 같은 숲이 용의 숨길처럼 신비롭다. 그리고 강 복판에 이종악 일행이 탄 돛단배가 조심스럽게 나아간다. 주제에 부합하는 경이로운 구성과 묘사는 이 작품을 걸작이라 해도 어색하지 않을 정도다.

네 번째 〈양정과범〉은 선어연 상류로 2킬로미터쯤 거슬러 올라가면 나타나는 양정羊汀 일대의 모래톱을 그린 것이다. 양정 모래톱을 지나가는 돛단배라는 뜻의 양정과범羊汀過帆처럼 화폭 하단에 드넓은 모래사장이 보인다. 20세기까지 거의 모든 강에는 이처럼 아름다운 모래톱이 참 많았다. 하지만 양쪽에 도로를 내고 둑을 쌓는가 하면 심지어 이명박 정부 때 4대강 사업이라며 수수만년을 흐르던 강물을 가로막는 보를 여기저기 설치해놓고보니 저 금모래 은모래는 거의 다 사라지고 말았다.

다섯 번째 〈이호정도〉는 반변천 상류인 임하면 백운정 직전의 이호를 말한다. 물길이 크게 휘어지는 곳이 마치 드넓은 호수 같다 하여 이호伊湖라는 이름이 생겼고 그 앞 마을도 이덕伊德이라 부른다. 화폭 상단의 평안해 보이는 마을이 바로 이덕마을이고 화폭 맨 아래가 이호다. 허주 이종악 일행이 배를 멈추고 강가에 앉아 시를 읊는 시회를 갖고 있다. 그림의 제목 이호정도伊湖停棹는 이호에서 노 젓기를 멈춘다는 뜻인데 돛을 내리고 있어 그 멈춤을 보여주고 있다. 하지만 이 작품의 백미는 역시 화폭 중앙의 대부분을 차지하고 있는 텅 빈 평면이다. 아주 드넓은 모래사장을 그렇게 묘사한 것으로 이종악의 대범한 구성력을 과시하는 것이다.

여섯 번째 〈운정풍범〉은 이호 바로 옆 백운정을 소재로 한 또 하나의 수작이다. 백운정에 불어닥친 바람과 돛단배라는 멋진 뜻의 운정풍범雲亭風帆은 의성김씨 가문이 창건하고 경영한 절정의 승경 백운정을 그린 것이다. 화폭 중단 맨 왼쪽에 조마조마한 모습으로 선 정자가 백운정이다. 그 아래 병풍처럼 늘어선 전암傳巖 절벽과 절벽을 휘감는 물길인 전암연傳巖淵의 흐름이 유장하다. 강 건너 냇가의 앞마을인 천전川前마을은 의성김씨의 반촌班村이다. 연구자 이학수의 「안동선비 이종악의 산수화첩에 관한 문헌검토」에 따르면 화폭에 보이는 기와집은 모두 의성김씨 가문의 청계종가青溪宗家와 구봉종가龜峯宗家라고 한다.[5] 청계종가는 청계青溪 김진金璡, 1500-1580, 구봉종가는 구봉龜峯 김수일金守一, 1528-1583의 집안을 이른다.

일곱 번째 〈칠탄후선〉은 천전리 상류에 일곱 갈래의 여울이라는 뜻의 칠탄七灘에서 배를 기다린다는 뜻의 후선候船 장면을 그린 것이다. 백운정을 떠난 허주 이종악 일행이 강을 거슬러 올라가 이곳 칠탄에서 멈췄다. 저 망천마을에 사는 노인들이 바위 위에 앉아 기다리고 있으므로 합류하기 위해서다. 허주 이종악은 화폭 상단에 엄청난 바위 여러 개를 사선으로 눕혀놓은 것같이 배치한 뒤 그 위에 청색을 엷게 입혔다. 또 바위에 주름을 입혀서 일곱 개의 여울과 골짜기를 드러냈다. 화폭 하단 오른쪽 바위 위에는 여섯 명의 노인들이 앉아 있는데 그 반대편 왼쪽 구석에서 허주 이종악 일행이 돛단배를 타고 부지런히 다가가고 있다. 그야말로 칠탄후선에 충실한 작품이다.

여덟 번째 〈망천귀도〉는 칠탄의 북쪽 임동면 망천리 일대를 그린 것이다. 망천은 왕유王維, 701-761가 살던 망천에서 가져온 이름으로 그 이전의 이름은 망진천輞津川인데 고려말 권신 염흥방廉興邦, ?-?의 탐학과 패악이 뒤얽힌 지명이다. 염흥방이 처단당하자 마을 사람들이 그 집안을 이곳 냇가에서 몰살시켰다. 그 뒤로 이곳을 죽음의 나루라는 뜻의 망진천이라고 불렀다. 조선시대에 들어와 살벌한 이름을 지우고 아름다운 망천으로 바꾸었다 한다. 망천을 떠나 집으로 돌아간다는 뜻의 망천귀도輞川歸棹는 칠탄에서 만난 망천 사람들과 헤어지는 장면이다. 하지만 1993년 임하댐 완공으로 망천 땅은 물 속으로 숨어들어갔다. 다시는 갈 수 없는 죽음의 나

〈사수범주〉

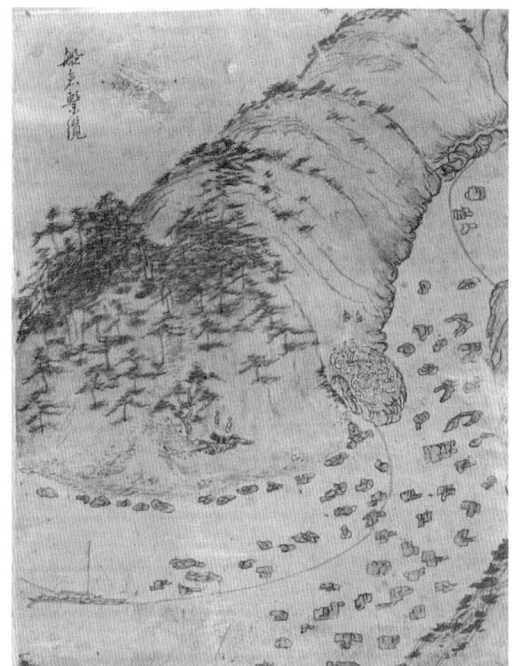

〈선창계람〉

〈낙연모색〉

〈선사심진〉

이종악, 《허주부군산수유첩》, 각 32×24, 종이, 1763, 고성이씨가.

루로 되돌아간 것이다.

아홉 번째 〈사수범주〉는 임하면 사의리 일대를 그린 작품이다. 물길에 배를 띄운다는 뜻의 사수범주泗水泛舟라는 제목 그대로다. 화폭을 보면 일부는 배에 타고 일부는 물가에서 서로를 보며 선유를 누리고 있다. 배에는 7~8명가량만 탈 수 있어 그렇게 나눴다. 화폭 오른쪽에는 사빈서원泗濱書院이 보이는데 의성김씨 청계종가의 청계 김진과 그 아들 5형제를 배향한 서원이다. 임하댐 건설에 따라 임하리로 옮겼고 화폭 안의 풍경은 모두 사라졌다.

열 번째 〈선창계람〉은 반변천 상류에 물줄기 떨어지는 못이라는 뜻의 낙연落淵 입구를 그린 것이다. 낙연 입구는 배가 멈추어 더 이상 나가지 못하는 곳이라서 선창船倉이라고도 부른다. 선창에 닻줄을 매단다는 뜻의 선창계람船倉繫纜처럼 허주 이종악 일행은 배를 그 입구에 정박해두고 배에서 내렸다. 위쪽으로 걸어올라가 거대한 너럭바위에 18명이 옹기종기 모여 앉아 기이한 풍경을 즐겼다. 실제로 강물 안에 무수히 많은 바위들이 즐비하게 깔려 있는데 마치 지뢰밭 같다. 그 지뢰 탓에 낙연까지는 배가 들어갈 수 없어서 입구에서 멈췄다. 이 작품이 특별한 것은 바로 그 특별한 모습을 실감나게 표현하는 데 성공했기 때문이다.

열한 번째 〈낙연모색〉은 낙연의 상류를 그린 것이다. 이곳을 항아리 같은 못이라고 해서 도연陶淵이라고도 부르는데 본래 이름은 용이 드나드는 못이라는 뜻의 용혈연龍穴淵이라고 한다. 낙연에서 노을진 빛깔이라는 뜻의 낙연모색落淵暮色이라 한 것은 허주 이종악 일행이 저녁 무렵 낙연에 도착했기 때문이다. 낙연 입구인 선창에서 이곳까지 걸어왔을 것이다. 낙연의 상류인 상연上淵에 와보니 지촌천과 신계천이 합류하여 만들어낸 풍경이 절로 경탄을 자아낸다. 또 그림에서 보이는 바처럼 양쪽 바위 사이로 떨어지는 물줄기가 만들어낸 낙연폭포가 통쾌하다. 낙연폭포는 물이 많아 가뭄에도 마르는 법이 없다고 한다. 화폭 상단을 차지하고 있는 높이 487미터의 와룡산은 이름 그대로 용이 엎드린 산이다. 가뭄이 들면 이곳에서

〈동호해람〉 부분.

〈선어반조〉 부분.

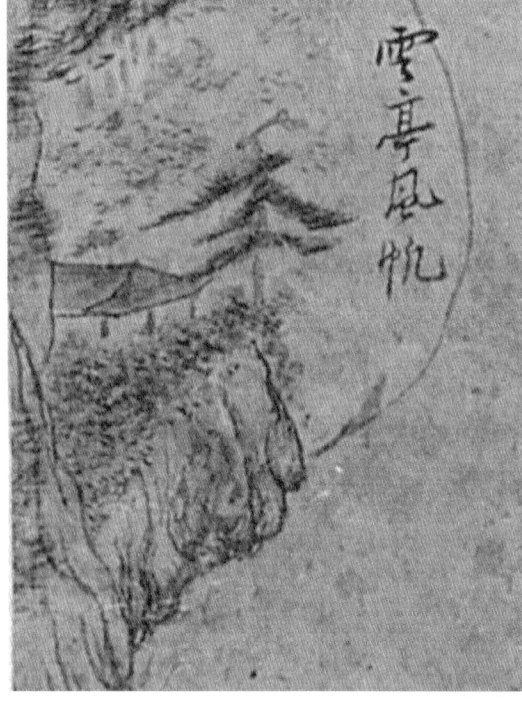

〈운정풍범〉 부분.

〈칠탄후선〉 부분.

〈칠탄후선〉 부분.

〈망천귀도〉 부분.

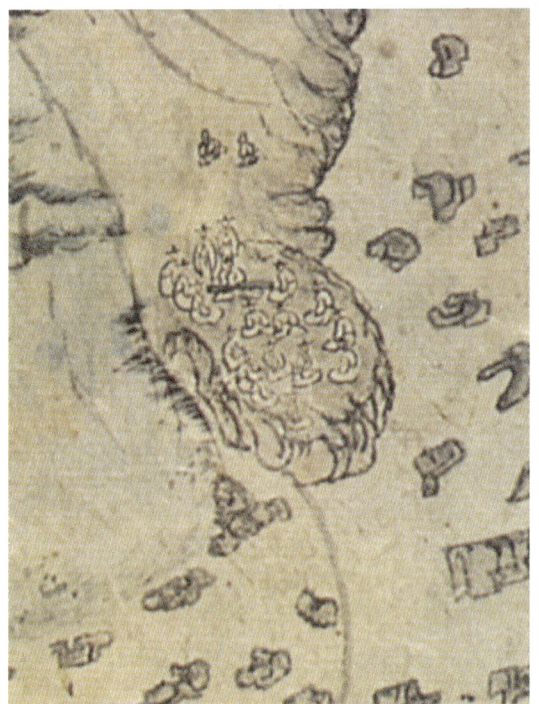
〈선창계람〉 부분.

〈선사심진〉 부분.

기우제를 지내므로 기우제단이 있다고 한다. 와룡산이 쏟아내는 물이 참으로 많아 사람들은 그 이름을 물 많은 산이라 하여 수다산水多山이라고도 부른다.

화폭에는 나오지 않지만 이곳 도연 기슭에는 청계 김진의 증손 표은瓢隱 김시온金是榲, 1598-1669이 은거한 와룡초당이 있다. 그는 병자호란 때 인조가 청나라에 항복하자 스스로 명나라의 신하를 자처하며 이곳에서 다시는 나오지 않았다. 시대의 변화에 항거한 인물이다. 그가 죽자 도연서원道淵書院을 세워 그를 배향했다.

마지막 열두 번째 〈신사심신〉은 낙연에서 몇 킬로미터 떨어진 약산藥山의 선찰仙刹을 그린 것이다. 선사를 변함없이 찾는다는 뜻의 선사심진仙寺尋眞은 신라의 천년고찰인 선찰을 사랑하는 일행의 마음을 담고 있다. 허주 이종악 일행이 배를 버리고 산중으로 걸어올라왔으므로 선상 유람이 산중 유람으로 바뀌었다. 화폭 중앙에 숨은 듯 은밀한 선찰이 보이고 그 바로 아래에 일행이 모여 웅성대는 정자가 보인다. 연구자 김학수에 따르면 그 정자가 다름 아닌 선유정仙遊亭이다. 청계 김진이 창건하고 경영한 반변천의 수려한 정자로 그 이름부터 아름답다. 화폭 상단의 약산은 그 이름처럼 아픔을 잊게 할 것만같이 인자하고 선유정 뒤로는 기암괴석이 사악함을 제압하는 수호신처럼 서 있다. 아래로는 낙연이 거울처럼 넓고 깊다. 이 작품이 유난히 눈길을 끄는 것은 산악과 바위에 수도 없는 점을 찍어 활기를 부여하려 했다는 것이다. 하지만 활기만이 아니다. 오돌토돌한 질감이 생겨서 미묘한 착시를 불러일으키므로 신비롭지 않다고 할 재간이 없다.

영양, 평야조차 드문 육지 속의 섬

영양은 신라 때 고은古隱이었는데 신라 말기에 영양英陽으로 바뀌었다. 고려 이래 영양은 이웃에 속한 고을이었다가 조선 숙종 때인 17세기에 이르러 독립할 수 있었다. 동쪽에 1,004미터 높이의 백암산과 북쪽에 1,219미터 높이의 일월산 자락을 품고 있는 분지로 평야조차 드문 오지라 육지 속의 섬으로 불리웠다. 드높은 산봉우리가 즐비한 만큼 그 사이 계곡에 수도 없는 여러 갈래의 하천이 흐른다. 이처럼 산 높고 물 맑은 땅이지만 벌판이 거의 없어 풍요롭지는 못했다. 그 맑은 산하가 뿜어낸 기운을 한몸에 품은 영양 땅은 1906년 산남의진山南蟻陣으로부터 의병 투쟁의 불꽃이 일더니 1910년 8월 일제에 강점을 당하자 동해바다에서 순국한 의병장 벽산碧山 김도현金道鉉, 1852-1914을 배출한 이래 여성 독립군 남자현南慈賢, 1872-1933, 추수秋水 엄순봉嚴舜奉, 1906-1938을 배출했다.

1896년 부군 김영주金永周가 의병전선에서 전사하자 독립운동에 나선 석보면 출신의 남자현이 등장했다. 3·1민족해방운동 직후 만주로 망명하여 서로군정서에서 활약하는 한편 재만조선여자교육회를 설립했다. 1933년 만주국 일본대사 폭살 준비 중 체포당해 혹독한 고문 끝에 폐인이 되어 보석으로 풀려났으나 그해 8월

정선, 〈쌍계입암〉, 27×23.2, 비단, 1734년경, 간송미술관.

하얼빈 조선여관에서 순국했다. 대천 옥산리 출신 엄순봉은 1930년 만주 한족자치연합회를 조직하고 다음 해 상해에서 흑색공포단에 가입해 의열 투쟁을 전개했다. 1938년 일제에 체포당해 순국했다. 영양 서부리에는 벽산 김도현, 남자현, 추수 엄순봉 세 위인을 기리는 영양삼의사비가 나란하다. 이 땅은 또한 시 「승무」를 남긴 청록파 시인이자 「지조론」으로 빛을 뿌린 조지훈趙芝薰, 1920-1968을 배출했다. 일월면에 그의 생가가 여전한데 찾아가면 그 곁에 조지훈문학관이 맞이해준다.

　　영양 입암면 신구리 땅에는 반변천과 동천이 합류하는 남이포가 있다. 두 개의 강을 가르는 절벽이 장엄하고 그 건너에는 뾰족바위가 하늘을 찌른다. 세조가 어린 조카 단종을 죽이고 왕위에 오르자 이곳을 근거지 삼아 아룡阿龍, 자룡子龍 형제가 군대를 모아 항쟁을 시작했다. 아룡, 자룡은 신사리의 운용지雲龍池에 사는 용의 아들이었다. 출중한 무예를 지녀 제압할 수 없었다. 세조는 당대 제일의 장군 남이南怡, 1441-1468를 파견했다. 강을 사이에 두고 용의 무리에 맞서 하늘을 나르는 검술 대결 끝에 남이 장군이 승리를 거두었다. 남이 장군은 이곳의 지형을 살펴보다가 저항의 무리가 다시 일어날 것 같아 큰칼을 들어 산줄기를 쪼개놓았다. 물길의 방향을 돌려놓음으로써 땅의 기운을 바꾼 것이다. 그 칼자국이 바로 선바위인데 실제로 칼의 흔적 같아 보인다. 사람들은 신선의 바위라 하여 선암仙巖이라 불렀고 또 용의 전투를 벌인 이곳에 장군의 이름을 가져와 남이포라 했다.

　　겸재 정선이 1733년 포항 청하현감으로 부임한 뒤 도산서원 가는 길에 이곳 입암면에 들어섰다. 선바위를 지나칠 수 없어 들러보니 또 그리지 않을 수 없어 그린 게 바로 〈쌍계입암〉雙溪立岩이다. 화폭의 복판을 차지하고 있는 선바위는 허리를 약간 굽히며 솟아올라 속도감과 함께 불안감도 크다. 더구나 하단의 냇물이 사선으로 급하게 쏟아져 내리므로 위태로움은 더욱 커보인다. 서로 불안감을 증폭시키고 있지만 오히려 그것이 두려움을 상쇄시키는 기이한 역할을 함으로써 이른바 불안한 균형을 갖춘 아주 특별한 작품이 되었다.

상주, 감히 이 땅에 왜군이 발을 들여놓지 못하다

상주는 삼한시대 이래 사벌국沙伐國, 사량벌국沙梁伐國이라 불렀고 신라 때 사벌주沙伐州와 상주上州였다가 경덕왕 때 드높은 고을을 뜻하는 상주尙州가 되었다. 수도 경주에 버금가는 큰 고을이었던 게다. 또한 고려 충숙왕 때인 1314년 도명을 지을 때 경주의 '경慶'과 이곳 상주의 '상尙'을 합쳐 경상慶尙이라고 했음을 보면 상주의 위세를 짐작할 수 있을 것이다. 조선시대에 들어와 일시 관찰사 겸 목사를 두어 영남의 수부 지위를 경험하기도 했다.

드넓은 상주 벌판을 가로지르는 낙동강 유역의 기름진 평야를 배경으로 형성된 상주는 농촌형 전원의 전형이다. 공검면의 공갈못은 삼한시대 때 축조한 거대한 저수지로 일찍이 관개수리가 발달한 선진 과학 기술의 고장임을 증거하고 있다. 여름날 공갈못에 만발하는 연꽃을 소재로 부르는, 공갈못 연꽃 따는 노래인 「채련곡」은 민간 가요의 걸작이다.

60여 차례의 전투에서 승전한 영웅 정기룡鄭起龍, 1562-1622 장군은 상주 출신은 아니지만 임진왜란 초기인 1592년 11월 화공법으로 상주성을 탈환한 인물이다. 이어 이곳 출신 의병이 왜군을 대파함으로써 감히 상주 땅에 왜군이 더 이상 발

미상, 〈우암〉, 32×24.7, 종이, 개인

을 들여놓지 못했다. 위대한 의병의 전통은 대한제국에도 이어져 문경에서 기병한 이강년李康秊, 1858-1909 의병부대에 상주 사람들이 대거 함께 하였다. 이뿐만 아니다. 상주는 해동강서시파의 일원인 문인으로 영의정을 역임한 소재蘇齋 노수신盧守愼, 1515-1590의 고향이다. 상주는 한 시대의 탁월한 정치가이자 존경 받는 학자를 배출한 데 그치지 않았다. 지금 구미 출신인 여헌旅軒 장현광張顯光, 1554-1637과 더불어 영남학파의 쌍벽을 이루는 우복愚伏 정경세鄭經世, 1563-1633를 탄생시킨 고장이다. 독립운동가인 위암韋庵 장지연張志淵, 1864-1921도 상주 사람이다.

상주 외서면 우산리는 상주의 서북쪽에 자리한 고을이다. 속리산 자락에서 발원한 이안천이 동북쪽을 향해 굽이굽이 가로지른다. 이곳에 우복종가가 자리하고 있다. 그린 이를 알 수 없는 작품 〈우암〉은 우복 정경세의 땅을 그린 실경이다. 우복 정경세의 문집『우복집』에 실린 〈우암〉이 바로 그곳을 가리키고 있다. 우암愚巖의 첫 글자가 정경세의 아호 우복의 첫 글자 '우'愚와 같다. 그러고 보면 우복은 어리석은 바위에 엎드리는 사람이 아닌가 싶다.

화폭 상단 꼭대기에 상봉대翔鳳臺, 왼쪽에 오로대五老臺, 산 중턱에 회원대懷遠臺와 오봉당五峰塘, 우암愚巖이 모여 있다. 화폭 하단 이안천에 '삽화암'揷花巖과 '만송주'萬松洲라고 쓴 글씨가 보인다. 이 지명들은 대부분 우복 정경세의 문집『우복집』중 시편에 실려 있다. 곳곳의 경물을 자상하게 기록한 〈우암〉은 가볍고 빠른 붓질로 망설임 없이 그린 솜씨로 미루어 숙련된 기술의 소유자의 솜씨다. 일제강점기 때 〈우암〉을 소장했던 인물은 호생관毫生館 최북崔北, 1712-1786의 솜씨라는 견해를 내놓았다. 하지만 호생관 최북이 그린 것인지는 알 수 없다.

성주, "이곳에 뿌리 박은 자, 모두 다 넉넉하리"

성주는 고대 가야연맹의 하나인 성산가야星山伽耶로 알려진 벽진국碧珍國이었다. 벽진은 가야의 볏돌 다시 말해 별돌의 소리를 한자로 바꾼 것이다. 그러니까 이 땅은 별들의 터였는데 성주읍과 용암면 사이의 고개를 별고개를 뜻하는 별티라고 부른다. 별티의 한자 지명인 성현星峴과 같이 별과 관련된 땅이름이 숱하다. 신라 이래 변화를 거듭하다가 고려 충렬왕 때인 1308년 성주星州라는 지명이 처음 등장했다. 하지만 두 해 만에 경산京山이 되었다가[6] 조선시대 태종 때 다시 성주가 되어 지금까지 변함이 없다.

성주는 서남쪽 1,430미터 높이로 우뚝 치솟은 가야산을 주산으로 삼고, 서부의 산악 지대와 동부의 평야 지대로 구성되어 있다. 산악 지대는 수려한 자연 풍광을 자랑하고 평야 지대는 풍성한데 저 벌판을 양쪽으로 가로지르는 대가천과 이천이 흘러 비옥하다. 청담 이중환은 『택리지』에서 '산천이 명랑하고 수려하여 고려 때부터 이름난 사람과 높은 선비가 많았다'면서 '성주는 합천, 고령과 더불어 논이 영남에서 가장 기름져서 적은 종자로 많이 수확하므로 뿌리박은 자는 모두 넉넉하고 떠돌아다니는 자가 없다'고 하였다.[7]

二曲寒岡臺作峯
蒼々不改舊時容
百年遺躅今猶在
瞻仰高山綠
萬重
臺上遊人水上鷗
居然芥蔕壁煙洲
先生德業將何
做臺自崴々水
自流

一曲貴標何係舡
源頭活潑自成川
歲邊遺鳳去無消
息回首清都隔
暮煙
奇哉閣出廬淸洺
一曲初從檜院西
鳳去千年何不
返孤筇竹綠
陰低

제1곡 〈봉비암〉

제2곡 〈한강대〉

三曲舞鶴亭
三曲桃源上釣舡
厚留鶴去同歲年
安知仙術那由
得浮世人生却
自憐
奇巖突兀仙迎舡
京鶴仙人下上天
借問仙人何處
去千年繁隱若
山前

제3곡 〈무학정〉

四曲立巖仙有嶋

四曲溪邊矗矗巖
千年特立碧潭
誰知造物應無意
意誠違清流作
小潭
華表當年化鶴還
名區從此自生顏
鳥中特立吟仙
客標致儼然誰
可攀

五曲捨印巖

五曲青山深復深
雲霓閑處散禪林
蒼松不改千年
色應識前人捨
印心
娘巖若壁自生設
歸客溽驕日咒曬
捨印人今何處
去山頭猶有未
歸雲

제4곡 〈입암〉

제5곡 〈사인암〉

김상진, 《무흘구곡》, 각 36×23, 종이, 1784, 개인.

실제로 성주는 고려삼은高麗三隱의 한 사람인 도은陶隱 이숭인李崇仁, 1349-1392 이후 한강寒岡 정구鄭逑, 1543-1620, 동강東岡 김우옹金宇顒, 1540-1603 같은 대학자를 배출해 영남학파의 근거지가 되었다. 또한 이곳에서 태어나 일제강점기에 독립을 청원하는 문서를 파리평화회의는 물론 세계 각국에 배포한 독립운동가 심산心山 김창숙金昌淑, 1879-1962은 해방 이후 일제를 찬양한 유학계를 혁신하는 한편 반독재투쟁에 헌신했다.

우뚝 솟아 굳센 아홉 구비라는 뜻의 무흘구곡武屹九曲은 성주가 품은 절경이다. 성주군 수륜면을 가로지르는 대가천의 제1곡 봉비암에서 시작해 김천시 증산면 수도리 제9곡 용소폭포까지 35킬로미터 구간에 자리잡고 있다. 다만 행정 구역 개편에 따라 제1곡에서 제5곡까지는 성주군, 제6곡에서 제9곡까지는 김천시에 속해 있다. 구곡을 경영한 주인 한강 정구는 임진왜란 때 통천군수로 의병을 일으켜 활약하였고 대사헌에 이르렀을 때 고향 성주로 귀향하여 산림의 생애를 살았다. 한강 정구는 대가야천大伽耶川, 다시 말해 대가천 계곡을 다니며 무흘구곡에 들어와 거닐었지만 정작 시를 읊고 그림을 주문해 화첩으로 엮은 적은 없다. 다만 중국 송나라 사람 주희의 시「무이구곡」을 차운한 시를 남겼는데 그 차운시를 이곳 무흘구곡으로 해석하곤 하여 마치 한강 정구가 무흘구곡을 노래한 것으로 여기는 이들도 없지 않다. 무흘구곡을 확정한 인물은 한강 정구의 후손 경헌警軒 정동박鄭東璞, 1732-1792이다. 그는 구곡을 하나하나 지목하고 화가 영재嶺齋 김상진金尙眞, 1705-?으로 하여금 각각의 실경을 그리게 한 뒤 자신은 그림 상단에 화제를 써넣어 무흘구곡을 완성하였다. 영재 김상진은 이 작품 이외에 전해오는 실경화는 없고 다만 국립중앙박물관 소장품으로 〈무이구곡도〉가 전해온다. 숙련된 기술과 거리가 있는 지역의 화풍을 구사한 〈무흘구곡〉으로 보아 향촌 화가인 듯하다.

제1곡 봉비암鳳飛巖은 봉황이 나르는 모습의 바위를 가리킨다. 한강 정구가 제자를 가르치던 회연초당檜淵草堂이 있었는데 별세하자 그 터에 회연서원을 건립했다. 이에 왕이 당대 제일의 명필 석봉 한호가 쓴 현판을 내려줌으로써 사액서원으로 승격되었다. 영재 김상진이 그린 〈봉비암〉을 보면 흐르는 대가천 위에 온몸을 웅크린 바위가 마치 봉황새처럼 우뚝하고 그 옆쪽에 회연서원이 규모를 뽐낸다. 실제로 서원 뒤쪽 봉우리인 봉비암에 오르면 아래로 광활한 벌판이 한눈에 들어와 시원스럽기가 이루 말할 수 없다.

제2곡 한강대寒岡臺는 봉비암에서 1킬로미터가량 거슬러 올라가는데 꼭대기에 올라서면 봉비암에서와 마찬가지로 대가야천이 한눈에 들어온다. 〈한강대〉를 보면 화폭 하단을 텅 비우고 상단 왼쪽에 한강대를 배치해 모래톱과 저 들판이 얼마나 통쾌하게 드넓은지를 보여준다. 화폭 상단 별지에 정동박이 쓴 '누대는 절로 높고 물은 절로 흐른다'는 모습 그대로다.

제3곡 무학정舞鶴亭은 한강대에서, 16킬로미터를 거슬러 성주호를 막 지나는 곳 금수면 무학동에 있다. 이곳에는 배 바위라고 부르는 선암船巖이 있고 선암 꼭대기에 학이 춤추는 무학정이 있다. 물가에 엄청난 크기의 바윗덩어리 옆으로 길고 그 위로 돛을 세운 듯한 바위 기둥이 솟아 있다. 이것이 마치 배처럼 생겼다고 하여 배 바위라 한다. 그 돛 꼭대기에 세운 정자가 무학정인데 바위가 무척 가팔라 정자에서 아래를 보면 아찔하다. 〈무학정〉을 보면 바위가 강물에 떠내려가는 듯하다.

제4곡 입암立巖은 무학정에서 4킬로미터가량 올라가면 금수면 영천동이 나오는데 그곳에 있다. 워낙 뾰족하게 우뚝 치솟은 바위이므로 선바위라 부른다. 그 생김이 촛대와도 같고 학이 치솟아 오르는 것 같기도 한데 경헌 정동박은 화제에 '천년토록 우뚝 서서 푸른 못에 일렁인다'고 읊었다. 〈입암〉을 보면 붉은 글씨로 학의 집이라는 뜻의 '소학봉'巢鶴峯이라고 써놓았고 정동박도 상단 별지의 화제에 '학이 된 신선을 부른다'고 노래했다.

제5곡 사인암捨印巖은 입암에서 5킬로미터가량 올라가면 김천시와 맞닿은 성주군 금수면 영천동에 자리하고 있다. 김천과 성주의 경계 지점이다. 관리가 관인을 버렸다는 뜻의 사인捨印이라는 이름을 지닌 사인암은 관직마저 팽개치고 이 바위에 빠져들었다는 게다. 그만큼 이 바위가 매혹에 넘친다는 이야기다. 하지만 사인암 중턱 옆으로 커다란 다리를 만든 뒤로부터는 온전한 풍경이 사라졌다. 〈사인암〉을 보면 화폭 한 중앙에 마치 사람의 얼굴 같은 자태를 한 바위가 우뚝하다. 하단은 검고 둥그런 바위가, 상단은 각진 사각의 바위 기둥이 높이 치솟았다. 영재 정동박은 화제에서 '수령 인상 버린 사람 지금 어디로 갔는지'를 궁금해 한다. 나도 그 사람이 궁금하다.

김천, 무흘구곡으로 이어지는 곳

김천은 삼한시대에 감문국甘文國이었다. 신라 때 김산金山을 비롯해 고려, 조선을 거쳐오며 변화를 거듭하다가 일제강점기에 김천金泉으로 통폐합되었다. 처음에 달다는 뜻의 감甘이라는 말을 쓴 까닭은 이 땅의 물이 달고 맛있어서인데 쇠의 샘이라는 뜻의 김천이라는 지명도 단 물이 샘솟는 고장을 표상하는 것이다. 서쪽에 1,290미터 높이의 대덕산, 1,111미터 높이의 황악산, 동쪽에 977미터 높이의 금오산, 남쪽에 1,327미터 높이의 단지봉이 솟아 있는 산악 지대다. 다만 사방으로 추풍령秋風嶺, 면목령面目嶺, 주치령走峙嶺, 우두령牛頭嶺이 길을 내주어 이웃과 통한다. 또한 서쪽에서 발원한 직지천直指川과 감천甘川이 동쪽 낙동강으로 흘러가며 금릉평야와 개령평야가 기름진 터전을 일궈놓았다.

김천의 유명한 사찰 직지사直指寺는 손가락을 들어 가리킨 절이라는 뜻으로 신라 때 고구려의 승려 아도화상阿道和尙이 창건했다. 아도는 풍수가 뛰어난 이 터에 절이 들어선다면 동국제일가람이 될 것이라고 예언했는데 세월이 흐르고 보니 실로 그러했다. 이 땅에서 샘솟는 물을 마시고 다시 태어난 영웅들이 즐비했다. 아도화상으로부터 천 년이 지난 뒤 이곳 직지사로 출가해 주지까지 오른 사명당泗溟堂

七曲滿月潭
七曲橋南瀉石灘
誰將風物靜中看
閭中自有源頭
水山月無心
作寒
月滿寒潭鏡面開
溪山欲畫烟霞
何人貫酒上高臺
晚無乃仙翁駕
鶴來

六曲玉溜洞
六曲清流玉作灣
洞門深鎖自成閒
山靈倘眉層戀
意借我月澗一
峽閒
瘦樹雲林步穿
紫煙深領六諸天
眼前怱閒琉璃
景深清流玉
日漣

제6곡 〈옥류동〉

제7곡 〈만월담〉

八曲卧龍巖
八曲山如畫幛開
蕭蕭流水共縈迴
天公不識龍階
意恒作風雷叩
洞來
百年龍臥洞天深
世外氣埃不被侵
借問何時能起
沙漫成風雨畫
常陰

九曲龍湫
九曲龍湫卻肅然
瀧滿百尺喜盡川
世人不識龍無
德惟事禱龍不
橋天
一天當雨喜山東
足瀑德來石雷中
抗瀑古亭今不
見何東孤衲坐
松風

제8곡 〈와룡암〉

제9곡 〈용추암〉

김상진, 《무흘구곡》, 각 36×23, 종이, 1784, 개인.

유정惟政, 1544-1610이 뒷날 임진왜란 때 의병장으로 그 이름을 떨친 건 시작에 불과했다. 밀양 출신의 사명당이 출가하던 때의 일은 신비하다. 사명당의 스승이 된 신묵대사의 어느 날 꿈에 황룡이 서려 있는 은행나무가 보였다. 그 꿈을 기이하게 여긴 신묵대사가 은행나무를 찾아가 보았더니 한 소년이 그 아래 돌판에 잠이 들어 있었다. 제자로 받아들였는데 바로 그가 뒷날의 사명당이다. 영웅의 탄생은 여기에 그치지 않았다. 1896년 왕산旺山 허위許蔿, 1855-1908가 김천 장날을 기해 의병을 일으켰다. 구미에서 태어났으나 김천에서 활동을 시작한 그는 출사와 거병을 거듭하던 중 1908년 13도의병연합부대 군사장으로 한양 동대문 밖까지 진격해 일본군과 격전을 벌인 뒤 임진강의병연합부대를 편성해 유격전을 전개하였다. 그 명성이 하늘을 뒤흔들던 바로 그해 6월 11일 체포당해 옥중에서 대의를 펴지 못했는데 유언은 무엇에 쓰랴는 유언을 남기고 형장의 이슬로 사라져갔다. 10월 21일의 일이다.

성주군 금수면 영천동의 제5곡 사인암을 떠나 경계를 넘어 김천시 증산면 유성리로 접어들면 무흘구곡의 제6곡을 만난다. 옥류동이다. 옥류동은 사인암에서 3킬로미터가량 올라가는 곳에 옥처럼 맑은 물이 흐른다는 곳이다. 영재 김상진의 〈옥류동〉을 보면 가파르고 빠른 물줄기와 그 주위의 하얀 바위들이 즐비하다. 치솟은 산봉우리 아래 거의 수직으로 냇물을 배치하여 폭포 소리가 들려오는 듯 우렁차다.

제7곡 만월담萬月潭은 옥류동에서 4킬로미터가량 떨어진 증산면 평촌리에 있다. 달빛으로 가득한 못이라는 뜻 그대로 물 맑고 드넓은 것이 그윽하기 그지없다. 경헌 정동박은 아마도 환한 보름달 뜬 밤에 이곳을 방문했나보다. 화제에 '달빛 가득한 못이 거울처럼 열렸다'고 읊조리며 '신선이 학을 타고 내려오는 것이 아닐까 기대한다'고 하였다. 이곳에는 한강 정구의 은둔과 독서를 위한 거처로 무흘정사武

屹精舍가 있다.

　제8곡 와룡암은 만월담에서 1킬로미터가량 떨어진 곳에 있다. 용이 누워 있는 바위라고 해서 와룡암이라 하였는데 위 아래로 패인 두 개의 못 사이가 마치 넓은 미끄럼틀 같아 누운 용의 등처럼 보인다. 여름철 이곳에서 물미끄럼을 타는 피서객이 즐비한데 모두 용을 타는 것이다. 〈와룡암〉을 보면 물길이 구불구불 용이 꿈틀대는 모습으로 그려놓았다.

　제9곡 용추폭포는 와룡암에서 3킬로미터쯤 떨어진 증산면 수도리에 있다. 폭포의 물줄기가 여느 폭포와 달리 사선으로 기울어진 양쪽 바위에 물길이 안으로 파고든다. 그렇게 쏟아지는 끝부분에 이르러 깊이 패인 못에 물보라가 일어난다. 가뭄에도 물이 줄지 않고 폭포가 힘차게 쏟아지는데 그 소리가 웅장하여 이곳에 살고 있는 용의 울음소리라 한다. 〈용추폭포〉에도 깊게 패인 물길이 보이는데 폭포 상단 너럭바위에 올라 한껏 즐기는 두 명의 선비를 묘사해놓았다. 이곳의 주인 한강 정구 일행일 것이다.

대구, 경상도의 수부이며 독립운동의 거점지

　대구大邱는 삼한시대 이래 넓은 벌판 또는 새벽 닭의 벌판을 뜻하는 달구벌達句伐이었다. 조선시대에 이르러 넓은 언덕을 뜻하는 대구大丘와 대구大邱를 함께 쓰다가 정조 때 대구大邱로 정착하였다. 북쪽으로 높이 1,192미터의 팔공산八公山이 우뚝하고 남쪽으로는 높이 1,084미터의 비슬산琵瑟山이 치솟아 한가운데 들판을 이룬 분지다. 분지의 복판에는 금호강琴湖江이 흐르고 서쪽에는 낙동강이 유장하다. 그런 까닭에 비옥한 땅이지만 추위와 더위의 차이가 극심하다. 대구의 산과 강은 그 이름이 모두 아름답다. 분지를 둥글게 두른 병풍의 한가운데 봉우리인 팔공산은 위기에 처한 태조 왕건을 구한 여덟 명의 장수를 뜻하여 지은 이름이다. 또 비슬산은 비파와 거문고를 닮은 산이라는 뜻인데 닭의 벼슬을 닮아 그렇게 부른다고도 한다. 금호강 또한 거문고 타는 소리가 흐른다고 해서 지은 이름이다. 이렇게 멋진 이름들이야 생김새가 그러해서 지어낸 것이겠지만 부러운 건 어쩔 수 없다.

　팔공산 기슭 높이 850미터 지점에 갓바위라 부르는 관봉冠峰이 우뚝하다. 그곳에 키가 5.4미터나 되는 석조여래좌상이 강건한 자세로 앉아 있다. 남쪽을 향한 시선을 따라가면 마치 남해바다가 보일 듯 아득하고 하늘 끝에 닿을것만 같다. 맑

정선, 〈달성원조〉, 36.6×32, 종이, 1721년경, 국립중앙박물관.

정황, 〈대구달성〉, 49×69, 종이, 18세기 후반, 영남대박물관.

미상, 〈하목정〉, 《영남오경》, 25.5×47.5, 종이, 19세기, 개인.

은 정토를 꿈꾸던 신라의 이상 그대로다. 그런 부처께서 한 가지 소원만은 들어준다는 속설에 따라 가파른 오름에도 숱한 이들의 발길이 그치지 않고 있다.

임진왜란 때 경상감영이 설치됨에 따라 경상도의 수부로 자리잡은 대구는 20세기에 이르러서도 대도시의 위상을 더욱 키워나갔다. 임진왜란이며 일제강점 같은 불행이 닥칠 때면 의병 투쟁이나 독립운동의 거점이었던 대구의 자부심은 이름만큼이나 크고 넓다. 또한 이 땅은 조선프롤레타리아예술동맹 및 의열단원이자 「빼앗긴 들에도 봄은 오는가」를 노래한 시인 무량無量 이상화李相和, 1901-1943를 비롯해 권총 강도로 유명한 독립운동가이자 화가인 긍석肯石 김진만金鎭萬, 1876-1934, 그리고 인상파를 조선의 풍광으로 물들인 천재화가 청정靑汀 이인성李仁星, 1912-1950, 초현실파를 바탕삼아 혁명적 낭만주의 세계를 이룩한 조선 최대의 화가 이쾌대李快大, 1913-1965를 배출했다.

겸재 정선은 1721년부터 1726년까지 무려 5년 9개월 동안 하양河陽현감으로 재직했다. 지금 경산시 하양읍이다. 대구의 동쪽 고을이었으므로 고개를 돌려 서쪽을 향하면 거기 대구가 있었다. 대구를 멀리서 본다는 뜻을 담아 그린 〈달성원조〉達城遠眺를 보면 그 풍경이 많이 변했음을 알 수 있다. 화폭에 담긴 경물 하나하나가 어디의 무엇을 그렸는지 알 수 없고, 또 대구성곽도 없으나 대구의 옛 모습이 저랬구나 싶다.

화폭 하단의 오른쪽 구석에 솟아오른 봉우리에 네 명의 선비가 보인다. 다섯 그루의 소나무 아래 앉거나 선 선비들은 당연히 대구를 보고 있을 것이다. 그 벌판이 참으로 넓어 시선을 어디서 멈추어야 할지조차 모를 대구 벌판에 마을이 즐비하다. 그 중 가장 큰 마을에 크고 높은 관아 건물이 솟아 있어 과연 경상도를 호령하는 감영의 위세가 확연하다. 화폭 상단 저 멀리에는 산봉우리가 연이어 줄섰는데 가장 높이 솟은 봉우리가 대구 남쪽의 비슬산처럼 보인다.

손암 정황이 그린 〈대구달성〉은 대구의 남쪽 비슬산 기슭에서 대구를 바라보는 작품이다. 장대한 규모의 성곽을 거느린 대구 감영에 2층의 관아가 위엄을 뽐내는가 하면 홍예문 형태의 남대문에 단정한 문루가 아름답다. 어디 그뿐일까. 고을을 둘러싼 대구 벌판은 바다처럼 드넓고 여기저기 솟은 동산과 그 사이를 흐르는 강물이 조화롭다. 화폭 상단 복판의 금호강은 넓고 큰 낙동강으로 바쁘게 달려가는게 경쾌하지만 낙동강은 너무 커서 유장하다고 할 수밖에 없다. 〈대구달성〉에서 눈길을 끄는 풍경은 하단이다. 큰 나무숲이 둥글게 둘러싼 호수와 바위 위에 세 사람이 그 주인공이다. 호수는 성당聖堂못이 아닌가 한다. 성당못은 달서구 두류공원 남쪽에 자리한 큰 못으로 지금은 유원지로 조성되어 있다. 조선 중기 채씨 성을 지닌 판서의 집터였던 것을 풍수가 왕이 태어날 명당이라고 하여 집을 철거하고 못을 조성한 게 기원이다. 성당이라는 이름은 동네 이름이 성당동이어서 그렇게 붙인 것이지만 1900년대 초 두류산 서쪽에 천주교 성당이 있었으므로 그로부터 비롯했다는 설도 있다.

그린 이를 알 수 없는 《영남오경》은 승경지 다섯 곳을 골라 그린 화첩이다. 밀양의 영남루, 울산의 장천사, 영천의 조양각, 양산의 쌍벽루와 더불어 이곳 대구의 하목정까지 하나로 엮었다. 하목정은 대구의 서쪽 낙동강을 한눈에 볼 수 있는 달성군 하빈면 하산리에 자리한 정자다. 1604년 의병장 낙포洛浦 이종문李宗文, 1566-1638이 건립한 것으로 인조가 왕위에 오르기 전 이 집에 머물렀을 때 저녁노을에 오리가 노닌다는 뜻의 하목정霞鶩亭이라는 당호를 내려 하목정이 되었다. 실제로 해 저물녘 강물에 드리우는 노을이 아득하다. 〈하목정〉의 화폭 한복판에 '하목정'이라고 쓴 붉은 글씨가 보인다. 정자 주변에 여러 종류의 나무들이 즐비하고 앞에는 하천, 뒤에는 산악을 배치해 명당이자 절경을 자랑하는 곳임을 보여주고 있다. 특히 빠른 속도의 먹선에서 바람소리가 들려와 경쾌한 분위기를 살려주고 있다.

영천, 고려팔은
정몽주의 고장

　　영천은 삼한시대 때 호로국戶路國과 골벌국骨伐國이었다가 신라시대 때 절야화 군切也火郡에서 임고군臨皐郡으로 변천하였으며 고려가 끝나가던 1383년에 영주永州 를 거쳐 조선시대 태종 때인 1414년 멀고 긴 물길의 노랫소리 흐르는 고을이라는 뜻의 영천永川이라는 이름을 얻었다. 북쪽에 1,124미터 높이의 보현산을 비롯해 서쪽에 팔공산, 동쪽에 운주산, 남쪽에 사룡산이 둥글게 둘러싼 분지이며 낙동정 맥이 가로지르다보니 동서로 나뉘어 남천과 북천이 흐르다가 금호강으로 흘러들 어간다.

　　신라의 혜철惠哲, 785-861 국사가 809년에 창건한 은해사銀海寺가 팔공산 기슭 에 자리하고 있다. 처음에는 해안사海眼寺였다가 1545년 조선 인종의 태실을 봉안 하면서 은해사로 바뀌었다. 동화사桐華寺와 더불어 팔공산의 양대 사찰이다.

　　조선왕조에 복종하지 않아 고려팔은高麗八隱으로 불리는 고려 말 대학자 포은 정몽주가 이곳 임고면 우항리에서 태어났다. 이웃 포항에서 태어났다는 설도 있는 데 위대한 인물이라 서로 품고 싶어하는 듯하다. 조선시대 3대 가인三代歌人의[8] 한 사람인 노계蘆溪 박인로朴仁老, 1561-1642도 영천 사람이다. 젊은 날에는 임진왜란 의

미상, 〈조양각〉, 《영남오경》, 25.5×47.5, 종이, 19세기, 개인.

병으로 가담하여 이후 수군으로 뛰어난 활약을 펼쳤다. 임진왜란이 끝나자 소명을 다했다고 여긴 그는 은거의 길을 택하여 학문과 시가 창작에 전념하였다. 「영남가」 嶺南歌를 비롯해 아홉 편의 가사와 68수의 시조가 전해오는데 한결같이 영천의 산천과 인걸을 닮아 보석처럼 아름다운 노래들이다.

조양각은 지금 영천 시내 한복판에 흐르는 금호강의 거대한 바위인 청석벽 위에 자리잡고 있다. 고려 말 1368년 영천부사 이용李容이 창건할 때 명원루明遠樓였으나 임진왜란 때 불탄 것을 새로 만들면서 아침 햇살 눈부신 조양각朝陽閣으로 고쳤다. 밀양의 영남루, 진주의 촉석루와 더불어 영남 3루라 칭송받는 누각이다. 이용과 함께 포은 정몽주가 쓴 명원루 제문이 붙어 있다.

그린 이를 알 수 없는《영남오경》에 포함된〈조양각〉을 보면 화폭 중앙에 영천성이 여유로운 모습으로 나무숲과 어울려 마을을 둘러싸고 있다. 금호강변에 세운 영천성이 무척 자연스럽고 그 남쪽 성벽에 누각이 우아한 자태를 하고 있다. 화가는 바로 그 지붕 위에 붉은 글씨로 '조양각'이라 써놓았다. 영천성의 옛 모습도 모습이지만 성벽의 왼쪽에 홍예문 형태로 세운 문과 문루가 눈에 띈다. 화가는 드넓은 영천 마을을 빠른 붓질로 단숨에 묘사했는데도 경물들의 특징만을 잡아 묘사하는 대담성을 보여주고 있다.

포항, 해 뜨는 바다 영일만을 품다

　　포항은 삼한시대 근기국勤耆國, 신라시대 이후 퇴화군退火郡을 비롯한 여러 군현이었다. 고려에서 조선까지도 영일迎日을 비롯한 여러 군현이었다가 일제강점기인 1914년에는 영일군으로, 해방 후에는 영일과 포항으로 나뉘었다. 포항시로 통합된 것은 1995년이었다. 포항浦項의 북서쪽에는 930미터 높이의 내연산을 비롯하여 높은 산들이 즐비하지만 동남쪽에는 대부분 낮은 산들이 솟아 있다.

　　시내를 동서로 관통하는 형산강兄山江은 멀리 울산에서 출발해 경주를 거쳐 포항으로 들어와 영일만을 통해 동해바다로 빠져나간다. 그처럼 길게 흐르면서 숱한 퇴적물을 운반해와 널따란 삼각주를 형성하는데 바로 영일평야다.

　　해 뜨는 바다 영일만을 품고 있는 포항은 해와 달을 둘러싼 설화의 기원지다. 157년 연오랑과 세오녀가 왜국으로 건너간 뒤 신라의 해와 달이 빛을 잃었다. 사신을 파견했더니 연오랑은 하늘의 뜻이라 돌아갈 수 없다며 세오녀가 짠 비단을 주면서 둘이 살던 곳에 제사를 지내라고 하여 그렇게 했더니 비로소 빛이 돌아왔다. 그래서 그곳을 가리켜 해를 맞이하는 영일迎日이라 하였다. 이곳 천제단에서 봄, 가을로 하늘에 제사를 지냈으나 일제강점기 때 파괴해버렸다. 하지만 지금도

해와 달의 못인 일월지日月池가 있어 매년 10월에 일월신제를 지낸다.[9]

청하현은 삼국시대 때 아혜현阿兮縣이었던 것을 고려시대 때 청하현淸河縣으로 바꾸었지만 일제강점기인 1914년 영일군에 병합함에 따라 지금은 포항시 북구로 편입된 땅이다. 겸재 정선이 이곳 청하현감으로 재임한 시기는 1733년부터 1735년 사이였다. 어머니의 별세 탓에 1년 9개월가량만을 재임하고 떠났지만 여러 점의 실경을 남겼다. 가장 먼저 자신이 근무하는 청하현 관아를 그렸다. 〈청하성읍〉이다. 사각 형태로 감싼 성벽 안에 관아 건물이 즐비하다. 우람한 성벽이라고 하기에는 충분해 보이진 않으나 제법 높고 튼실해 보인다. 주변 벌판이 꽤나 넓은 평야라서 시원하다. 하양현감 재직 때인 1721년 무렵에는 하양읍이 아니라 멀리 보이는 대구를 그린 〈달성원조〉를 그렸는데 이번에는 자신이 근무하는 청하현을 그린 걸 보면 이 고을이 꽤나 마음에 들었던 모양이다.

포항 북쪽에 솟은 내연산은 남쪽 끝의 산이라고 해서 종남산終南山이었다. 그런데 후백제를 창업한 견훤이 기병하자 신라 진성여왕眞聖女王, ?-897이 이곳으로 피난을 온 뒤 안으로 숨어드는 산이라는 뜻의 내연산內延山이라는 이름이 생겼다. 내연산에는 상생폭포, 내연폭포, 용추폭포, 삼보폭포, 보현폭포, 무봉폭포, 관음폭포를 비롯 모두 12개의 폭포가 즐비하다. 풍화에 강한 화산암으로 이루어진 산이어서 깎아지른 절벽, 깊이 패인 계곡이 많아 폭포와 못들이 이처럼 대단한 것이다. 그래서 사람들은 영남의 금강 또는 소금강이라고 부른다. 그 가운데서도 특히 삼용추를 두고 금강산보다 아름답다고 내세우는데 실경화가인 겸재 정선의 눈에도 그렇게 보였나보다.

겸재 정선은 두 점의 〈내연삼용추〉를 그렸다. 삼용추三龍湫란 세 마리의 용이 꿈틀대는 못이라는 뜻이다. 호암미술관 소장품으로 종이에 그린 〈내연삼용추〉는 위아래로 긴 장폭의 화면에 두 차례 끊겼다가 쏟아져내리는 물줄기를 배치했다.

정선, 〈청하성읍〉, 26×31.8, 종이, 1734년경, 겸재정선기념관.

정선, 〈내연삼용추〉, 134×56, 종이, 1734년경, 호암미술관.

정선, 〈내연삼용추〉, 21×29.7, 비단, 1734년경, 국립중앙박물관.

그 물줄기 양 옆에 시커먼 바윗덩어리를 차곡차곡 쌓아올려나갔다. 거친 붓으로 짙고 옅은 먹을 듬뿍 묻혀 빗자루로 쓸 듯 쓱쓱 칠했는데 그러고 보니 어둡고 무겁지만 끝내 장엄한 굴곡이 탄생했다. 화폭 맨 아래쪽 물길은 바위까지 쓸어내릴 듯 엄청난 기세다. 겸재 정선은 뒷날 개성의 박연폭포, 한양의 청풍계와 인왕산을 그렸는데 마치 그 예고편처럼 보인다. 아무래도 이런 기법이 아직 숙성한 건 아니어서 거친 붓질과 흩어진 구도가 드러나는 건 어쩔 수 없다. 봉우리 꼭대기에 아주 작은 크기의 암자가 있어 더욱 높고 가팔라 보인다. 중간의 넓은 바위 바닥에는 네 명의 선비와 한 명의 시동 그리고 승려 두 명이 보인다. 화폭에 그려놓지는 않았으나 승려 뒤에는 가장 늙은 노인을 태웠을 남여가 있을 것이다.

국립중앙박물관 소장품으로 비단에 그린 또 다른 〈내연삼용추〉는 매우 그윽하다. 먼저 화폭 대부분을 차지하는 바위를 묽은 먹으로 연하게 칠해 바위라기보다는 마치 안갯속처럼 은은해 보인다. 물론 바위 기둥이 겹겹으로 모여 있고 중간중간 끊겨져 있거나 굴곡져 있지만 호암미술관 소장품 〈내연삼용추〉의 바위와 비교해 보면 굉장히 부드럽다. 폭포도 안개 사이로 스며들듯 주변과 어울려 아주 아련하다. 그런 까닭에 이 작품은 청하현감 시절이 아니라 거의 만년에 다시 그린 것이 아닌가 싶다.

승경지는 항시 제 모습을 감춘 채 깊은 곳에 있다. 따라서 가는 길이 좁고 험하기 십상이다. 그런 까닭에 사람들은 그곳에 이르기 위해 시설물을 설치하곤 했다. 물론 비바람에 날아가기 일쑤였지만 그때마다 다시 시설하는 건 일도 아니었다.

국립중앙박물관 소장품의 화폭 중단 오른쪽에 거대한 수직 벼랑을 보면 길이 나 있는 모습을 볼 수 있다. 바위를 깎아 겨우 한 사람이 지나갈 수 있도록 만든 길인데 이를 잔도라고 한다. 잔도는 이처럼 벼랑을 깎아낸 길을 말하기도 하고 또 사다리나 선반 같은 판을 허공에 매다는 비계飛階 방식을 말하기도 한다.

호암미술관 소장품에서는 폭포 줄기를 따라 위아래로 길게 그리면서 위와 아래 사이를 연결하기 위해 걸쳐놓은 사다리를 볼 수 있다. 맨 몸으로 도저히 오를 수 없는 절벽을 타고 오를 수 있도록 했다. 통행이 불가능한 험지임에도 저와 같은 시설을 만든 것으로 미루어 이곳을 찾는 사람들이 적지 않았음을 알 수 있다.

경주, 황금 시대를 누린 천년왕국의 수도

천년왕국의 수도 경주는 사로국斯盧國이었다가 서라벌徐羅伐이라 부르며 신라의 수도가 되었다. 고려 때 수도의 지위를 잃으면서 경주慶州로 바뀌었으며 동경東京 또는 계림鷄林으로 부르기도 했는데 조선시대에 다시 경주가 되었다. 북에 금강산金剛山, 남에 남산南山, 서에 선도산仙桃山, 동에 명활산明活山이 둘러싼 분지다. 안쪽 벌판에 세운 반월성을 감싸고 휘도는 남천은 한복판을 가로지르는 북천과 더불어 대천과 합류해 북쪽을 향하다가 포항으로 흘러간다. 사방의 산악이 외벽을 이루는 천연 요새로 왕국의 수도에 어울리는 땅이라 할 것이다. 또한 동쪽으로 745미터 높이의 토함산吐含山이 불국사와 석굴암을 품고 있고 그 너머 감은사 터를 지나 동해바다에는 해중릉인 문무대왕릉이 지키고 있다.

이 땅에는 철과 금이 많아 화려한 금속공예가 넘쳐나고 남산의 수정과 옥돌은 섬려한 장신구를 선물했다. 신라왕조 992년 동안의 수도 경주는 황금왕국을 호령하는 대도시였다. 전해오기를 건물이 그을릴까 참숯으로만 밥을 지을 정도로 부유했다고 한다. 일연은 『삼국유사』에서 경주를 일러 다음처럼 묘사했다.

"사사성장寺寺星張 탑탑안행塔塔雁行"[10]

뜻을 풀어보면 절들은 하늘의 별처럼 많고 탑들은 기러기가 나는 듯 줄지었다는 것이다. 경주가 천년왕국의 수도가 된 때는 아득한 기원전 37년의 일이다. 일대의 세력을 규합해 사로국을 건설한 박혁거세는 경주에 금성金城을 쌓고 나라 이름을 서라벌이라고 정했다. 박혁거세는 하늘에서 내려온 알에서 태어날 때 몸에서 빛이 나고 새와 짐승이 춤을 추어 모두들 신비로이 여긴 아이였다. 어느덧 13살이 되자 여섯 촌장이 그를 왕으로 추대했다. 이때부터 천년왕국의 황금 시대를 구가했지만 신라는 935년 고려에 왕조를 내주어야 했다. 당연히 수도의 지위도 빼앗겼다. 고려 무인정권이 집정하던 시절인 1202년 동경야별초가 신라 부흥을 꿈꾸었으나 1238년 몽고군에 의해 짓밟히고 말았다. 그때 황룡사 9층 목탑이 불타버렸다. 그럼에도 경주는 신라 문명을 품은 역사 도시일 뿐만 아니라 배출한 인물 또한 각 분야별로 수도 없이 많다. 그 가운데 구미산 기슭에서 탄생한 수운水雲 최제우崔濟愚, 1824-1864가 유가와 불가, 도가의 3대 사상과 기독교 사상을 융합하여 창시한 동학은 조선 근대사의 절정이었다.

발 딛는 곳마다 궁궐과 절집이 즐비했던 황금도시 경주의 남쪽 금오산, 다시 말해 남산은 골짜기와 기슭마다 절집과 불상과 탑이 수도 없는 하나의 별세계다. 흔히 담장없는 박물관이라 부르는 이 땅에서 걸작『금오신화』와 기행문「유금오록」을 써내려간 매월당 김시습은 경주 기행문인「월성회고」에서 의연한 천년의 문물을 떠올리며 '사람은 옛사람 아니고 일도 글렀지만 산은 그대로 있어 꽃이 지고 새가 우니 봄도 마침 어여쁘구나'라고 노래했다.[11] 사라졌지만 황금 왕국의 향기는 여전했던 것이다.

〈경주읍내전도〉의 경주는 아름답다. 18세기 무렵의 경주가 이토록 아기자

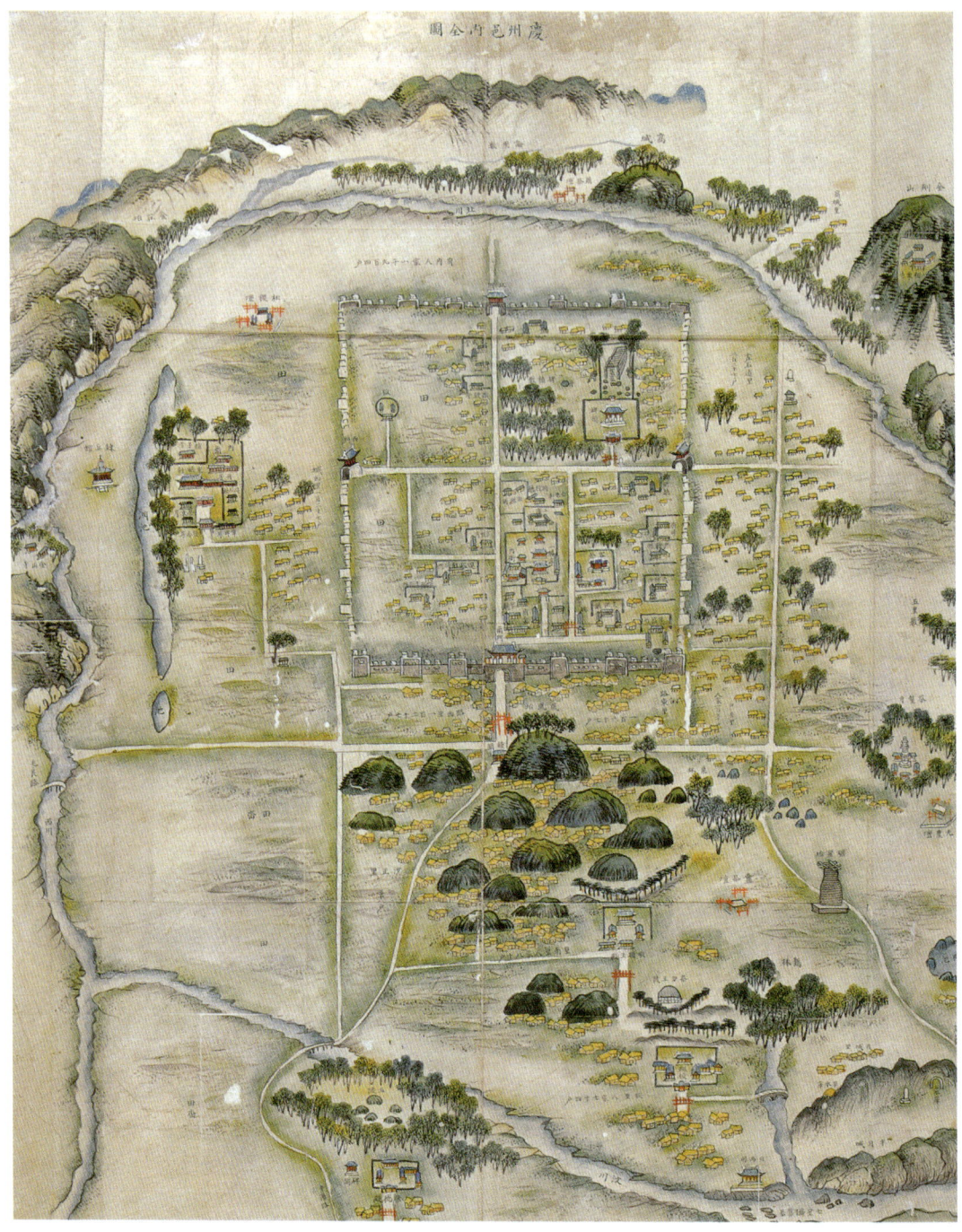

미상, 〈경주읍내전도〉, 《집경전구기도첩》, 39×22, 종이, 1884년 이후, 국립문화재연구소.

기하고 즐거운 까닭은 화가가 따스한 노란색을 기조삼아 그렸기 때문이기도 하겠지만 실제 풍경이 그래서이기도 할 것이다. 그린 이를 알 수 없는《집경전구기도첩》에 포함된〈경주읍내전도〉는 지도라고 분류해놓았지만 지도가 아니다. 하늘에서 바라본 한폭의 멋진 풍경화다. 네모난 성곽 상단 오른쪽을 넓게 차지한 집경전 集慶殿은 태조 이성계의 어진을 봉안한 건물이다. 임진왜란이 일어나자 경주를 점령한 왜군은 건물을 불태워버렸지만 미리 어진을 강릉으로 피신시켜 그나마 화를 피했다. 전쟁이 끝난 뒤에도 다시는 어진을 봉안하지 않아 집경전 터는 날로 황폐해져만 갔다. 이에 경주 사람들이 어진을 다시 봉안해달라는 상소를 올렸지만 집경전 재건은 이루어지지 못했다. 오랜 세월이 흐른 뒤 1796년 정조가 옛터에 비석을 세우라 한 다음 집경전이 있던 옛터라는 뜻의 집경전구기 集慶殿舊基라는 글씨를 내려 새겼다. 비석을 보호하는 화려한 비각과 그 뒤로 섬돌이 널려 있는 집경전 터가 특별히 돋보인다.

〈경주읍내전도〉에서 우선 눈에 띄는 건 세 개의 강이다. 화폭 상단에 북천, 하단에 남천이 각각 옆으로 흘러가다가 화폭 왼쪽 위아래로 길게 뻗은 형산강으로 흘러들어간다. 세를 불린 형산강은 맨 위로 휘돌아 포항 쪽을 향하는 산줄기를 따라 동해를 향해 멀리 달아나버린다. 세 개의 강 안쪽 벌판은 크게 위 아래로 나뉘어 있다. 위로는 동서남북 네 개의 대문을 거느린 사각형의 경주읍성이 반듯하고 아래로는 봉긋봉긋 왕릉 같은 동산과 계림 그리고 그 사이에 경순왕전 및 내물왕릉이며 향교가 즐비하다. 무엇보다 두드러지는 것은 성 안팎으로 바둑판처럼 반듯하게 뚫린 도로 망이다. 그 사이로 궁전과 민가와 사찰이며 제단이 즐비하고 땅에는 논과 밭 그리고 나무와 풀과 꽃이 흐드러져 즐겁다.

화폭 상단 북천을 건너면 중간에 악귀를 물리치는 여제단이 있고 오른쪽 끝에 금강산과 백율사가 있다. 백율사 아래로 쭉 내려오면 분황사가 보인다. 돌을 깎아 벽돌처럼 만들어 쌓은 탑으로 알려진 분황사탑이 사찰 한복판에 우뚝하다. 그 아래 농사의 신 신농神農과 후직后稷에 제사를 지내는 선농단, 연꽃이 아름다운 연지를 지나면 화폭 하단 맨 아래 구석에 얼음창고인 석빙고와 반월성이 있다.

분황사 건너편에는 세계에서 가장 오래된 천문대인 첨성대와 무관들이 주관하여 군사권을 상징하는 제사를 지내는 둑제단이 보이고 그 아래쪽으로 계림 숲이 울창하다. 그 중 첨성대가 어느 시설물보다도 두드러지게 크고 늘씬해서 뜻밖의 즐거움을 준다. 화폭 상단 왼쪽의 구석에 금장대가 있고 경주성곽 밖 동쪽 넓은 농경지에 땅과 곡식의 신에게 제사를 올리는 사직단이 네 개의 홍살문에 둘러싸여 있다. 그 아래로 아주 길쭉한 연지가 신기하다. 연지 왼쪽 형산강 건너에 금산사와 연병관, 오른쪽에 영청이 자리하고 있다.

사대문 가운데는 남문이 가장 크고 멋들어져 보인다. 남문 밖으로 큰 도로가 나 있고 홍살문을 지나면 네거리에 종각이 있어 시간을 알린다. 종각에서 쭉 내려와 화폭 맨 아래쪽 남천 다리를 건너면 풍성한 숲 안에 오릉이 포근히 자리하고 있고 그 앞에 숭덕전이 비각을 거느린 채 의연하다. 신라를 창업한 비조 다섯 명의 능인 이곳 오릉에 매월당 김시습이 도착했다. 그의 눈에 보이는 풍경은 '멀고 먼 세대의 일이라 비석은 이미 없어졌고, 사람 드무니 오직 토끼와 여우만이 놀아나는' 것이었다.[12] 1471년의 모습이다. 얼마나 평화로운 정경인가. 지금도 이곳에 가면 그런 느낌일까.

합천, 가야산과 해인사로 가득차다

가야문명권에 속해 있던 유서 깊은 땅 합천은 삼한시대 대량大良이었고 이후 변천을 거듭하다가[13] 고려 때 땅의 모양을 따라 좁은 골짜기를 뜻하는 합주陜州, 조선시대에 비로소 합천陜川이 되었다. 1,430미터 높이의 가야산伽倻山과 낙동강 그리고 그 한복판에 황강, 남쪽에는 남강의 여러 지류가 어깨를 펼치듯 흐르는 고을이라 한 번 스쳐도 잊을 수 없는 땅이다.

합천 출신으로 원나라 유학을 다녀온 무학대사는 태조 이성계를 도와 조선 창업은 물론 한양으로 도읍지를 옮겨 새 나라의 터전을 마련했다. 태조 이성계는 지혜로운 무학을 왕사로 삼아 국사를 논의하는 이로 곁에 두었다. 또한 삼가현에서 태어난 남명 조식은 칼을 찬 유학자로 조선 유학사상 위대한 스승이었다. 그뿐 아니라 이웃 밀양 출신인 사명당 유정이 합천 해인사의 홍제암에서 입적하여 부도와 탑비가 전해오고 있다.

송광사, 통도사와 더불어 조선 3대 사찰의 하나인 가야산 해인사는 802년 신라의 승려 순응順應과 이정利貞이 창건한 사찰이다. 두 승려가 애장왕哀莊王, 788-809 왕비의 병을 치료하여 왕의 후원을 얻었다. 해인사라는 이름은 『화엄경』의 세상 만물을 비추는 바다라는 뜻의 해인삼매海印三昧라는 구절에서 가져왔다. 또한 거창 출신으로 이곳 해인사에서 활동한 승려 희랑希朗, 889-966의 지원을 얻어 고려를 창업한 태조 왕건은 해인사를 고려의 국찰로 삼아 해동제일도량으로 육성했다. 나아가 조선을 창건한 태조 이성계도 강화도 선원사에 있던 고려 팔만대장경판을 해인사로 옮기게 했다. 해인사가 오늘날까지 위세를 꺾지 않고 있는 까닭은 대장경의 사찰이라는 명성에 유래하고 있음이 분명하다. 해인사는 일곱 차례나 큰 화재가 있었는데 두 채의 장경판고만은 재난을 당하지 않았다. 그런 까닭에 이곳을 재난이 쳐들어오지 못하는 삼재불입처三災不入處라 하는 것이다. 참으로 그 힘은 신묘해서 1951년 9월 유엔군의 폭격 명령에도 불구하고 저 대장경판은 사라지지 않았다. 공군편대장이던 김영환 대령이 명령을 거부했기 때문이다. 실로 드문 일이 장경판고의 하늘에서 일어난 것이다.

겸재 정선은 두 점의 해인사를 그렸다. 국립중앙박물관 소장품으로 부채에 그린 선면 〈해인사〉는 단풍으로 울긋불긋 물든 절집을, 개인 소장품으로 비단에 그린 〈해인사〉는 녹음 우거진 여름날의 절집을 그렸다. 선면 〈해인사〉는 둥글게 휘어진 화면을 염두에 두고 구도를 설정했다. 양쪽에 거대한 산언덕을 배열한 뒤 그 뒤쪽 분지에 사찰을 앉힌 것이다. 건물을 계단처럼 차곡차곡 배치하고서 가람 옆으로는 휘돌아 감싸는 계곡과 더불어 거대한 구름강을 그려놓았다. 나무는 붉은 홍색인데 건물 지붕은 푸른 청색으로 칠해 보색 대비가 일으키는 강렬한 생기가 감돈다. 참으로 곱디곱다.

동아대학교박물관 소장품으로 진주 소촌찰방을 역임한 서얼 출신의 화가 진재 김윤겸의 《영남기행화첩》[14] 중 〈해인사〉는 사찰을 그린 작품 가운데 최고의 걸작이다. 정사각형 화면에 사선 구도를 채택했다. 건물은 화폭 한복판에 계단식으로 앉히고 양쪽에 산줄기와 시냇물과 일렬로 선 나무를 줄세웠다. 활엽수에 찍은 점이 무수히 많아 생기가 일어난다. 또한 단아한 선묘에 옅고 맑은 먹을 입힌 뒤 건

정선, 〈해인사〉, 67.5×21.8, 종이, 1734년경, 국립중앙박물관.

정선, 〈해인사〉, 25×24, 비단, 1734년경, 개인.

김윤겸, 〈해인사〉, 《영남기행화첩》, 30×32.9, 종이, 1770년대, 동아대박물관.

김윤겸, 〈홍류동〉, 《영남기행화첩》, 27.3×27, 종이, 1770년대, 동아대박물관.

이인문, 〈낙화담〉, 《실경첩》, 77×45, 비단, 18세기말~19세기 초, 국립중앙박물관.

물 기둥에 붉은색을 칠해 활기가 돌고 맑고 환한 묘법을 구사하여 화면 전체가 탁 트인 공간감으로 시원하기 그지없다.

합천 가야산의 가야천을 품은 홍류동 계곡은 해인사로 가는 길이다. 홍류동紅流洞은 지금도 여전히 가야산과 지리산 깊은 곳 어딘가에 살아 있는 전설 고운孤雲 최치원崔致遠, 857-?의 계곡이다. 곳곳에 그의 글씨가 새겨져 있다. 합천군에서는 그 계곡에 여러 시설을 만들었다. 고운 최치원의 은거를 기리는 농산정뿐만 아니라 달빛안개 자욱한 제월담과 문수보살이 머무는 길상암이며 신선의 모임터인 회선대와 꽃비 내리는 낙화담 같은 절경이 즐비하다.

진재 김윤겸의 《영남기행화첩》 중 〈홍류동〉은 우뚝 솟은 바위 기둥으로 보아 신선이 모이는 곳이라는 뜻의 회선대쯤이 아닌가 싶다. 한쪽은 거대한 바위 기둥이, 또 한쪽은 가파른 언덕이 가로막는데 그 사이로 탁 트여 물과 바람과 빛이 쏟아져 들어오는데 대낮처럼 환하다. 변화 없는 먹선과 옅은 먹으로 살짝 칠하고 보니 모든 사물이 지극히 맑고 가벼워 상쾌하기 그지없는 풍경이 탄생했다.

18세기 후반에서 19세기 초반까지 당대 제일의 도화서 화원으로 명성을 떨친 고송유수관 이인문의 〈낙화담〉은 꽃잎 흩날리는 못인 낙화담을 그린 작품이다. 꽃비가 내릴 때면 이곳은 홍류동 제일경이다. 안타까운 건 이인문이 무수히 찍어놓은 붉은 점들이 빛에 바래 날아가버린 것이다. 그럼에도 낙화담의 빼어남까지 사라진 건 아니다. 화폭 상단 봉우리를 구름으로 가려 여백으로 처리함으로써 가야산의 신비를 연출한 건 시작일 뿐이다. 산허리에 안개구름이 흘러가고 있어 더욱 신묘하다. 화폭 하단으로 내려가면 낙화담의 생김생김을 아주 섬세하게 묘사했다. 사방이 절벽에 갇힌 듯 암벽으로 둘러싸인 못으로 쏟아져 들어오는 물길에서 소리가 들리는 듯하다. 화폭 하단 왼쪽 바위에 자리잡은 세 명의 선비들은 어쩌면 그 소리를 듣고 있는지도 모르겠다.

거창, 백제와 신라가
국경을 다투다

거창 땅은 신라 때 거열군居烈郡이었다가 남북국시대 때 거창居昌이 되었다. 지리산, 덕유산, 가야산을 잇는 복판에 있는데, 북쪽에 1,591미터 높이의 덕유산과 서쪽에 1,507미터 높이의 남덕유산南德裕山이 연이어 흐르고 동쪽에도 이웃 성주 땅의 가야산과 더불어 1,046미터 높이의 의상봉이 우뚝하며 남쪽에 767미터 높이의 보록산保錄山이 자리잡았다. 그 높은 산들에 둘러싸인 분지 내부에도 높은 산들이 흩어져 있어 대분지와 소분지로 나뉜다. 이처럼 숱한 산에서 발원한 물줄기는 모두 낙동강으로 흘러간다. 물줄기를 넓게 보면 동쪽의 가천천과 서쪽의 황강이 거창분지를 가로지르다가 남쪽 끝에서 합하는 모양새다. 지형이 이러니 아름답지 않을 수 있을까.

거창의 승경은 역시 북상면의 위천渭川 천변의 수승대 일대다. 기암과 폭포가 즐비한 이곳은 백제와 신라가 국경을 다투는 땅이었다. 백제 말기에 백제사신이 이곳에 이르렀으나 신라가 쫓아내듯 돌려보냈다고 하여 슬픈 이별의 터란 뜻의 수송대愁送臺라 부르기 시작했다. 그런데 조선시대 때인 1543년 퇴계 이황이 이곳의 뛰어난 경치를 듣고서 승경을 찾는다는 뜻을 담아 수승대搜勝臺라 하여 이름마저 바

⟨송대⟩

⟨순암⟩

김윤겸, 《영남기행화첩》, 30×37.1, 종이, 1770, 동아대박물관.

〈가섭암〉

〈가섭동폭〉

뀌었다고 한다.

이름이 바뀔 만큼이나 빼어난 아름다움을 품은 거창이었지만 가난했고 가난했지만 예로부터 고운 민심이 넘치는 고을이자, 또한 불의에 뜨겁게 맞선 마을이었다. 독립운동가 면우俛宇 곽종석郭鍾錫, 1846-1919의 고향인 거창에는 19세기 중엽 300여 절의 한글가사 「아림별곡」峨林別曲이 「거창가」라는 이름으로 전해온다. 관리들의 폭정을 고발하는 내용으로 거창 정신을 상징하는 예술이다. 이 가사가 전국에 전파되어 진주민란, 거창임술민란, 동학농민항쟁에 가담한 이들의 가슴을 뒤흔들었다. 민중 봉기의 동력이었던 게다. 그에 대한 복수였을까. 한국전쟁이 한창이던 1951년 2월, 탄량골·청연마을·벽산골에서 1천 명에 가까운 노약자와 부녀자 그리고 어린이가 학살당했다. 이른바 거창사건이다. 이 참화의 상처는 아직도 지워지지 않은 채 남아 있다.

가슴 아린 이야기만 있는 건 아니다. 상동에 자리한 관음입상, 양평동의 여래입상, 상천리 가섭사 터 마애삼존불상은 비범한 수법의 특이한 예술성을 과시한다. 더욱 경탄을 자아내는 예술품은 둔마리 금귀산 기슭의 고분벽화다. 1972년 주민이 발견했는데 회를 칠한 벽면에 검정, 녹색, 갈색으로 하늘을 나르며 춤을 추는 천인상이었다. 고려시대 전기를 살아가는 이들의 꿈을 담은 저 천인이 혹시 옛 거창사람의 이야기를 들려주지는 않을까 궁금하다.

서쪽 남덕유산에서 발원한 월성천은 아래쪽 산수천과 합류해 위천으로 바뀌고, 위천은 거창읍까지 내려가 황강과 합류한다. 위천을 따라 길게 늘어선 수승대 승경은 최상류인 월성천까지 이어지고 있다. 진재 김윤겸이 바로 이곳 월성천에 이르러 무려 네 점의 그림을 토해내고 말았다.

《영남기행화첩》 중 〈송대〉는 거창군 북상면 월성리를 가로지르는 월성천 옆 사선대를 그린 것이다. 남명 조식이 즐겨 찾던 곳으로 제자들이 사당을 세우고 주변에 소나무를 심었으므로 이 바위 이름을 송대松臺라 하였다. 김윤겸은 화폭 전체를 여러 조각의 바위와 그 사이를 흐르는 여러 갈래의 물길로 채웠다. 모두 둥그런 곡선으로 묘사해 부드러운 데다가 활기가 넘친다.

〈순암〉은 사선대에서 한참을 내려와 창선리 월성 계곡 중류에 있는 장군암을 그린 작품이다. 화폭 한복판에 우뚝 솟은 바위의 생김새가 마치 용맹한 장수와 닮았다고 해서 장군암이라고 했다. 장군암이 투구를 쓴 듯 우람하고 그 주변의 나무와 바위는 장군을 두려워하여 얌전한 모습이다. 그런 바위를 순암蓴岩이라고 한 까닭은 바위틈에 순나물을 뜻하는 순蓴이 많이 자라기 때문이다. 그리고 화폭 중간을 가로지르는 물길을 분설담이라고 하는 까닭은 그 부서지는 게 마치 눈이 흩날리는 것 같아서다.

〈가섭암〉은 금원산에서 발원한 산상천 상류로 거슬러 오르는 곳에 자리한 암자다. 행정 구역상으로는 위천면 상천리다. 가섭암迦葉菴은 고려시대 때 창건한 절인데 석굴을 법당으로 삼은 석굴 사원이다. 지금은 그 석굴에 마애여래 삼존입상이 스스로 빛을 내고 있다. 김윤겸은 그 가파름을 강조하기 위해 위아래로 긴 화폭을 선택하고서 둥근 타원형 바위를 쌓아올렸다. 쏟아져내릴 듯 두려움에도 불구하고 여유로운 자세로 가섭암을 향해 올라가는 사람들이 있어 놀라운데 이 사람들에 비해 정작 암자는 옆으로 기울어 위험천만이다.

물살이나 바위를 완만하게 표현한 〈가섭동폭〉은 가섭암 건너편 금원산으로 오르는 길목에 자리한 유안청폭포 또는 자운폭포를 그린 것이다. 유안청儒案廳은 선비들의 수련원을 가리키는 것이고 자운紫雲은 자줏빛을 뿜어내는 상서로운 구름을 뜻한다. 위쪽에 있는 유안청폭포는 옆으로 긴 바위가 수직으로 떨어져 마치 넓은 비단을 걸쳐놓은 것 같다. 아래쪽에 자리한 자운폭포는 사선으로 비스듬히 누운 바위에 물길이 이리저리 넓게 퍼져 미끄러지듯 흐른다. 〈송대〉와 달리 바위가 매끄럽고 그에 걸맞게 미끄러지듯 흐르는 물줄기가 구름결 같다.

함양, 최치원의 천 년 숲과
정여창의 남계서원

　　함양은 가야시대 졸마국卒馬國이었다가 신라 때 함성含城, 남북국시대 신라 때 천령天嶺이었으며 고려시대 현종 때인 1010년에 비로소 해를 머금은 고을이라는 뜻의 함양咸陽이라는 이름을 얻었다. 뒷날 머금다는 뜻의 '함'含을 모두 다 '함'咸으로 바꾼 건 그 뜻을 더욱 확장하기 위해서였을 것이다. 함양은 남쪽에 1,915미터 높이의 지리산, 북쪽에 1,507미터 높이의 남덕유산, 서쪽에 1,279미터 높이의 백운산白雲山은 물론 중앙에조차 1,252미터 높이의 괘관산掛冠山을 품고 있는 산악 천지다. 이처럼 드높은 산에 숱한 계곡을 흐르는 엄천嚴川과 남계천灆溪川이며 위천渭川이 즐비하다.

　　고운 최치원이 함양 땅 태수로 부임해와 인공 숲을 조성했다. 폭우에 쏟아지는 급류의 위험을 막기 위해서였다. 그로부터 천 년을 자란 숲이 상림과 하림으로 나뉘어 주민의 사랑을 받고 있다. 이 숲에는 뱀이나 개구리 같은 양서류며 개미, 모기, 파리 같은 곤충이 없다는데 여기에는 전설이 있다. 하루는 최치원의 어머니가 산책을 나갔다 뱀을 만나 당황한 이야기를 해주자 최치원이 숲과 대화를 하고 왔다. 그뒤로 숲에는 양서류와 곤충이 사라졌다는 것이다. 심지어 오늘날까지도 이 숲에는 벌레조차 없고 다만 다람쥐밖에 없다고 하는데 정말 그런지 궁금하다면 직접 가보는 수밖에 없다.

동국18현의 한 사람으로 무오사화 때 유배, 갑자사화 때 부관참시를 당한 일두—蠹 정여창鄭汝昌, 1450-1504을 배출한 땅 함양은 영남학파의 본거지였다. 일두 정여창은 고향의 풍속을 위하여 스스로 현감을 자청했다. 당시 이곳을 관할하던 안음의 현감으로 부임해 1494년에 광풍루光風樓를 중수했다. 또한 지세가 지나치게 강렬하여 행여 재앙을 당할까 염려하여 다섯 봉우리의 혈맥을 잘라낸 일화는 고운 최치원의 설화와 더불어 유명하다. 그래서였을까. 일두 정여창을 모신 남계서원灆溪書院은 고종 때 서원철폐령에도 불구하고 훼철당하지 않았고 지금도 의연하다.

서얼 출신으로 하급 관직을 전전한 화가 능호관 이인상은 가난해서 수십 차례나 이사를 다녀야 했지만 또한 산천 유람도 숱하게 다녔다. 1747년 함양군 수동면 원평리의 역참인 사근역을 관리하는 찰방으로 임명 받아 부임하는 길에 유천柳川 고을에서 하룻밤 신세를 졌는데 그때 그린 게 〈유천점봉로도〉柳川店逢壚圖다. 유천점 주막에서 만나는 장면을 그렸다는 뜻의 이 그림에는 마을의 풍경이 고스란히 담겼다. 특히 유천의 중심 시가지에 역참이 자세하다. 화폭 왼쪽부터 보면 상인과 항아리, 장인과 말굽을 다듬는 가게가 있고 그 뒤로 말을 빌려주는 마굿간이 있으며 그 오른쪽 담장 안 주막에 앉아 쉬고 있는 과객도 보인다. 또한 커다란 버드나무 두 그루 아래로 역참에 막 들어서는 일행이 즐비하다. 찰방으로 부임하는 자신의 모습이 아닐까.

찰방 재임 중이던 1748년 네 살 아래 벗이자 화가인 단릉 이윤영이 찾아왔다. 이때 함께 지리산 천왕봉 등반을 했다. 등반길에 이들은 용유담龍游潭에 도착했다. 아홉 마리 용이 여의주를 차지하려 싸운다는 뜻의 용유담은 임천강 상류의 휴천면 송전리에 위치하고 있다. 〈용유담〉은 그때 그린 작품이다. 화폭을 보면 용유담을 감싸고 있는 바위 묘사에 더욱 심혈을 기울였다. 기암괴석을 제대로 표현하기

이인상, 〈유천점 봉로도〉, 24×43.2, 종이, 1747, 개인.

이인상, 〈용유담〉, 34×23.5, 종이, 1748, 평양 조선미술박물관.

위해 가늘고 흐물거리는 먹선으로 윤곽을 그리고 그 안에 먹물을 아주 옅게 발라서 바위인지조차 의심스러울 정도다. 상단 오른쪽 구석에 '용유담'이라는 화제가 없었다면 이게 과연 바위와 못을 표현한 것인지 알아보기 쉽지 않았을 것이다. 그렇게 알고 보면 비로소 쌓아올린 듯 거대한 바위가 교묘하고 그 바위 사이를 뚫고 이리저리 휘도는 물줄기가 용트림하는 듯 신묘하다. 분명 이인상은 용들이 싸우다가 부글부글 끓어올랐다는 이야기를 듣고서 그렸을 것이다. 상단의 머나먼 하늘은 안개낀 듯 아련한 기운이 감도는 걸 느낄 수 있다. 능호관 이인상의 실경화는 늘 이런 식이다. 그런 까닭에 매력이 있고 특별히 개성에 넘치는 작품으로 평가한다. 2021년 3월, 임천 상류를 아름답게 수놓던 수십 그루의 소나무와 참나무 밑둥이 잘렸다. 이로써 50미터에 구간에 이르는 용유담 일대가 벌거벗은 듯 황량한 물길로 변했다.[15]

진재 김윤겸은 《영남기행화첩》에 네 점의 그림을 남겼다. 그중 〈하용유담〉은 능호관 이인상의 〈용유담〉보다 하류쪽으로 내려와 펼쳐지는 또 하나의 아래쪽 용유담을 그린 작품이다. 화폭을 정사각형에 가까운 것으로 선택하고서 물길을 사선으로 배치해 계곡의 생김새를 매우 자상하게 묘사하였다. 물길의 맨 위쪽을 보면 좁은 데다 중간에 솟은 뾰족한 바위 탓에 물이 더욱 속도감 있게 두 줄기로 쏟아진다. 그 아래로 못이 넓게 형성되었다가 좁은 출구를 뚫고 나오니 또 다시 두 갈래로 크게 나뉜다. 과연 용이 이리저리 노니는 용유담답다. 화폭 중단 오른쪽 맨 끝에 몇 채의 민가가 있는데 이 계곡은 예전부터 마을이 형성되어 있었나보다.

달빛 비추는 못인 〈월연〉月淵은 안의면 월림리에서 남천을 따라 길게 이어지는 화림동花林洞 계곡의 첫 시작 지점이다. 주민들은 그곳을 달바위 모퉁이라고 했다는데 물가의 너럭바위들이 엄청나다. 그곳에 농월정弄月亭이 있다. 김윤겸은 실제 풍경에 걸맞게 달빛 받은 바위를 맑고 빛나게 그려냈다. 티끌 한 점 없이 깔끔하고 보니 정말 바위가 아니라 달빛을 그린 그림이라는 생각이 든다. 김윤겸은 천재임

〈하용유담〉, 27.3×27.

〈월연〉, 30×37.1

〈사담〉, 29.6×37.1.

〈극락암〉, 27×37.1.

김윤겸, 《영남기행화첩》, 종이, 1770, 동아대박물관.

이 틀림없다. 달빛 사이를 흐르는 물줄기가 이리저리 구비치며 춤추듯 내달린다. 화폭에 농월정이 없는 건 아마도 그때는 없었기 때문일 것이다. 지금의 농월정은 2015년에 재건해놓은 것이다.

〈사담〉은 수동면 원평리 연화산 기슭에 흐르는 계곡을 그린 것이 아닌가 싶다. 뱀이 구비를 휘도는 못이라는 뜻의 사담蛇潭이라면 전라도 남원군 산내면 뱀사골 계곡일 수도 있다. 더구나 저 계곡이 실상사를 통해 함양군 마천면과 이어져 있으므로 진재 김윤겸이 이곳에 들르는 일은 그리 어려운 일이 아니었을 게다. 둥글거나 네모진 바위도 촘촘하고 화폭 오른쪽은 가파른 절벽을, 왼쪽은 부드러운 흙산을 배치해 대비 효과도 상당하다. 게다가 그 왼쪽 상단 구석에 '사담'이라고 쓴 화제 아래쪽 흙산은 백지처럼 아주 넓다. 그 백지 한복판에 무언가 휘도는 겹곡선을 그려놓았다. 신기하지만 아마도 동굴을 그린 것처럼 보인다. 그리고 그 앞 세 사람의 선비 중 한 사람이 그 휘도는 곳을 뚫어지게 바라보고 있다. 뱀이 드나드는 구멍이 아닐까.

〈극락암〉은 서상면 옥산리 백운산 기슭의 암자인 극락암極樂庵을 그린 것이다. 하지만 지금은 사라져 어느 곳인지 알 수 없다. 화폭 오른쪽으로 펼쳐진 풍경은 백운산 남쪽 백전면의 위천 주변인 듯하다. 〈극락암〉은 제목 그대로 극락의 풍경이다. 이토록 신비로운 까닭은 매우 위태롭게도 가파른 바위 절벽 꼭대기에 작은 암자 하나를 얹어놓았기 때문이다. 게다가 그 바위 절벽에 주름진 무늬를 그려넣고 또 맨 끝 가장자리에 엄청난 크기의 잣나무 세 그루를 세움으로써 기묘한 긴장감과 변화하는 활기를 부여해놓았다. 하지만 무엇보다도 놀라운 것은 화폭을 3대 7로 나누고 그 오른쪽 7을 하늘과 구름바다로 배치해 텅 빈 세상, 사라져가는 세계를 연출했다는 사실이다. 이처럼 조그만 화폭에서 이처럼 커다란 풍경을 보여주니 그저 놀라울 따름이다. 그러므로 〈극락암〉은 공간 감각의 절정을 보여주는 대단한 걸작이다.

산청, 지리산을 병풍으로 삼다

이 나라 조선 땅 가운데 그렇지 않은 곳이 어디 있겠는가마는 맑고 푸른 산이라는 뜻의 산청山淸은 더욱 유난하다. 가야시대에 걸손국乞飡國이었다가 신라시대에 지품천知品川으로 바꿨다가 또 산음현山陰縣으로 고쳤으며 조선시대 영조 때인 1767년 산청이라는 이름을 얻었다. 지리산 천왕봉을 기점으로 한 산줄기가 남북으로 쭉 뻗은 산청은 이름 그대로 산으로 가득한 땅이다.[16] 복판을 가로지르는 경호강鏡湖江과 동쪽의 단계천丹溪川, 서쪽의 덕천강德川江이 각각 남강으로 흘러들어간다. 강 유역이 모두 아름답고 비옥하지만 규모는 아주 작다.

산청에는 거대한 고목이 많고 그래서 마을을 지키는 수호목을 섬기는 목신木神 신앙이 퍼져 있다. 산청읍 내수리 괴목은 소도둑을 잡았다고 한다. 도둑이 소를 몰아 부지런히 도망쳤는데 새벽녘에 주민들이 나와보니 그 도둑이 괴목 주위를 빙빙 돌고 있었다는 것이다. 괴목의 신비한 힘이 그를 붙잡아둔 것이다. 신등면 법물마을 은행나무는 성인나무라 부르는데 액운이 낀 주민이 생기면 언제나 백발노인의 모습을 하고 나타나 극복의 계시를 주곤 했단다.

지리산을 병풍 삼고 있는 산청 땅은 삼우당三憂堂 문익점文益漸, 1331-1398의 고

김윤겸, 〈환아정〉, 《영남기행화첩》, 27×37.1, 종이, 1770, 동아대박물관.

향이다. 단성면 사월리에서 태어난 문익점은 원나라에서 반출이 금지된 목화씨를 비밀리에 가져와 재배에 성공했다. 사신으로 갔다가 귀국하던 1363년의 일이다. 그의 노력으로 이 땅의 사람들이 비로소 따뜻한 무명옷을 입을 수 있었다. 사월리 배양마을에는 목화 재배에 성공한 밭이 지금도 여전히 보존되어 있다. 마찬가지로 수백 년이 흐른 뒤 이곳 사월리에서 태어난 인물이 있다. 독립운동가인 면우 곽종석인데 그는 1919년 파리강화회의에 독립청원서를 보낸 일로 체포되어 투옥을 당했다. 그뒤 감옥에서 병보석으로 나와 곧 별세했다.

진재 김윤겸의 《영남기행화첩》 중 〈환아정〉은 지금 산청읍 산청리 산청초등학교 터에 있던 정자를 그린 것이다. 거위와 바꾸다는 뜻의 환아換鵝는 중국의 문인 왕희지가 워낙 거위를 좋아하여 자신의 글씨를 주고 거위와 바꾼 데서 유래한 말이다. 계산 없는 선비의 마음을 상징한다. 1395년 읍성의 객사에 세운 환아정은 한국전쟁 때 불탔는데 그 터에 산청초등학교를 세워버렸고 지금의 환아정은 2021년 산청군이 군청 뒤편에 다시 세운 것이다.

〈환아정〉을 보면 그 아름다움은 거의 환상이다. 기둥이며 지붕 모두 멋스러운데 연못을 파 섬을 띄우고 담장을 두른 까닭은 여기에 오리와 학을 키웠기 때문이다. 고요한 남강이 흐르고 낭떠러지가 길게 연이어 병풍처럼 펼쳐졌다. 그 바위 위에 자리를 잡은 것은 일대의 풍경을 한눈에 누릴 수 있기 때문이다. 여기저기 민가들이 정겨운데 남강이 산속으로 사라지는 저곳이 바로 산맑은 산청을 상징하는 듯하다. 김윤겸은 일부러 담채를 아주 엷게 칠해 분위기를 해맑고 그윽하게 만들었다. 나아가 조금씩 다른 색을 써서 은근한 생기를 북돋운다. 그곳에 가지 않은 채 그림만 보아도 그 시절 실제 풍경이 얼마나 아름다웠을지 알겠다.

하동, 화개장터에 핀
동서 교류의 장

　　모래내, 모래물이라 불렀던 섬진강 동쪽의 하동은 삼한시대 때 락노樂奴였고 신라 때 한다사韓多沙로 바뀌었다가 757년에 하동河東이라는 이름을 얻었다. 하동은 섬진강 동쪽이라는 뜻이다. 하동의 북쪽에는 온통 지리산이다. 1,586미터 높이의 명선봉明善峰이 북쪽이고 1,284미터 높이의 삼신봉三神峰이 동쪽에 우뚝하지만 남쪽으로 내려오면서 천천히 낮아지다가 남해바다로 빨려 들어가버린다. 북쪽 산악의 화개천花開川은 길고 긴 계곡마다 절경을, 고을 복판을 가로지르는 횡천강橫川江 유역은 기름진 평야를 이루는데 둘 다 섬진강으로 흘러든다. 북으로는 산악이요 남으로는 바다를, 서로는 큰 강을 거느리고 있으니 이 땅은 참으로 산과 강과 바다가 조화를 이룬 고을이다.

　　하동 북쪽 지리산에서 발원해 흘러내리는 화개천 기슭의 쌍계사는 840년 진감眞鑑, 774-850국사가 창건한 사찰이다. 그 이전의 이야기도 있다. 의상대사의 제자 삼법三法과 대비大悲가 당나라에 가서 남종선의 시조 육조혜능六祖慧能, 638-713의 머리 상인 정상頂相을 가지고 귀국했을 때다. 723년의 어느 날 한 노승이 꿈에 나타나 지리산 기슭에 쌓인 눈 사이를 뚫고 핀 칡꽃을 찾으라고 했다. 끝내 칡꽃이 만발한 곳을 찾아 육조혜능의 머리를 모신 뒤 그곳에 옥천사玉泉寺라는 암자를 지었다. 그로부터 또 백 년이 흘렀다. 진감국사가 어느 날 길을 안내하는 호랑이를 따라갔는데 오래전 그 암자 터에서 멈추었다. 기이하게 여겨 여기에 절을 짓고 쌍계사라 했다.

쌍계사 터는 뒤로는 학봉鶴峰이요, 왼편에는 흐르는 여울물, 오른편에는 불일폭포에서 내려오는 계곡이 기묘한 모양으로 감싸는 땅이었다. 그래서 예부터 기이하고 절묘하며 맑고 뛰어난 곳이라는 뜻의 기절청승奇絶淸勝이라고 절찬이 끊이지 않던 명승지였다. 깨우침은 문자로 이루는 게 아니라는 불립문자不立文字의 주인공인 육조혜능은 물론 호랑이마저 알아본 이 땅의 정체는 대체 무엇일까. 고운 최치원이 일러주는 이야기는 다음과 같다.

"기묘한 지경을 두루 찾아 남쪽 기슭에서 쌍계사를 얻으니 앞을 내다보기에 제일이다. 뒤로는 노을 끼는 언덕을 의지하고 앞으로는 구름 이는 시내를 굽어보니 눈을 맑게 하는 건 강 건너 먼 산이요, 귀를 서늘하게 하는 건 돌 스치는 폭포였다. 더욱이 봄에 피는 시냇가의 꽃과 여름에 그늘지는 길섶의 솔이며 구렁을 비추는 가을의 달과 겨울을 장식하는 산마루의 눈들이 네 계절마다 형태를 바꾸고 만물의 모습이 광채를 교차하며 백 가지 울음소리가 어울려 읊조리니 수천 개의 바위들이 다투어 빼어났구나."[17]

누군지 알 수 없는 화가 월호 낭심호가 그린 〈지리산 쌍계사〉는 칡꽃이 아니라 매화꽃 만발한 쌍계사의 봄날이 그리도 화사해 보인다.

하동은 오랫동안 신라와 백제의 경계 지대여서 동서 교류의 장이었다. 화개라는 이름 그대로 꽃들이 만발하는 섬진강변의 화개장터는 영남과 호남의 상인들이 서로 어울려 오랜 세월 성시를 이루었고 또 해마다 봄날이면 십리 매화며 벚꽃

낭심호, 〈지리산 쌍계사〉, 《조선8경도》, 110×33, 종이, 1925년 이후. 최열 기증, 국립현대미술관연구센터.

들이 꿈길처럼 환하여 어느덧 청춘의 성지가 되었다.

쌍계석문은 화개면 운수리의 사찰 쌍계사 입구를 지키는 커다란 바위를 말한다. 강변의 화개장터에서 화개천변의 쌍계사길을 따라 가다보면 쌍계사 직전 길 양쪽에 우뚝 서 있는 바위가 보인다. 문이 마치 수문장과도 같다. 왼쪽 바위에 '쌍계'雙溪, 오른쪽 바위에 '석문'石門이라는 글씨를 새겨놓았다. 신라 헌강왕憲康王, ?-886이 고운 최치원에게 쓰게 하여 바위에 새긴 것이다.

진재 김윤겸이 그린 〈쌍계석문〉의 바위에는 글씨가 없다. 쌍계사는 그리지 않고 석문 주변의 무성한 나무들이며 바로 옆 시냇물과 멀리 오똑 솟은 산봉우리를 세심하게 그렸다. 다만 선비와 노인 두 사람이 왼쪽 바위 앞에 서서 무엇인가 대화를 나누고 있다. 비록 바위에 글씨는 쓰지 않았어도 생육신 추강秋江 남효온南孝溫, 1454-1492을[18] 비롯한 이들이 이곳에 들러 고운 최치원을 추억했음을 생각할 때 김윤겸이 그 사실을 몰랐을 리 없다. 분명 그림 속 선비와 노인은 고운 최치원의 이야기를 나누며 그의 생애를 추억하고 있었을 것이고 김윤겸은 그 모습을 담아 그렸을 것이다.

1643년 당대의 화가 허주 이징이 그린 〈화개현구장도〉는 일두 정여창의 별장인 악양정岳陽亭을 그린 것이다. 일두 정여창은 1498년 7월 무오사화로 말미암아 7년의 유배 끝에 세상을 떠났지만 무덤에 들어간 지 5개월 만에 무덤을 파헤쳐 다시 죽이는 부관참시를 당했다. 죽어서도 다시는 땅에 묻힐 몸뚱아리조차 남아나지 않았으므로 정여창은 이곳 화개동을 지나 신선이 사는 지리산 속으로 사라졌다.

속세를 떠난 뒤 150년이 지났을 때 일두 정여창은 어느덧 동방오현東方五賢의 한 분으로 빛나고 있었다. 그때 그를 추앙해 마지않던 선비들이 나섰다. 일두 정여창이 머물던 공간을 그림으로 그리자고 한 것이다. 당대를 뒤흔든 천재 교산 허균

김윤겸, 〈쌍계석문〉, 32.5×29.4, 종이, 1770, 개인.

이 제일수第一手라고 칭했던 화가 허주 이징이 일을 맡을 수 있었던 건 선조의 부마인 동양위東陽尉 신익성申翊聖, 1588-1644이 나섰기 때문일 것이다.

허주 이징은 하동정씨 문중 사람들이 전해주는 말을 듣고서 정성을 다해 붓을 들었다. 직접 현장에 가지 않은 까닭은 교통이며 일정이 맞지 않아서였겠지만 정작 그려야 할 집이 사라진 지 오래였기 때문이기도 했다. 따라서 옛 집을 그린 그림이라는 뜻의 구장도舊莊圖라 한 것이다.

화폭 하단에는 일두 정여창을 흠모하는 글을 모았다. 뛰어난 문인 임계林溪 유호인兪好仁, 1445-1494, 칼을 찬 위대한 철학자 남명 조식, 성주 무흘구곡의 주인 한강 정구가 쓴 글 일부를 동양위 신익성이 옮겨쓴 것이다. 그 중 남명 조식의 글을 보면 1558년 여름 어느 날에 이곳에 들러 일두 정여창의 삶과 죽음을 회상하며 '다행과 불행이 어찌 운명이 아니겠는가'라고 탄식하고서 또 고운 최치원의 글씨가 새겨진 바위 앞에서 '천 년의 세월이 흘렀건만 앞으로도 몇천 년이나 더 이어 내려갈지 알 수 없다'고 했다.

남명 조식은 「지리산 유람록」에서 눈앞에 펼쳐진 지리산 풍경은 '온종일 큰 비가 그치지 않고 검은 구름이 사방을 덮어서 산 밖 인간 세상과 사이에 구름과 물이 몇 겹이나 둘러싸고 있는지 모를 지경'이라고 했다. 또 '문득 유람 열흘 동안 300리 산과 물을 거치며 인간 세태를 보았다. 여러 사람들이 바위에 제 이름 숱하게 새겨두었으나 고려 때 화개동에 은거한 사람 한유한韓惟漢과 함께 정여창만이 그 이름을 새겨두지 않았는데 오히려 그 이름만이 길이 세상에 퍼져 전해질 것이다'라고 지적했다. 그렇다. 바위에 새긴 이름은 잊혀졌지만 정작 새기지 않은 이름만 남았다. 지금 나도 한유한과 정여창의 이름만 이야기하고 있지 않은가 말이다.

일두 정여창은 「악양」이라는 시에서 '지리산 천만 겹을 다 보았는데 조각배 또한 섬진강 물 따라 흘러가는구나'라고 읊었다.[19] 〈화개현구장도〉를 보면 딱 그 모습이다. 화폭 하단에 두 척의 배가 떠 있는 섬진강이 바다처럼 넓고 화폭 상단은

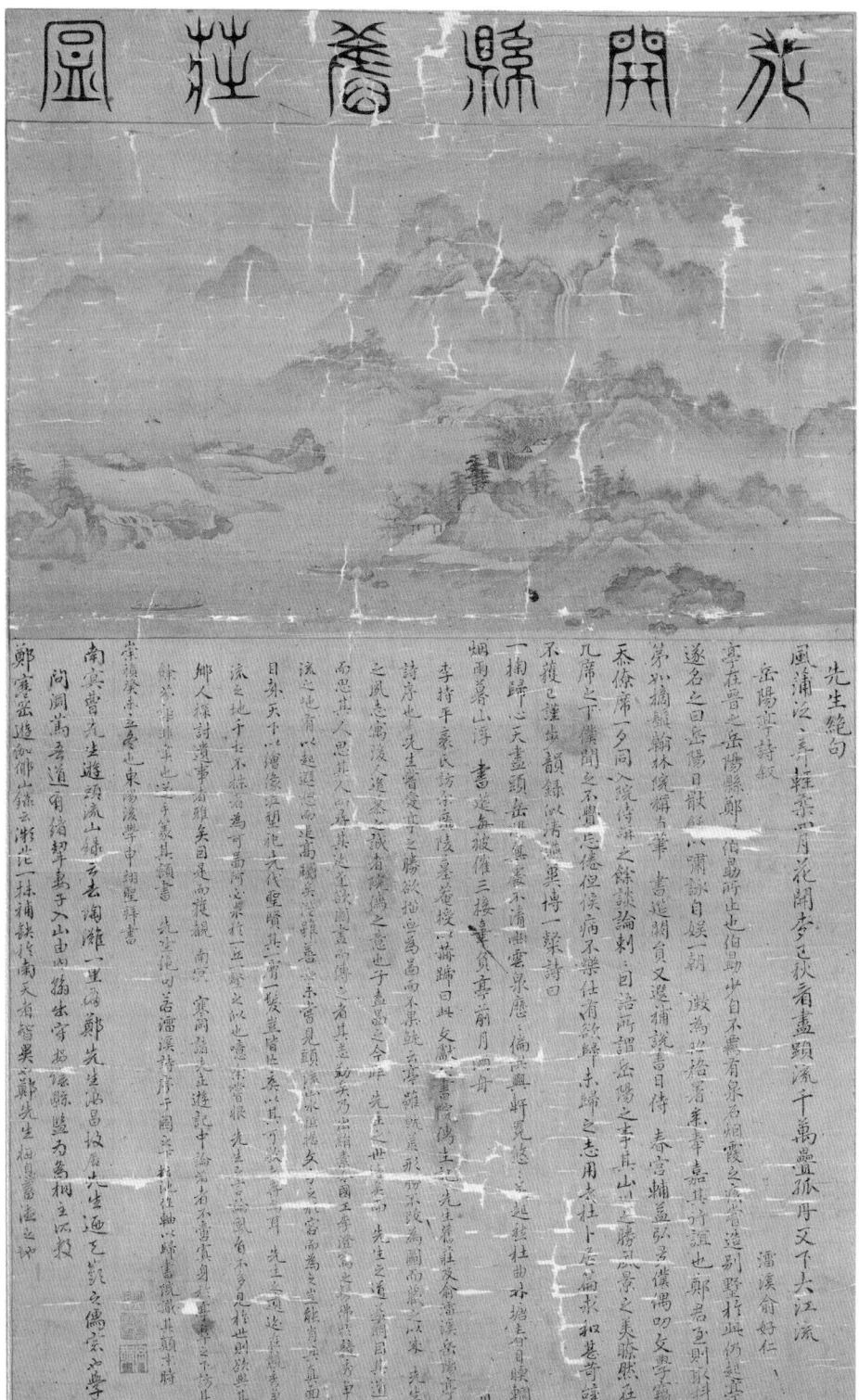

이징, 〈화개현구장도〉, 89×59, 비단, 1643, 국립중앙박물관.

지리산 연봉으로 가득하다. 이곳저곳 폭포가 쏟아지는데 마치 그 소리가 들려오는 느낌이다. 화폭 한가운데 동산 기슭에는 싸리나무를 두른 담장이 보인다. 거기 대나무며 매화나무가 울창하여 그 속에 숨은 듯한 건물이 일두 정여창의 악양정이다. 드넓은 섬진강 건너편은 전라도 광양 땅인데 이곳이 그 유명한 화개장터다. 조선시대 때까지는 상단이 경영하는 큰 배가 이곳까지 들어올 수 있었으며 5일장이 서던 곳이다. 전라도와 경상도를 가리지 않고 사방의 상인들이 몰려들어 남해에서 손꼽는 대규모 시장으로 모르는 이가 없었다. 한국전쟁으로 말미암아 쇠퇴해버린 화개장터지만 문득 꿈을 꾸곤 한다. 새로 선 어느 장날 어느 가게 앞에 서 있는 일두 정여창 할아버지와 마주치는 꿈을.

진주, 유장한 남강의 기세

진주는 가야연맹의 한 나라인 고령가야 땅이다. 신라 신문왕神文王, ?-692 때인 685년 풀과 꽃이 우거져 풍성한 고을이라는 뜻의 청주菁州로 정했다가 그 뒤 평화로운 고을이라는 뜻의 강주康州로 바뀌었다. 고려 성종 때인 994년에 들어 진주晉州가 되었다. 진주가 대도시로 성장한 때는 조선시대였다. 조선을 건국한 태조 이성계는 진주가 자신의 왕비 신덕왕후神德王后 강씨康氏, 1356-1396의 고향이었으므로 대도호부로 승격시켜 경상우도의 수부로 격상시켰다.

북쪽에 139미터 높이의 비봉산, 남쪽에, 172미터 높이의 망진산과 동쪽에 137미터 높이의 선학산 같은 낮은 산들이 시가지를 감싸는데 동쪽과 남쪽은 벌판이 드넓다. 그 한복판을 유장하게 가로지르는 남강이 촉석루를 끼고 휘돌아 굽이치는 기세가 연출하는 풍경은 영남제일이다. 조선 중기 이래 전승되어오는 진주의 칼춤인 검무劍舞는 충무의 북춤인 무고舞鼓와 더불어 아름답고도 멋지다. 한번 보면 빠져나올 줄 모를 만큼이다. 연구자들은 궁중의 춤에서 그 유래를 찾고 있지만 각 지역의 기예를 전승하는 교방敎坊의 전승임을 무시하려는 뜻에서인지도 모르겠다.

임진왜란이 일어난 1592년 10월 왜군을 상대로 벌인 진주대첩에서 목사 김

안중식, 〈진주 촉석루〉, 92×41.5, 비단, 1913, 개인.

낭심호, 〈진주 촉석루〉, 《조선8경도》, 110×33, 종이, 1925년 이후. 최열 기증, 국립현대미술관연구센터.

시민金時敏, 1554-1592 부대가 승리를 거두었지만 다음 해 6월 방어전에서 함락을 당했다. 이때 기생 논개論介, ?-1593가 진주성 촉석루에서 왜국 장수를 껴안고 함께 남강에 뛰어들어 순절한 사건은 잊을 수 없는 비극의 투쟁사다. 어디 그뿐일까. 1862년 5월 시작한 진주 민인의 봉기는 그해 12월 전국으로 확산되었고, 이후 동학농민항쟁으로 계승되었다.

고려 고종 때인 1241년 창건한 촉석루는 진주성의 남장대南將臺로 장원루壯元樓라 불렀다. 전시에는 진주군 지휘부였고 평시에는 과거 시험장이었기 때문이다. 돌이 우거지듯 무성하다는 뜻의 촉석矗石이라는 이름은 세종 때라고 하는데, 『세종실록지리지』에 처음 등장하기 때문에 그렇게 짐작하는 것이다.[20]

1592년 11월 진주대첩에서 패배한 왜군이 1593년 2차 침공에 성공하자 이곳 촉석루에서 승전연회를 벌였다. 이때 기생 논개가 벼랑 끝 바위에서 왜장을 끌어안고 넓고 깊은 남강에 투신했다. 논개가 홀로 벌인 전쟁이었다. 전쟁이 끝나고 인조 때인 1625년 진주 사람들이 나서서 그 바위에 의암義巖이라는 글씨를 새겨넣었다. 1739년 영조 때 조정에서 그곳에 의기사義妓祠를 세워 매년 제향했다. 의기사 현판 왼쪽에는 일제강점기 때 기생 산홍山紅의 시를 새긴 현판을 걸어두었다. 산홍은 을사오적의 한 사람인 이지용李址鎔, 1870-1910이후이 거금을 들고 와 첩실이 되어달라 하자 비록 천한 기생이지만 사람구실을 하고 있는데 어찌 역적의 첩이 되느냐며 돌려보낸 인물이었다. 조선 기생의 자태가 바로 이러했다.

심전 안중식의 〈진주 촉석루〉는 촉석루에서 1913년에 개최한 모임을 그린 것이다. 중국 왕희지가 353년 3월 3일 절강성 소흥현 회계산 아래 난정蘭亭에서 42명의 명사와 함께 개최한 시모임 난정수계蘭亭修禊를 기념한다는 명분을 내건 모임이었다. 화폭 하단에는 촉석루며 그 앞의 바위 절벽과 남강을 배치했다. 상단에는 그 위치로 보아 동쪽의 선학산을 그린 듯한데, 선학산 높이가 겨우 137미터라는 사실을 생각하면 과도하게 지나친 왜곡이다. 따라서 진주에 가지 않은 채 참석자들의 설명만 듣고 그린 게 아닌가 싶다. 물론 선학산의 산등성이를 길게 늘려서 재구성한 것이라면 시비할 건 아니다.

심전 안중식이 화폭 상단 구석에 쓴 화제에 따르면 1913년 봄날에 열렸음을 알 수 있으나 이 모임의 주관자나 참석자 명단을 밝히지 않아 내용은 알 수 없다. 하지만 그 시점과 장소를 생각할 때 심상치 않다. 일본제국에 강점당하던 1910년 8월 29일 경술국치일로부터 2년 6개월 뒤의 모임일 뿐 아니라 유명한 진주대첩과 더불어 논개의 전쟁이 있던 역사의 현장이기 때문이다. 심전 안중식이 대한제국기 민족자강운동에 참여했던 화가였으므로 난정수계를 핑계삼아 은밀한 모임을 가진 게 아닐까 싶은 것이다. 그에 걸맞게도 하늘까지 솟구친 산악으로 하여금 참석자들의 뜻을 장엄하게 상징해놓았다. 봄날인데도 그 산악을 헐벗은 모습으로 묘사하여 어떤 시대인지를 표상하고자 했다. 모임이 열린 장소인 촉석루를 뒤덮은 활엽수 사이로 치솟은 소나무가 엄청나고, 낭떠러지 끝에 자라난 대나무는 논개의 기억을 되살려준다. 그러므로 〈진주 촉석루〉는 그 시절을 은유하는 하나의 상징이다. 화폭의 대나무를 볼 때면 문득 벽산碧山 정대기鄭大基, 1886-1953의 묵죽 대나무 그림이 떠오른다. 하동에서 태어나 상하이에서 독립운동을 하던 그는 의병 출신 화가 일주一洲 김진우金振宇, 1883-1950로부터 창칼준법에 빛나는 이른바 일주죽을 배웠다. 그리고 진주에 정착해 서슬퍼런 대나무 그림과 더불어 존경 받는 삶을 살다가 별세한 진주인이다. 뒷날 전국문화단체총연합 진주지부가 나서서 비봉산 자락 의곡사 입구에 묵죽비를 세워 추모했다. 그 기운이었을까. 비봉산 기슭에서 기어코 20세기 미술사의 거장 내고乃古 박생광朴生光, 1904-1985을 배출해내고야 말았다.

누군지 알 수 없는 화가 월호 낭심호의 《조선8경도》 중 〈진주 촉석루〉는 화폭 상단 촉석루와 그 아래로 길고 긴 남강의 유장함을 연출한 작품이다. 화폭 상단을 보면 1925년에 놓인 철교가 있으니 이 작품은 일제강점기에 그린 것이겠다. 봄꽃 화사한 남강에 배를 타고 꽃 감상하는 이와 빨래하는 아낙네가 정겹기 그지없다.

통영, 조선 제일의 미항

통영은 삼한시대 고자미동국古資彌凍國 또는 고사포국古史浦國, 남북국시대의 신라 때 고성固城이었다. 조선시대 때인 1604년 충청도, 전라도, 경상도를 통할하는 삼도수군 통제영統制營을 이곳에 설치하면서 그 줄임말인 통영統營이 되었다, 1593년 8월 삼도수군통제사에 임명된 이순신 장군은 전쟁물자 공급 기지를 설치했는데 12개의 공방이 그것이다. 이미 이전부터 시행해왔던 일의 확대였을 뿐이지만 이로 말미암아 수군의 본영인 군사 도시가 또한 산업 도시로 성장하여 풍요를 누릴 수 있었고 이후 통영은 400년 공예문화의 중심이 되었다.

통영은 전라도 여수에서 시작하는 수려한 한려수도의 양끝 중 동쪽 관문으로, 151개의 섬을 거느린 항만 도시다. 항구 도시 가운데 가장 아름답다고 해서 조선 제일의 미항이라는 자부심이 넘친다. 어떤 사람들은 세계 3대 미항의 하나인 나폴리를 이탈리아의 통영이라고 하는데 그럴 법한 호칭이다. 그토록 아름답지만 나약한 아름다움이 아니다. 통영의 한산 앞바다는 1592년 7월 8일 이순신 함대가 전선 55척을 이끌고 일본군 전선 59척과 8천여 명을 괴멸시킨 승전의 역사를 품고 있다. 욱일승천의 기세로 침략해오던 일본군을 맞이한 조선수군의 승리로 말미암아 임진왜란 판세가 뒤집히고 말았다. 세계 해전사상 4대 해전의[21] 하나인 한산대첩이다.

물론 통영은 군사, 산업 도시만은 아니다. 문인 청마靑馬 유치환柳致環, 1908-1967, 초정艸丁 김상옥金相沃, 1920-2004, 김춘수金春洙, 1922-2004, 박경리朴景利, 1927-2008, 화가 전혁림全爀林, 1916-2010, 작곡가 윤이상尹伊桑, 1917-1995과 같은 20세기 문학 예술계의 거장을 숱하게 배출해낸 예술 도시다. 그 중 윤이상은 통영이 낳은 가장 위대한 작곡가다. 통영은 윤이상 사후 7주기를 기념해 2002년부터 통영국제음악제를 창설, 해마다 성대하게 개최하고 있다. 2015년 유네스코는 통영을 음악창의도시로 선정했다. 윤이상과 더불어 통영은 해상 음악 도시로 그 명성을 드높여 나가고 있다.

그린 이를 알 수 없는 〈통영지도〉는 제목을 지도라고 써놓아서 지도일 뿐 한 폭의 산수화다. 최상단에 북통영, 한가운데 통영읍성, 최하단에 미륵도와 더불어 그 동쪽에 손가락을 굽힌 듯한 모양의 한산도를 배치했다. 한산도의 바로 위쪽에 활처럼 휘어 길게 뻗어올라간 섬은 거제도의 일부다. 읍성의 성곽을 보면 커다란 삼각형으로 구성한 것이 어여쁘다. 대문도 모두 여섯 곳을 뚫었는데 문루의 모양이 서로 달라 재미있다. 성 안에는 관아 건물과 민가들이 어울려 즐비한데 민가는 노란색으로 구별했다. 마찬가지로 성 밖에도 관아와 민가를 구별해 그렸다. 항아리처럼 생긴 항만의 입구에 여닫을 수 있는 출입문을 설치해둔 것이 눈에 띈다. 안쪽 부두에 선박이 줄지어 정박해 있고 그에 딸린 작은 배들이 숱한 데다 떨어진 곳에 닻을 내린 네 척의 대형선이 따로 정박해 있다. 그리고 화폭 최하단 미륵도는 옆으로 길게 누워 있다. 가장 높은 봉우리를 보면 빨간색으로 표시해 봉화불을 켜는 봉수대가 있음을 알리고 그 위에 '미륵산'이라고 써두었다. 바로 그 아래 기슭에 큰 탑을 그려두었는데 용화사를 그린 것이다.

미상, 〈통영지도〉, 68×114, 종이, 1872, 서울대규장각.

이중섭, 〈통영 남방사〉 2, 41×29, 종이, 1953, 개인.

이중섭, 〈도원〉, 65×76, 종이, 1954, 개인.

이 작품 제작 연도가 1872년이다. 그러니까 2024년을 기준으로 보면 150여 년 전의 통영이다. 크게 보면 같지만 세부를 뜯어보면 지금과는 크게 다르다. 읍성 성곽이며 문루는 흔적도 없고 건물이며 도로며 가옥은 완전히 바뀌었으며 항만 시설도 다른 곳처럼 바뀌었다.

통영에 갈 때면 언제나 이 그림 〈통영지도〉를 펼쳐든다. 변해버린 오늘날의 풍경이 아닌, 옛그림 속 풍경으로 들어가서 두리번거리며 한국인이 가장 사랑하는 화가 대향大鄕 이중섭李仲燮, 1916-1956의 흔적을 찾아나서기 위해서다.

통영은 고난에 빠진 이 난민 화가를 따스하게 품어준 고장이다. 전쟁의 참화 속에서 병든 아내와 어린 두 아들을 일본으로 보낸 아픔과 굶주림에 시달리던 난민 이중섭이 이곳 통영에 왔다. 통영 나전칠기기술원양성소에 근무하고 있던 공예가이자 절친한 벗 유강열의 권유에 의한 것이었다. 통영은 외로움에 방황하던 이중섭에게 숙식과 더불어 작품 제작에 필요한 물품을 안겨주었다. 그 사랑에 힘입은 이중섭은 〈도원〉은 물론 〈들소〉 연작을 비롯해 숱한 걸작을 탄생시킨 뒤 홀연히 진주로 떠나갔다. 하지만 그가 남긴, 통영을 그린 그림들은 여전히 반짝이는 통영의 보석이다.[22] 아무것도 가진 것 없는 한 가난한 화가가 통영에 보답한 참으로 소중한 선물이다.

밀양, 드넓은 곳에
사람들이 모이는 곡창

밀양은 삼국시대 때 미리미동국彌離彌凍國이었다가 신라 때 추화推火, 밀성密城, 고려 때 밀주密州, 조선시대에 밀양密陽으로 바뀌었다. 물 많은 벌판이라는 뜻의 미리벌을 그 소리에 맞는 한자 밀양으로 바꾼 것이다.

실제로 밀양은 물 많은 습지였다. 북쪽에 932미터 높이의 화악산華岳山을 진산으로 하여 동쪽에 1,240미터 높이의 가지산加智山, 서쪽에 1,188미터 높이의 운문산雲門山이 치솟아 험준한 산세를 이룬다. 하천은 동쪽의 밀양강密陽江, 서쪽의 청도천淸道川이 낙동강으로 흘러드는데 그 유역이 드넓은 벌판을 이루어 사람들이 모여드는 곡창이다.

높은 산, 너른 들을 가로지르는 강가에 선 영남루嶺南樓는 밀양 관아의 객사에 딸린 누정으로 진주 촉석루, 평양 부벽루와 더불어 조선 3대 누각의 하나다. 밀양강 절벽 위에 우뚝한데 그 자태가 우아하여 숱한 이들이 찾는다. 영남루를 거닐다 보면 밀양이 배출한 사림의 종장이자 영남학파의 종조인 점필재占畢齋 김종직金宗直, 1431-1492을 떠올리게 된다. 그 역시 이곳 영남루를 거닐었을 테니 그러하다.

표충사表忠寺는 본래 신라의 승려 원효가 창건한 죽림사竹林寺를 19세기에 개

칭한 이름이다. 밀양이 배출한 사명당을 기리는 뜻에서 바꾼 것이다. 사명당은 임진왜란 때 승병을 이끌고서 평양성 탈환, 수락산 전투, 울산 전투에서 승리를 거둔 명장이다. 표충사의 나무들은 사명당이 꽂아놓은 지팡이라고 하고 무안면에 있는 표충비는 나라에 큰일이 있을 때마다 비석에 구슬같은 땀이 흐르는데 바로 사명당의 땀이라고 한다. 그런 기운이 미친 것일까. 1919년 3·1민족해방운동 직후 약산若山 김원봉金元鳳, 1898-1958을 중심으로 한 밀양 청년들은 의열단을 조직하여 슬프지만 화려한 불꽃으로 타올랐다.

그린 이를 알 수 없는《영남오경》중〈영남루〉는 밀양강가의 밀양 읍성을 넓은 시야로 펼쳐 그린 작품이다. 고려 공민왕 때인 1365년에 창건한 영남루 자리에는 신라 때 창건한 영남사嶺南寺의 부속 건물인 금벽루金壁樓가 있었다. 금벽루는 종을 설치한 종각으로, 풍경을 누리는 정자는 아니었다. 금벽루 터에 들어선 영남루는 여러 차례 중건을 거듭해왔는데 지금 건물은 1844년에 다시 지은 것이다. 워낙 규모가 큰 데다 동서 양쪽에 작은 전각을 거느려 더욱 장엄하다. 그림 속〈영남루〉의 구성은 지금과 다르다. 부속 건물이 한 채만 보이고 또 두 건물을 연결하는 계단식 지붕도 보이지 않는다. 아마도 화가가 재구성한 듯하다. 그렇다고 해도 누각 앞의 우뚝한 절벽과 유장한 강물은 유유히 흘러 참으로 믿음직스럽기 그지없다.

영남루의 천진궁天眞宮은 단군의 영정을, 아랑각阿娘閣은 낯선 사내의 겁탈에 저항하다가 죽은 아랑의 영정을 봉안하고 있다. 여기에는 전설이 있다. 억울하게 죽은 뒤 시체도 찾지 못한 아랑의 귀신이 새로 부임한 부사 앞에 나타나 내일 흰나비가 되어 겁탈 미수자의 머리에 앉겠다고 하였다. 다음날 실로 흰나비가 나타나 어떤 자의 머리에 앉자 부사는 문초하여 대숲에 방치해놓은 아랑의 시체를 찾아 장례를 치르고 겁탈 미수자를 처단했다. 이때부터 다시는 귀신이 나타나지 않았다고 한다. 통쾌한 복수극이지만 가슴 저린 슬픈 이야기다.

미상, 〈영남루〉, 《영남오경》, 25.5×47.5, 종이, 19세기, 개인.

화폭 중앙에 밀양 관아를 둘러싼 성곽을 배치했고 그 아래로 휘돌며 흐르는 밀양강과 함께 맨 하단에 지금 삼문동 섬의 바위와 나무숲을 묘사했다. 밀양강가에 불쑥 치솟아 오른 절벽을 사각형 바윗덩어리 형태로 그리고서 그 위에 영남루를 앉혀놓았다. 뛰어난 문인들이 이곳에 들러 그 아름다움을 노래한 시편을 숱하게 남겼는데 정작 익히 알려진 화가의 그림은 전해지지 않는다. 다행히《영남오경》중 〈영남루〉가 남았으니 그 덕분에 영남루의 옛 풍경을 마주할 수 있게 되었다.

양산, 부산과 울산을 이어주는
교량과도 같은 고을

    양산은 삼국시대 이래 물금勿禁 또는 황산黃山이었다. 신라시대에 들어와 끼어 있는 고을, 건너가는 마을이라는 뜻의 삽량주歃良州, 揷梁州가 되었다가 양주梁州로 정했다. 그 이름이 보여주는 바처럼 부산과 울산을 이어주는 교량과도 같은 고을이었다. 조선시대에 이르러서도 역시 양산梁山이라고 하였다.

    물금이란 이름은 신기하다. 아닌 것이 없을 뿐만 아니라 금지하는 게 없다는 뜻을 지닌 물금의 유래는 신라와 가락국이 대립할 때에도 물금나루에서만큼은 자유롭게 왕래하는 것으로부터다. 막힘 없는 낙동강변의 자유 무역 지대인 물금역은 뜻을 알아서인지 아름다운 기차역으로 여겨진다. 역사를 개발한다는 소문이 파다한데 손대지 않고 그냥 두면 안 되는 걸까.

    북쪽에 1,059미터 높이의 영취산靈鷲山, 동쪽에 812미터 높이의 천성산天聖山, 서쪽에 631미터 높이의 천태산天台山, 남쪽에 801미터 높이의 금정산金井山이 우뚝하여 고산준령이 둘러싼 땅이다. 숱한 봉우리 사이로 흐르는 양산천을 비롯해 모든 하천은 모두 낙동강으로 빨려들어간다.

    영취산 남쪽 기슭에 자리한 통도사는 승주 송광사, 합천 해인사와 더불어 조선 3대 사찰의 하나로, 신라의 승려 자장이 당나라에서 가져온 석가모니 진신사리와 가사를 봉안한 불보사찰佛寶寺刹이다. 통도사라는 이름은 서역, 다시말해 지금 중앙아시아의 땅과 도가 통한다고 해서 그렇게 지었다. 부처의 진리와 속세의 중생이 통한다는 뜻으로 지었다는 설도 있다. 창건 설화는 신묘하다. 자장이 전국을 다니며 터를 찾다가 이곳에 멈췄다. 아홉 마리의 용이 사는 구룡신지九龍神池의 용들을 제압한 뒤 못을 메꾸고 그 옆에 작은 못을 만들어 그 중 한 마리로 하여금 통도사를 수호하게 했다. 작은 못인 구룡지는 아무리 가물어도 물이 줄지 않는다고 한다.

통도사에는 양산사찰학춤이 전해지는데 학의 동작 가운데 24가지를 본떠 만든 것으로 고결한 품위와 우아한 자태를 갖춘 춤이다. 동래학춤과 더불어 이 지역을 대표하는 춤이다.

양산의 예술 전승은 여기서 그치지 않는다. 신라의 원효가 창건한 신흥사에는 아름다운 벽화가 전해진다. 고려 말기에 그려진 대광전의 〈관음삼존벽화〉가 그것이다. 관음보살이 물병 대신 물고기를 들고 있는 모습이 특이하다. 신흥사는 1592년 임진왜란 때 승병의 거점으로 대광전의 〈관음삼존벽화〉는 왜군과의 전투 때에도 유일하게 불에 타지 않았다고 한다.

신기한 일은 또 있다. 근래 통도사 이웃 평산마을이 세상에 널리 알려졌는데 평산책방 때문이다. 이런 골짝에 책을 파는 책방이 생기다니 놀라운 일이 아닐 수 없어 양산에 일이 있어 간 길에 들러보았다. 직접 가서 보니 말로 들었을 때보다 더 놀라웠다. 인근 마을 주민은 물론 먼 곳에서부터 책을 보러 오는 손님들이 아주 많았는데, 이곳에서만이 아니라 해마다 단군 이래 최대 불황이라는 말이 사라지지 않는 책동네에 활력이 되어주고 있다니 반가울 따름이다.

돌아나오며 평산책방이 오래 그 자리에 있어주기를 바랐다. 바람은 또 있다. 격동의 현대사를 겪으며 우리는 퇴임 이후 평탄한 삶을 살아가는 전직 대통령의

미상, 〈쌍벽루〉, 《영남오경》, 25.5×47.5, 종이, 19세기, 개인.

모습을 거의 보지 못했다. 작은 마을에 깃든 작은 공간, 평산책방의 이름만큼이나 이곳을 꾸린 전직 대통령의 삶이 평화롭기 바란다. 나아가 이 작은 책방이 평탄하지 않을 뿐만 아니라 평온조차 힘든 많은 이들에게 책을 통해 위로를 건네는 공간이 되기를 바란다.

마을에서 나와 양산 읍내를 가로질러 물금역으로 향했다. 밀양-물금-구포에 이르는 낙동강변 기찻길은 아름답기로 손에 꼽히는 길이다. 이 근처에 갈 일이 있다면 평산책방 오가는 그 길을 알고는 그냥 지나치지 못할 것이다.

쌍벽루雙璧樓는 밀양의 영남루와 마찬가지로 관아 객사에 딸린 누정이다. 원래 이 터에는 벽계루碧溪樓가 있었는데 고려 말기인 1381년 왜구가 침입해 불태워버렸다. 직후 중건하고서는 쌍벽루라 이름붙였지만 임진왜란 때 또다시 왜구가 불태워버렸다. 1628년에 이르러 다시 세운 뒤 중수를 거듭하였다. 그 아름다움이 빼어난 까닭에 점필재 김종직이나 남명 조식을 비롯한 많은 이들이 이곳에 들러 숱한 시편을 남겨놓곤 했다.

이름을 알 수 없는 화가도 이곳에 들러《영남오경》에〈쌍벽루〉를 포함시켰다. 화폭 하단에는 양산천이 넉넉하게 흐르고 들판에는 관아를 비롯한 고을의 정경이 옹기종기 평온하며 상단에는 고을의 뒷산이 드높다. 화폭 오른쪽 멀리 솟은 산은 금정산이 아닌가 싶다. 그 산과 강 사이 벌판의 한가운데 두 채의 누각이 숲 사이에 쌍으로 서 있다. 그런 까닭에 쌍벽루라 한 듯한데 누각 아래 흐르는 시냇물에 푸른 대나무가 서로 마주 보며 푸른 빛을 비추고 있어 쌍벽루라고 이름 지었다는 설이 더 널리 알려져 있다.

울산, 태화강 흐르는 곳에 피어난
반구대 암각화

울산은 삼한시대 때 우시산국于尸山國이었고 이후 여러 이름으로 바뀌어 불리다가 고려 때 울주蔚州가 되었고[23] 조선시대에 우시산을 줄여 비로소 울산蔚山이 되었다. 울은 울타리라는 뜻이니, 높은 산이 울타리를 치고 있는 이 땅에 어울리는 이름이다. 실제로 서쪽에 1,240미터 높이의 가지산을 비롯해 1,189미터 높이의 천황산天皇山, 1,209미터 높이의 신불산神佛山, 1,033미터 높이의 고헌산高獻山이 병풍처럼 드높다. 동쪽으로도 700미터 높이의 정족산鼎足山을 비롯해 500미터 높이 이상의 산들이 즐비하다. 하천은 서부의 고산 지대로부터 시작해 동해바다로 빨려 들어가는데 기울기가 심하다. 고을의 한복판을 가로지르는 태화강太和江이 남류해 오는 동천강과 합류해 울산만으로 흘러가면서 그 유역의 울산평야가 비옥한 생산지가 되었다. 지금은 도시로 바뀐 지 오래다.

신라 선덕여왕善德女王, ?-647 때 승려 자장이 중국 태화지太和池라는 연못에서 문수보살의 가르침을 받고 가져온 석가모니 진신사리를 세 곳에 모셨다. 경주 황룡사, 양산 통도사, 그리고 울산의 태화사였다. 태화사는 태화동의 태화강변에 있었지만 언젠가 사라졌다. 그런데 놀랍게도 태화사가 있던 산비탈에서 1962년 어느 날 석종형 사리탑이 솟아나왔다. 사리는 없었지만 역사상 가장 오래된 것으로 그 구조가 특이하여 주목을 받았다. 상부에는 사리를 봉안했던 감실龕室이 있고 하부에는 빙 둘러 12마리의 십이지신상이 새겨져 있어 신비롭다. 사람의 몸에 동물의 머리를 하고 있는 십이지신상은 경주의 김유신金庾信, 595-673 장군 묘를 비롯해 석탑이나 석등과 같은 곳에 주로 등장하는 데 사리탑에 새겨진 것은 이 경우가 유일하다. 아무렇지도 않게 지나치곤 하지만 한 번 보면 그 기묘한 모습이 자꾸만 어른거린다. 발견한 탑은 처음에는 학성공원에 두었다가 2011년 울산박물관이 문을 열면서 박물관으로 옮겨놓았다.

중구 유곡동에는 동학의 창시자 수운 최제우가 깨우침을 얻었다는 여시바윗골이 있다. 수운 최제우는 아내 박씨의 고향인 이곳에서 수련을 하던 중 1855년 한 승려로부터 천서天書를 얻었다. 이를 사흘 만에 깨우친 뒤 더욱 정진하여 동학을 창시했다. 이후 세기가 두 번 바뀐 오늘날에도 동학의 인내천 세 글자는 면면히 이어지고 있다. 뒷날 이곳에 그를 기념하는 비석을 세우고 또 초당을 조성하여 오늘날에는 성지가 되었다.

1971년 언양읍 대곡리에서 반구대 암각화가 발견되었다. 산짐승 사냥과 바다의 고기잡이와 관련된 300여 점의 새김그림이 바위에 촘촘하게 자리잡았다. 이 가운데 실물과 닮게 묘사한 고래 사냥 작품은 7천 년 전 신석기시대 때의 것으로 지구상 가장 오래된 새김그림이다. 사냥하는 사람과 더불어 사냥 도구도 보이는데 가장 최근이라고 할 수 있는 게 3500년 전의 것이다. 고대 생활 풍속을 전해주는 역사의 기록일 뿐만 아니라 희귀한 예술품이다.

언양읍 대곡리 반구대암각화가 있는 대곡천을 따라 거슬러 올라가다보면 천전리 각석을 지나 울산 대곡박물관이 보인다. 이곳은 장천사障川寺가 있던 터에서 발굴한 여러 유물을 소장하고 있다. 하지만 장천사는 사라졌고 지금은 빈터뿐이

미상, 〈장천사〉, 《영남오경》, 25.5×47.5, 종이, 19세기, 개인.

다. 《영남오경》 중 〈장천사〉가 그 흔적을 더듬어 헤아릴 수 있게 한다. 〈장천사〉는 화폭을 좌우로 나누어 왼쪽에는 수직의 거대한 바위 절벽을, 오른쪽은 수평의 흙산과 나무숲을 배치하는 대담한 구도를 채택했다. 그리고 양쪽 중간을 가르며 흐르는 하천을 그렸는데 휘어지는 모습이 상쾌하다. 이처럼 시원스런 대곡천변 나무숲 사이에 자리잡은 두 채의 정자는 그 이름을 알 수 없다. 그런데 정작 주인공인 장천사는 없고 산 위에 빨간 글씨로 '장천사'라고 써놓았을 뿐이다. 아마도 이 그림을 그리던 19세기에 이미 없어진 상태였을 것이다. 터만 남은 장천사임에도 불구하고 여전히 영남오경의 하나라는 명성이 굳건할 정도로 대곡천 일대는 절경이었던 게다.

부산, 동래로부터 이어진
국제 무역항

　　항구 도시 부산은 국내 제일의 국제무역항인데 그 뿌리는 동래東萊 땅이다. 삼한시대 때 변진독로국弁辰瀆盧國이 동래에 있었다는 설이 있다. 왜국과 통교를 할 수 있는 기반을 갖춘 곳이라는 점과 더불어 독로瀆盧의 소리가 동래와 가깝다는 것을 근거로 삼는다. 일찍이 신라는 해운대 일대의 작은 나라인 장산萇山과 거칠산居柒山을 점령해 동래로 바꿨다. 동래는 동해의 봉래산이라는 뜻이다. 고려 후기에 왜구의 침범을 제압하기 위해 동래읍성을 쌓았고 세종 때인 1422년에는 왜국과의 교류를 관리하기 위해 항구를 개항하면서 왜관도 설치했다. 부산釜山이라는 이름은 일찍이 고려시대 공민왕 때부터 등장하여 그 이래 꾸준히 사용해온 이름이다. 부산의 앞 글자인 '부'釜가 가마솥을 뜻하는데 『신증동국여지승람』을 보면 '산이 가마솥 모양으로 생겼기에 그 밑을 부산포라 한다'는 기록이 있다.²⁴ 그러니까 부산은 동래의 포구였던 것이다. 일제강점기인 1914년 동래부를 부산부로 바꾸면서 오늘날의 부산이 되었다. 항구가 도시를 차지한 것이다.

　　동래, 그러니까 부산은 임진왜란 때 첫 전투로 비록 함락당했으나 민, 관, 군 대부분 죽음을 두려워하지 않았다. 그 저항의 전통은 일제강점기 이래 독립운동으로 계승되었다. 1925년 진주에 있던 경상남도 도청을 이곳으로 옮겨와 경남의 수부가 되었고 1950년 한국전쟁 때 임시수도가 되어 한 나라의 수도를 경험했다. 종전 후 대한민국 제2의 도시로 우뚝 선 일은 우연이 아니었다.

부산은 동쪽의 산악 지대와 서쪽의 평야 지대로 나뉜다. 북쪽 중앙 922미터 높이의 원효산元曉山과 802미터 높이의 금정산金井山 기슭이 남쪽으로 뻗어내려 다대포의 몰운대로 빠져든다. 또한 동쪽 끝 643미터 높이의 장산萇山이 금련산, 황령산을 타고서 해안선과 평행을 이루는 산줄기가 되어 멀리 영도까지 뻗어나간다. 하천도 역시 대단한데 서쪽 금정산 기슭과 평행을 이루어 흐르는 낙동강이 하구에 을숙도를 만난 뒤 남해로 흘러든다. 중앙에도 금정산에서 발원한 온천천과 원효산에서 발원한 수영천은 물론 서쪽의 장산에서 발원한 해운대천을 비롯해 여러 하천이 줄을 이어 남해로 빠져나간다.

오늘의 부산은 솥을 뒤집은 땅이라는 생김새와 이별한 지 오래다. 행정 구역을 서쪽 김해 땅에 이르기까지 확대한 데다가 해안을 메꾸는 간척 사업 및 도심지 개발로 천지개벽이라 할 변화를 거듭했기 때문이다. 그러나 부산은 부산이다. 장엄한 금정산의 위용과 더불어 최대 규모를 자랑했던 금정산성 그리고 그 기슭의 범어사는 깊은 산속 신선의 놀이터인 심산선경深山仙境을 이루고 있다. 『세종실록지리지』에 따르면 이곳 산 꼭대기에 큰 바위가 있고 그 위에 큰 우물이 있었는데 가뭄에도 마르지 않고 물빛은 황금색이며 금빛 물고기가 오색구름을 타고 인도의 하늘인 범천梵天에서 내려와 노닐고 있었다고 한다.[25]

678년 신라의 승려 의상이 그 산기슭에 절을 세우고 그 산 이름은 황금빛 우물 같은 산이라는 뜻의 금정산金井山, 절 이름은 인도의 물고기 같은 절이라는 뜻의 범어사梵魚寺라고 했다. 신묘함으로 빛나는 이름들이다.

부산에서 동래 들놀음, 다시 말해 동래야유東萊野遊를 빼놓을 수 없다. 예부터 동래 사람은 팔만 벌리면 춤이 된다는 말이 전해온다. 굿거리장단에 어깨를 덩실

거릴 수밖에 없기 때문이란다. 장단과 춤 그리고 거기에 대사와 동작이 더해지는데 탈춤놀이가 중심을 이룬다. 들놀음의 서사는 다음과 같다. 정월 보름에 동서로 나뉜 줄다리기를 끝내고 범어교에서 출발하는 관등놀이 행렬이 탈놀이 터에 도착한다. 여기서 덧뵈기춤이 벌어지는데 학춤, 장기춤, 배춤, 궁둥이춤, 구불춤, 요동춤, 꼽추춤 등의 온갖 춤들이 펼쳐진다. 이어서 탈놀음이 이어진다. 제1은 문둥이 마당, 제2는 양반마당, 제3은 영노마당, 제4는 할미마당이다. 마당이 끝나면 모두가 나와 뒷놀이에 들어간다. 양반마당과 영노마당은 당시 지배 계급인 양반의 무능에 대한 야유와 조롱, 그리고 모욕과 응징이다. 할미마당은 영감, 할미, 각시의 삼각 관계에 따른 가정 비극을 그리고 있다. 동래 들놀음 기원은 1870년대 무렵이라고 하지만 정확한 연대는 알 수 없다. 하지만 새로운 시대를 향한 민인의 꿈이 담긴 지역의 민간 예술로 19세기 사회의 변화를 거울처럼 반영한다.

세월이 흘러 동래 들놀음은 고전이 되었지만 부산을 감싼 해안은 변함없이 살아 움직인다. 송정, 광안리, 해운대는 부산 사람만이 아니라 전국 각지의 피서객을 불러들이는 해수욕장의 명성을 잃지 않았다. 해안의 기암절벽과 숲으로 뒤덮인 태종대며 몰운대 및 철새 제일 도래지인 을숙도가 여전하여 우리의 몸과 마음을 품어주는 건 예나 지금이나 여전하다.

부산은 왜국 사신을 맞이하는 곳이었고 더불어 해안 방어를 위한 수군이 주둔한 도시였다. 하지만 위엄도 떨어지고 또 방어 수단이 충분치 않아 성종 때인 1490년 성곽을 완성했으며 진관鎭管을 잘 지어 왜국 사신을 압도하며 맞이할 수 있도록 했다. 부산진성이다. 그 위치는 지금 동구 좌천동이다. 실제로 임진왜란이 일어난 1592년 4월 14일 첫 전투가 이곳 부산진성에서 벌어졌다. 부산첨사 백운白雲 정발鄭撥, 1553-1592이 이곳에서 끝까지 항전하다 순국했다.

부산을 점거한 왜군은 부산진성을 해체하고 그 서북쪽 증산 기슭에 자신들의 성곽인 이른바 왜성倭城을 쌓았다. 왜성 안쪽 가장 높은 곳에 자성子城을 만들어놓고 그곳을 장수가 지휘하는 장대將臺로 삼았다. 그래서 자성대라 부른다. 다른 견해도 있다. 부산진성을 어미 성인 모성母城이라 하고 범일동에 새로 왜성을 쌓아 그것을 아들 성인 자성이라고 했다는 설이다. 하지만 점령군이 자신을 스스로 낮출 리 없다는 점에서 믿기 어렵다. 왜성에는 일본군 선봉장 고니시 유키나가小西行長가 주둔하였으므로 고니시 성이라거나 마루야마丸山 성이라고도 불렀다.

임진왜란 이후 수군은 본영을 부산포 왜관 터 옆으로 옮겼다. 좌천동에 있던 조선 전기의 성터는 개발로 사라져 알 수 없지만 범일동에는 왜성의 흔적이 남아 있다. 범일동에 있는 조선 후기의 성터는 산쪽의 내성, 바닷가의 외성으로 구성되어 있고 내성 안쪽에 또 자성이 있는 이중구조였다. 또한 동서남북 네 군데의 성문이 나 있으며 성 안에 객사를 비롯한 여러 건물들이 즐비했다. 오늘날 남아 있는 성벽은 부산진성공원 꼭대기에 남은 왜성 본영이다. 남북 130미터, 동서 80미터이며 그 아래 북쪽에 돌로 축대를 세운 성벽이 일부 남아 있다. 벽의 높이는 1.5미터에서 10미터나 되고 매우 가파르게 쌓아 일본식 성벽의 모습을 보여준다. 일제강점기 들어 외성은 거의 다 철거해버렸다. 다만 1974년부터 동문, 서문과 산꼭대기에 군사를 호령하는 장대인 진남루鎭南樓를 복원했고 북동쪽에는 최영 장군의 사당을 건립했으며 2003년에는 동문 근처에 영가대를 복원해놓았다.

도화서 화원 소재 이성린은 1748년 통신사 수행 화원으로 왜국에 다녀왔다. 귀국한 뒤 그는 《사로승구도》槎路勝區圖를 제작했다. 통신사로 가는 길에서 만난 승경지를 그린 그림이라는 뜻의 이 화첩은 대부분 왜국의 풍경을 소재 삼아 그린 매우 정교한 실경화일뿐 아니라 예술성 또한 탁월하다. 그 가운데 한 점이 유일하게도 조선 풍경이다. 부산진성과 그 일대의 포구를 그린 〈부산〉이다.

이 그림에서 가장 뛰어난 부분은 경물 배치를 결정하는 구도다. 먼저 상단을 보면 왼쪽에서 오른쪽까지 마치 지평선처럼 옆으로 길게 늘어놓은 산줄기가 좌우 균형을 잡아준다. 그 산줄기의 한가운데 높은 봉우리를 그린 다음, 그 아래에 거대

이성린, 〈부산〉, 《사로승구도》, 35.2×70.3, 종이, 1748, 국립중앙박물관.

한 성곽으로 둘러싸인 부산진성을 그렸다. 이어 성곽 남문 밖 앞쪽으로 내놓은 길 양쪽에 가옥이 즐비하다. 그러니까 봉우리—성곽—민가로 이어지는 흐름이 기울어진 사선 축이다. 그리고 양쪽은 벌판과 바다를 배치해 아주 시원스럽게 텅 비워두었다. 이렇게 함으로써 속도감과 경쾌함이 두드러진 효과를 거두고 있다.

화폭 상단 봉우리에는 지휘소인 자성대가 보인다. 성곽의 아래쪽 남문 밖 옆에 영가대永嘉臺가 보인다. 자성대는 군영 지휘소이고 영가대는 통신사가 부산포를 출발하기 전 일기가 좋은 날을 골라 용신제龍神祭를 지내는 장소다. 또한 화폭 오른쪽에 넓은 바다가 펼쳐져 있고 포구 앞에 수도 없이 많은 배들이 정박해 있다. 이곳은 매립했기 때문에 지금은 육지가 되어 있다. 〈부산〉이 귀한 까닭은 매립 이전의 포구 모습을 간직하고 있기 때문이다. 정겨운 까닭은 남문 앞길의 시가지를 지극히 섬세하게 묘사했기 때문이다. 아름다운 까닭은 푸른 색채를 바탕 삼되 모든 경물들 사이사이에 무성하게 피어난 꽃들을 배치했기 때문이다.

소재 이성린이 〈부산〉을 그린 뒤 20여 년 만인 1770년 무렵 당시 진주 근처 역참인 소촌찰방으로 근무하던 진재 김윤겸이 부산진성에 왔다가 《영남기행화첩》 중 〈영가대〉를 그렸다. 소재 이성린의 〈부산〉과 거의 유사한 구도인 것으로 보아 어쩌면 서로 대화를 나누었을지도 모르겠다. 다만 시선을 오른쪽으로 옮겨 바다 건너편의 절영도絶影島까지 끌어들였다. 절영도는 지금의 영도다.

진재 김윤겸의 〈영가대〉는 가늘고 단아한 선묘와 맑고 연한 담채 구사가 절정의 수준이다. 풍경은 마치 해맑은 안개와 연기 사이로 투명하게 빛나는 듯 곱디곱다. 성 안이나 밖의 경물들이 한결같지만 두드러진 것은 포구에 정박한 배의 크기다. 소재 이성린의 〈부산〉이 힘찬 멋을 한껏 부리는 승경이라면 진재 김윤겸의 〈영가대〉는 고운 미태를 자태를 자랑하는 풍경이다. 둘 다 뛰어나지만 소재 이성린의 〈부산〉은 실제 풍경을 눈으로 직접 보는 느낌이고 진재 김윤겸의 〈영가대〉는 한 번 본 뒤 마음에 들어 그 풍경을 떠올리는 느낌이다.

전해지는 그림이 더 있다. 누가 그린지 알 수 없는 《동래부사접왜사도》 중 〈부산진성〉이다. 이 그림은 마치 사진을 보는 느낌이다. 화면 한 가운데 삿갓 쓴 농부가 소를 이끌고 길 가는 모습이 보인다. 그 뒤로 두 명의 선비와 두 명의 보부상도 보인다. 오늘날 일부 복원해놓은 부산진성은 옛 모습이 아니다. 전해지는 그림을 통해 그 멋과 미를 누릴 수 있으니 옛 그림의 힘이 이러하다.

　　1725년 3월 동래부사 묵소墨沼 조석명趙錫命, 1674-1753이 여러 인물을 초대해 동래부에서 모임을 갖고 서로 주고받은 시문을 엮은 『봉래수창록』蓬萊酬唱錄에는 그린 이를 알 수 없는 〈동래부치도〉東萊府治圖가 들어 있다. 이 그림에는 성곽이 없다. 임진왜란 때 무너진 동래읍성의 상태가 140년 동안 계속되었기 때문이다. 담장이 없으니 관청 건물과 민가가 자연스럽게 섞여 있다. 성곽을 다시 쌓은 때는 〈동래부치도〉를 그린 이후 6년이 지난 1731년이다. 물론 지금 동래읍성은 흔적을 찾기조차 힘들다. 지금 동래시장 북쪽 복천동에 있는 송공단宋公壇이 유일한 흔적이다. 송공단은 임진왜란 때 전사한 동래부사 송상현宋象賢, 1551-1592과 더불어 스러져간 분들을 기리는 제단으로 1742년에 설치했다. 〈동래부치도〉의 화폭을 보면 왼쪽에 온천천이 수직으로 흘러내리고 천변 평야에 곡선으로 구획된 논이 유난히 넓은데 화폭 아래쪽까지 차지하고 있다. 읍성은 화폭 중앙에서 오른쪽으로 전개되어 있다. 관청 건물들이 마을 한복판을 차지하고 민가가 관청을 에워싼다. 맨 왼쪽에 향교가 있고 그 옆으로 정면을 보고 있는 가장 큰 건물이 봉래관이다. 화폭 맨 오른쪽에 소나무가 무성한 언덕인 학소대鶴巢臺와 그 기슭에 화살 과녁이 자리잡고 있다.

　　동래읍성의 중심은 봉래관蓬萊館이다. 봉래관은 동래객사의 이름으로 이 고을을 방문하는 관리의 숙박 시설인데 지금의 복천동 동래시장이 봉래관 자리다. 하지만 단순히 여관만은 아니었다. 중심 전각에 임금을 뜻하는 '전'殿과 왕의 집을 뜻하는 '궐'闕 자를 새긴 나무패를 봉안해두고서 매월 1일, 15일 그리고 임금의 탄신일을 비롯한 국가가 정한 명절이면 휘하 관리를 대동하고 이곳에 와 대궐을 바

김윤겸, 〈영가대〉, 《영남기행화첩》, 28.6×37.1, 종이, 1770, 동아대박물관.

〈부산진성〉, 《동래부사접왜사도》 부분.

미상, 〈부산진성〉, 《동래부사접왜사도》, 85×46, 종이, 18세기 후반, 국립중앙박물관.

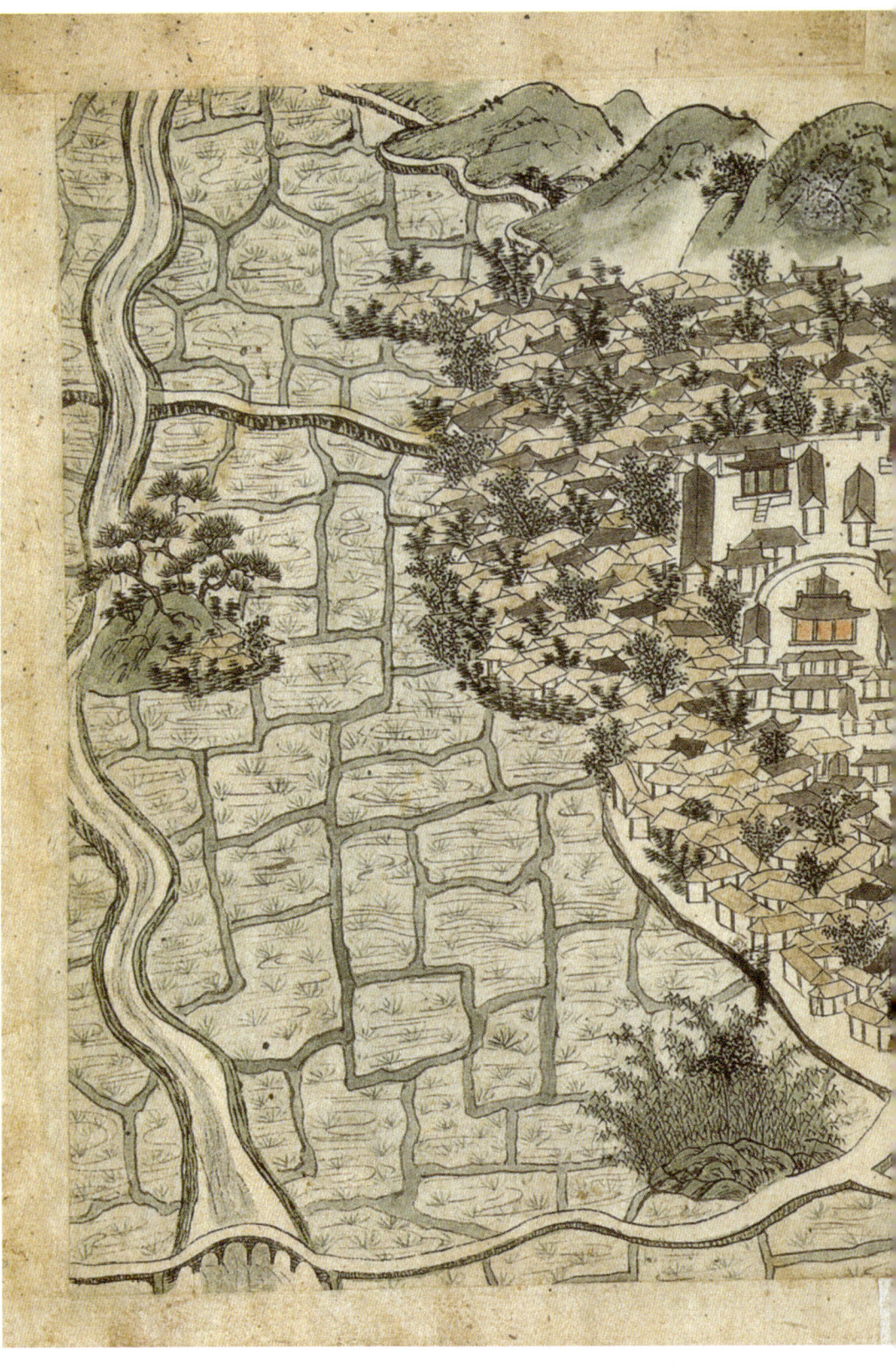

미상,
〈동래부치도〉,
『봉래수창록』,
26×38.5, 종이,
1725, 개인.

라보며 예를 올린다는 뜻의 망궐례望闕禮를 거행했다. 물론 동래의 수령만이 아니라 이곳에 머무는 관리들이면 모두 참여해야 했다. 봉래관은 동쪽의 인빈헌寅賓軒, 서쪽의 질성헌秩成軒을 거느린 세 채의 건물이 서로 연결되어 마치 한 채처럼 보인다. 대한제국기 시절에 헐어내기 시작해 그 터를 공립보통학교로 사용하기 시작했는데 1930년대에 시장을 개설하면서 아예 흔적조차 없이 사라졌다.

《동래부사접왜사도》 중 〈동래읍성〉은 성곽이 뚜렷하고 문루도 매우 아름답다. 성의 위치를 보면 화폭 상단은 산, 하단은 강으로 산을 등에 강을 앞에 둔다는 배산임수의 명당 기준을 정확히 지키고 있다. 앞의 〈동래부치도〉와 봉래관이라든지 송공단, 학소대를 비롯 관아 건물이 대체로 같으나 〈동래읍성〉에서 보이는 새로 쌓은 성곽이 매우 선명하고 멋에 넘친다. 여섯 개의 성문 가운데 남문은 누각이 2층이어서 중심 대문임을 알 수 있다. 또한 《동래부사접왜사도》 가운데 〈증대〉 그리고 세 점의 〈동래부사 행차〉는 모두 동래부사 일행이 왜국 사절을 맞이하기 위해 초량왜관을 향해 행진하는 장면이다.

왜관倭館은 조선 태종 때인 1407년 범일동과 좌천동 일대에 처음 설치했다. 그밖에 지금의 진해와 울산에도 왜관을 설치해 이 세 곳을 삼포왜관三浦倭館이라 했다. 왜관의 구성은 일본 배가 드나드는 포구와 사절이 머무는 객관客館, 조선 상인과 거래하는 상관商館을 비롯한 여러 생활 시설로 이루어졌다. 조선 전기에는 조선에 거주하는 왜인 마을인 왜리倭里가 왜관과 따로 있었지만 조선 후기에는 왜관과 왜리를 합쳤다. 하지만 임진왜란이 끝나자 삼포왜관 모두를 철거했다. 하지만 언제까지나 국교를 단절할 수 없었으므로 1607년 영도에 두모포 왜관을 설치했으며 1678년 초량동으로 옮겨 규모를 키웠다. 초량 왜관은 용두산 기슭에서 해안에 이르기까지 무려 약 363제곱미터11만 평에 이를 만큼 넓고 상주 인구도 500명 안팎의 남자들이었다. 그렇게 200년을 운영하다가 1876년 개항과 더불어 일본 전관 거류지로 개편되었다.

미상, 〈동래읍성〉, 《동래부사접왜사도》, 각 85×46, 종이, 18세기 후반, 국립중앙박물관.

〈증대〉　　　　　　　〈동래부사 행차 1〉

〈동래부사 행차 2〉　　〈동래부사 행차 3〉

미상, 《동래부사접왜사도》, 각 85×46, 종이, 18세기 후반, 국립중앙박물관.

〈설문〉 〈초량객사〉

〈성신당 빈일헌〉 〈연대청〉

미상, 《동래부사접왜사도》, 각 85×46, 종이, 18세기 후반, 국립중앙박물관.

탁지琢之 변박卞璞, 1742-1783 이후은 동래부 소속 화원으로 1764년 통신사 때 기선장騎船將 직책으로 수행을 했다. 그는 중앙의 화풍을 구사하고 있는데 이 무렵 이곳을 방문한 진재 김윤겸으로부터 배웠기 때문이라고들 한다. 이러한 추론도 타당성이 있지만, 젊은 날 한양으로 유학을 다녀와 동래에 정착한 것은 아닐까 싶다.

그가 남긴 여러 작품 중 여기에서 살펴볼 것은 〈초량왜관도〉다. 〈초량왜관도〉 화폭 상단 오른쪽 해안가의 '설문'設門은 지금 부산역 앞 차이나타운에 있던 문으로, 왜관에서 조선인 마을인 초량촌을 출입할 수 있는 통로였다. 왜관과 조선인 마을 사이를 출입하는 이들 사이에 매춘과 밀무역이 성행하자 이를 통제하기 위해 만든 일종의 검문소 같은 것이었다. 설문 안쪽으로는 초량객사가 보인다. 해안선을 따라 난 길을 쭉 내려오면 화폭 하단에 사각형의 담장을 둘러친 왜관이 나타난다. 북쪽 담장 외북문外北門 밖으로 연향대청宴享大廳이 자리잡고 있다. 담장 안쪽을 넓게 보면 한가운데 왜관을 통솔하는 관수館守의 거처인 관수가 위엄을 자랑한다. 그 뒤로 왼쪽에 삼대청 육행랑으로 구성된 서관西館이 넓은 터에 가지런하다. 관수가 앞에는 방대한 규모의 동관東館이 하나의 시가지를 형성하고 있다. 동관 왼쪽 해안에 인공으로 조성한 포구인 선창이 있고 크고 작은 선박이 정박해 있다. 화폭의 최하단에는 왜국 문장을 그려넣은 돛을 단 배 두 척이 부지런히 이동하고 있다.

탁지 변박이 왜관을 자상하게 그린 까닭은 왜관 상황을 소상하게 파악하기 위한 것이었다. 조선이나 일본 양쪽 모두 초량 왜관의 관리와 통제를 매우 중요시했음을 짐작할 수 있다. 지금이야 사라진 지 오래인 부산의 아름다움을 품고 있는 〈초량왜관도〉는 새가 하늘을 날아가며 내려다보는 것처럼 오늘날 자갈치시장 앞바다에서 부산역이 있는 초량동까지의 풍경을 한눈에 보여준다.

탁지 변박의 〈초량왜관도〉와 그 소재가 겹치는 작품으로는 《동래부사접왜사도》 중 〈설문〉, 〈초량객사〉, 〈성신당 빈일헌〉, 〈연대청〉이 있다. 〈설문〉은 동래부사 일행이 설문을 통과해 들어오는 순간을, 〈초량객사〉는 설문 가까이에 있는 객사에서 왜인들이 조선 왕의 초상을 대신하여 봉안한 전패殿牌에 예를 올리는 과정을 그린 것이다. 〈초량객사〉 화폭 상단 전각에 동래부사 일행이, 마당에 왜인 일행이 자리를 잡고 있다. 〈성신당 빈일헌〉은 객사에서 왜관 쪽으로 조금 더 세워놓은 건물로 조선인 역관의 숙소인 성신당誠信堂과 빈일헌賓日軒을 그린 것이다. 〈연대청〉은 연향대청에서 동래부사 일행과 왜인 일행이 함께 어울려 잔치를 베푸는 장면을 그린 것이다. 연향대청은 왜관 담장 북쪽에 나 있는 북문 밖에 자리하고 있다. 그러니까 동래부사 일행은 왜관 안으로 들어가지는 않았던 것이다.

태종대를 품고 있는 절영도는 국가가 이곳에 말을 키우는 목장을 설치했기 때문에 목도牧島라고도 했다. 절영도絶影島라는 이름의 유래는 재미있다. 이곳에서 자란 말은 하루에 천 리를 달리는데 참으로 빨라 그림자가 따라오지 못할 정도여서 끊을 '절'絶, 그림자 '영'影이라는 이름을 붙였다는 것이다. 일제강점기에 그림자 섬이라는 뜻의 영도로 줄여서 지금은 그렇게 부른다. 태종대太宗臺라는 이름은 처음에는 신라 태종무열왕 김춘추가 이곳에 온 데서 유래했다. 그는 이곳으로 군사를 이끌고 와 훈련을 시키는가 하면 직접 활을 쏘곤 했다. 이름의 유래는 또 있다. 1419년 조선 태종 이방원이 가뭄 해결을 위해 기우제를 지내자 곧 비가 내렸다. 이에 동래부사가 그 일을 본받아 가뭄이면 이곳에서 기우제를 지내곤 했다. 그런 이유로 태종대라는 이름이 더욱 굳어졌다는 이야기가 전한다.

태종대 지형의 탄생은 무려 12만 년 전의 일이다. 그 태곳적에 파도가 흙을 쓸어내리자 100미터 높이의 해안 절벽이 모습을 드러내면서 기암괴석이 생겼고 그로부터 절벽 곳곳에 바다 소나무인 해송이 자라나고 보니 잘 어울릴 뿐만 아니라 동백나무를 비롯한 200여 종의 활엽수가 숲을 이루어 깊이를 더했다. 또한 희귀한 왜가리, 백로, 수리, 갈매기를 비롯한 60여 종의 새들이 날아들어 쉴 틈이 없다. 일제강점기에 일본군이 군사 시설로 사용해 민간인 출입을 금지해오다가 해방 이후인 1967년에 개방했다.

변박, 〈초량왜관도〉, 131.8×58.4, 종이, 1783, 국립중앙박물관.

김윤겸, 〈태종대〉,《영남기행화첩》, 28.6×37.1, 종이, 1770, 동아대박물관.

정황, 〈동래 태종대〉, 46.3×34, 종이, 동원 이홍근 기증, 18세기, 국립중앙박물관.

정황, 〈동래 몰운대〉, 43×30.5, 종이, 18세기, 개인.

김윤겸, 〈몰운대〉,
《영남기행화첩》,
28.6×37.1, 종이,
1770, 동아대박물관.

진재 김윤겸의 〈태종대〉는 화폭을 거의 절반으로 나누어 왼쪽은 바다, 오른쪽은 바위로 채웠다. 화폭 상단 수평선에 닿은 작은 섬은 대마도인 듯하고 왼쪽의 제법 큰 섬은 주전자같이 생겨서 주전자섬이라고 부른다. 바위가 다양하고 가팔라 감히 접근하기조차 힘들지만 진재 김윤겸 일행은 이곳저곳에 도전했다. 위쪽 판석에는 세 사람, 아래쪽 판석에는 두 사람이 자리하고 있고 그 위아래를 연결하는 중간에 사다리가 보인다. 상단 판석을 보면 사람처럼 생긴 바위 기둥이 있는데 망부석이 아닌가 싶다. 망부석은 왜구에 끌려간 남편을 기다리다 못해 돌로 변한 아내의 모습이다. 그림에는 안 나오지만 일대에는 신선의 모습을 한 신선바위, 엄마와 아들의 모습을 한 모자상은 물론 자살바위라고 해서 가장 위험한 바위도 있다.

손암 정황의 〈동래 태종대〉는 상단 오른쪽 구석에 제목을 그렇게 써놓았기 때문에 태종대를 그렸다고 보는 것이다. 그러니까 바다 한가운데 떠 있는 바위섬은 주전자섬이다. 배를 띄워 이곳에 도착해서 태종대를 바라보는 구도를 선택했다. 화폭 상단 오른쪽에 보이는 산줄기가 태종대를 품고 있는 영도인 셈이다. 하지만 태종대의 요체인 기암괴석을 그리지 않은 건 어떤 뜻일까. 그런 까닭에 손암 정황은 이곳까지 오지 않고 누군가의 설명을 참고해 그리지 않았을까 싶기도 하다.

몰운대는 낙동강 하구인 다대포 끝자락에 있는 승경지다. 안개와 구름이 자주 드리워 시야를 가리는 까닭에 구름에 빠진다는 뜻의 몰운대라는 이름이 생겼다. 임진왜란 초기에 큰 승리를 거두어 남해바다 패권을 장악한 조선 수군이 1592년 9월 1일 부산포해전을 앞두었을 때 일이다. 전투 중 홀로 진격을 주장하며 선봉에 선 명장 녹도만호鹿島萬戶 정운鄭運, 1543-1592이 500여 적선과 맞서 싸우다가 전사했다. 장군은 자신의 죽음을 예감하고 있었다. 몰운대를 지날 때 몰운대의 '운'雲자와 자신의 이름 '운'運자의 소리가 같다며 자신이 죽더라도 적이 알지 못하도록 하라고 명령했다. 전투가 한창인데 지휘관이 죽었다는 사실이 알려지면 전열이 흐트러질 것을 염려했다. 뒷날 이순신 장군이 자신의 마지막 전투인 1598년 11월 19일

노량해전에서 자신의 죽음을 알리지 말라고 했던 그 말에 앞선 명언이다. 정운 장군은 실제 왜군의 저격용 조총인 대조총에 이마를 맞았다. 전투가 끝난 뒤 이순신 장군은 자신의 부관 정운 장군의 전사를 추모하는 제문을 지었다. 훗날 장군의 8대손 정혁鄭爀이 다대포 첨사로 부임해 재임 중이던 1798년 장군을 기리는 사당을 이곳 몰운대에 세웠다. 하지만 일제강점기에 일본군이 허물었다. 또 한 번 장군을 죽인 셈이다. 지금 서 있는 비각은 1974년 부산시가 세운 것이다.

손암 정황의 〈동래 몰운대〉는 몰운대 앞바다에 떠 있는 쥐섬에 도착한 일행이 손을 들어 육지를 가리키는 장면을 그린 것이다. 화폭 왼쪽으로 낙동강 하구의 물길과 마을이 펼쳐지고, 그 뒤로 멀리 김해 땅이 보인다. 화폭 오른쪽으로 길게 뻗어나온 바위산 줄기가 몰운대다. 육지와 떨어져 있던 몰운대는 16세기 이후 낙동강에서 밀려든 모래와 흙이 쌓여 육지와 이어지고 말았다. 그러니까 손암 정황이 직접 가서 보고 그렸다면 오른쪽 몰운대를 육지와 연결시켰을 터인데 그림에서는 엉뚱하게 쥐섬을 육지와 연결시켜놓았다. 남의 말을 듣고 그렸기 때문에 일어난 일이다.

진재 김윤겸은 《영남기행화첩》 중 〈몰운대〉를 그렸다. 그림 속 몰운대는 남해바다를 향해 펼쳐진다. 1770년의 일이다. 화폭을 좌우로 나누어 오른쪽은 텅 비우고 왼쪽은 꽉 채웠다. 화폭 상단 수평선 아래 큰 섬은 엄청난 크기의 쥐 한 마리가 앉은 모습이다. 그 옆으로 몇몇 작은 섬들이 줄지어 서 있다. 화폭 하단 왼쪽에는 거대한 용이 등줄기를 꿈틀대며 바다를 향해 뻗어나간다. 그 끝 용머리 위에 두 사람의 선비가 먼 바다를 보고 서 있는데 그곳이 몰운대다. 그들은 무슨 생각을 하고 있으며 어떤 말을 나누는 것일까. 아무것도 알 수 없다. 하지만 어쩐지 200년 전 이순신 장군의 해군이 왜나라 수군을 처절하게 괴멸시킨 일이며 정운 장군이 이곳 몰운대에서 안개구름과 함께 사라져갔음을 추억하는 소리가 들려오는 듯도 하다.

부록

'옛 그림으로 본' 연작을 마치며
주註
주요 참고문헌
인명 색인
실경·진경, 속화·민화에 관한 최열의 생각

'옛 그림으로 본' 연작을 마치며

"실경의 숲에서 보낸
나의 서른 해는 이렇게 책이 되어
독자들에게로 향한다.
지난 시간 내내 내가 기뻤듯
여러분들도 앞으로의 시간 내내
이 숲에서 기쁘시길."

옛 그림으로 본 서울
-서울을 그린 거의 모든 그림

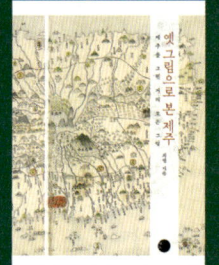

옛 그림으로 본 제주
-제주를 그린 거의 모든 그림

**옛 그림으로 본
조선 1, 금강**
-천하에 기이한, 나라 안에
 제일가는 명산

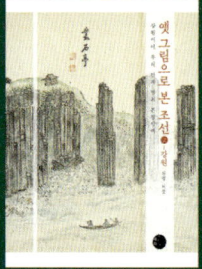

**옛 그림으로 본
조선 2, 강원**
-강원이여, 우리 산과 강의
 본향이여

**옛 그림으로 본
조선 3, 경기·충청·전라·경상**
-과연 조선은 아름다운 실경의 나라

'옛 그림으로 본' 연작을 이로써 마친다. 『옛 그림으로 본 서울』과 『옛 그림으로 본 제주』에 이어 『옛 그림으로 본 조선 1-금강』, 『옛 그림으로 본 조선 2-강원』, 『옛 그림으로 본 조선 3-경기, 충청, 전라, 경상』에 이르기까지 다섯 권을 세상에 내놓았다. 두려움이 앞선다. 이런 일이 있을 거라고 단 한 번도 상상하지 못했기 때문에 그러하다. 실경의 숲에서 서른 해를 보냈다. 우리에게는 실경이 없노라 배웠다. 어찌 그럴 수 있을까, 싶어 무작정 실경을 찾아나섰다. 참으로 오랜 세월이 흘렀다.

그 세월 동안 내가 깨우친 건 이 나라 조선은 실경의 나라요, 실경의 천국이라는 점이다. 조선에 불었던 유람 열풍이 그것을 가능케했다. 이름난 산하를 찾아 훌쩍 떠나는 탐승 열풍이 일어난 건 18세기였다. 이에 호응해 유명한 명승지를 그린 그림을 방 안에 걸어두고 누워서 유람하는 와유臥遊가 커다란 인기를 끌었다. 화가들마다 앞을 다퉈 금강과 관동, 단양을 향해 발걸음을 재촉했다. 토대가 마련되자 빼어난 화가들이 혜성처럼 나타났다.

조선 리얼리즘의 창시자 겸재 정선과 조선 리얼리즘의 완성자 단원 김홍도는 물론이요 신실경화의 기수 진재 김윤겸과 표암 강세황부터 맑고 투명한 감각의 소유자이며 온갖 개성으로 넘치는 지우재 정수영, 학산 윤제홍, 유재 김하종, 청류 이의성을 비롯한 거장들이 길을 나섰다. 이들만이 아니었다. 각 지역에서 자신들만의 화풍을 구사한 토박이 화가들도 빠지지 않았다. 참으로 넘치듯 풍요로운 실경의 탄생이 줄을 이어나갔다. 이로써 조선은 실경의 나라, 실경의 천국이 되었다.

홀로 실경의 숲을 헤매는 동안, 이 방대한 실경의 유산을 두고도 우리에게는 없다고 했던 암흑 같던 20세기가 지나갔다. 어느 순간부터 기다렸다는 듯 숱한 실경화가 제 모습을 차곡차곡 드러냈다. 쉼없이 이어지는 등장의 순간들을 마주할 때마다 나는 그저 하나씩 행낭에 채워넣었다. 그때마다 유능한 연구자들이 나서서 누가 어디를 왜 언제 그린 것인지를 추적하여 마침내 밝혀내곤 했다.

나는 무엇을 했는가. 한 점 그림이 나타나면 그림을 향해 나아갔다. 이제 막 세상에 존재를 알린 옛 그림을 배관하는 일은 쉽지 않았다. 그때마다 인연의 끈을 찾아야 하니 그러했고, 나를 두고 주로 20세기 미술사 또는 근대미술사를 공부하는 이라고 하여 더욱 그러했다. 1990년대에 접어들면서 여러 갈래의 인연이 생겨났다. 이전보다 조금씩 가까이 다가갈 수 있는 길이 열리는 듯했다. 여기에 더해 3대 수장 기관인 간송미술관, 호암미술관, 국립박물관 등이 지니고 있던 옛 그림들을 공개하기 시작했다. 그러자 상업 화랑들에서도 손에 쥐고 있던 옛 그림들을 내놓았다. 보고 느끼고 다가설 수 있는 문들이 여기저기에서 열리는 듯했다.

나의 실경 공부는 이동주 선생의 글로부터다. 그러나 잊을 수 없는 순간이 있다. 1981년 군복무 중의 일이었다. 용인 군사령부 정훈부 서가에서 유준영의 논문「곡운구곡도로 본 17세기 실경도 발전의 일례」가 실린『정신문화』제8호를 발견한 것이 첫 번째다. 감동에 벅차 있을 무렵 두 번째 일이 생겼다. 파주 임진강 넘어 백학면 전방사단으로 복귀 명령이 떨어져 며칠 동안 휴가를 얻었다. 바로 그해 10월 18일부터 일주일 동안 서울 성북구 간송미술관에서 '진경산수'전이 열렸다. 시내버스 1번 종점 성북동에서 내린 뒤 걸어들어간 미술관은 절간처럼 조용했다. 전시장은 오롯이 나 혼자만의 차지였다. 강렬한 기억이었다.

10여 년이 지난 뒤인 1992년 2월, 국립중앙박물관에서는 '겸재정선'전이, 같은 해 10월, 간송미술관에서는 '겸재 진경 산수'전이 연이어 열렸다. 외진 곳에 있던 나는 전시는 가보지 못한 채 도록만을 구해 아쉬움을 달랬다. 돌이켜보면 실경에 관해 공부를 하리라 마음먹은 것이 이때로부터다. 공부를 제대로 시작한 건 그로부터 몇 해 뒤였다. 1995년 국립중앙박물관에서 열린 '탄신250주년기념특별전 단원 김홍도전'에서『해산도첩』을 만났다. 이동주 선생의「김단원이라는 화원」을 통해 들어보기만 했던 단원의 화첩을 처음으로 실견했다. 역사상 최초로 일반에게 공개된 그때, 단원 김홍도의 환생을 마주하는 듯하던 그날의 감격을 잊지 못한다.

할 수 있는 한 온갖 발품을 팔며 그림들을 보러 다녔다. 우연히 글을 쓸 수 있는 지면을 얻었다. 하나은행에서 발행하는 사보 『하나은행』에 2002년부터 그림 한 점씩을 골라 언제, 어디서, 누가, 왜 그렸는지를 소개하기 시작했다. 이후로도 글을 쓸 수 있는 지면이 여기에서 저기로 이어졌다. 그림 이야기를 쓰는 일은 즐거웠다. 나의 즐거움은 그림 이야기에 그치지 않았다. 그림의 소재이자 대상인 땅에 대한 이야기를 하는 것이야말로 글 쓰는 기쁨이었다. 그림을 보되 그림을 넘어 그림 속의 땅, 산, 강, 들의 내력을 보려 했다. 그것은 곧 거기서 살아간 사람들과 마을의 내력이었다. 실경화를 이야기할 때면 온통 그 땅과 사람의 역사에 빠져들었다. 어릴 때부터 지도를 펼쳐두고 지명을 찾는 놀이를 즐겼다. 근교의 산이며 강을 빼놓지 않고 다녔다. 중학생 때 청담 이중환의 『택리지』와의 만남은 행운이었다. 선인들이 남겨둔 고전을 통해 땅의 이치와 사람의 향기를 배웠다. 그런 모든 순간들이 씨앗이 되고 잎을 틔우고 꽃을 피우고 마침내 '옛 그림으로 본' 연작으로 열매를 맺었다고 할 수 있겠다.

처음 시작한 것이 2020년, 『옛 그림으로 본 서울』로부터였다. 구슬이 서 말이라도 꿰어야 보배라는 말을 떠올렸다. 오랜 시간 나의 행낭에 어지럽게 쌓여 있던 것들이 책이 되어 독자들을 만났다. 뜻밖에 독자들로부터 큰 호응을 받았고, 그 힘으로 이듬해 『옛 그림으로 본 제주』를 낼 수 있었고, 나선 걸음 끝에 금강과 강원을 넘어 경기·충청·전라·경상에 이르렀다. 북녘의 땅은 어떻게 할 것인가, 하는 질문이 꼬리표처럼 이어진다. 내가 아닌 다른 이의 몫으로 남겨야 하겠다. 자연에는 완성이란 존재하지 않는다. 하물며 사람의 일에 완성이란 당치 않다.

실경의 숲에서 보낸 나의 서른 해는 이렇게 책이 되어 독자들에게로 향한다. 지난 시간 내내 내가 기뻤듯 여러분들도 앞으로의 시간 내내 이 숲에서 기쁘시길.

2024년 봄,
최열

주註

책을 펴내며 | 조선은 참으로 실경의 나라, 실경의 천국

1) 정약용, 「지리책」(, 『다산시문집』, 한국고전번역원 한국고전종합DB.
2) 최한기, 「지구의 운화가 가장 절실하다」, 『인정』, 한국고전번역원 한국고전종합DB.

서장_ 그 시절 우리가 사랑한 조선의 풍경

1) 이색, 「산고가」, 『목은집』, 한국고전번역원 한국고전종합DB.
2) 이태호, 『한강 그리고 임진강』, 디자인밈, 2023.
3) 이학수, 「안동선비 이종악의 산수화첩에 관한 문헌 검토」, 『장서각』 제3집, 한국정신문화연구원, 2000.
4) 김금원, 「호동서락기」 1850, 『금원집』(錦園集) .; 김소원 지음, 『김금원』, 원주시, 2014.; 의유당 외 지음, 김경미 옮김, 『여성, 오래전 여행을 꿈꾸다』, 나의시간, 2019.
5) 경상대학교 영남문화원 엮음, 『금강산유람록』 1-10, 민속원, 2016-2019.
6) 청량산박물관 엮음, 『옛 선비들의 청량산 유람록』 1-3, 민속원, 2007-2012.
7) 국립수목원 엮음, 『국역유산기』 전5권, 한국학술정보, 2013-2016.
8) 김시습, 『국역 매월당집』 1-5, 세종대왕기념사업회, 1977-1980.
9) 김시습, 「기산명」(紀山名), 『국역 매월당집』 1, 세종대왕기념사업회, 1977. 번역본 시 제목은 「산 이름을 기록하다」이고 여기서 첫행 개골산과 끝행 봉래산은 금강산으로, 5행 장백산은 백두산으로, 6행 두류산은 지리산으로 표기를 바꿨다.
10) 최완수, 『겸재 정선 진경산수화』, 범우사, 1993.
11) 『단원 김홍도』, 삼성문화재단, 1995.
12) 『사군강산삼선수석』, 제천시청, 단양군청, 국민대학교박물관, 2007.
13) 『동유첩』, 성균관대학교박물관, 1994.; 2005.
14) 김남길 그림, 이형상 글, 『탐라순력도』, 한국정신문화연구원, 1979.; 김남길 그림, 이형상 글, 『탐라순력도』, 제주특별자치도, 1994.
15) 작가 미상 그림, 김상성 엮음, 『관동십경』, 서울대학교 규장각, 효형출판사, 1999.
16) 최열, 『옛 그림으로 본 제주』, 혜화1117, 2021.

01 경기_수천 년 문명의 땅, 왕실의 앞마당

1) 『국역 신증동국여지승람』 2, 민족문화추진회, 1969.
2) 고구려 시대엔 동비홀(冬比忽)과 부소갑(扶蘇岬)이었다.
3) 최완수, 『겸재 정선』 2, 현암사, 2009.

4) 고구려 때 파해평사현(坡害平史縣), 술이홀현(述爾忽縣), 천정구현(泉井口縣)을 아우르는 곳이었고 남북국시대 때 파해평사가 파평현(坡平縣), 술이홀이 봉성현(峰城縣), 천정구가 교하군(交河郡)으로 바뀌었다.
5) 『태조실록』제1권.; 이중환 지음, 이익성 옮김, 『택리지』, 을유문화사, 1971.
6) 고구려 때 공목달현(功木達縣), 신라 때 공성현(功城縣), 고려 때 장주(漳州)와 연주(漣州)였다.
7) 고구려 때 마홀군(馬忽郡), 남북국시대 때 견성군(堅城郡), 고려 때 포주군(抱州郡)이었다.
8) 삼국시대 때 양골현(梁骨縣)이었고 이후 변천을 거쳐 조선 때 비로소 영평이 되었다.
9) 이수미, 「조선시대한강명승도연구」, 『서울학연구』6호, 서울시립대학교 서울학연구소, 1995.
10) 고구려 때 매성군(買省郡), 신라 때 내소군(來蘇郡)이라 하였다.
11) 김시습, 『국역 매월당집』2, 세종대왕기념사업회, 1978.
12) 이태호, 『한강 그리고 임진강』, 디자인밈, 2023.
13) 신라시대에 빈양(賓陽), 고려 때 양근(楊根)이었다.
14) 이태호, 『한강 그리고 임진강』, 디자인밈, 2023.
15) 신라 때 수성(水城), 고려 때 수주(水州)였다가 수원(水原)이 되었다.

02 충청_빼어난 산수의 기운을 품은 청풍명월의 땅

1) 이중환 지음, 이익성 옮김, 『택리지』, 을유문화사, 1971.
2) 『신증동국여지승람』2, 민족문화추진회, 1969.
3) 『우륵박물관』, 우륵박물관, 2020.
4) 권태웅, 『권태웅전집』, 창비, 2018.
5) 이보라, 「작품해제」, 『와유산수』, 청계천문화관, 2009.
6) 유한철, 『유인석의 사상과 의병활동』, 독립기념관, 1992.
7) 『여지도서』, 국사편찬위원회, 1973-1979.; 김우철 역주, 『충청도』1-6, 디자인흐름, 2009.
8) 「향토예찬 내 고을 명물」, 『동아일보』, 1926년 9월 4일자
9) 김용주 교감, 『정감록』, 1923. [주번호 조정 예정]
10) 이중환 지음, 이익성 옮김, 『택리지』, 을유문화사, 1971.
11) 한진호 지음, 이민수 옮김, 『도담행정기』, 일조각, 1993.
12) 김상현, 『단양팔경』, 단양군, 1956.
13) 이유원, 『임하필기』, 한국고전번역원 한국고전종합DB.
14) 이수경, 「충북지역 산수기행 문학과 미술」, 『충북의 산수』, 국립청주박물관, 2014.
15) 『단양군지』, 단양군, 2005.
16) 한진호 지음, 이민수 옮김, 『도담행정기』, 일조각, 1993.
17) 한진호 지음, 이민수 옮김, 『도담행정기』, 일조각, 1993.
18) 김상현, 『단양팔경』, 단양군, 1956.

19) 김상현,『단양팔경』, 단양군, 1956.
20) 김상현,『단양팔경』, 단양군, 1956.
21) 이중환 지음, 이익성 옮김,『택리지』, 을유문화사, 1971.
22) 충청도 민요,「짐배노래」.
23) 충청도 민요,「단양팔경가」.
24) 충청도 민요,「삼봉용왕제 소리」.
25) 이병연, 조영석, 정선의「삼도담」화제.;『충북의 산수』, 국립청주박물관, 2014.
26) 윤덕희,「도담절경(島潭絶景)」;『보장첩(寶穰帖)』;『충북의 산수』, 국립청주박물관, 2014.
27)『신증동국여지승람』2권, 민족문화추진회, 1969.
28) 이윤영,『단릉유고(丹陵遺稿)』, 한국고전번역원 한국고전종합DB.
29) 김정희,『완당전집』, 한국고전번역원 한국고전종합DB.
30) 이방운, 김양지,『사군강산삼선수석』, 1802-1803,; 제천시청, 단양군청, 국민대학교박물관, 2007.
31) 이황,「단양산수기」,『동국여지(東國輿地志)』, 한국고전번역원 한국고전종합DB.
32) 권섭,「황강구곡가」; 권섭,「시읊기를 좋아하지 않습니까」; 옥소 권섭 시 선집, 제천예총지부, 2005.
33) 이중환 지음, 이익성 옮김,『택리지』, 을유문화사, 1971.
34) 윤제홍,「구담」화제.
35) 이중환 지음, 이익성 옮김,『택리지』, 을유문화사, 1971.
36)『한국지명총람』6 충북편, 한글학회, 1970.
37) 이황,「단양산수기」,『동국여지』(東國輿地志), 한국고전번역원 한국고전종합DB.
38) 이광려,『이참봉집』(李參奉集), 한국고전번역원 한국고전종합DB.
39) 최열,『추사 김정희 평전』, 돌베개, 2021.
40) 김정희,「옥순봉」(玉筍峰),『완당전집』, 한국고전번역원 한국고전종합DB.
41) 한진호 지음, 이민수 옮김,「사인암별기」(舍人巖別記),『도담행정기』(島潭行程記), 일조각, 1993.
42)『한국지명총람』3, 한글학회, 1970.
43) 이중환 지음, 이익성 옮김,『택리지』, 을유문화사, 1971.
44) 남공철,『금릉집』(金陵集), 한국고전번역원 한국고전종합DB.
45)『단양군지』하, 단양군, 2005.
46) 김상현,『단양팔경』, 단양군, 1956.
47) 김상현,『단양팔경』, 단양군, 1956.
48)『고려조선도자회화명품전』, 진화랑, 2004.
49) 김정희,「하선암」(下仙巖),『완당전집』, 한국고전번역원 한국고전종합DB.
50) 이병연이 정선의「하선암」을 보고 쓴 제발.
51) 조영석이 정선의「하선암」을 보고 쓴 제발.
52)『한국지명총람』충북편, 한글학회, 1970.
53) 이인상,「운화대」(雲華臺),『능호집』(凌壺集), 한국고전번역원 한국고전종합DB.

54) 이윤영, 「사인암집찬」(集贊), 『단릉유고』(丹陵遺稿), 한국고전번역원 한국고전종합DB.
55) 김정희, 「사인암」(舍人巖), 『완당전집』, 한국고전번역원 한국고전종합DB.
56) 한진호 지음, 이민수 옮김, 『도담행정기』, 일조각, 1993.
57) 김양지가 이방운의 「사인암」을 보고 쓴 화제.
58) 이완우, 「화양동과 우암 사적」, 『장서각』 18호, 한국학중앙연구원, 2007.
59) 『화양서원과 만동묘』, 국립청주박물관, 2011.
60) 김부식 지음, 『역주 삼국사기』 2, 한국정신문화연구원, 1997.; 일연 지음, 강인구 옮김, 『역주 삼국유사』 1-5, 이회문화사, 2002-2003.
61) 이계생, 「부여에서」, 『매창집』(梅窓集). ??
62) 최완수, 『겸재 정선』 2, 현암사, 2009.
63) 김시습, 『국역 매월당집』 2, 세종대왕기념사업회, 1978.

03 전라_눈부신 황금 평야가 비단처럼 빛나는 땅

1) 『신증동국여지승람』 4, 민족문화추진회, 1969.
2) 『탁지지』(度支志), 서울대학교규장각. 2005.
3) 김시습, 『국역 매월당집』 2, 세종대왕기념사업회, 1978.
4) 이중환 지음, 이익성 옮김, 『택리지』, 을유문화사, 1971.
5) 김시습, 『국역 매월당집』 2, 세종대왕기념사업회, 1978.
6) 이중환 지음, 이익성 옮김, 『택리지』, 을유문화사, 1971.
7) 김부식 지음, 『역주 삼국사기』 2, 한국정신문화연구원, 1997.
8) 최열, 「람전 허산옥 행장」, 『인물미술사학』 제10호, 인물미술사학회, 2014. 2014년 람전 허산옥 탄신 90주년 기념 학술대회를 가진 바 있다.
9) 박정혜, 『조선시대 사가기록화』, 혜화1117, 2022.
10) 최열, 『김복진 힘의 미학』, 재원, 1995.
11) 김상엽, 『소치 허련』, 돌베개, 2008.
12) 이매창 지음, 김원철 엮음, 『매창전집』, 부안문화원, 2001.
13) 이매창 지음, 신석정 옮김, 『대역 매창시집』, 낭주매창시집간행회, 1958.
14) 강세황, 「유우금암기」(遊禹金巖記), 『표암유고』; 강세황 지음, 김종진 외 옮김, 『표암유고』, 지식산업사, 2010.
15) 강세황, 「유우금암기」(遊禹金巖記), 『표암유고』; 강세황 지음, 김종진 외 옮김, 『표암유고』, 지식산업사, 2010.
16) 강세황, 「유우금암기」(遊禹金巖記), 『표암유고』; 강세황 지음, 김종진 외 옮김, 『표암유고』, 지식산업사, 2010.
17) 강세황, 「유우금암기」(遊禹金巖記), 『표암유고』; 강세황 지음, 김종진 외 옮김, 『표암유고』, 지식산업사,

18) 고부군은 백제 때 고사부리(古沙夫里), 태인군은 태시산(太尸山), 인의현은 빈굴(賓窟)이었으며 변화를 거듭하다가 정읍으로 합쳐진 것이다.
19) 최익한, 「조선여류예원사상 신말주 부인 설씨의 지위」, 『동아일보』 1940. 3. 17-23.; 천혜봉, 「한국의 전적」, 『국보 12 서예, 전적』, 예경산업사, 1985.; 이성미, 「전 설씨 부인 〈광덕산부도암도〉와 〈화조도〉」, 『미술사학연구』 209호, 한국미술사학회, 1996.
20) 『고려사』, 1256년 항목.
21) 김시습, 『국역 매월당집』 2, 세종대왕기념사업회, 1978.
22) 박정혜, 『조선시대 사가기록화』, 혜화1117, 2022.
23) 최열, 「제국과 식민지의 지사화가」, 『인물미술사학』 제11호, 인물미술사학회, 2015.
24) 박정혜, 『조선시대 사가기록화』, 혜화1117, 2022.
25) 이중환 지음, 이익성 옮김, 『택리지』, 을유문화사, 1971.
26) 김부식 지음, 『역주 삼국사기』 2, 한국정신문화연구원, 1997.
27) 이승휴, 『동안거사집』, 한국고전번역원 한국고전종합DB.
28) 김시습, 『국역 매월당집』 2, 세종대왕기념사업회, 1978.
29) 이중환 지음, 이익성 옮김, 『택리지』, 을유문화사, 1971.
30) 이중환 지음, 이익성 옮김, 『택리지』, 을유문화사, 1971.

04 경상_낙원의 가락 흐르는 천 년 정토의 땅

1) 『신증동국여지승람』 3, 민족문화추진회, 1969.
2) 이중환 지음, 이익성 옮김, 『택리지』, 을유문화사, 1971.
3) 이육사, 「광야」 일부, 『청포도』, 범조사, 1964.
4) 이학수, 「안동선비 이종악의 산수화첩에 관한 문헌 검토」, 『장서각』 제3집, 한국정신문화연구원, 2000. 12폭의 지명 위치는 모두 이 논문을 따랐다.
5) 이학수, 「안동선비 이종악의 산수화첩에 관한 문헌 검토」, 『장서각』 제3집, 한국정신문화연구원, 2000.
6) 신라가 정복한 뒤 본피(本彼), 신안(新安)으로 변화를 거듭했다. 고려 때 경산(京山)으로 바꾸었는데 충렬왕 때인 1308년 성주(星州)란 지명이 처음 등장했다가 두 해 만에 경산으로 환원되었다.
7) 이중환 지음, 이익성 옮김, 『택리지』, 을유문화사, 1972.
8) 3대 가인은 노계 박인로와 더불어 고산(孤山) 윤선도(尹善道, 1587-1671), 송강(松江) 정철(鄭澈, 1536-1593)을 이른다.
9) 일연 지음, 강인구 옮김, 『역주 삼국유사』 1-5, 이회문화사, 2002-2003.
10) 일연 지음, 강인구 옮김, 『역주 삼국유사』 1-5, 이회문화사, 2002-2003.
11) 김시습, 『국역 매월당집』 2, 세종대왕기념사업회, 1978.
12) 김시습, 『국역 매월당집』 2, 세종대왕기념사업회, 1978.

13) 가야시대 때 다라(多羅)였다가 신라 때 대량주(大良州)에서 강양(江陽)이라 하였다.
14) 『영남기행첩』에 장첩된 14점의 작품들의 크기는 일정하지 않다. 대체로 세로 27.3-31.1센티미터, 가로 21.1-47.6센티미터. 1960년대에 다시 첩을 만들었으므로 원래의 화첩 구성이나 제목은 알 수 없다. 이 책에서 표기해 놓은 각 작품의 크기는 세부 오차가 있다.
15) 최상두, 「지리산 절경지 용유담, 나무 수십 그루 싹둑 베어」, 『서부경남신문』, 2021. 4. 1.; 「10년 시간만 흘렀다. 함양 용유담 명승지정해야」, 『서부경남신문』, 2021. 4. 12.
16) 북쪽에 764미터 높이의 갈전산(葛田山), 동쪽에 1,108미터 높이의 황매산(黃梅山), 서남쪽에 천왕봉(天王峰), 제석봉(除石峰), 촛대봉(燭臺峰)이 연이어 있고 남쪽에 1,284미터 높이의 삼신봉(三神峰)이 둘러싸고 있다. 고을 안쪽에도 1,099미터 높이의 웅석봉(熊石峰)을 비롯한 산들이 도처에 즐비하다.
17) 최치원 지음, 최영성 역주, 『역주 최치원전집』, 아세아문화사, 1998.
18) 남효온, 『추강집』, 한국고전번역원 한국고전종합DB.
19) 정여창, 「악양」, 『일두집』, 한국고전번역원 한국고전종합DB.
20) 『국역 세종장헌대왕실록』, 세종대왕기념사업회, 1972.
21) 기원전 480년 살라미스(Salamis) 해전, 1588년 칼레(Calais) 해전, 1592년 한산 해전, 1805년 트라팔가(Trafalgar) 해전. 물론 한산해전이 세계 4대 해전에 포함되는지에 대해서는 논쟁의 여지가 있다.
22) 최열, 『이중섭, 편지화』, 혜화1117, 2023.
23) 신라 때 굴아화촌(屈阿火村), 하곡(河曲)이었고 고려 때 흥려(興麗), 공화(恭化)로 바뀌었다가 울주가 되었다.
24) 『신증동국여지승람』, 민족문화추진회, 1969.; 한국고전번역원 한국고전종합DB.
25) 『국역 세종장헌대왕실록』, 세종대왕기념사업회, 1972.

주요 참고문헌

— 문집

강이천,『중암고』(重菴稿)(한국고전번역원 한국고전종합DB)
김시습,『매월당집』(梅月堂集)(한국고전번역원 한국고전종합DB)
김정희,『완당전집』(阮堂全集)(한국고전번역원 한국고전종합DB)
남효온,『추강집』(秋江集)(한국고전번역원 한국고전종합DB)

이광려,『이참봉집』(李參奉集)(한국고전번역원 한국고전종합DB)
이규경,『오주연문장전산고』(五洲衍文長箋散稿)(한국고전번역원 한국고전종합DB)
이윤영,『단릉유고』(丹陵遺稿)(한국고전번역원 한국고전종합DB)
이승휴,『동안거사집』(動安居士集)(한국고전번역원 한국고전종합DB)
정약용,『다산시문집』(茶山詩文集)(한국고전번역원 한국고전종합DB)
정여창,『일두집』(一蠹集)(한국고전번역원 한국고전종합DB)
최한기,『인정』(仁政)(한국고전번역원 한국고전종합DB)
허균,『성소부부고』(惺所覆瓿藁)(한국고전번역원 한국고전종합DB)

— 번역서

강세황 지음, 김종진 외 옮김,『표암유고』, 지식산업사, 2010.
국립수목원 편저,『국역유산기』1 경상북도, 한국학술정보, 2013.
＿＿＿＿＿＿＿＿,『국역유산기』2 경기도, 한국학술정보, 2014.
＿＿＿＿＿＿＿＿,『국역유산기』3 경상남도, 한국학술정보, 2014.
＿＿＿＿＿＿＿＿,『국역유산기』4 강원도, 한국학술정보, 2015.
＿＿＿＿＿＿＿＿,『국역유산기』5 충청도, 전라도, 한국학술정보, 2016.
김부식 지음,『역주 삼국사기』, 한국정신문화연구원, 1997.
김시습,『매월당집』1-5, 세종대왕기념사업회, 1977-1980.
김정희 지음,『국역 완당전집』1-4, 민족문화추진회, 1986-1996.
이매창 지음, 신석정 옮김,『대역 매창시집』, 낭주매창시집간행회, 1958.
＿＿＿＿＿, 김원철 엮음,『매창전집』, 부안문화원, 2001.
이중환 지음, 이익성 옮김,『택리지』, 을유문화사, 1971.
일연 지음, 강인구 옮김,『역주 삼국유사』1-5, 이회문화사, 2002-2003.
청량산박물관 엮음,『옛 선비들의 청량산 유람록』1-3, 민속원, 2007-2012.
최치원 지음, 최영성 역주,『역주 최치원전집』, 아세아문화사, 1998.
한산거사 지음, 송신용 교주,『한양가』, 정음사, 1949.
한진호 지음, 이민수 옮김,『도담행정기』, 일조각, 1993.

허균, 『성소부부고』1-5, 민족문화추진회, 1982-1985.

─ 총류

『경기도지』상하, 경기도지편찬위원회, 1957.
『경기도지』상중하, 경기도, 1990.
『경상남도지』상중하, 경상남도지편찬위원회, 1960-1963.
『경상북도지』, 경상북도사편찬위원회, 1983.
『경주군지』, 경주군, 1989.
『국역 신증동국여지승람』1-7, 민족문화추진회, 1969-1970.
『단양군지』, 서경문화사, 2005.
『대구시사』, 대구시, 1973.
『대전시지』, 대전시지편찬위원회, 1984.
『동국여지지』(한국고전번역원 한국고전종합DB)
『부산시사』, 부산직할시, 1991.
『국역 세종장헌대왕실록』, 세종대왕기념사업회, 1972.
『수원시사』, 수원시, 1990.
『여지도서』, 국사편찬위원회, 1973-1979.
『전라남도지』, 전라남도지편찬위원회, 1969.
『전라북도지』상하, 전라북도사편찬위원회, 1969-1970.
『전주시사』, 전주시, 1986.
『지명유래집』, 건설부 국립지리원, 1987.
『충청남도지』, 충청남도지편찬위원회, 1979.
『충청북도지』, 청주문화원, 1973.
『한국의 사찰』상, 하, 대한불교진흥원출판부, 2004.
『한국지리지 경상편』, 국토지리정보원, 2005.
『한국지리지 수도권편』, 국토지리정보원, 2007.
『한국지리지 충청편』, 국토지리정보원, 2003.
『한국지리지 전라 제주편』, 국토지리정보원, 2004.
『한국지명요람』, 한국지명요람편찬위원회, 건설부 국립지리원, 1982.
『한국지명총람』1-20, 한글학회, 1966-1986.
『한국지명유래집 전라 제주편』, 국토지리정보원, 2010.
『한국지명유래집 충청편』, 국토지리정보원, 2010.
『한국지명유래집 경기편』, 국토지리정보원, 2011.
『한국지명유래집 전라 제주편』, 국토지리정보원, 2010.
『한국지명유래집 경상편』, 국토지리정보원, 2010.
『황해도지』, 황해도지편찬위원회, 1982.

― 사전

김영윤, 『한국서화인명사서』, 한양문화사, 1959.
손성우, 『한국지명사전』, 경인문화사, 1986.
오세창, 『근역서화징』, 계명구락부, 1928.
유복열, 『한국회화대관』, 문교원, 1969.
이민우, 『한국지명사전』, 한국교열기자회, 1993.
전용신, 『한국고지명사전』, 고려대학교 민족문화연구소, 1993.
한국민족문화대백과사전 https://encykorea.aks.ac.kr
『한국역대서화가사전』, 국립문화재연구소, 2011.
한국향토문화전자대전 http://www.grandculture.net/korea

― 안내서

『경기관광가이드』, 경기도, 2002.
『경남의 재발견』, 피플파워, 2017.
『머물수록 매력있는 충청』, 한국관광공사, 충청권관광진흥협의회, 2014.
『아름다운 전북산하』, 전라북도, 1999.
『전통사찰총서 경남』 19, 20, 사찰문화연구원, 2005.
『전통사찰총서 경북』 15, 16, 17, 사찰문화연구원, 2000-2001.
『전통사찰총서 광주 전남』 7, 사찰문화연구원, 1996.
『전통사찰총서 대구 경북』 14, 사찰문화연구원, 2000.
『전통사찰총서 대전 충남』 12, 사찰문화연구원, 1999.
『전통사찰총서 인천 경기』 3, 5, 사찰문화연구원, 1993-1995.
『전통사찰총서 부산 울산 경남』 18, 사찰문화연구원, 2003.
『전통사찰총서 전남』 6, 사찰문화연구원, 1996.
『전통사찰총서 전북』 8, 9, 사찰문화연구원, 1997.
『전통사찰총서 충남』 13, 사찰문화연구원, 1999.
『전통사찰총서 충북』 10, 11, 사찰문화연구원, 1998.
한국문화유산답사회, 『답사여행의 길잡이』 1-15, 돌베개, 1994-2004.
『한국의 여로』 1-13, 한국일보사, 1981~1986.
『한국의 여행』 1-8, 중앙서관, 1983.
『한국의 발견』 1-5, 뿌리깊은 나무, 1986.
『한국의 향토문화자원』 1-6, 전국문화원연합회, 2000.
『힐링여행 52선』, 경상북도, 2015.

― 지도

『경기도의 옛지도』, 경기문화재단, 2005.

『고지도를 통해 본 경기지명연구』, 국립중앙도서관, 2011.
『고지도를 통해 본 경상지명연구』 1-2, 국립중앙도서관, 2017.
『고지도를 통해 본 전라지명연구』 1-2, 국립중앙도서관, 2015-2016.
『고지도를 통해 본 충청지명연구』 1-2, 국립중앙도서관, 2012-2014.
김정호, 『대동여지도』(경희대 전통문화연구소 편, 『대동여지도 원도』, 백산자료원, 1991.)
김정호(金井昊), 『전남의 옛지도』, 향토문화진흥원, 1994.
김정호, 『청구도』 상, 하, 민족문화추진회, 1971.
『대동여지도색인』, 경희대 전통문화연구소, 1976.
『수원의 옛지도』, 수원시, 2000.
『영남대학교박물관 소장 한국의 옛지도』 도판편, 자료편, 영남대학교 박물관, 1998.
『이찬 기증 우리 옛지도』, 서울역사박물관, 2006.
이찬, 『한국의 고지도』, 범우사, 1991.
『지도예찬』, 국립중앙박물관, 2018.
문화재청, 『한국의 옛지도』, 예맥, 2008.
『해동지도』 상, 하, 해설색인, 서울대학교 규장각, 1995.

— 도록

『간송문화』 1-87, 한국민족미술연구소, 1971-2014.
『경기도박물관 명품선』, 경기도박물관, 2004.
『경기팔경과 구곡』, 경기도미술관, 2015.
『겸재 정선』, 국립중앙박물관, 2009.
『겸재 정선』, 겸재정선기념관, 2009.
『겸재정선전』, 대림화랑, 1988.
『고려조선도자회화명품전』, 진화랑, 2004.
『9인의 명가비장품전』, 공화랑, 2003.
『국민대학교박물관 소장유물도록』, 국민대학교박물관, 2006.
『규장각 그림을 펼치다』, 서울대학교 규장각한국학연구원, 2015.
『단원 김홍도』, 국립중앙박물관, 1990.
『단원 김홍도』, 삼성문화재단, 1995.
『동유첩』, 성균관대학교박물관, 1994.
『동환선생수집문화재』, 국립중앙박물관, 1981.
『동환선생수집문화재 회화』, 국립중앙박물관, 1984.
『명품도록』, 서울대학교 규장각한국학연구원, 2000.
『명품100선』, 동아대학교박물관, 2009.
『보묵』, 아라재, 2008.
『사군강산삼선수석』, 제천시청, 단양군청, 국민대학교박물관, 2007.
『사진으로 보는 북한회화』, 국립문화재연구소, 2007.

『산수화』, 국립광주박물관, 2004.
『서울대학교박물관 소장 한국전통회화』, 서울대학교박물관, 1993.
『서울역사박물관』, 서울역사박물관, 2002.
『선문대학교박물관 명품도록』 2, 선문대학교출판부, 2000.
『소장품도록』, 부산박물관, 2005.
『18세기의 한국미술』, 국립중앙박물관, 1993.
안휘준 편, 『국보 10 회화』, 예경산업사, 1984.
『와유산수』, 청계천문화관, 2009.
『우리 강산을 그리다』, 국립중앙박물관, 2019.
『우리 땅, 우리의 진경』, 국립중앙박물관, 통천문화사, 2002.
『조선시대 기록화의 세계』, 고려대학교박물관, 2001.
『조선시대 실경산수화』 1, 국립중앙박물관, 2018.
『조선시대 실경산수화』 2, 국립중앙박물관, 2019.
『조선시대 지도와 회화』, 국립중앙박물관, 2013.
『조선시대회화명품전』, 공창화랑, 진화랑, 1990.
『조선시대회화명품집』, 진화랑, 1995.
『지리산』, 국립진주박물관, 2009.
『진경산수화』, 국립광주박물관, 삼성출판사, 1991.
『충북의 산수』, 국립청주박물관, 2014.
『표암 강세황』, 예술의전당 서예박물관, 2003.
최순우 편, 『한국미술전집 12 회화』, 동화출판공사, 1973.
『한국근대회화백년』, 국립중앙박물관, 1987.
『한국근대회화선집1 안중식』, 금성출판사, 1990.
『한국의 미 1 겸재 정선』, 중앙일보사, 1977.
『한국의 미 1 겸재 정선』 개정판, 중앙일보사, 1983.
『한국의 미 12 산수화』 상, 중앙일보사, 1982.
『한국의 미 12 산수화』 하, 중앙일보사, 1985.
『한국의 미 21 단원 김홍도』, 중앙일보사, 1985.
『한국회화-국립중앙박물관 소장 미공개회화특별전』, 국립중앙박물관, 1977.
『호림박물관명품선집』 2, 호림박물관, 1999.
『호암미술관명품도록』, 삼성미술문화재단, 1984.
『호암미술관명품도록』 2, 삼성문화재단, 1996.
『화양서원 만동묘』, 국립청주박물관, 2011.
『화원』, 삼성미술관Leeum, 2011.

― 단행본
고연희, 『조선후기 산수기행예술 연구』, 일지사, 2001.

김상현, 『단양팔경』, 충청북도단양군단양면, 1956.
김호연, 『한국민화』, 열화당, 1971.
김철순, 『한국민화논고』, 예경, 1991.
『단양의 향기 찾아』, 단양군, 2000.
마화 지음, 천현경 옮김, 『중국은사문화』, 동문선, 1997.
박정애, 『조선시대 평안도 함경도 실경산수화』, 성균관대학교출판부, 2014.
박정혜, 『조선시대 사가기록화』, 혜화1117, 2022.
박해훈, 『한국의 팔경도』, 소명출판, 2017.
손영우, 『겸재 정선 연구』, 대유학당, 2018.
안장리, 『우리 경관 우리 문학』, 평민사, 2000.
_____, 『한국의 팔경문학』, 집문당, 2002.
오비 고오이치 지음, 윤수영 옮김, 『중국의 은둔사상』, 강원대학교출판부, 2008.
오주석, 『단원 김홍도』, 열화당, 1998.
유홍준, 이태호, 『조선후기 그림과 글씨』, 학고재, 1992.
_____, 『만남과 헤어짐의 미학』, 학고재, 2000.
이동주, 『우리나라의 옛그림』, 박영사, 1975.
이성현, 『노론의 화가, 겸재 정선』, 들녘, 2020.
이재준, 『한국의 폐사』, 한국문화사, 1995.
이창식, 『단양팔경 가는 길』, 푸른사상, 2002.
이태호, 『옛화가들은 우리 땅을 어떻게 그렸나』, 생각의 나무, 2010.
_____, 『한강, 그리고 임진강』, 디자인밈, 2023.
장진성, 『단원 김홍도』, 사회평론, 2020.
전경원, 『소상팔경 동아시아의 시와 그림』, 건국대학교출판부, 2007.
조자용, 『한얼의 미술』, 에밀레미술관, 1971.
_____, 『한화 호랑도』, 에밀레미술관, 1973.
_____, 『한호의 미술』, 에밀레미술관, 1974.
진준현, 『단원 김홍도 연구』, 일지사, 1999.
_____, 『우리 땅 진경산수』, 보림출판사, 2004.
최열, 『추사 김정희 평전』, 돌베개, 2021.
최완수, 『겸재 정선』, 범우사, 1993.
_____, 『겸재 정선』1-3, 현암사, 2009.
허영환, 『겸재 정선』, 열화당, 1978.

― 논문
고유섭, 「인왕제색도」, 『문장』, 1940.9. (고유섭, 『조선미술사』하, 열화당, 2007.)
김건리, 「표암 강세황의 『송도기행첩』 연구」, 이화여자대학교 대학원 미술사학과 석사학위논문, 2001.
김현지, 「조선중기 실경산수화 연구」, 홍익대학교 대학원 미술사학과 석사학위논문, 2001.

김학수, 「안동선비 이종악의 산수유첩에 관한 문헌검토」, 『장서각』 제3집, 한국정신문화연구원, 2000.
문일평, 「사상에 나타난 예술가의 군상-동국산수 화종인 정선」, 『조선일보』, 1935. 2. (문일평, 『예술의 성직』, 열화당, 2001.)
박언정, 「15-6세기 지리산유람록 연구」, 동국대학교 교육대학원 석사학위논문, 2004.
선학균, 「진경산수와 이념산수의 비교연구」, 중앙대학교 대학원 석사학위논문, 1984.
송준화, 「조선후기 문인화가의 실경산수화에 관한 연구」, 홍익대학교 교육대학원 석사학위논문, 1995.
신민, 「영정조시대의 화단」, 성신여자대학교 대학원 석사학위논문, 1988.
야나기 무네요시, 「공예적 회화」, 『공예』 제37호, 1937.
유준영, 「실경산수의 연원으로서 구곡도」, 『계간미술』 19호, 1981년 가을호.
유준영, 「곡운구곡도를 중심으로 본 17세기 실경도 발전의 일례」, 『정신문화연구』 8호, 한국정신문화연구원, 1982.
이수미, 「조선시대한강명승도연구」, 『서울학연구』 6호, 서울시립대학교 서울학연구소, 1995.
이완우, 「화양동과 우암 사적」, 『장서각』 제18집, 한국학중앙연구원, 2007.
최희숙, 「학산 윤제홍의 회화연구」, 홍익대학교 대학원 미술사학과 석사학위논문, 1989.
권윤경, 「윤제홍 회화연구」, 서울대학교 대학원 고고미술사학과 석사학위논문, 1996.
윤진영, 「조선시대 구곡도 연구」, 한국정신문화연구원 한국학대학원 미술사학과 석사학위논문, 1997.
이다홍, 「진재 김윤겸의 회화연구」, 홍익대학교 대학원 미술사학과 석사학위논문, 2009.
이상아, 「조선시대 팔경도 연구」, 이화여자대학교 대학원 석사학위논문, 2008.
이순미, 「조선후기 겸재화파의 한양실경산수화 연구」, 고려대학교 대학원 문화재학협동과정학과 박사학위논문, 2012.
이영수, 「민화 금강산도에 관한 고찰」, 홍익대학교 대학원 미술사학과 석사학위논문, 1995.
이영수, 「민화 금강산도에 관한 고찰」, 『미술사연구』 제14호, 미술사연구회, 2000.
이영수, 「19세기 금강산도 연구」, 명지대학교 대학원 미술사학과 박사학위논문, 2016.
이태호, 「조선후기의 진경산수화 연구-정선 진경산수화풍의 계승과 변모를 중심으로」, 『한국미술사논문집』 1, 한국정신문화연구원, 1984.
지용환, 「조선시대 서호도 연구」, 고려대학교 대학원 석사학위논문, 2008.
최은정, 「갑자(1624년)항해조천도 연구」, 서울대학교 대학원 고고미술사학과 석사학위논문, 2005.

인명 색인

ㄱ

강감찬 49, 163, 166
강관 131, 155
강세황 25, 34, 36, 38, 44, 60, 61, 69, 70, 131, 160, 162, 227, 228, 355, 356, 357, 423
강항 392
견훤 327, 340, 341, 350, 351, 470
경순왕 479
계백 326, 320
고경명 376
고재식 392
고종(고려) 404, 514
고종(조선) 122, 336, 421, 495
공양왕 50
곽종석 492, 503
광종 327
광해왕 94, 120, 122, 143, 363, 372
권백득 271, 272
권상하 197, 222, 274, 332, 333
권섭 37, 257, 258, 297
권신응 37, 297, 298, 300, 303, 305, 308, 312, 315
권율 117, 120, 191
권태응 199
기정진 368
김광수 244, 258
김금원 31
김남길 34
김덕령 376
김도숙 392
김도현 445, 447
김동신 375
김득신 36, 38, 172, 182, 185
김문기 197
김병연 30
김복진 317, 353
김상성 35
김상옥 517
김상진 37, 454, 455, 459
김상헌 126
김상현 238, 239~241, 279

김성일 428
김수증 278
김시민 197
김시습 31, 122, 126, 327, 336, 338, 378, 409, 477, 480
김신 375
김양기 37, 81
김우옹 454
김원봉 523
김유신 531
김육 106
김윤식 399
김응환 36, 38, 199, 202, 215, 219, 224, 236, 249, 250, 317
김인후 381
김정희 45, 251, 266, 282, 289, 402
김좌진 197
김종직 522, 529
김진만 464
김진우 515
김창숙 454
김춘수 517
김춘추 70, 292, 551
김치세 368
김평묵 108
김한명 43, 395, 398
김홍도 24, 31~33, 36~38, 42, 58, 73, 81, 160, 162, 170, 172, 182, 183, 185, 188, 249, 269, 271, 278, 289, 290

ㄴ

나옹혜근 147
나혜석 166
남이 447
남자현 445, 447
남효온 507
낭심호 38, 58, 384, 505, 515
노수신 450
논개 514, 515

ㄷ, ㄹ, ㅁ

단경왕후 120, 368
단종 122, 146, 347, 363, 368, 370, 447

도선국사 367, 395, 405
류성룡 420, 421, 428, 429
마고 250, 251, 409
마의태자 137
무왕 347, 354, 361, 362, 384
무학대사 116, 368, 481
문익점 501, 503
문태서 375
민영환 107

ㅂ

박경리 517
박생광 515
박순 100, 101
박승극 166
박용철 377
박유전 339
박인로 466
박자진 185
박중빈 357, 392
박혁거세 409, 477
변박 38, 550
보조국사 407

ㅅ

사명당 457, 459, 481, 523
서경덕 60, 61, 101
서석지 342
선덕여왕 530
선조 107, 121, 128, 305, 375, 384, 398, 421, 509
설공검 368
설씨부인 39, 370
설총 93
성왕 320
세종 116, 121, 146, 147, 155, 514, 534
소동도 347
소세양 347
손병희 197
송민고 363, 366
송상현 541
송시열 185, 197, 222, 296, 297, 300, 303, 305, 332, 333
송태회 39, 407

송흥록 339
수로왕 418
숙종 40, 43, 72, 278, 327, 356, 363, 445
순경태후 147
신경준 368
신돈 159, 320
신동엽 320
신말주 39, 368, 370
신명선 375
신립 199
신사임당 76
신석정 355
신위 36, 45, 256
신유한 83
신익희 140, 141
신채호 197
심남일 392
심사정 244, 41, 42, 45

ㅇ

아도화상 72, 405, 457
안정복 140, 141
안중식 39, 392, 393, 514, 515
양대박 385
양사언 101
양팽손 395
엄순봉 445, 447
엄치욱 39, 269, 271
여운형 134, 135, 141
여춘영 141, 143, 154
오경석 40, 122
오세창 40
오수채 60
오지호 377
온조왕 143, 145, 346
왕건 52, 116, 403, 409, 420, 461, 482
요석공주 93
원효 91, 93, 137, 147, 380, 522, 527
우륵 196, 198, 203
우탁 284
유관순 197
유몽인 120
유성룡 384, 385

유영오 40, 135
유인석 40, 108, 135, 203
유정 → 사명당
유중교 108, 135
유한지 60, 256, 266
유형원 355
윤덕희 40, 248
윤두서 40, 45, 248, 402
윤봉구 274, 275
윤봉길 197
윤선거 332, 333
윤이상 517
윤제홍 40, 53, 93, 99, 154, 215, 251, 256, 259, 263, 266, 271~273,
윤증 327, 332, 333
의자왕 321
이강년 450
이계생 → 이매창
이광려 265
이광사 73, 248
이동주 355
이매창 324
이방운 33, 41, 206, 209, 214, 219, 222, 251, 254, 256, 259, 263, 281, 290
이방원 82, 146, 194, 316, 336, 451, 466, 546, 551
이병연 244, 282, 284
이산해 257
이삼만 339, 342
이상룡 435
이상화 464
이색 14, 117, 147, 159
이성계 50, 77, 116, 117, 128, 129, 293, 341, 344, 368, 409, 479, 481, 482, 512
이성린 25, 41, 45, 537, 540
이수광 120
이순신 117, 163, 197, 339, 516, 556, 557
이숭인 454
이신흠 41, 135, 137
이우 107
이유원 238
이육사 421
이윤영 41, 42, 95, 99, 251, 259, 263, 266, 269, 285, 289, 321, 324, 495

이응노 197
이이 76, 101, 100, 126, 332, 422
이익 45, 160
이인문 42, 293, 488
이인상 25, 41, 42, 266, 271, 285, 293, 324, 495, 497
이인성 464
이정직 351
이존오 159, 320
이종문 465
이종악 29, 42, 434, 435, 438, 439, 441, 444
이중섭 521
이중환 16, 17, 77, 194, 237, 238, 241, 258, 264, 273, 338, 408, 416, 451
이지번 257
이지함 157, 197
이징 41, 43, 422, 423, 507, 509
이쾌대 464
이춘제 248
이항노 134
이항복 43, 297, 298, 300, 303, 305, 308, 312, 315
이형부 43, 297, 298, 300, 303, 305, 308, 312, 315
이형상 34
이황 37, 101, 257, 264, 265, 282, 332, 418, 420~423, 428, 489
인목대비 94, 106, 120, 363
인조 121, 140, 143, 145, 394, 444, 465, 514
일연 476
임경업 197
임득명 25, 42, 43, 53, 77

ㅈ

자장 527, 530
장필무 375
장지연 450
장현광 450
전두환 377
전봉준 341, 381
전충효 43, 395, 398
전혁림 517
정발 536
정경세 450
정구 37, 454, 459, 460, 509

정기룡 448
정대기 515
정도전 240, 241
정동박 37, 454~456, 459
정란 30
정몽주 159, 466, 468
정상기 44, 95
정선 24, 30, 32, 33, 44, 53, 58, 81, 83, 88, 90, 95, 99, 117, 185, 225, 242, 244, 248, 254, 258, 282, 284, 325, 422, 423, 447, 464, 470, 474, 482
정수영 25, 29, 44, 88, 95, 99, 101, 100, 126, 129, 131, 137, 139, 141, 143, 147, 152, 155, 159, 272
정순왕후 122, 131, 363
정약용 45, 122, 160, 399, 402
정여창 495, 507, 509, 511
정운 556, 557
정원용 42, 423
정제두 72
정조 17, 24, 31, 32, 36, 38, 48, 73, 131, 163, 166, 172, 173, 182, 183, 185, 188, 249, 269, 289, 290, 461, 479
정충신 376
정화궁주 72
정황 44, 117, 120, 465, 556, 557
조광조 395, 394
조병세 106, 107
조봉암 73
조식 418, 481, 492, 509, 529
조영석 244, 248, 284
조지훈 447
조한영 159
중종 107, 120, 368
진표율사 351
진성여왕 470
진흥왕 199

ㅊ, ㅌ

채용신 44, 363, 366
초의선사 45, 357, 402
최북 45, 244, 248, 249, 275, 450
최산두 395, 394
최석 404
최영 77, 372, 537

최익현 45, 107, 197
최제우 477, 531
최치원 413, 488, 494, 495, 505, 507, 509
최한영 377
충렬왕 72, 368, 451
충선왕 284, 403
충숙왕 207, 416, 448,
태조(조선) → 이성계
태조(고려) → 왕건
태종(신라) → 김춘추
태종(조선) → 이방원

ㅎ

한석봉 421, 455
한진호 238, 239, 269, 289, 290
한호 → 한석봉
허목 90
허백련 377, 380
허산옥 342, 351
허은 435
허초희 324
현종(고려) 324, 336, 494
현종(조선) 49, 128, 332
혜경궁 홍씨 170, 172, 173, 182
혜린 405
호호 404
홍길동 381
홍경보 83, 88
홍의영 58, 278
황진이 60
효종 146, 155, 278 296 303
희종 405

실경·진경, 속화·민화에 관한 최열의 생각

지난 30여 년 동안 조선실경을 탐색하는 여정에서 항상 머릿속을 떠나지 않는 생각 몇 가지가 있었다. 강의를 할 때마다 진경眞景과 실경實景의 차이를 묻는 질문을 종종 받았다. 또한 민화民畵와 속화俗畵의 차이에 대해서도 마찬가지였다. 얼핏 비슷한 낱말로 보이지만 옛 그림을 감상할 때 그 낱말의 뿌리를 알면 조선의 실경과 회화를 좀 더 온전하게 알 수 있다. 여기에 더해 중앙 화풍과 변방 화풍의 다름도 헤아리면 더 큰 즐거움을 누릴 수 있다. 진경과 실경, 속화와 민화에 대해 누군가 물으면 그것이 품은 뜻을 열심히 설명한다. 진경 본래의 뜻인 실경, 민화 본래의 뜻인 속화의 범주와 의미를 설명하고 나아가 중앙의 주류 화풍과 향촌의 변방 화풍에 대해 함께 이야기하면 듣는 이들은 무릎을 치며 훨씬 쉽다고들 했다.

문물의 중심지인 한양은 물론이고 명승지인 금강과 강원의 경우 주류 화풍을 구사한 작품들이 압도하고 있지만 중앙으로부터 멀리 떨어진 향촌의 경우 변방 화풍으로 그린 작품들이 성행했다. 『옛 그림으로 본 서울』과 『옛 그림으로 본 제주』를 연이어 내놓았을 때 서울과 제주의 차이는 물론이요 중앙과 향촌, 주류와 변방의 차이를 아주 뚜렷하게 알게 되었다는 소감을 많이 들었다. 이번에 함께 펴낸 세 권의 책에서도 그 차이와 특징은 고스란히 드러난다. 이런 관점으로 그림을 본다면 이전과는 다른 눈을 갖게 되지 않을까 한다.

조선을 그린 화가와 작품의 특징은 무엇일까. 19세기 이전의 이른바 고전 작품을 대상으로 분류해보면 크게 두 가지다. 첫째로는 한양 사족과 도화서 화원들이 구사하는 양식, 둘째로는 향촌 토박이 화가 등이 구사하는 양식이다. 연구자들은 첫째 양식을 일컬어 실경, 진경 또는 동국진경東國眞景 같은 용어를 혼용하고, 둘째 양식을 일컬어 민예, 민화 같은 용어를 사용한다. 그런데 19세기 이전 고전시대에는 이런 용어들을 사용하지 않았다.

동국진경은 동쪽나라 참된 경치라는 뜻을 지

녔다. 이 낱말은 1928년 위창葦滄 오세창吳世昌, 1864-1953이 쓴 『근역서화징』의 본문에 처음 등장한다.

"겸재 정선이 동국진경을 가장 잘 그렸는데 현재 심사정이 또 종겸재학從謙齋學이라 겸재 정선을 따랐다."[1]

표암豹菴 강세황姜世晃, 1713-1791이 《겸재화첩》에 쓴 「겸재화첩 제발」을 위창 오세창이 인용한 것이라고 밝힌 문장이다. 그런데 백 년이 지난 오늘날까지 표암 강세황의 제발이 수록된 그 화첩을 본 이는 아무도 없다. 행방이 오리무중인 게다. 그런데 이렇게 등장한 동국진경은 1935년 역사학자 호암湖巖 문일평文一平, 1888-1939이 「동국산수 화종인 정선」에서 '조선 진경眞景의 묘사에 능하여 동국산수의 화종畵宗으로 추칭하는 이는 겸재 정선이다'라거나[2] 미술사학자 우현又玄 고유섭高裕燮, 1905-1944이 1940년 「인왕제색도」에서 '동국진경이 그로부터 비로소 단청계丹靑界에 올랐다면 그 자득自得이라는 이러한 점을 두고 말한 것이 아니었을까라고'[3] 쓰면서 고유한 용어로 정착했다.

또한 자주 쓰는, 참된 경치라는 뜻을 지닌 진경眞景이라는 낱말은 표암 강세황이 처음이었다. 표암 강세황은 겸재 정선의 작품 〈소의문 망 도성도〉 화폭 옆에 '진경도'眞景圖라고 썼다.[4] 또 현재 심사정의 〈천연동 반송지〉 옆에다가는 어느 곳 진경을 그렸는지 알 수 없구나라는 뜻의 '미지사득하처진경未知寫得何處眞景'이라고 썼다.[5] 나아가 후배인 담졸澹拙 강희언姜熙彥, 1738-1784이전이 그린 〈인왕산도〉 화폭 왼쪽 상단에 참된 풍경을 그리는 사람인 "사진경자"寫眞景者라고도 썼다.[6] 그리고 강세황은 「임금을 모시고 금원을 유람한 기록」에 화원 복헌復軒 김응환金應煥, 1742-1789으로 하여금 그림을 그리도록 했는데 '사삼정지진경'寫三亭之眞景이라고 썼다. 세 정자의 진경을 그리게 하였다는[7] 뜻이다.

표암 강세황이 거듭 사용한 진경의 의미는 무엇인가. 별도로 그 의미를 해설한 게 없지만 담졸 강희언의 「인왕산도」에 쓴 문장에서 그 의미를 유추할 수 있다. 그 전문을 보자.

"참된 풍경을 그리는 사람인 사진경자寫眞景者는 항시 지도를 닮을까 염려하는데 이 그림은 실물과 다를 바 없이 십분핍진十分逼眞하고 또한 화가의 여러 가지 법식인 화가제법畵家諸法을 잃지 않았구나."[8]

여기서 지도와 십분핍진이라는 두 가지 용어에 주목해야 한다. 첫째는 지도를 닮으면 안 된다는 것이다. 둘째는 하나도 빼지 않고 참됨에 가까워야 한다는 것이다. 표암 강세황의 진경이란 이런 뜻이다.

놀라운 사실은 표암 강세황 이외에 그 누구도 진경이라는 낱말을 사용하지 않았다는 것이다. 표암 강세황 시대까지 거의 모든 이들은 진경眞景이 아니라 진경眞境이라는 낱말을 즐겨 쓰고 있었다. 표암 강세황의 진경眞景은 실물의 생김새인 풍경을 뜻하는 경개景槪나 경치를 가리킨다. 하지만 오랜 세월 많은 이들이 사용해온 진경眞境은 영역을 뜻하는 지경 또는 차이를 뜻하는 경계를 의미하는 용어로 주로 문예인들이 즐겨 사용해온 용어였다.

이렇게 보면 표암 강세황이 진경眞景이라고 했을 때 대상 사물을 핍진하게 닮게 하는 실경實景으로 이른바 사실寫實 혹은 영문으로는 리얼리즘Realism, 리얼리티Reality를 생각할 수 있다.

이와 달리 20세기 후반에 이르러 진경과 실경이 다르다고 주장하는 견해가 등장했다. 대상의 내면이 품고 있는 참된 형상을 그리는 것을 진경이라고 하고 대상의 외형이 지닌 실제 형상을 그리는 것을 실경이라고 해석하는 것이다. 그러니까 진경은 진실을 그리는 것이고 실경은 실상을 그리는 것이라는 것이다. 이런 주장을 근거 삼아 진경을 구현한 화가로 겸재 정선을 지목하고 진경과 정선을 동일시하는 견해도 나와 있다. 이런 견해의 근거 중 하나가 겸재 정선의 작품 〈금강전도〉 상단 화제인데 누군가의 뜻에 따라 진짜 얼굴로 그렸구나라는 뜻의 '하인용의 사진안'何人用意 寫眞顏[9]이라는 문장이다. 겸재 정선이 스스로 진경의 뜻을 표명하고 의지를 천명했다는 것이다. 하지만 진짜 얼굴을 뜻하는 진안眞顏과 진경眞景은 그 의미도 다르고 맥락도 다른 낱말이다. 더구나 이 화제는 겸재 정선이 쓴 게 아니다. 화제에 밝혀 둔 '갑인甲寅년'은 겸재 정선 사후인 1794년이고 그 화제는 당시 이 작품을 소장한 인물이 쓴 것이다.

진경과 달리 실경이라는 낱말은 18세기에 사용했던 용어가 아니다. 진경도 표암 강세황 당대에 몇 차례 사용했을 뿐이다. 당대는 물론 19세기까지 거의 사용한 적이 없다. 더구나 진경이라는 낱말을 내면성이나 진실성 같은 정신성으로 해석하면서 겸재 정선만이 갖춘 특유의 것으로 한정함에 따라 용어의 보편성을 잃어버렸다. 따라서 이 책에서는 표암 강세황이 처음 뜻한 바 지도를 닮지 않고 또 대상 사실에 핍진하는 진경의 의미를 담아 실제 경치의 줄임말인 실경이라는 용어를 사용했다.

실경 회화의 화풍 또는 양식을 살펴 보면 중앙에 기반을 둔 주류 화풍 또는 중앙 화풍이 압도하고 있지만 변방에 기반을 둔 변방 화풍 또는 지역 화풍을 구사한 작품도 상당하다.

여기서 말하는 주류 화풍 또는 중앙 화풍은 한양의 사족과 도화서 화원 등을 비롯한 중인 계층의 화가들이 구사하는 형식과 내용을 말하는데, 유가 문명권에 편입한 이래 중국의 왕실과 사족을 중심으로 생산·소비되었던 형식과 내용을 수용하였고 그 전통은 천년을 지속해왔다.

변방 화풍 또는 지역 화풍은 주류 화풍 또는

중앙 화풍과 다른 기법과 형식에서 비롯한다. 체계화된 수련을 거치지 않음에 따라 구사하는 형식이 매우 다채롭다. 화가마다 필법이나 채색법이 다르고 또 구도는 물론 형상을 표현하는 방식이 크게 다르다. 화가의 개성을 강렬하게 드러내는 특징을 갖고 있는데 중앙이 아닌 지역을 기반으로 자생한 향토 작가의 작품은 대체로 서명을 남기지 않아 그린 이를 알 수 없는 작품이 많다. 오늘날 이러한 화풍을 속화俗畵, 다시 말해 20세기에 출현한 낱말인 민예民藝나 민화民畵의 범주에 포괄하고 있지만 그 낱말의 의미와 범주가 혼란스럽게 넓기 때문에 적절성에 의문이 있다.

민화라는 낱말은 19세기 이전 그 어느 시대에도 없던 20세기의 신조어다. 온전히 새로운 용어인 민화를 이해하기 위해서는 조선시대 때부터 사용해온 민속民俗이나 공예工藝[10] 그리고 속화를 먼저 이해해야 한다. 세속의 회화라는 뜻의 속화는 중암重菴 강이천姜彝天, 1769-1801의「한경사」漢京詞, 오주五洲 이규경李圭景, 1788-1856의「제병족속화변증설」에 등장하는 낱말이다.[11] 또한 한산거사漢山居士, 19세기의 한글 가사인「한양가」를 보면 순 우리말로 '가게 각색 그림'이라고 해서[12] 소상팔경 산수와 매난국죽은 물론 경직도와 짐승과 해오라기, 물고기에 십장생 그리고 중국 고사도까지 열거하고 있다. 특히 그 끝에 '진채眞彩를 먹여 그렸으니'라고 하여 채색 기법을 사용했다는 사실도 알려준다. 따라서 속화는 주제나 소재는 말할 것도 없고 기교의 숙련성은 물론 기법을 포함해 화풍이나 양식을 특정할 수 있는 개념이 아니다. 그러니까 속화라는 낱말은 형식과 내용, 다시 말해 하나의 양식 개념으로 정식화할 수 없다.

속화나 가게 각색은 민간에서 생산, 유통, 소비하는 것임은 분명하다. 다시 말해 왕실과 관청·사찰 등에서 생산·소비하는 미술이 아니다. 그러니까 속화란 세속을 의미하는 민간 혹은 민인들이 생산하고 소비하는 미술이기도 하다. 또한 시정의 풍속을 소재로 삼거나 생활의 풍요를 소망하는 것 또는 액운을 막고 행운을 부르는 벽사초복을 주제로 삼는 미술이기도 하다. 이렇게 민간 혹은 민인들의 필요에 따른 미술품이다보니 딱히 작가의 기술 역량이나 정신 세계의 고상함 같은 명망이 필요한 게 아니어서 누가 그린 것인가를 밝히는 서명도 필요 없었다.

계급 구조의 변동과 더불어 서구 미술 개념을 이식해 사용하기 시작함에 따라 속화라는 낱말은 점차 힘을 잃어갔다. 등급을 낮춰보는 용어라는 인상이 컸기 때문이다. 그런 와중에 일본인 야나기 무네요시柳宗悅, 1889-1961가 민예民藝라는 낱말을 사용했다.[13] 민예를 회화 분야에 적용하여 민화라는 낱말도 등장했다. 야나기 무네요시가 만든 민예의 의미는 민民의 생활 속에서 사용해온 공예를 뜻하는 것이다. 속화라는 낱말도 민예와 같은 범주에 속한다. 야나기 무네요시 단계까지만 해도 민예 그리고 민화라는 낱말은 속화 또는 가게 각색 그림의 뜻을 계승하여 생산과 소비 주체를 민간 또는 세속으로 삼았고, 그 의미는 세속의 회화, 민간·민인·민중의 회화처럼 아주 명확했다. 이때만 해도 속화를 민화 또는 민예로 바꾼 것에 불과했다.

1970년대 들어와 속화·민예·민화에 대응하는 새로운 용어, 새로운 개념이 탄생했다. 한화韓畵 또는 겨레그림, 민족회화라는 낱말을 제안한 일련의 연구자 및 취급자들이 등장하면서부터다.

대갈大渴 조자용趙子庸, 1926-2000을 비롯한 몇몇 연구자와 수집가 들이 민화의 폭을 확장해 나가기 시작했다.[14] 이후 왕실의 요구에 의해 생산, 유통된 회화를 민화의 범주에 포함시켰다. 그렇게 나가다보니 사족의 요구에 따라 생산된 회화를 포함시키는 데는 아예 거리낌조차 없었다. 계급의 성격을 고려하지 않은 것이다. 이 시기 연구자들은 세속이나 민인 혹은 민간, 민중이라는 성격과 계급 계층의 범주가 뚜렷한 속화 및 민화의 개념을 폐지했다.

세속성이나 민중성과 같은 계급 수요라는 조건과 본질을 철거하자 왕공사족 계급의 요구에 따라 제작, 유통되는 작품 가운데 서명이 없는 무명 화가의 작품이라면 그것이 무엇이든 모두 민화의 범위 안으로 빨려 들어왔다. 작가 미상이라는 조건만 충족하면 민화로 분류해버리는 포식성은 이제 돌이킬 수 없는 황금잣대가 되었다. 모두를 아우르다보니 결국 민화는 무기명 작품이라는 개념과 정의를 갖추기에 이른 것이다. 심지어 속화나 민화를 특정한 하나의 양식으로 분류하곤 하는 단계로 나가는 경우도 생겼다. 이는 적절치 않다. 아니, 불가능하다. 그 종류가 매우 풍부하고 다양하기 때문이다.

1970년대 이후 민화의 개념은 20세기 중엽 이전의 민화 또는 속화의 개념을 전복시킨 것으로 다음과 같이 완전히 달라졌다.

첫째, 민족의 회화, 겨레의 회화, 한국의 회화.
둘째, 작가 이름이 없는 무기명 회화.
셋째, 기법과 형식, 소재와 주제, 생산 및 소비 주체 불문

정리하자면, 1970년대 이전의 속화 또는 민화는 세속이나 민간인을 지칭하는 민중의 회화이고 1970년대 이후 민화는 왕공귀족부터 천민에 이르는 민족의 회화로서 무기명 작품이다. 그러더니 21세기 접어들어 이른바 신민화新民畵가 등장했다. 그 기원은 다양하겠지만 도안이나 자수처럼 초본을 빌려와 색을 입히는 방식에서 시작하였다. 개인 화실에서 성행하다가 몇몇 대학에 민화과가 창설되고 이른바 신민화나 창작 민화라는 하나의 미술 종류로 전개되었다.

속화 혹은 민화로 분류해놓은 작품들 가운데 실경 그림이 상당하다. 화제에 서명이나 연대를 써넣지 않아 작가가 누구인지, 언제 제작한 것인지 알 수 없다. 21세기에 들어서부

터는 그렇지 않지만 그 이전에는 흔해서 쉽게 볼 수 있었다. 그렇지만 나는 이 책에서 이른바 민화로 분류하는 실경 작품을, 아예 다루지 않은 건 아니나, 극히 일부만 다루었다. 조형성이나 예술성에 대한 어떤 편견 탓이 아니다. 앞서 설명한 바대로 속화였던 민화의 개념을 1970년대 이후부터 겨레그림이나 민족회화라는 개념으로 확장시켜온 풍조를 따르지 않으려는 의지 때문이기도 하지만 그보다 더 중요한 이유는 실경 속화 혹은 실경 민화가 실경을 소재로 삼았음에도 실제 자연을 묘사하는 데 주력하지 않았기 때문이다. 그로 인해 과장과 왜곡 같은 형태 변형에 의존함으로써 실제의 형태로부터 지나치게 멀어져 대체로 '실경'으로서의 기능과 가치를 상실한 것이 대부분이기 때문이다. 실경 속화의 감상은 실상이 아니라 그 작가의 변형을 즐기는 일이다. 따라서 실경 탐구에 집중한 이 책에서 실경 속화 혹은 실경 민화가 펼치는 변형의 즐거움은 후순위로 미뤄두어야 했다. 이 책에서 충분치 않은 정보는 연구자 이영수의 『민화 금강산도에 관한 고찰』을[15] 찾아보길 권한다.

1) 강세황, 「겸재화첩(謙齋畫帖) 제발(題跋)」; 오세창, 「정선」, 『근역서화징』, 계명구락부, 1928.
2) 문일평, 「사상에 나타난 예술가의 군상-동국산수 화종인 정선」, 『조선일보』, 1935. 2.; 문일평, 『예술의 성직』, 열화당, 2001.
3) 고유섭, 「인왕제색도」, 『문장』, 1940. 9.; 고유섭, 『조선미술사』, 하, 열화당, 2007.
4) 강세황, 「소의문 망 도성도 화제」; 정선, 「소의문 망 도성도(昭義門望都城圖)」 화제
5) 강세황, 「천연동 반송지 제발」; 심사정, 「천연동 반송지(天淵洞盤松池)」, 『경구8경첩(京口八景帖)』
6) 강세황, 「인왕산도 화제」; 강희언, 「인왕산도(仁旺山圖)」 화제.
7) 강세황, 「임금을 모시고 금원을 유람한 기록(扈駕遊禁苑記)」, 『표암유고(豹菴遺稿)』; 강세황 지음, 김종진, 변영섭, 정은진, 조송석 옮김, 『표암유고(豹菴遺稿)』, 지식산업사, 2010. ????
8) 강세황, 「인왕산도 화제」(강희언, 「인왕산도(仁旺山圖)」 화제)
9) 미상, 「금강전도 화제」(정선, 「금강전도」 화제)
10) 『조선왕조실록』 및 『승정원일기』를 보면 민속(民俗), 공예(工藝)란 낱말을 숱하게 사용하고 있다.
11) 강이천, 「한경사(漢京詞)」, 『중암고(重菴稿)』, 한국고전번역원 한국고전종합DB.; 이규경, 「제병족속화변증설(題屛簇俗畫辨證說)」, 『오주연문장전산고(五洲衍文長箋散稿)』, 한국고전번역원 한국고전종합DB.
12) 한산거사(漢山居士) 지음, 송신용 교주, 『한양가(漢陽歌)』, 정음사, 1949.
13) 야나기 무네요시, 「공예적 회화」, 『공예』 제37호, 1937.
14) 조자용, 『한얼의 미술』, 에밀레미술관, 1971.; 『한화 호랑도』, 에밀레미술관, 1973.; 『한호의 미술』, 에밀레미술관, 1974.; 김호연, 『한국민화』, 열화당, 1971.; 이우환, 『이조의 민화』, 열화당, 1977.; 이우환, 『이조의 민화』, 고단샤, 1982.; 김철순, 『한국민화논고』, 예경, 1991.
15) 이영수, 「민화 금강산도에 관한 고찰」, 홍익대학교 대학원 미술사학과 석사학위논문, 1995.; 이영수, 「민화 금강산도에 관한 고찰」, 『미술사연구』 제14호, 미술사연구회, 2000.; 이영수, 「19세기 금강산도 연구」, 명지대학교 대학원 미술사학과 박사학위논문, 2016.

이 책을 둘러싼 날들의 풍경

한 권의 책이 어디에서 비롯되고, 어떻게 만들어지며,
이후 어떻게 독자들과 이야기를 만들어가는가에 대한 편집자의 기록

2002년. 이 책의 저자 미술사학자 최열이 하나은행 사보 『하나은행』에 조선 실경에 관한 연재를 시작하다. 2006년 삼성문화재단에서 펴내는 『문화와 나』에 조선 실경에 관한 연재를 이어가다. 이 연재를 통해 관동팔경, 단양팔경, 서울, 제주를 비롯한 조선 팔도 전역의 승경지를 대상으로 삼은 수많은 실경도를 알리다.

2009년. 『서울아트가이드』에 새로운 연재를 시작했으며 특히 2013년 『FORBES KOREA』에 관동팔경을 연재하다. 이 밖에도 여러 매체와 지면에 관련 주제를 담은 글을 지속적으로 싣다.

2017년. 이제 막 다니던 회사를 그만두고 독립 후 출판사를 시작할 계획을 가지고 있던 편집자는 저자가 지난 수십 년 동안 조선 팔도의 옛 그림에 대해 꾸준히 연구해왔으며, 2002년부터는 그 가운데 일부를 여러 지면을 통해 연재해왔음을 떠올리고, 저자에게 그 글을 묶어 책을 펴낼 것을 제안하다. 다만 우선 서울에 관한 책을 한 권으로 출간한 뒤 시간을 두고 나머지 지역을 모두 묶어 따로 출간하자는 계획을 전하다.

2018년 9월. 편집자는 첫 권으로 '서울'에 관한 책을 먼저 만들되 서울을 그린 옛 그림의 집성본이자 결정판을 만들어 세상에 내보이고 싶다는 뜻을 품다.

2018년 12월. 본격적인 원고의 검토 및 책의 편집에 들어가다. '서울'에 관한 책을 준비하며 출간 후 독자들의 관심이 있어야만 서울을 제외한 나머지 전역의 그림을 묶은 또 한 권의 책의 출간이 가능한 현실의 무거움을 홀로 간직하다.

2020년 4월 5일. 혜화1117의 여덟 번째 책 『옛 그림으로 본 서울-서울을 그린 거의 모든 그림』을 출간하다. 출간 이후 독자들의 뜨거운 관심을 받다. 이 관심으로 인해 후속권을 낼 수 있는 동력이 만들어지다.

2020년 5월. 서울에 이어 후속권의 출간을 확정하다. 임시 제목을 '옛 그림으로 본 조선'으로 정하고 서울을 제외한 나머지 전역의 실경을 한 권에 담기로 하다. 『옛 그림으로 본 서울』의 판형과 디자인 등을 맞춰 일관성을 부여하기로 방향을 정하다.

2020년 9월. 저자로부터 연재 원고를 먼저 받은 뒤 뒤이어 책에 수록할 이미지 파일을 받다. 편집자는 이어지는 추석 연휴 동안 원고와 그림을 통해 조선 팔도를 순례하는 안복을 누리다. 전체 원고와 이미지를 살핀 뒤 편집자는 그 방대한 분량을 책 한 권에 담는 것이 무리라는 것을 깨닫다. 그리하여 우선 '제주'에 관한 그림과 글을 묶은 책을 만든 뒤 이후 나머지를 묶어 출간하는 것으로 계획을 세우다. 국내에서 최초로 출간하는 '제주에 관한 거의 모든 그림을 집대성한 책'으로 만들기 위해 제주를 그린 옛 지도는 물론 제주를 거쳐간 인물들의 관련 도판을 최대한 수록하기로 하다.

2020년 10월. 책의 구성안을 1차 확정한 뒤 그에 맞춰 편집 체계에 맞춰 정리를 시작하다. 『옛 그림으로 본 서울』 출간 후 1년이 되는 시기에 맞춰 2021년 4월 5일 『옛 그림으로 본 제주』를 출간하기로 하다. 이 날은 혜화1117이 출판사를 시작한 지 만 3년이 되는 날이기도 하여 기념의 의미를 담기로 하다. 아울러 2022년 4월 5일 서울과 제주 이외 지역의 그림을 집대성한 『옛 그림으로 본 조선』의 출간을 홀로 기약하다.

2020년 12월. 한 해의 정리를 위해 파일 정리를 하던 중 원고 및 도판 폴더를 전체 삭제하는 실수를 하다. 3개월 동안의 작업이 수포로 돌아가다. 눈앞이 캄캄해졌으나 누구를 탓할 수도 없는 상황이라 마음을 다잡는 것 외에 다른 도리가 없다. 저자에게 상황을 전달하다. 우선 제주에 관한 부분의 원고와 이미지 파일 일체를 다시 받고, 원점에서 작업을 시작하다. 다른 지역의 원고 및 이미지 등은 추후에 받기로 하다.

2021년 4월 26일. 혜화1117의 열세 번째 책 『옛 그림으로 본 제주-제주를 그린 거의 모든 그림』 초판 1쇄본을 출간하다. 4월 5일 출간일을 맞출 수는 없었으나 더 늦어지지 않은 것을 다행으로 여기다. 2020년에 출간한 『옛 그림으로 본 서울』에 이어 많은 독자들로부터 환영을 받다. 특히 제주 지역 동네책방에서 출간 전부터 두 손을 번쩍 들어 이 책을 반겨주다.

2021년. 출간 이후 여러 차례 이루어진 독자와의 만남에서 다른 지역의 실경을 담은 책의 출간 여부를 묻는 질문이 계속 이어지다. 편집자는 전작들의 출간으로 인해 높아진 독자들의 기대치를 충족시켜야 한다는 책임감과 명실상부 조선 실경의 총합을 책에 담아내고 싶다는 욕심을 동시에 품게 되다. 이를 위해서는 그동안 저자가 연재해온 글을 묶어서 내기보다 이를 바탕으로 삼되 완전히 새로운 구성으로 시작해야 할 필요에 직면하다. 이는 곧 그동안 써온 원고에서 출발하는 것이 아닌, 전면적으로 새로운 작업을 전제하는 것으로, 결정하는 순간 감당해야 할 엄청난 작업의 양 앞에서 저자의 고민이 길어지다. 고민의 핵심은 체력적으로 과연 감당할 수 있을까, 하는 것으로 이를 짐작한 편집자는 그저 저자의 결심만을 기다리는 상황에 처하

다. 새로운 구성이 어렵다면 기존의 원고들을 최대한 묶어서라도 책을 만들고 싶었던 편집자는 2020년 12월 실수로 삭제해 버린 나머지 지역의 원고와 이미지 파일을 다시 보게 해달라고 저자에게 요청하다. 그 요청에 저자는 조금 더 생각해보자는 회신을 거듭하다. 편집자는 재촉해서 될 일이 아니라는 것을 깨닫고 저자의 결심이 설 때까지 기다려 보기로 하다. 그러나 이런 마음과 달리 이후로 저자를 만날 때마다 후속권에 대한 압박이 입 밖으로 새어나오다.

이런 편집자에게 저자는 그동안 연구해온 바를 새롭게 정리하는 일도 큰일이겠으나, 서울과 제주를 제외한 나머지 지역을 그린 조선실경을 묶어 한 권으로 만드는 것이 가능할까 하는 근본적인 어려움을 밝히다. 또한 현실적으로 각 지역을 그린 그림들을 오늘날의 행정 구역과 비교하여 놓고 볼 때 찾을 수 없는 그림들이 많고, 있는 그림들이라 할지라도 서술의 범위를 어디까지 할 것인가에 대한 고민을 전하다. 편집자는 언제나 그렇듯 저자가 이 어려움과 고민에 대한 해결의 방안을 만들어 제안해줄 것으로 믿고 기다리기로 하다. 어느덧 해가 저물고 새해가 밝아오다. 2022년 4월 출간은 기약할 수 없게 되다. 부디 2023년 4월에는 출간할 수 있기를 편집자는 홀로 소망하다.

2022년. 이런 와중에 『옛 그림으로 본 서울』은 독자들의 꾸준한 사랑을 받아 쇄를 거듭하다. 쇄를 거듭할 때마다 뒤늦게 발견한 새로운 그림들에 관한 내용을 추가하고 보완하는 작업을 저자도 편집자도 게을리하지 않다. 후속권을 향한 독자들의 기대도 여전하여, 만날 때마다 다른 이야기를 나누는 사이사이에 저자도 편집자도 후속권에 대한 이야기를 빼놓을 수 없게 되다. 그런 와중에 일본 마이니치신문사 서울 특파원 오누키 도모코 기자가 이중섭 화가와 그의 아내에 관해 쓴 책의 한국어판을 혜화1117에서 출간하기로 하다. 이에 맞춰 저자의 주요 저작 중 하나인 『이중섭 평전』을 만든 편집자는 과거의 인연을 들어 저자에게 화가 이중섭의 편지화에 관한 새 책의 출간을 제안하다. 이에 응한 저자는 이로써 옛 그림 연작에 대한 고민은 당분간 미뤄둔 채 당분간 이중섭 편지화 원고 집필에 매진하기로 하다.

2022년 12월. 저자가 제4회 혜곡 최순우 상을 수상하다. 시상식장에서 『옛 그림으로 본 서울』을 주제로 수상 기념 강연을 하다. 편집자는 시상식에서 저자의 강연을 들으며 『옛 그림으로 본 조선』을 꼭 출간하겠다는 다짐을 거듭하다. 다시 또 해가 저물고 새해가 밝아오다. 2023년 4월 출간은 기약할 수 없게 되다.

2023년 2월 6일. 저자로부터 이중섭 화가의 편지화에 관한 새 책의 원고를 받다. 새 책의 원고를 마무리하면서 저자는 그동안 고민해온 『옛 그림으로 본 조선』 작업에 관하여 이야기를 꺼내다. 저자의 이야기를 들으며 편집자는 저자가 30년 가까이 모아놓은 조선실경의 그림들과 관련 텍스트들의 분량이 엄청나고, 이를 토대로 집필을 시작한다면 한 권의 분량으로는 감당할 수 없겠다는 생각을 하다. 분량을 줄여 한 권으로 펴낸다면 오히려 출간을 하지 않는 편이 낫겠다고 생각하다. 그럴 바에야 조선실경의 총집성이라는 목표를 설정하여 지역별로 권을 나눠 출간하는 것이 좋겠다고 여기다. 그리하여 금강산을 그린 그림으로 한 권, 강원도를 그린 그림으로 한 권, 한강 이남인 경기도*충청도*전라도*경상도를 묶어 한 권을 각각 묶어 전체 세 권을 동시에 출간하기로 마음을 먹다. 대표이자 편집자이자 영업자이자 관리부 업무까지 혼자 다 하는 1인 출판사에서 과연 감당할 만한 일이겠느냐는 근심 가득한 저자의 눈길을 애써 외면하며, 감당할 수 있다고 큰소리를 치다. 저자는 어디 한번 해보자고, 드디어 오랜 고민의 마침표를 찍다. '이제 무조건 앞을 향해 간다'고 편집자는 반은 떨리고 반은 설레는 마음으로 출간을 기정 사실화하다. 책의 판형 및 체제는 기본적으로 『옛 그림으로 본 서울』과 『옛 그림으로 본 제주』와 동일하게 하여 '옛 그림' 연작으로서의 흐름을 이어가기로 하다. 저자는 집필을 시작하기로 하고, 편집자는 당분간 화가 이중섭의 편지화에 관한 책을 잘 만드는 것에 집중하기로 하다.

2023년 8월. 『이중섭, 편지화』를 출간하다. 저자와 혜화1117에서 펴낸 저자의 네 번째 책으로, 출판사를 처음 시작할 때부터 지금까지 이어져온 인연에 새삼스럽게 감사하다. 아울러 저자와 처음 편집자로 만든 책이 이중섭 화가의 평전임을 떠올릴 때 이 책의 출간이 갖는 의미는 더욱 각별해지다. 새 책을 만드는 동안 저자의 원고 집필이 이어지다. 집필을 시작하자 그동안 볼 수 없던 새로운 그림들이 곳곳에서 저자 앞에 등장하다. 분량은 갈수록 늘어나나 새로운 그림이 등장할수록 책의 완성도는 높아지게 마련이니 저자와 편집자가 더불어 즐거워하다. 뒷일은 뒤에 가서 고민하기로 하고, 무조건 원고를 마무리하는 데 전념하기로 하다.

2023년 10월 19일. 『옛 그림으로 본 조선』(전3권)의 출간 계약서를 작성하다. 2024년 4월에는 출간을 하는 것으로 저자와 편집자가 결의하다. 저자는 거의 칩거에 가까운 일상을 유지하며 원고의 집필에 전념하다. 디자이너 김명선에게 이후 작업할 내용에 관해 미리 고지하여 일정에 차질이 생기지 않도록 준비하다.

2023년 12월 12일. 『옛 그림으로 본 조선』의 첫 번째 원고인 금강편의 원고가 당도하다. 편집자는 바로 화면 초교를 시작하다. 수십 년 동안 집필해온 원고의 묶음과는 달리 비교적 짧은 시간에 집중적으로 다시 정리한 원고라는 점, 기존에 출간한 책의 체제에 맞춰 집필되었다는 점으로 인해 비교적 빠른 속도로 교정을 진행하다.

2023년 12월 25일. 『옛 그림으로 본 조선』의 두 번째 원고인 강원편의 원고가 당도하다. 역시 편집자는 바로 화면 초교를 시작하다. 다시 또 해가 저물고 새해가 밝아오다. 2024년 4월 출간은 기약할 수 있게 되다.

2024년 1월 18일. 『옛 그림으로 본 조선』의 세 번째 원고인 경기, 충청, 전라, 경상의 원고가 당도하다. 이로써 세 권의 원고 집필의 마침표를 찍다. 화면 초교를 시작하다.

2024년 1월 29일. 전체 구성 및 체제의 일관성을 확인한 뒤 디자이너 김명선에게 드디어 『옛 그림으로 본 조선』의 첫 번째 원고인 금강편부터 본문의 조판 작업을 의뢰하다.

2024년 2월. 금강편에 이어 강원편, 그리고 경기·충청·전라·경상편의 1차 조판이 순차적으로 완료되고, 본격적인 교정에 착수하다. 편집자와 디자이너의 손을 거친 교정용 파일이 저자에게 순차적으로 전해지고, 동시다발적으로 세 권에 관한 교정 작업이 이루어지다. 교정을 보면서 이전에 미처 생각하지 못했던 여러 요소에 대한 아이디어가 더해지다. 저자는 금강과 강원과 전국 주요 행정 지역을 표시하는 손지도를 그려야 했으며, 설악산과 오대산, 화천의 곡운구곡의 주요 위치를 표시하는 손지도를 더하여 그려야 했으며, 조선시대 여러 지역을 유람한 선비와 화가들을 소개하는 별도의 원고를 추가로 집필해야 하다. 여기에 원고를 쓸 때는 발견할 수 없던 그림들이 여기저기에서 새롭게 등장하여 추가 원고를 거듭 써야 하는 일이 이어지다. 세 권의 표지에 사용할 그림의 후보를 미리 정해두다.

2024년 3월. 겨울이 지나고 바야흐로 봄이 되었으나 책 세 권을 동시에 진행하는 일에 빠져 계절이 바뀌는지, 눈이 오는지, 비가 오는지, 미세먼지가 창궐하는지를 느낄 새도 없이 시간을 보내다. 그러는 동안 점차 원고는 책의 꼴을 갖춰가다. 책의 출간을 앞두고 펀딩 프로젝트를 진행하는 와디즈와 함께 새로운 마케팅 방안을 논의하다. 편집자는 2020년 4월 『옛 그림으로 본 서울』 출간을 앞두고, 1인 출판사를 시작한 뒤 가장 큰 판형과 분량의 책을 펴내는 일에 대한 떨림과 불안으로 잠 못 이루던 그때를 떠올리다. 그때로부터 만 4년이 지난 뒤 어느덧 그때의 책보다 훨씬 더 두꺼운 분량을, 그것도 세 권이나 동시에 펴내게 되었음을 새삼스럽게 직시하다. 출판 산업이 갈수록 어려워지고 있다고 온 세상이 아우성치고 있는 듯하나 그럼에도 불구하고 홀로 지켜온 작은 영토가 조금씩 넓어지고, 조금은 더 단단해진 듯하다는 소회를 품게 되다. 그러나 출간을 앞두고 그때의 불안과는 다른 차원의 불안과 떨림으로부터 여전히 자유롭지 못하다는 것 또한 부인하지 않기로 하다.

2024년 4월. 애초에 4월 출간이면 좋겠으나 국회의원 선거일인 4월 10일 이후 출간하는 것이 좋을 듯하여 모든 작업을 끝낸 뒤 선거가 끝난 뒤 바로 출간을 하기로 계획했으나 어디까지나 계획에 그치다. 예정보다 편집에 시간이 오래 걸려 4월 출간은 5월로 미뤄지다. 표지의 시안을 입수하다. 여러 후보 가운데 비교적 순조롭게 의견의 일치를 보아 큰 방향을 정하다. 그러는 동안 점차 책의 꼴을 더욱 더 갖춰가다. 책의 제목 및 부제 등을 정하다. 라이프디자인 펀딩 플랫폼 와디즈에서 책 출간 이후 와디즈 이용자들을 위한 별도의 이벤트를 제안해오다. 관련하여 출간 전 이벤트 시작을 고려했으나, 우선 출간에 집중하고 이후 새로운 독자층에게 알리는 쪽으로 일정을 정하다. 출간 전후로 이벤트의 형식 및 내용을 의논하고, 이후 상황은 2쇄 이후 기록을 더하기로 하다. 와디즈 펀딩 사은품과는 별도로 전체 세 권을 동시 출간하는 것을 기념하여 구매 독자를 위한 별도 사은품을 구상하다. 몇 가지 방안을 두고 고민한 결과 조선 정조 임금께 진상한 단원 김홍도의 《해산도첩》중 24점을 골라 별도의 화보집을 꾸리기로 하다. 이를 위해 저자가 그림을 고르고 앞뒤의 설명글을 쓰다. 의도한 것은 아니었으나 일정은 예정보다 지체되어 결국 5월 5일을 전후한 연휴 내내 디자이너와 저자와 편집자가 책상 앞에 붙어 일을 하게 되다. 저자와 디자이너가 이미지의 보정 작업을 위해 이틀 꼬박 나란히 앉아 책에 수록한 모든 그림을 점검하고 살피는 과정을 거치다.

2024년 5월 7일. 인쇄 및 제작에 들어가다. 표지 및 본문의 디자인은 김명선이, 제작 관리는 제이오에서(인쇄 : 민언프린텍, 제본 : 책공감, 용지 : 표지-아르떼210그램, 본문-뉴플러스100그램 백색, 면지-화인페이퍼 110그램),기획 및 편집은 이현화가 맡다.

2024년 5월 25일. 혜화1117의 스물일곱 번째에서 스물아홉 번째 책 『옛 그림으로 본 조선』(전3권) 초판 1쇄본이 동시에 출간되다. 여기에 더해 별도의 화보집도 함께 출간하다. 이후 기록은 2쇄본 이후 추가하기로 하다.

11/17 혜화 책 중심 문화공간

서울과 제주를 그린 현전하는 거의 모든 그림의 집결集結,
닿을 수 없는 땅, 금강
관동팔경으로부터 설악산과 오대산을 거쳐 영동과 영서의 땅까지
실경의 나라, 실경의 천국 우리 땅의 산과 강과 마을을 그린
조선실경 정수精髓의 총합總合,
미술사학자 최열, 그가 쌓은 안목의 집성集成으로
우리 앞에 조선의 옛 풍경을 펼치다

옛 그림으로 본 서울 - 서울을 그린 거의 모든 그림
최열 지음 · 올컬러 · 436쪽 · 값 37,000원

"모처럼 좋은 책을 한 권 읽었습니다. 평생 한국 미술사에 매달려온 미술사학자 최열 선생의 『옛 그림으로 본 서울』, 125점의 조선시대 그림이 최고의 해설과 함께 수록되어 있으니, 저자로서도 출판사로서도 역작이라고 할 만합니다." - 문재인, 대한민국 제19대 대통령 SNS에서

옛 그림으로 본 제주 - 제주를 그린 거의 모든 그림
최열 지음 · 올컬러 · 480쪽 · 값 38,500원

제주에 관한 현전하는 거의 모든 그림의 집결, 미술사학자 최열의 안목의 집성! 조선의 변방, 육지와는 다른 풍광과 풍속의 제주, 그곳의 그림을 바탕으로 풀어낸 풍경과 사람과 문자향의 향연. 출간 전 바로 그곳, 제주의 독자들로부터 뜨겁게 환영 받은 책.

옛 그림으로 본 조선 1, 금강 - 천하에 기이한, 나라 안에 제일가는 명산
최열 지음 · 올컬러 · 528쪽 · 값 40,000원

옛 그림으로 본 조선 2, 강원 - 강원이여, 우리 산과 강의 본향이여
최열 지음 · 올컬러 · 400쪽 · 값 35,000원

옛 그림으로 본 조선 3, 경기·충청·전라·경상 - 과연 조선은 아름다운 실경의 나라
최열 지음 · 올컬러 · 592쪽 · 값 45,000원

이중섭, 편지화 - 바다 건너 띄운 꿈, 그가 이룩한 또 하나의 예술
최열 지음 · 올컬러 · 양장본 · 320쪽 · 값 24,500원

"생활고를 이기지 못해 아내 야마모토 마사코와 두 아들을 일본으로 떠나보낼 수밖에 없던 이중섭은 가족과 헤어진 뒤 바다 건너 편지를 보내기 시작했다. 그 편지들은 엽서화, 은지화와 더불어 새로이 창설한 또 하나의 장르가 되었다. 이 책을 쓰면서 현전하는 편지화를 모두 일별하고 그 특징을 살폈음은 물론이다. 그러나 가장 중요한 것은 그의 마음과 시선이었다. 이를 파악하기 위해 나 자신을 이중섭 속으로 밀어넣어야 했다. 사랑하지 않으면 보이지 않고 느낄 수 없는 법이다. 나는 그렇게 한 것일까. 모를 일이다. 평가는 오직 독자의 몫이다." _ 최열, '책을 펴내며' 중에서

이중섭, 그사람 - 그리움 너머 역사가 된 이름
오누키 도모코 지음 · 최재혁 옮김 · 컬러 화보 수록 · 380쪽 · 값 21,000원

"마이니치신문사 특파원으로 서울에서 일하다 이중섭과 야마모토 마사코 부부에 대한 취재를 시작한 지 7년이 지났습니다. 책을 통해 일본의 독자들께 두 사람의 이야기를 건넨 뒤 이제 한국의 독자들을 만나게 되었습니다. 이중섭 화가와 마사코 여사 두 분이 부부로 함께 지낸 시간은 7년 남짓입니다. 남편이 세상을 떠나고 70년 가까이 홀로 살아온 이 여성은 과연 어떤 생애를 보냈을까요? 사람은 젊은 날의 추억만 있으면, 그걸 가슴에 품은 채로 그토록 오랜 세월을 견딜 수 있는 걸까요? 그런 생각을 하면서 읽어주시길 기대합니다."
_ 오누키 도모코, 『이중섭, 그 사람』 '한국의 독자들께' 중에서

조선시대 사가기록화, 옛 그림에 담긴 조선 양반가의 특별한 순간들
박정혜 지음 · 누드사철양장제본 · 올컬러 · 712쪽 · 값 59,000원

한국 미술사 최고 권위자 박정혜 선생의 30여 년 탐구의 집성, 그림으로 기록한 조선 시대 일상문화, 그 문화를 이끈 문화 지형도! 환갑 잔치, 결혼 60주년 기념 혼례식, 동기동창 모임, 관직의 이력, 가문의 온갖 영광, 조상의 업적, 평생도에 담긴 양반의 일생……조선시대 그림 속에 펼쳐지는 조선 양반가의 생생한 일상 풍경, 그동안 외부에 거의 공개되지 않던 국내외 소장품 대거 수록!

* 2023년 우현학술상 선정

옛 그림으로 본 조선 3─경기·충청·전라·경상

2024년 5월 25일 초판 1쇄 발행

지은이 최열
펴낸이 이현화
펴낸곳 혜화1117 **출판등록** 2018년 4월 5일 제2018-000042호
주소 (03068)서울시 종로구 혜화로11가길 17(명륜1가)
전화 02 733 9276 **팩스** 02 6280 9276 **전자우편** ehyehwa1117@gmail.com
블로그 blog.naver.com/hyehwa11-17 **페이스북** /ehyehwa1117
인스타그램 / hyehwa1117

ⓒ 최열

ISBN 979-11-91133-24-0 04910
ISBN 979-11-91133-21-9[세트]

이 책에 실린 모든 내용의 무단 전재와 복제를 금합니다. 이 책의 전부 또는 일부를 재사용하려면 반드시 서면을 통해 저자와 출판사 양측의 동의를 받아야 합니다.

책값은 뒤표지에 있습니다.

잘못된 책은 구입하신 곳에서 바꿀 수 있습니다.

No part of this book may be reprinted or reproduced without permission in writing from the publishers.
Publishers : HYEHWA1117 11-gagil 17, Hyehwa-ro, Jongno-gu, Seoul, 03068, Republic of Korea.
Email. ehyehwa1117@gmail.com